'DREAMING AGAIN ON THI

The editors gratefully acknowledge the generous contributions to this book
made by these sponsors:

· Comitato Nazionale per il V Centenario dell'*Orlando furioso* di Ludovico Ariosto
(1516-2016) ·
· The Italian Cultural Institute, London ·
· The David Rowe Fund and the Department of Italian of the University of Oxford ·
· Bodleian Libraries, Oxford ·
· The Society for Italian Studies (SIS) ·
· Casalini Libri ·

'DREAMING AGAIN ON THINGS ALREADY DREAMED'

500 years of *Orlando furioso* (1516–2016)

Edited by Marco Dorigatti and Maria Pavlova

PETER LANG

Oxford • Bern • Berlin • Bruxelles • New York • Wien

Bibliographic information published by Die Deutsche Bibliothek
Die Deutsche Bibliothek lists this publication in the Deutsche Nationalbibliografie;
detailed bibliographic data is available on the Internet at: http://dnb.d-nb.de.

A catalogue record for this book is available at the British Library.

Library of Congress Cataloging-in-Publication Data

Names: Dorigatti, Marco, editor. | Pavlova, Maria, 1987- editor.
Title: "Dreaming again on things already dreamed" : 500 years of *Orlando
   Furioso* (1516-2016) / Marco Dorigatti and Maria Pavlova (eds.)
Description: Oxford ; New York : Peter Lang, 2019. | Includes bibliographical
   references and index. | Ten essays in Italian; four in English.
Identifiers: LCCN 2018029782 | ISBN 9781787078994 (alk. paper)
Subjects: LCSH: Ariosto, Ludovico, 1474-1533. *Orlando furioso.*
Classification: LCC PQ4569 .D74 2018 | DDC 851/.3--dc23 LC record available at
https://lccn.loc.gov/2018029782

Cover illustration: © Antonio Possenti (1933-2016), *Malinconia di Ludovico Ariosto* (2016).
By kind permission of the artist's son and copyright holder Giovanni Possenti.

ISBN 978-1-78707-899-4 (print) • ISBN 978-1-78707-900-7 (ePDF)
ISBN 978-1-78707-901-4 (ePub) • ISBN 978-1-78707-912-0 (mobi)

© Peter Lang AG 2019

Published by Peter Lang Ltd, International Academic Publishers,
52 St Giles, Oxford, OX1 3LU, United Kingdom
oxford@peterlang.com, www.peterlang.com

Marco Dorigatti and Maria Pavlova have asserted their right under the Copyright,
Designs and Patents Act, 1988, to be identified as the Editors of this Work.

Printed in Germany

Contents

Figures and Table

Sigla and abbreviations

A B C   These sigla denote the three original editions of *Orlando furioso* published by Ariosto in 1516, 1521, and 1532, respectively, namely:

     A = *Orlando furioso de Ludovico Ariosto da Ferrara. Con gratia e privilegio.* // Impresso in Ferrara per Maestro Giovanni Mazocco dal Bondeno adi .xxii. de Aprile .M.D.XVI.

     B = *Orlando furioso di Ludovico Ariosto nobile ferrarese ristampato et con molta diligentia da lui corretto et quasi tutto formato di nuovo et ampliato. Con gratie et privilegii.* // Stampato in Ferrara per Giovanni Battista da la Pigna Milanese. A di .XIII. de Febraro .M.D.XXI.

     C = *Orlando furioso di messer Ludovico Ariosto nobile ferrarese nuovamente da lui proprio corretto e d'altri canti nuovi ampliato. Con gratie e privilegii.* // Impresso in Ferrara per maestro Francesco Rosso da Valenza, a di primo d'Ottobre .M.D.XXXII.

Fur.   [Ludovico Ariosto] *Orlando furioso*

Inam.   [Matteo Maria Boiardo] *Inamoramento de Orlando*

Inn.   [Matteo Maria Boiardo] *Orlando innamorato* [variant title of the previous work]

Mamb.   [Francesco Cieco da Ferrara] *Libro d'arme e d'amore nomato Mambriano*

Morg.   [Luigi Pulci] *Morgante*

Prefazione

Giunge alla fine la poderosa impresa assunta da Marco Dorigatti e Maria Pavlova di editare i risultati del grande congresso tenutosi a Oxford alla Taylor Institution: *500 Years of* Orlando furioso. La mia testimonianza, come relatore e Presidente di una sessione a cui si aggiunge quella di membro operativo del Comitato nazionale per le celebrazioni del V Centenario della pubblicazione dell'*Orlando furioso*, non può che essere calorosamente positiva. Quasi un onore tributato al Poeta, Oxford ci accolse con splendide giornate luminose che ci permisero agevolmente di spaziare nei cieli della Luna e oltre. L'eleganza dei luoghi in cui eravamo ospiti, lo spirito sempre pungolante ad assumere prospettive e analisi esegetiche di rapporti nuovi tra le arti; anche a volte le discussioni vivaci, rispettose sempre e comunque del punto di vista altro, le passeggiate *lento pede* tra le meraviglie del Museo hanno fatto di quei giorni uno dei momenti più significativi delle celebrazioni di questo triennio.

Ora quei risultati si affidano alla stampa e al giudizio della comunità scientifica. L'opera è merito dell'ultimo cavaliere che si è recato a cercare non solo il senno d'Orlando ma la verità della Parola, l'assoluto della poesia: il carissimo amico Marco Dorigatti.

Per anni insieme abbiamo trascorso l'Europa a mostrare l'immagine visiva di Ludovico Ariosto. Per anni la cara immagine paterna ci ha fatto da stimolo e da ammonimento. Ora l'opera è conclusa con questi risultati che tutti noi possiamo apprezzare e condividere.

Grazie a Oxford, grazie a Marco e a Maria.

Gianni Venturi
Professore emerito di Letteraura italiana all'università di Firenze
già Direttore, poi Presidente dell'Istituto di Studi Rinascimentali di
Ferrara, Membro esecutivo del Comitato nazionale per il V Centenario
della pubblicazione dell'*Orlando furioso*

MARCO DORIGATTI AND MARIA PAVLOVA

Introduction

The Argentinian poet Jorge Luis Borges, whose visionary poem 'Ariosto y los árabes' ['Ariosto and the Arabs']¹ inspired the title of this book, famously defined Ariosto's *Orlando furioso* as a dream. Not an individual's dream, however, but a collective dream. That's because great books like Ariosto's – Borges taught us – cannot be the product of a single individual's creative mind. They define an entire epoch and they are part of the cultural identity of a nation, a mirror in which a society sees its own image. As a dream, *Orlando furioso* grew out of humble beginnings in the Middle Ages, old legends about Charlemagne and King Arthur, later to conquer the entire western world and become a collective fantasy. Being ingrained in our culture, this narrative poem is also a part of what we are. Ariosto did not write it or invent it. He merely allowed himself the leisure of 'dreaming again on things already dreamed' (*volver a soñar lo ya soñado*), which is what we, too, are about to do.

There is a special reason for this. In 2016 that dream reached its 500th anniversary and, to mark the occasion, a group of scholars, comprising internationally acclaimed specialists as well as younger researchers, came together in Oxford to reflect on Ariosto in what would turn out to be a memorable meeting of minds. This book contains their thoughts and ideas, and above all their dialogue, offering fresh perspectives on one of the most enduring works of European and – increasingly – world literature. For Ariosto, however, things have not always looked so promising. When his poem was first published – on 22 April 1516 (a Tuesday, apparently) – it

---

1   Jorge Luis Borges, 'Ariosto y los árabes', in *El hacedor* (Buenos Aires: Emecé Editores, 1960), 89–92. In English: 'Ariosto and the Arabs', in *Dreamtigers*, translated from El hacedor (*The Maker*) by Mildred Boyer and Harold Morland, introduction by Miguel Enguídanos (Austin: University of Texas Press, 1964), 82–84.

hardly made any impact and almost went unnoticed. For four years the author struggled to sell all the copies (c. 1,300) of that edition in order to recover his costs. This was an enterprise, in fact, in which he was risking not only his reputation but also his capital. What must have been particularly demoralising for him was the fact that none of the literati, many of whom were his friends, could find anything to say about his work; the only exception being Machiavelli, who left us a brief comment saying he enjoyed the poem but complaining about not being included in the parade of poets at the end.[2] Perhaps the most disconcerting silence was that of Pietro Bembo, whom Ariosto held in very high esteem. Bembo must have had an intimate knowledge of his work (evident from the fact that, in his capacity as Latin secretary to Pope Leo X, he even drafted a print privilege for it), yet he never expressed an opinion on this or any other works by Ariosto. His reticence speaks volumes about his unease with a work and a literary genre which, clearly, did not conform to his idea of literature or the way he was trying to shape it. Still, Ariosto was to be vindicated and on a grand scale, not by the small elite of literati but by the reading public. In fact, a mere ten years after his death, as the *Furioso* was taken on by the Venetian printing industry, we begin to observe an explosion in the number of editions, with publishers finding it difficult to keep up with an ever increasing demand for copies of the poem. So much so that, towards the middle of the century – Bernardo Tasso tells us – it could be heard being chanted and recited everywhere.[3] Now a new generation of critics and literati (Lodovico Dolce, Giraldi Cinthio, Giovan Battista Pigna, Girolamo Ruscelli, Lodovico Castelvetro amongst others) had a different problem on their hands. The poem's merit was no longer in question; that was all too

---

2   '[...] che, havendo ricordato tanti poeti, che m'habbi lasciato indreto come un cane': Niccolò Machiavelli to Lodovico Alamanni, 17 December 1517. For the text of this letter and in particular the reading 'come un cane', which is here reintroduced, see Guido Beltramini and Adolfo Tura, eds, *Orlando Furioso 500 anni. Cosa vedeva Ariosto quando chiudeva gli occhi* (Ferrara: Fondazione Ferrara Arte, 2016), 178.

3   See Bernardo Tasso's letter to Benedetto Varchi, Venice 6 March 1559, in *Delle lettere di M. Bernardo Tasso, secondo volume. Nuovamente posto in luce, con gli argomenti per ciascuna lettera, e con la tavola [...]* (Venice: Gabriel Giolito de' Ferrari, 1560), 543–544.

evident, now, and it would have been impossible to pass it over in silence. The problem that they faced was another: how could it be reconciled with the main branch of the Italian literary tradition, and what place should it occupy within it? This would turn out to be a long and controversial process, but the outcome was inevitable. *Orlando furioso* stopped being merely a chivalric poem belonging to a low genre (especially popular at the start of the century) and emerged as a literary work deserving to stand side by side with the canonical books of the Trecento as well as the classics of antiquity. It thus came to encapsulate at least in part the essence of what it means to be Italian, at a time when Italy did not even exist: Borges was right, then, when he called it a dream shared by a multitude of people, except that, by then, the dream had already become international; which is why its fifth centenary in 2016 was celebrated in Oxford – or *Oxonia*, as Ariosto called it (*Fur.*, IX 69,4 A) – as well as in other places both within and outside Italy.[4]

If both the third and fourth centenary (in 1905 and 2005) of the publication of *Don Quixote* – whose author, by a strange twist of fate, passed away exactly 100 years after the *Furioso*'s first appearance in print – were commemorated by Cervantes' admirers in the Spanish-speaking world and beyond, the year 2016 was the first time that the anniversary of a work by Ariosto was celebrated. Hitherto only the dates of his birth and death (1474 and 1533) had been remembered, and even then, only beginning from the nineteenth century. Yet the year 2016 marked not one, but two distinct anniversaries: firstly, the birth of *Orlando furioso* as a chivalric dream that has never ceased to capture the imagination of its readers; and secondly, and more specifically, the publication of the *editio princeps* in Ferrara on 22 April 1516. Ariosto spent the best part of his life (c. 1505–1532) writing and rewriting, polishing and enlarging his poem, while also adapting it to a new, fast-evolving taste, both cultural and linguistic, as well as to a changing historical context which dramatically altered its profile. Hence we have been left, not with one, but three versions of the same poem (published in 1516,

---

4   For a review of the principal events which took place in 2016 see Stefano Jossa, 'Ariosto Redivivus in 2016: A Year of Centenary Celebration and Critical Reassessment of *Orlando furioso*', *The Italianist*, 38 (2018), 134–149.

1521 and 1532, sometimes referred to as A, B and C), two of which, the first
and the last, differ quite substantially from one another. Perhaps inevitably,
the first *Furioso* was eclipsed as soon as the forty-six-canto edition made
its appearance in 1532, even if the last time the forty-canto version saw the
light of day in the sixteenth century was – remarkably – in 1539.[5] After
that, it fell into a centuries-long oblivion, but it did not remain forgotten
forever. Eventually, towards the middle of the twentieth century a lively
debate sprang up which tried to reassess and re-assert the merits of that
early version, an effort that is still continuing today. What was different
four centuries on was that the discussion could finally focus on its unique
literary qualities and not just its supposed linguistic flaws, the main reason
why the 1516 *Furioso* was overshadowed in the Renaissance. Seen from
that perspective, the comparison between the two editions appears more
complex and, not surprisingly, it continues to divide opinion. The critic
who perhaps best characterised the problem is Cesare Segre, one of the
greatest Ariosto scholars of all times who, sadly, did not live long enough
to see this centenary. For him, the difference between the two versions of
the poem lies less in their texts than in the temperament of their readers:

> L'opera, quando esce dalle mani dell'autore, è ancora colma del suo entusiasmo,
> illuminata dalla sua ispirazione. L'autore può poi lavorarci sopra, perfezionarla,
> arricchirla; ma fa, in genere, un lavoro di letterato. In una polemica ormai lontana,
> s'erano voluti distinguere i critici gerontofili, portati a preferire i lavori ultimi degli
> scrittori, più rifiniti e armoniosi, e quelli gerontofobi, che preferirebbero le prime
> prove, più fresche e baldanzose.[6]

Fortunately, today there is no need to choose between the two *Furiosi*, for
both, depending on one's taste and disposition, can be read as original works
in their own right and appreciated as a testament to two slightly different

---

5   *Orlando Furioso de Ludovico Ariosto Nobile Ferrarese* (Milan: no publisher, 1539).
     This edition, which in reality is a re-issue (to use the proper bibliographical term),
     is now generally attributed to the printer Scinzenzeler: see Neil Harris, *Bibliografia
     dell'«Orlando innamorato»* (Ferrara-Modena: ISR – Franco Cosimo Panini, 1988–
     1991), 2 vols: I, 56; II, 78.
6   Cesare Segre, 'Tasso, Ariosto e i rifacimenti', *Il Corriere della Sera*, 11 April 2007, 29.

authorial figures: a more youthful and a more inventive forty-two-year-old Ariosto, and an older but more polished and refined fifty-eight-year-old incarnation of the former.

The Oxford Ariosto Conference celebrated both these authors and their respective works through an event intended not only as a commemorative act but also, and above all, as an opportunity to deepen our understanding of Ariosto's world and its enduring appeal. Indeed, it took him about ten years to create (or rather to 'dream') the first *Orlando furioso*; but 500 years of constant reading and interrogating the text have not been able to exhaust all its meaning or to reveal all its secrets. As we enter the second half of the millennium, the search continues and even intensifies.

The conference looked at the past but also at the present, including the time in between, considering, beside the poem itself, some of its countless offshoots and transpositions, in Italian as well as in other cultures, which represent key moments in the course its 500-year reception. After all, this is a work that helped to export the Italian Renaissance, and with it the Italian language, to the rest of world, inspiring other compositions, other adaptations, other versions, starting from those by Shakespeare (whose date of death was celebrated alongside that of Cervantes in the same year as the Ariosto centenary), written on English soil, where the present initiative originated.

Ultimately, the question arising from all this and which all the contributions collected in this volume endeavour to answer (albeit each in its own way), is about Ariosto and his standing in the present-day world. He was acutely aware of how Time, personified in the image of an old man ('vecchio di faccia, e sì di membra snello', XXXV 11,3 C), is constantly busy consigning names – even those that once seemed so important – to the river Lethe (or oblivion), and how few ever manage to escape his relentless work of obliteration. Poets in particular are rare, really true poets, that is: 'Son, come i cigni, anco i poeti rari, / poeti che non sian del nome indegni' (23,1–2). And yet, looking back and considering that his *Furioso* (at least in its last version) has never been out of print, Ariosto has done remarkably well so far: he has not only continued to enchant and make people dream, thus escaping the dreaded river, but he has also inspired other artists and other poets, such as Borges, and taught them how to be modern, or rather how to dream again. For that's his secret to remain topical despite the passing of time.

Containing the proceedings of the Oxford Conference, this volume consists of fourteen essays written by renowned scholars as well as talented early career academics, who met in the Taylorian Institution over two days (16–17 June 2016). It brings together original contributions from researchers who belong to different schools of thought and use different methodological approaches, reflecting the breadth and scope of Ariosto studies today and offering fresh, thought-provoking insights into the poem and its afterlife. The volume is structured into three parts corresponding to the three main areas of inquiry discussed at the conference, namely 'Tradition', 'Interpretation', and 'Reception'. The first of these comprises six essays situating *Orlando furioso* within the various literary traditions of its time. These include, above all, the chivalric tradition, that is, narratives of both the Carolingian and Arthurian cycles that form the context in which the *Furioso* is best understood as a *libro di battaglia*, or a chivalric poem. The importance of this chivalric context cannot be overstated. Conceived as a sequel to Boiardo's *Inamoramento de Orlando*, the *Furioso* grew out of late medieval and early Renaissance chivalric literature, retaining many ties with it and appropriating many of its features. And yet there is a tendency to read Ariosto in isolation from the rest of the chivalric tradition. Already in the second half of the sixteenth century literary scholars were reluctant to acknowledge his chivalric sources and influences, preferring to read the *Furioso* as a work modelled on and inspired by the great epics of antiquity. Even the fact that Boiardo (one of the few of Ariosto's chivalric predecessors to attract some limited interest from late sixteenth-century literati) and Ariosto borrowed characters from earlier chivalric texts seemed to be all but forgotten: it is Antonio Panizzi who in the 1830s dismantles the centuries-old myth (first mentioned, it would seem, in Lodovico Castelvetro's 1570 commentary on Aristotle's *Poetics*)[7] that the Saracen characters in the two

---

7   *Poetica d'Aristotele vulgarizzata, et sposta per Lodovico Castelvetro* (Vienna: Gaspar Stainhofer, 1570), 117*v*.

Orlandos are named after Scandiano peasants.[8] Panizzi contributed to the (re)discovery of Italian chivalric literature. But even after the publication of Pio Rajna's monumental *Le fonti dell'Orlando furioso* Ariosto's engagement with vernacular chivalric texts continued to receive less attention than it deserved,[9] with many scholars tacitly or even explicitly agreeing with Italo Calvino, who famously declared that 'il *Furioso* è un libro unico nel suo genere e può – quasi direi deve – esser letto senza far riferimento a nessun altro libro precedente o seguente'.[10]

Responding to the recent surge of scholarly interest in Ariosto's vernacular chivalric sources,[11] the essays gathered in the first part of this book take the opposite point of view, namely that a full appreciation of the *Furioso*'s significance and originality can only be gained by locating it in its original literary setting. The book opens with an essay by Daniela Delcorno Branca: appropriately so, given that she was also the key speaker whose presence greatly honoured the Oxford Conference. Her study is a detailed examination of the ways in which Ariosto draws on Arthurian literature. Daniela Delcorno Branca – who has devoted much of her long academic career to studying the Italian Arthurian tradition – explains how Ariosto appropriates such Arthurian *topoi* as the figure of the fairy and the use of enchanted weapons, by looking at the first canto in particular. Then the focus shifts to the Carolingian tradition. Annalisa Perrotta draws parallels between Pulci's and Ariosto's authorial voices, arguing that the

---

8   *Orlando Innamorato di Bojardo, Orlando Furioso di Ariosto, with an essay on the roman-tic narrative poetry of the Italians; memoirs and notes by Antonio Panizzi* (London: William Pickering, 1830–1834), II, lxxix.

9   See Pio Rajna, *Le fonti dell'Orlando furioso*. Ristampa della seconda edizione 1900 accresciuta d'inediti, ed. Francesco Mazzoni (Florence: Sansoni, 1990).

10 *Orlando furioso di Ludovico Ariosto raccontato da Italo Calvino. Con una scelta del poema* (Turin: Einaudi, 1970), XIX.

11 See, to name just a few examples, Eleonora Stoppino, *Genealogies of Fiction: Women Warriors and the Dynastic Imagination in the* Orlando furioso (New York: Fordham University Press, 2012); and Valentina Denzel, *Les Mille et Un Visages de la virago. Marphise et Bradamante entre continuation et variation* (Paris: Classiques Garnier, 2016).

narrator of the third *Furioso* comes to resemble that of Pulci's *Morgante*. Elisa Martini analyses one of the most emblematic characters of European chivalric literature – Orlando – by tracing his evolution from Cieco da Ferrara's *Mambriano* to the *Furioso*. Finally, Maria Pavlova revisits the thorny question of the relationship between Nicolò degli Agostini's *Quinto libro* (1514) and the 1516 *Furioso*, in an attempt to work out which poet inspired the other. The remaining two essays of the first part both examine Ariosto's engagement with his own work. Giada Guassardo's essay explores the textual borrowings between Ariosto's *Rime* and the first *Furioso*, while Ida Campeggiani considers the textual tradition of the *Furioso*, analysing the extant autograph fragments that were incorporated into the 1532 edition of the poem and the method used by the author.

The fact that this book emphasises the importance of the *Furioso*'s chivalric origins does not of course mean that Ariosto did not look beyond that genre. In fact, the second part, entitled 'Interpretation', contains essays that examine the *Furioso* from different perspectives, inserting it into a different, broader context. Ariosto was a true Renaissance man insofar as his interests were diverse and wide-ranging. A poem of great intellectual complexity, the *Furioso* reflects the atmosphere of intellectual curiosity that characterised the first decades of the sixteenth century, epitomising the breadth and depth of the Italian Renaissance. Ariosto was a contemporary of such emblematic Renaissance figures as Erasmus, Machiavelli and Castiglione. He was born merely two years after the death of Leon Battista Alberti, from whose *Intercenales* – the story entitled *Somnium*, to be precise – he draws one of the most celebrated episodes of the *Furioso*, namely the description of the valley of the Moon, where Orlando's lost wits have ended up. What is striking is that one had to wait until the 1960s to see the first scholarly articles (by Remo Ceserani, Mario Martelli and Cesare Segre) on the presence of Alberti in Ariosto's poem, which completely escaped the attention of Pio Rajna.[12] If we consider the whole of the now more than 500-year-old history of the *Furioso*, it is only recently that scholars have

---

12   See at least Cesare Segre, 'Leon Battista Alberti e Ludovico Ariosto', in Idem, *Esperienze ariostesche* (Pisa: Nistri-Lischi, 1966), 85–95.

started to examine Ariosto's work in light of the Renaissance humanist thought and the cultural developments of that period.[13]

Part II starts with Stefano Jossa discussing the editorial strategies of the publisher of the 1516 *Furioso*, Giovanni Mazocco del Bondeno, who was also responsible for publishing medical texts, Greek grammars and Girolamo Savonarola's *Prediche*, texts that, according to Jossa, could help us understand the intellectual milieu into which the *Furioso* was born as well as the interests and expectations of Ariosto's first readers. Franca Strologo's essay analyses Ariosto's treatment of illicit, homosexual love in the episode of Ricciardetto and Fiordispina, showing how he rewrites and combines a plethora of ancient, medieval and Renaissance sources belonging to different genres. Maiko Favaro draws a comparison between Ariosto's portrayal of Ruggiero – the fictional founder of the Este dynasty and hence the dynastic hero – and Machiavelli's *Vita di Castruccio Castracani*. Finally, Anna Klimkiewicz puts the *Furioso* in a wider European perspective, focusing on the fundamental themes of madness and error and exploring the poem's utopian elements.

The third and conclusive part of the present book is devoted to the reception of the *Furioso* in Italy and beyond, from the sixteenth century to the present. Ariosto's poem, as we have already seen, became an acknowledged 'classic' in less than fifty years from its initial appearance in print. The process of its canonisation has been treated in numerous studies, including Daniel Javitch's monograph, now itself a classic of Ariosto criticism;[14] but, given the sheer vastness of the subject, this remains a field very much open to further research and stimulating discoveries, as the studies collected in Part III demonstrate. Of these, the first two investigate little known episodes from the history of the poem's reception in late Renaissance and baroque Italy. Ambra Anelotti looks at *Il Furioso spirituale* – a religious rewriting of the poem – by Vincenzo Marino, a Sicilian priest who admired Ariosto's work and at the same time abhorred its immorality. Francesco Lucioli, by

13   One of the most ground-breaking studies in this regard is Gennaro Savarese, *Il* Furioso *e la cultura del Rinascimento* (Rome: Bulzoni, 1984).

14   Daniel Javitch, *Proclaiming a Classic: The Canonization of* Orlando Furioso (Princeton, NJ, and Oxford: Princeton University Press, 1991).

contrast, explores a seventeenth-century *tramutazione* of a very different kind: a poem on syphilis that satirically engages with the *Furioso*.

The remainder of Part III is mostly concerned with the reception of the *Furioso* in cultural contexts outside Italy. These do not include Britain, which at first might seem a puzzling omission, considering that the event from which this volume arises took place in the land of Shakespeare. However, there is a reason for this: 2016 witnessed numerous Ariosto-inspired events all over the world, including a two-day conference organised by the British Academy, which was expressly devoted to Ariosto's reception in British culture.[15] Instead, the remaining two contributors take us beyond and look at continental Europe and more distant and even exotic places. Christian Rivoletti examines Jean Honoré Fragonard's artistic representations of the *Furioso*'s narrator, showing how Fragonard's interest in this figure was sparked off by Voltaire and a new way of reading Ariosto's poem that emerged in eighteenth-century France. Finally, Marco Dorigatti takes the reader on an imaginative spatial as well as temporal journey that starts in sixteenth-century Ferrara and ends in the present day. Given that his study was conceived as a 'mystery tour' in which the journey's stops are not to be revealed before they are reached, they will come as a surprise, showing the degree to which Ariosto was transformed, re-invented and re-interpreted over the course of its 500-year history.

The time has come to bid farewell to this book and place it in the readers' hands, so that they too may join us and 'dream again on things already dreamed'.

* * *

The editors take this opportunity to thank the authors of the essays as well as other scholars who attended the conference in various capacities. In particular we should like to thank the following for chairing a session: Jane Everson (Royal Holloway University of London); Margareth Hagen (Universitetet i Bergen); Martin McLaughlin (University of Oxford); Letizia Panizza (Royal Holloway University of London); and Gianni

15   Jane Everson, Andrew Hiscock and Stefano Jossa, eds, *Ariosto, the* Orlando Furioso, *and English Culture* (Oxford: Oxford University Press, 2019).

Venturi (University of Florence). We also wish to remember, for their oral contributions to the conference, Luca Degl'Innocenti (University of Florence); Nicola Gardini (University of Oxford); Ita Mac Carthy (University of Birmingham); Alice Spinelli (Freie Universität Berlin); Maria Irene Torregrossa (University of Genoa); and David Maskell (University of Oxford), whose stage adaptation of *Orlando furioso* was performed for the conference participants and other guests on the evening of 17 June 2016. We are also very grateful to Clare Hills-Nova of the Taylorian Library, Sallyanne Gilchrist and Jennifer Varallo of the Bodleian Library, and Anna Wawrzonkowska for helping us organise two displays of early printed editions of the *Furioso* and a selection of Renaissance manuscripts and early printed books, which were hosted by the Taylorian and the Bodleian Libraries during the two days of the conference.

Finally, we wish to express our boundless gratitude to the Comitato Nazionale per le celebrazioni del V Centenario della pubblicazione dell'*Orlando furioso* di Ludovico Ariosto (1516–2016), without which neither the conference nor the publication of its proceedings would have been possible. We should like to thank in particular its president, Lina Bolzoni, and Gianni Venturi, who honoured us with his presence and with his lively comments throughout the conference. We would also like to acknowledge the generous contributions made by our other sponsors, namely The Italian Cultural Institute, London; The David Rowe Fund and the Department of Italian of the University of Oxford; the Bodleian Libraries, Oxford; The Society for Italian Studies (SIS); and Casalini Libri.

And now a note on the cover chosen for this book. In 2016, a year particularly rich in discoveries, we came across the illustrations of the poem specially made by the artist Antonio Possenti from Lucca. Looking at them, one is struck by something genuinely Ariostan, rarely found in iconographic works of this kind. We would have liked to contact the artist but, sadly, he passed away that same year. We are very grateful to his son Giovanni for his kind permission to reproduce the picture entitled *Malinconia di Ludovico Ariosto* (2016) on the cover of this book, which – by the way – we wish to dedicate to the memory of Antonio Possenti (1933–2016).

Last but not least, we must thank our publisher, Peter Lang. It was a privilege to see a volume such as this go through the press of a publishing house justly renowned for its academic zeal, its cultural openness, and its multi-lingual approach, and we have a debt of gratitude especially to the editors who, at various stages, oversaw and facilitated the editing of this volume, namely Christabel Scaife, Simon Phillimore, Philip Dunshea and Jonathan Smith, to whom we give our deepest thanks, and similarly, for additional proofreading, Jacqueline Uren and Ayoush Lazikani.

Oxford, October 2018

PART I

Tradition

DANIELA DELCORNO BRANCA

1 L'*Orlando furioso* e la tradizione romanzesca arturiana

In una delle più antiche testimonianze sulla composizione dell'*Orlando furioso*, sia pure indiretta, Ariosto è significativamente introdotto in un contesto e con un linguaggio che rinviano allusivamente alla letteratura romanzesca arturiana. Si tratta del dialogo *Equitatio* del suo amico Celio Calcagnini:[1] durante una cavalcata, i partecipanti (che rappresentano l'intellighenzia ferrarese dei primissimi del Cinquecento) svolgono ragionamenti latamente filosofici, una sorta di adattamento platonico-umanistico del cavalcar novellando assolutamente tipico di uno dei più diffusi e noti romanzi arturiani, *Guiron le Courtois*.[2] A un certo punto Ariosto, che fa parte della brigata, viene sollecitato ad intervenire nel dibattito, o magari

---

1   Sull'*Equitatio* del Calcagnini (databile attorno al 1507) cfr. il recente ELISA CURTI, *Una cavalcata con Ariosto. L'*Equitatio *di Celio Calcagnini*, Ferrara, Fondazione Ferrara Arte, 2016, con edizione della prima sezione del dialogo (che comprende l'intervento di Ariosto), con traduzione, commento e aggiornata bibliografia, della quale occorre però segnalare almeno il fondamentale GENNARO SAVARESE, *Il progetto del poema tra Marsilio Ficino e «adescatrici galliche»*, in IDEM, *Il Furioso e la cultura del Rinascimento*, Roma, Bulzoni, 1984, pp. 15–37.

2   Sulle fonti, classiche e romanze, del cavalcar novellando nel dialogo del Calcagnini, vedi ELISA CURTI, *Una cavalcata con Ariosto*, cit., pp. 14–17. Sull'importanza del *Guiron* nei confronti del *Furioso* già insisteva PIO RAJNA, *Le fonti dell'Orlando furioso*, ristampa della seconda edizione 1900 accresciuta di inediti, a cura e con presentazione di Francesco Mazzoni, Firenze, Sansoni, 1975: per esempio pp. 267–280 e 318–323 (dove il testo è indicato col titolo *Palamedès*); e *Indice di fonti e riscontri, s.v.* Per la complessa tradizione di questo romanzo, molto diffuso in Italia, cfr. NICOLA MORATO, *Il ciclo di* Guiron le Courtois. *Strutture e testi nella tradizione manoscritta*, Firenze, Edizioni del Galluzzo, 2010; e sui racconti di secondo grado RICHARD TRACHSLER, *Il racconto del racconto. La parola del cavaliere nel* Guiron le Courtois,

a fornire qualche anteprima del poema che sta componendo. La risposta è celebre ed è stata fonte di equivoci fino a un importante intervento di Savarese di una trentina di anni fa.[3] Ariosto non solo afferma che l'opera che sta componendo «mihi pene omnem sapientiam expectoravit», cioè gli ha consumato il cervello (proprio il rischio cautamente annunciato nel proemio del *Furioso*: I 2), ma si duole di aver profuso il suo impegno poetico per «gallicanae ambubaiae» e «circumforanea argumenta», rimpiangendo di non essersi piuttosto dedicato alle dotte discipline di cui stanno discutendo i suoi compagni. Le due espressioni latine (che i nostri positivisti avevano interpretato come 'cortigiane francesi' cantate dal poeta!) altro non sono che riferimenti alla letteratura cavalleresca di marca francese e al suo pubblico di piazza (per il quale appunto sono buoni «circumforanea argumenta»).[4]

Nell'*Equitatio* il personaggio Ariosto presenta se stesso davanti a un bivio (altra topica immagine cavalleresca) dove in qualche modo si è lasciato adescare dalle «gallicanae ambubaiae», da quelle Muse 'vagabonde francesi' che suggestivamente (come è stato notato) rinviano alle vagabonde dame del poema, Angelica *in primis*: ma, trattandosi di un bivio, mi pare richiamino soprattutto le seduttrici ancelle di Alcina che distolgono Ruggiero dall'impervia via della virtù, inducendolo a entrare nelle delizie della città della fata (VI 68–70).[5] Il bivio era dunque fra cultura umanistica filologica e filosofica e narrativa romanzesca volgare: e la sfida era di riscattare quest'ultima dal livello di inferiorità che la connotava e di elevarla a pari dignità artistica e culturale. Una sfida in qualche modo già affrontata brillantemente da Boiardo: e infatti, come scriveva Ariosto nel

---

in «*D'un parlar ne l'altro*». *Aspetti dell'enunciazione dal romanzo arturiano alla Gerusalemme liberata*, a cura di Annalisa Izzo, Pisa, Edizioni ETS, 2013, pp. 11–22.

3   ELISA CURTI, *Una cavalcata con Ariosto*, cit., pp. 84–97; GENNARO SAVARESE, *Il progetto del poema tra Marsilio Ficino e «adescatrici galliche»*, cit.

4   Per le interpretazioni di questo passo cfr. ELISA CURTI, *Una cavalcata con Ariosto*, cit., pp. 91–93.

5   Sull'episodio, che richiama il classico antecedente di Ercole al bivio, e la sua funzione modellizzante del racconto, cfr. REMO CESERANI, *Due modelli culturali e narrativi nell'Orlando furioso*, «Giornale storico della letteratura italiana», CLXI, 1984, pp. 481–506.

1512 al marchese Francesco Gonzaga desideroso di aver notizia del poema in lavorazione, si trattava di continuare «la inventione del conte Matteo Maria Boiardo». La «inventione», si noti, non la trama narrativa: com'è stato più volte sottolineato, Ariosto si preoccupa di distinguersi nettamente dai continuatori dell'*Innamorato* (Agostini, Valcieco) fin dal I canto, dove riprende a suo modo la vicenda interrotta.[6] In realtà egli è l'interprete più acuto e insieme più indipendente della geniale riproposta boiardesca del mondo carolingio-arturiano, una riproposta già sintonizzata secondo i gusti e le attese dell'ambiente delle corti padane, ormai pragmaticamente aperto ai nuovi orizzonti della cultura umanistica.[7] Nel generale ibridismo che caratterizza il poema cavalleresco contemporaneo e successivo all'*Innamorato*, il *Furioso* si distingue proprio per il suo 'boiardismo', per il suo perseguire la scelta del predecessore (la strada delle «gallicanae ambubaiae») a livello di sistema narrativo, di materiale fantastico, di linguaggio espressivo.[8] Si trattava non di imitare, ma di interpretare la sostanza dell'operazione 'Inamoramento de Orlando'.

Il rapporto con la tradizione arturiana è uno dei nodi imprescindibili di tale autonoma ripresa.[9] Anche in questo campo Ariosto procede in

---

6 Cfr. RICCARDO BRUSCAGLI, «Ventura» e «inchiesta» fra Boiardo e Ariosto, in IDEM, *Stagioni della civiltà estense*, Pisa, Nistri-Lischi, 1983, pp. 87–126; IDEM, *Invenzione e ricominciamento nel canto I dell'*Orlando furioso, in IDEM, *Studi cavallereschi*, Firenze, Società Editrice Fiorentina, 2003, pp. 55–73.

7 Nella vasta bibliografia mi limito ad alcune voci significative: RICCARDO BRUSCAGLI, *Stagioni*, cit., pp. 15–32; ANTONIA TISSONI BENVENUTI, *Il mondo cavalleresco e la corte estense*, in *I libri di* Orlando innamorato, Ferrara-Modena, ISR-Panini, 1987, pp. 13–33; *Il Boiardo e il mondo estense nel Quattrocento*, a cura di Giuseppe Anceschi e Tina Matarrese, Padova, Antenore, 1998.

8 GIUSEPPE SANGIRARDI, *Boiardismo ariostesco. Presenza e trattamento dell'*Orlando Innamorato *nel* Furioso, Lucca, Pacini Fazzi, 1993.

9 Dopo il fondamentale PIO RAJNA, *Le fonti dell'Orlando furioso*, cit., cfr. lo specifico MARCO PRALORAN, *Alcune ipotesi sulla presenza dei romanzi arturiani nell'*Orlando furioso, in IDEM, *Le lingue del racconto. Studi su Boiardo e Ariosto*, Roma, Bulzoni, 2009, pp. 149–174, e i saggi del medesimo citati alla nota seguente. Per la letteratura arturiana punto di riferimento generale sono ormai *The Arthur of the French*, a cura di Glyn S. Burgess, Karen Pratt, Cardiff, University of Wales, 2006, e *The Arthur of the Italians. The Arthurian Legend in Medieval Literature and Culture*, a cura di Gloria

modo indipendente, affiancando continuità e innovazione. Sulla tecnica narrativa, quell'*entrelacement* che caratterizza i grandi romanzi in prosa (*Lancelot, Tristan, Guiron*), e sulla sua originalissima e diversa applicazione

---

Allaire, F. Regina Psaki, Cardiff, University of Wales, 2014. Per l'Italia rinvio anche al mio studio *Tristano e Lancillotto in Italia. Studi di letteratura arturiana*, Ravenna, Longo, 1998. Preciso che, salvo diversa indicazione, parlando di *Lancelot* e *Tristan* intendo i grandi romanzi in prosa in lingua d'oïl. Per ragioni pratiche utilizzo per i riscontri la seguente serie di sigle:

LM = *Lancelot. Roman en prose du XIIIᵉ siècle*, a cura di Alexandre Micha, I–IX, Ginevra, Droz, 1978–1983: si cita per volume, capitolo, paragrafo.

Lös = Eilart Löseth, *Le roman en prose de Tristan, le roman de Palamède et la compilation de Rusticien de Pise. Analyse critique d'après les manuscrits de Paris*, Parigi, Bouillon, 1891 (reprint Ginevra, Slatkine, 1974): si cita per paragrafo.

Pal. 556 = *Tavola Ritonda. Manoscritto Palatino 556, Firenze, Biblioteca Nazionale Centrale*, trascrizione e commenti a cura di Roberto Cardini, Roma, Istituto dell'Enciclopedia Italiana, 2009: si cita per pagina.

Panc. = *Il Tristano panciatichiano*, edito e tradotto a cura di Gloria Allaire, Cambridge, D. S. Brewer, 2002 (Arthurian Archives, Italian Literature I): si cita per pagina.

PL = *Lancelot do Lac: The Non-Cyclic Old French Prose Romance*, a cura di Elspeth Kennedy, Oxford, Clarendon Press, 1980: si cita per pagina.

Ricc. = *Tristano Riccardiano*, testo critico di Ernesto Giacomo Parodi a cura di Marie-José Heijkant, Parma, Pratiche, 1991: si segue la numerazione delle pagine della classica edizione Parodi (Bologna, Romagnoli, 1896) riportata in margine alla moderna riproposta.

Rust. = *Il romanzo arturiano di Rustichello da Pisa*, edizione critica, traduzione e commento a cura di Fabrizio Cigni, Pisa, Cassa di Risparmio di Pisa – Pacini, 1994: si cita per capitolo e paragrafo.

Tav. Rit. = *La Tavola Ritonda*, a cura di Marie-José Heijkant, Milano-Trento, Luni, 1997: si cita per pagina, ma segnalando anche il capitolo per favorire i riscontri con la classica edizione di Filippo Luigi Polidori (Bologna, Romagnoli, 1864–1866) di cui ripropone il testo.

TC = *Le Roman de Tristan en prose*, edito a cura di Renée Louise Curtis, I, Monaco, Fink, 1963; II, Leida, Brill, 1976; III, Cambridge, Brewer, 1985: si cita per volume e pagina.

TM = *Le roman de Tristan en prose*, edito sotto la direzione di Philippe Ménard, I–IX, Parigi, Champion, 1987–1997: si cita per volume, paragrafo con numerazione araba.

TV = *Il libro di messer Tristano («Tristano Veneto»)*, edito a cura di Aulo Donadello, Venezia, Marsilio, 1994: si cita per pagina.

in Boiardo e Ariosto, in particolare per quanto riguarda il tempo narrativo, Marco Praloran ha scritto pagine straordinarie e fondamentali.[10] In questa sede mi concentrerò piuttosto su aspetti tematici e topici del rapporto *Furioso*-romanzi arturiani, un rapporto filtrato, ma non completamente condizionato, da Boiardo. Può essere utile partire dal confronto tra il primo canto di ciascuno dei due poemi, in quanto cifra emblematica e significativa dell'intero sviluppo del testo.

Ariosto non riprende il racconto dall'interruzione di Boiardo (il vano amore di Fiordispina per Bradamante scambiata per cavaliere: *Inam.*, III ix), ma molto più indietro, riportando al centro personaggi e particolari risalenti alla metà del II libro dell'*Innamorato* e tralasciando sviluppi secondari.[11] Riporta al centro soprattutto Angelica, con decisa allusione all'inizio boiardesco: lì Angelica, personaggio di nuova invenzione, compariva sconvolgendo l'apparente equilibrio della corte riunita (*Inam.*, I i), nel *Furioso* Angelica fugge, determinando itinerari, incontri, duelli. Quello di Boiardo è un classico scenario da inizio di romanzo arturiano (o più precisamente di *branche* dello sterminato sistema): la corte riunita per un torneo nella data canonica di Pentecoste ('Pasqua rosata'). Il *Furioso* invece, dopo un essenziale sommario, parte *in medias res* con la fuga di Angelica. Di contro alla scena collettiva e di corte, Ariosto sceglie lo spazio dai confini indeterminati, la foresta dell'*aventure*. Solo alla fine del poema (canto XLVI) verrà introdotta una grande scena di corte, a fare da *pendant* significativo e conclusivo rispetto all'apertura dell'*Innamorato*, e sarà lo scenario delle nozze di Bradamante e Ruggiero: rispetto a Boiardo il *Furioso* concede in complesso minore spazio a battaglie e scene collettive (anche per un

---

10   Marco Praloran, *«Maraviglioso artificio». Tecniche narrative e rappresentative nell'*Orlando Innamorato, Lucca, Pacini Fazzi, 1990; Idem, *Tempo e azione nell'*Orlando furioso, Firenze, Olschki, 1999; Idem, *Le lingue*, cit.; Idem, *Le strutture narrative dell'*Orlando furioso, in *Lettura dell'«Orlando furioso»*, diretta da Guido Baldassarri, Marco Praloran, I, a cura di Gabriele Bucchi, Franco Tomasi, Firenze, Edizioni del Galluzzo, 2016, pp. 101–124.

11   Riccardo Bruscagli, *Invenzione*, cit. Cito il poema boiardesco dall'ed. Matteo Maria Boiardo, *Inamoramento de Orlando*, ed. critica a cura di Antonia Tissoni Benvenuti, Cristina Montagnani, Milano-Napoli, Ricciardi, 1999. Per il *Furioso*, cfr. l'ed. a cura di Emilio Bigi, riproposta a cura di Cristina Zampese, Milano, RCS Libri, 2012.

torneo, quello di Damasco, occorre attendere il canto XVII), privilegiando l'avventura individuale o di gruppi ristretti.[12]

La scelta iniziale determina nei due testi un movimento differenziato: in Boiardo una sorta di dispersione, con un polo centrale (corte) dal quale si irradiano verso il polo foresta i percorsi alla conquista di Angelica; in Ariosto i personaggi, già sparsi in varie foreste verso la fine dell'*Innamorato*, si concentrano in un unico spazio boscoso dai confini indefiniti, lungo traiettorie oblique e incrociate, a volte ritornanti su se stesse, in qualche modo unificate dall'itinerario delle due prime donne del poema: l'impaurita e vagante Angelica in fuga e la decisa Bradamante che a fine canto annuncia la ripresa di una delle ultime scene boiardesche (*Inam.*, III vi 27–28, e viii 53–62).[13]

Il carattere incipitario del I canto dell'*Innamorato*, rivelazione della pagina segreta della vita di Orlando censurata da Turpino, è accentuato dal fatto che la vicenda boiardesca si modella, sia pure con effetti di variazione a sorpresa, sull'episodio iniziale della *Compilazione* arturiana di Rustichello da Pisa, quell'avventura del Vecchio Cavaliere, che compare a sfidare la corte riunita per saggiarne il valore, promettendo in premio al vincitore la bellissima donzella che lo accompagna (Rust., 3–16). Episodio riscritto da Boiardo contaminandolo con le variazioni tutte di marca prettamente italiana (dalla *Tavola Ritonda* ai cantari) che fanno del Vecchio Cavaliere un avversario malvagio provvisto di lancia magica, proprio come l'Argalia boiardesco.[14] Ariosto invece, come s'è visto, parte *in medias res*: non ricalca

---

12   MARCO PRALORAN, *Le strutture*, cit., pp. 110–111.

13   Cfr. DANIELA DELCORNO BRANCA, *Inchiesta*, in *Lessico critico dell'*Orlando furioso, a cura di Annalisa Izzo, Roma, Carocci, 2016, pp. 129–152: 136–140.

14   Oltre alla struttura generale (sfida e duelli successivi) si notano stretti punti di contatto: la data della festa, l'elenco dei partecipanti, il corteo del nuovo venuto, le condizioni della prova, lo stupore dei presenti, il confronto della regina e delle altre donne con la bellezza della donzella che accompagna il cavaliere. Cfr. in particolare Rust., 3–4, e *Inam.*, I i 8–35. L'episodio di Rustichello è parzialmente ripreso in apertura di *Tav. Rit.*, p. 74, cap. II. Ma la stessa *Tavola Ritonda* aggiunge di suo l'episodio di Lasancis provvisto di lancia magica (cap. LXXXVII, pp. 353–364), manipolando un racconto di cui restano varie tracce nella tradizione italiana, specie canterina: cfr. DANIELA DELCORNO BRANCA, *Tristano e Lancillotto*, cit., pp. 201–224; *Cantari*

episodi (se non – come si vedrà – con discrete e sfumate allusioni), ma costruisce piuttosto per frammenti topici arturiani. A partire dall'uso quasi citazionale di formule e locuzioni tipizzanti (praticamente assente in Boiardo), come quella che svela l'identità di Sacripante secondo la convenzionale *retardatio nominis*: «Se mi domanda alcun chi costui sia / che versa sopra il rio lacrime tante / io dirò [...]» (I 45,1–3; e cfr. XXIV 53,3–8).[15] Non si contano nei romanzi arturiani le fanciulle in fuga nelle foreste in cerca di soccorso, né gli incontri di cavalieri che divengono scontri per il possesso di una dama, o messaggeri affannati che portano informazioni, o strade che si dividono obbligando i cavalieri a separarsi, o infine lo spazio cupo della foresta che improvvisamente si apre in un ridente praticello erboso percorso da un ruscello fresco e risonante: tutti elementi che costituiscono lo scenario di avvio del poema ariostesco.

Esistono tuttavia, in questa sorta di puntinismo arturiano, richiami più marcati, dove scattano – come già in Boiardo – variazioni e sviluppi. Lo scontro fra Rinaldo e Ferraù s'interrompe per la fuga della donna contesa, come già in un episodio dell'*Inam.*, I iii 78, ma qui i due avversari passano, anche se in modo provvisorio, ad un amichevole comportamento che suscita l'ammirato quanto ironico commento dell'autore («O gran bontà dei cavalieri antiqui!», I 22). Un esercitato lettore di romanzi (come l'autore presupponeva fosse il suo pubblico) poteva scorgervi in filigrana una variazione del famoso duello rinviato di Tristano e Palamede (magnanimamente sospeso a causa delle precedenti ferite di quest'ultimo) e seguito da un breve *compagnonnage* dei contendenti (TM III, 204–218; Lös., 196–197). All'appuntamento convenuto al Petrone di Merlino per terminare lo scontro giunge casualmente Lancillotto che Tristano scambia per Palamede (forzatamente assente perché prigioniero): il duello è il primo

---

fiabeschi arturiani, a cura di Daniela Delcorno Branca, Milano-Trento, Luni, 1999 (in particolare i testi dei *Cantari del Falso Scudo*, *Astore e Morgana*, *Lasancis*, Evangelista Fossa, *Innamoramento di Galvano*).

15 Per qualche osservazione in proposito cfr. DANIELA DELCORNO BRANCA, L'*Orlando furioso e il romanzo cavalleresco medievale*, Firenze, Olschki, 1973, pp. 51–55; e in generale sulla formularità dei cantari MARIA CRISTINA CABANI, *Le forme del cantare epico-cavalleresco*, Lucca, Pacini Fazzi, 1988.

incontro dei due massimi eroi e s'interrompe allorché essi conoscono la
rispettiva identità, dando luogo a un'amicizia che introduce solennemente
Tristano alla corte di Artù (TM III, 247–275; Lös., 203–206). Il forte
rilievo dell'episodio nell'economia del *Tristan* (sottolineato da variazioni,
riprese e commenti in tutta la tradizione sia francese che italiana) mi pare
giustifichi l'accostamento al di là delle relative somiglianze di svolgimento.[16]

Il cavaliere sconosciuto che irrompe sulla scena rovesciando i pre-
senti per scomparire poi nel bosco, come l'ancora incognita Bradamante
(I 60–64), non manca di precedenti, in particolare quel misterioso cavaliere
dallo scudo coperto da una fodera vermiglia («houche vermeille») che
caratterizza una sezione del *Tristan* (TM III, 212–239; Lös., 197–200).
Nel *Furioso* invece il cavaliere sconosciuto è «bianco» (I 60,3–4 e 68,6–7)
e rinvia indubbiamente (già se ne accorse Rajna) al giovane Lancillotto,
allorché all'inizio del suo romanzo si conoscono solo le sue prodezze, ma
non ancora la sua identità, per cui è indicato esclusivamente come «le
chevalier blanc».[17] L'effetto comico a sorpresa è di averlo trasformato in
Bradamante donna guerriera che con «l'importuno suo sentiero» manda
all'aria Sacripante e i suoi progetti erotici nei confronti di Angelica.

Proprio Sacripante costituisce l'icona più precisa di un ripetuto *topos*
arturiano: il cavaliere che si toglie le armi, appende scudo ed elmo a un
ramoscello, libera dalle redini il cavallo e si riposa pensoso presso un corso
d'acqua, a volte lamentandosi d'amore senza accorgersi che qualcuno lo
ascolta e lo identifica. Fra i vari riscontri possibili, ricordo almeno lo
straordinario episodio notturno di Kahedin che si lamenta del suo non
ricambiato amore per Isotta presso un ruscello, mentre a sua insaputa

---

16   È variato e ripetuto tre volte nella *Tavola Ritonda*, cfr. DANIELA [DELCORNO]
     BRANCA, *I romanzi italiani di Tristano e la Tavola Ritonda*, Firenze, Olschki, 1968,
     pp. 79–80. All'episodio è dedicato un cantare: *I cantari di Carduino giuntovi quello
     di Tristano e Lancielotto quando combattettero al Petrone di Merlino*, a cura di Pio
     Rajna, Bologna, Commissione per i testi di lingua, 1873.

17   Cfr. PIO RAJNA, *Le fonti dell'Orlando furioso*, cit., p. 88, e sull'incognito di Lancillotto
     nella prima parte del romanzo, ELSPETH KENNEDY, *Lancelot and the Grail. A Study
     of the Prose Lancelot*, Oxford, Clarendon Press, 1986, pp. 10–48 e 178–192. Per il
     «chevalier à la houche vermeille», cfr. DAMIEN DE CARNÉ, *Sur l'organisation du
     Tristan en prose*, Paris, Champion, 2010, pp. 484–492.

Lancillotto e Palamede lo ascoltano (TM I, 97–120).[18] È una vicenda che tra l'altro presenta nel suo sviluppo successivo suggestive coincidenze – specie grazie all'ambientazione notturna – col famoso colloquio boiardesco fra Orlando e Agricane.[19] Nel *Furioso* siamo però in pieno giorno e, se Sacripante è una degna controfigura dello sfortunato e lamentoso Kahedhin, chi ascolta di nascosto è proprio l'oggetto di tanto amore, un'Angelica ormai riposata e pronta a sfruttare l'occasionale incontro col fedele pretendente.

La compresenza, nel primo canto del *Furioso*, di questa serie di frammenti topici arturiani porta tuttavia a chiedersi se si possa ravvisare una qualche più precisa memoria. La fuga di Angelica è indubbiamente, come ha ultimamente sottolineato Mengaldo in una raffinata lettura, «il tema sovrano del canto», il filo rosso che lega gli itinerari apparentemente casuali e disordinati degli altri personaggi.[20] Nel *Tristan* (TC II, pp. 101–104; 106–115; Lös., 43–44), come poi in tutte le sue redazioni italiane (*Tristano Riccardiano*; *Tristano Panciatichiano*; *Tristano Veneto*; *Tavola Ritonda*; redazione del ms. Pal. 556),[21] Isotta è a un certo punto rapita da Palamede, innamorato respinto; Tristano è in quel momento assente da corte e nessuno insegue il rapitore, tranne un generoso cavaliere straniero

18   Una serie di riscontri è in Pio Rajna, *Le fonti dell'Orlando furioso*, cit., pp. 75–85. L'episodio notturno di Kahedin, Lancillotto e Palamede è analizzato da Emmanuèle Baumgartner, *Compiler/accomplir*, in *Nouvelles recherches sur le Tristan en prose*, a cura di Jean Dufournet, Ginevra, Slatkine, 1990, pp. 33–49: 45–49, e da Christine Ferlampin, *Les dialogues dans le Tristan en prose*, ivi, pp. 79–121: 108–121.

19   *Inam.*, I xviii 29 ss. Cfr. per questo rapporto, Daniela Delcorno Branca, *Tristano e Lancillotto*, cit., pp. 169–173, e per un riscontro con la *Tavola Ritonda*, vedi oltre nota 24.

20   Pier Vincenzo Mengaldo, *Canto I*, in *Lettura dell'«Orlando furioso»*, cit., pp. 125–144: citazione a p. 131.

21   Oltre alle indicazioni date sopra a nota 9, si veda per la materia tristaniana in Italia, Fabrizio Cigni, *Tristano e Isotta nelle letterature francese e italiana*, in *Tristano e Isotta. La fortuna di un mito europeo*, a cura di Michael Dallapiazza, Trieste, Parnaso, 2003, pp. 29–129; Marie-José Heijkant, *From France to Italy: the Tristan Texts*, in *The Arthur of the Italians*, cit., pp. 41–68; Eadem, *Tristano multiforme. Studi sulla narrativa arturiana in Italia*, Firenze, Olschki, 2018. Nei testi italiani l'episodio corrisponde a Ricc., pp. 132–145; *Tav. Rit.*, pp. 196–201 (capp. XLI–XLII); Panc., pp. 216–228; Pal. 556, pp. 197–200; TV, pp. 223–244.

che lo affronta coraggiosamente, ma soccombe nel duello. Mentre i due combattono, Isotta fugge:

> Et quando elo [= Palamede vincitore del cavaliere] crete veder Isota apresso de lui là o' qu'ello l'avea lassadha, ello non la vete né apresso né a lonci, perché ela si era cià schampada in la foresta, et sì se n'andeva con gran pressia inver una flume afondada, la qual flume coreva per men la foresta in molti logi. Et ela sì andeva inversso quella flume per anegarsse, perché megio voleva ela perir, che de quella morte non -sse churava, cha de perder Tristan, lo qual ela amava de tuto suo chor, et eser in le man de Palamides. (TV, p. 232)[22]

Isotta incontra un cavaliere che la conduce a una torre dove la donna si chiude al sicuro; a Palamede, allorché sopraggiunge, non resta che sedersi fuori della porta, presso il fossato che scorre alla base della torre, dopo aver appeso lo scudo e lasciato libero il cavallo:

> [Palamede] smontoe da cavallo e incontinente sì trasse lo freno al cavallo e lasciollo passiere, e levasi lo scudo da collo ed appicollo a uno albore e la lancia altresie; e ppoi si coricoe presso a' ffossi là dov'iera lo ponte dela porta, onde s'entrava ne la torre. (Ricc., p. 138)[23]

A questo punto cade in una profonda *rêverie* d'amore, dalla quale lo riscuotono Governale e Tristano sopraggiunti a liberare Isotta (Ricc., pp. 141–142).[24] Sulle tracce di Palamede tuttavia i due avevano provvisoriamente dovuto separarsi a causa di un bivio (Ricc., pp. 140–141).[25]

---

22   Passi paralleli: Ricc., p. 135; *Tav. Rit.*, p. 198 (cap. XLI); Panc., p. 220; Pal. 556, p. 198.

23   Passi paralleli: *Tav. Rit.*, pp. 199–200 (capp. XLI–XLII); Panc., p. 222; Pal. 556, p. 199; TV: a questo punto lacuna meccanica che l'editore colma col testo francese di un manoscritto esemplato in Italia, p. 235.

24   Cfr. ANTONIO SCOLARI, *Volgarizzamenti e intertestualità: il sogno erotico di Pallamides*, in *Intertestualità*, a cura di Massimo Bonafin, Genova, Il Melangolo, 1986, pp. 89–100. Il particolare del sogno manca, fra i testi italiani, solo nella *Tavola Ritonda* che è anche l'unico che in questo episodio fa combattere Tristano e Palamede di notte (p. 200), mentre gli altri espressamente dicono che re Marco costringe Tristano ad aspettare la mattina per inseguire il rapitore. Sul duello notturno per rivalità amorosa, vedi sopra e nota 19: ma il rapporto con Boiardo è qui notevole («cominciano una grande e crudele battaglia a lume della luna, ch'era molto chiaro», *Tav. Rit.*, p. 200, cap. XLII).

25   Passi paralleli: *Tav. Rit.*: manca (anche per quanto segnalato alla nota precedente); Panc., p. 224; Pal. 556, p. 199; TV, p. 238.

Gli elementi topici rilevati nel I canto del *Furioso* ci sono tutti: fuga della donna da un pretendente sgradito, mentre due cavalieri – di cui uno è un soccorritore che s'intromette a difenderla – combattono per lei (I 10–17 e 33–35); l'innamorato respinto che si riposa disarmato, lamentoso e pensoso presso un corso d'acqua (I 38–47); i cavalieri costretti da un bivio a separarsi durante la ricerca della donna (I 22–23). È difficile non cogliere nel montaggio ariostesco un'allusione a questo famoso episodio tristaniano, l'unico dove si parli di una fuga della protagonista: episodio che aveva sollecitato già da tempo la fantasia di lettori tutt'altro che umanisticamente sprovveduti come Lovato de' Lovati e Giovanni del Virgilio per i quali la mobile *silhouette* della più bella e desiderata delle donne, in fuga su un ampio scenario di foreste e di duelli, veniva assunta a cifra emblematica del mondo arturiano:[26]

> Turris in amplexu laticum fabricata virentem
> despicit agrorum faciem. Procul exulat arbos
> sponte sua, tristi ridens patet area bello.
> Huc studio formata dei, cantata britanno
> Hyseis ardenti totiens querenda marito
> venerat insanos frustrans Palamedis amores
> <div align="right">(<i>Versus domini Lovatti de Padua</i>)</div>

> [...] Lycidas [= Lovato] cantaverat Işidis ignes,
> (Isidis: ibat enim flavis fugibundula tricis,
> non minus eluso quam sit zelata marito,
> per silvas totiens per pascua sola reperta,
> qua simul heroes decertavere Britanni,
> Lanciloth et Lamiroth et nescio quis Palamides
> <div align="right">(Giovanni del Virgilio, <i>Egl.</i>, V 211–216)</div>

È improponibile una conoscenza ariostesca dei testi di Lovato e di Giovanni del Virgilio, conservati in zibaldoni autografi di Boccaccio (anzi il primo

---

26   I due passi (il frammento di Lovato e i versi dall'ecloga diretta al Mussato) sono editi rispettivamente in Bianca Maria Da Rif, *La Miscellanea Laurenziana XXXIII, 31*, «Studi sul Boccaccio», VII, 1973, pp. 59–124: 120, e in *La corrispondenza poetica di Dante e Giovanni del Virgilio e l'ecloga di Giovanni al Mussato*, a cura di Giuseppe Albini, nuova ed. a cura di Giovan Battista Pighi, Bologna, Zanichelli, 1965, pp. 70 e 119 (commento). Per i due codici che trasmettono l'ecloga al Mussato (BMLF Pl. 29, 8 e Pl. 39, 26), ivi, pp. 31–32.

in un *unicum*); il quale Boccaccio pare ricordarsene in *Decameron*, V 3, per la fuga dell'Agnolella.[27] Proprio questo caso costituisce la conferma di quanto già emerso dall'esame delle tessere arturiane del I canto del *Furioso*.[28] Per usare le note categorie proposte da Cesare Segre nel ridiscutere il concetto di 'fonte', il rapporto di Ariosto con la tradizione arturiana è essenzialmente interdiscorsivo, più che intertestuale.[29] Quando si tenta di analizzarlo da vicino i parallelismi si polverizzano in serie minute e composite. La fuga di Angelica è tutt'altra cosa da quella di Isotta, pur allusa in controluce. Le riprese vere e proprie di episodi dai romanzi arturiani sono praticamente assenti dal *Furioso*: in questo campo mancano del tutto le raffinate riscritture di pagine della letteratura classica, come il lamento di Olimpia abbandonata (X 20–34) su Ovidio, *Her.*, X (Arianna), o la sortita di Cloridano e Medoro (XVIII 165-XIX 16) su *Aen.*, IX (Eurialo e Niso), per citare solo i casi più noti. Dionisotti ironizzava sull'Ariosto

---

27   Sui due autografi di Boccaccio *Zibaldone laurenziano* (BMLF, Pl. 29, 8) e *Miscellanea latina* (BMLF, Pl. 33, 31) cfr. ora la dettagliata scheda di STEFANO ZAMPONI, in *Boccaccio autore e copista*, a cura di Teresa De Robertis *et alii*, Firenze, Mandragora, 2013, pp. 300–305 (scheda 56), e la tavola dei due volumi secondo l'ordine originale, dovuta a MARCO PETOLETTI, ivi, pp. 305–313, nonché MARCO CURSI, MAURIZIO FIORILLA, *Giovanni Boccaccio*, in *Autografi dei letterati italiani. Le Origini e il Trecento*, I, a cura di Giuseppina Brunetti, Maurizio Fiorilla, Marco Petoletti, Roma, Salerno Editrice, 2013, pp. 43–104: 49–50. Mi sono occupata di Lovato e Boccaccio nel mio *Boccaccio e le storie di re Artù*, Bologna, Il Mulino, 1991, pp. 51–68, e di recente in *Isotta «flavis fugibundula tricis». Postille su Lovato, Boccaccio e Ariosto*, «Studi sul Boccaccio», XLVI, 2018, pp. 85–94.

28   Se Ariosto non conosceva i versi di Lovato e di Giovanni del Virgilio, leggeva però il *Decameron*: cfr. GIUSEPPE SANGIRARDI, *La presenza del* Decameron *nell'*Orlando furioso, «Rivista di letteratura italiana», X, 1992, pp. 25–67: 30, per il riscontro con *Decameron*, V 3, giustamente richiamato in nota a I 13 nel commento a LUDOVICO ARIOSTO, *Orlando furioso secondo l'editio princeps del 1516*, a cura di Tina Matarrese e Marco Praloran, Torino, Einaudi, 2016, p. 12. Si noti la quasi omonimia fra Angelica e l'eroina boccaciana. Altri due riscontri di *Decameron*, V 3, con *Furioso*, I 23,7 e II 41,3–4, sono in GIUSEPPE SANGIRARDI, *La presenza*, cit., p. 29.

29   CESARE SEGRE, *Intertestualità e interdiscorsività nel romanzo e nella poesia*, in IDEM, *Opera critica*, Milano, Mondadori, 2014, pp. 573–591 (il saggio risale al 1982). Sul problema in relazione al *Furioso*, vedi ora MARIA CRISTINA CABANI, *Intertestualità*, in *Lessico critico*, cit., pp. 153–176.

tenace lettore di romanzi arturiani che emerge dal volume di Rajna sulle 'fonti' del poema,[30] ma è pur vero che, se altri erano i testi che il poeta aveva sul tavolo, proprio quei romanzi arturiani erano viceversa presentissimi al suo universo di riferimento culturale, un universo condiviso dal suo pubblico – che tra Ferrara e Mantova se ne faceva quasi una cifra identitaria – e questo gli permetteva un'estrema libertà e varietà di utilizzazioni. Solo un confronto a livello profondo, che vada al di là del singolo testo o episodio e si eserciti piuttosto sulle strutture narrative, sulle espressioni formulari, sulle situazioni topiche, può mettere in luce gli scarti, le scelte, le modalità interpretative del *Furioso* rispetto a questa tradizione.

Dopo le osservazioni dedicate al I canto mi limito, a questo proposito, ad alcuni sondaggi di tipo lessicale e tematico. L'area semantica del 'bosco' e della 'strada' definisce larga parte della narrativa cavalleresca in quanto spazio dell'*aventure* e della *queste* e dei movimenti dei personaggi. Una precisa e acuta indagine di Laura Sannia Nowé su *Bosco, foresta, selva nell'Orlando furioso*[31] ha sottolineato come accanto al frequente, ma per lo più neutro, 'bosco', il termine 'foresta' di ascendenza romanza, presente in Dante e Poliziano, ma assente nei *Rerum vulgarium fragmenta* e nel *Decameron*, appaia nel *Furioso* per lo più allo stadio puro, assolutamente evocativo e solo eccezionalmente connotato da aggettivo («l'alta foresta» dell'inchiesta per Angelica: XII 61,5). Più diffuso è il termine 'selva', indubbiamente per le sue risonanze classiche, e introdotto nel poema soprattutto

---

30   «È spiegabile e bello che Rajna immaginasse Ariosto tenacemente intento nella biblioteca estense di Ferrara alla lettura di interminabili prose di romanzi francesi: proprio come lui Rajna, con la sua tenacia di montanaro lombardo e con il suo furore di romanista, nella Biblioteca Estense di Modena o nell'Universitaria di Torino. Ma storicamente il dittico non convince: certo le letture e il modo di leggere di Ariosto erano diversi, nonché da quelli di Rajna, da quelli del Boiardo, tanto quanto era diverso il modo di scrivere. È probabile che la ricerca vada indirizzata su una zona di cultura più propriamente italiana e cronologicamente più vicina ad Ariosto, piuttosto su libri stampati che su manoscritti»: CARLO DIONISOTTI, *Appunti sui* Cinque canti *e sugli studi ariosteschi* (1961), in IDEM, *Boiardo e altri studi cavallereschi*, a cura di Giuseppe Anceschi, Antonia Tissoni Benvenuti, Novara, Interlinea, 2003, pp. 81–93: 90.

31   LAURA SANNIA NOWÉ, *Bosco, foresta, selva nell'*Orlando furioso. *Indagine sulla parola ariostesca*, «Linguistica e letteratura», XXVIII, 2003, pp. 15–32.

in contesti di reazioni psicologiche ed emotive, si pensi ancora alla fuga
di Angelica (I 13 e 33):

> Fugge tra selve spaventose e scure,
> per lochi inabitati, ermi e selvaggi.
> Il mover de le frondi e di verzure,
> che di cerri sentia, d'olmi e di faggi,
> fatto le avea con subite paure
> trovar di qua di là strani vïaggi;
> ch'ad ogni ombra veduta o in monte o in valle,
> temea Rinaldo aver sempre alle spalle.
>
> (I 33)

'Selva' è un termine aperto a possibili letture simboliche, a partire da Virgilio
con l'incontro di Enea e della madre Venere (*Aen.*, I 314), e grazie alla
Commedia dantesca, come appare nella *Senile* IV, 5, § 25 di Petrarca dov'è
senz'altro definita «Silva vero vita haec».[32] Non a caso torna nel *Furioso*
nel proemio sulla follia di Orlando: «Gli è come una gran *selva*, ove la via /
conviene a forza, a chi vi va, fallire» (XXIV 2,3–4).[33]

---

32   FRANCESCO PETRARCA, *Res seniles. Libri I–IV*, a cura di Silvia Rizzo con la col-
laborazione di Monica Berté, Firenze, Le Lettere, 2006, pp. 318–319. La *Senile* IV, 5,
è diretta a Federico d'Arezzo e assegnabile al 1365. Cfr. i riferimenti bibliografici delle
curatrici (p. 311) per il rapporto dell'epistola con Dante. Richiamava suggestivamente
il passo petrarchesco Martelli a proposito delle possibili interpretazioni neoplatoniche
della 'selva' sottese alle *Stanze* di Poliziano (dove l'incontro di Iulio e Simonetta ricalca
quello di Enea e Venere): MARIO MARTELLI, *Angelo Poliziano. Storia e metastoria*,
Lecce, Conte, 1995, pp. 110–111. All'improvvisa apparizione di Venere a Enea nella
selva allude maliziosamente quella di Angelica che si rivela a Sacripante (I 52,1–4),
sulla quale osserva felicemente la Sannia Nowé: «l'esordio del poema nel bosco,
mentre accenna alla sublime selva allegorica della cultura neoplatonica, se ne distacca
per suggerirne un'altra origine sostanzialmente ovidiana, poetica, amorosa, e forse
nel contempo evoca luoghi di svago 'deliziosi' prossimi al castello ducale» (LAURA
SANNIA NOWÉ, *Bosco, foresta, selva nell'*Orlando furioso, cit., p. 23).

33   Si rileva (ivi, pp. 23–28) che l'uso di 'selva' nell'episodio della follia di Orlando è pratica-
mente ristretto al proemio del canto XXIV, mentre prevalgono in quel caso i termini
della tradizione volgare romanza, 'bosco' e 'foresta'. Sul proemio del *Furioso*, canto
XXIV, si veda la nota circostanziata del commento di Emilio Bigi, cit., e l'analisi in
DANIELA DELCORNO BRANCA, *Ariosto e la tradizione del proemio epico-cavalleresco*,
in *Lettura dell'«Orlando furioso»*, cit., pp. 59–99: 85–90 e 95–97.

Quest'ultimo aspetto e quest'ultima citazione mostrano quanto sia strettamente legata all'area semantica della 'foresta' quella della 'via', per la quale ancora manca un'analoga sistematica indagine nel *Furioso*. Molte suggestive indicazioni sono tuttavia nella recente lettura del I canto di Mengaldo, dove appunto viene analizzato l'uso di «parole-chiave» nelle loro molteplici declinazioni lessicali dovute anche alla strenua volontà di *variatio* dell'autore: non solo 'bosco/foresta/selva', ma 'via/sentiero/strada/camin/calle'.[34] Si pensi al semplicissimo avvio dell'azione: «entrò in un *bosco*, e nella stretta *via* / rincontrò un cavallier ch'a piè venia» (I 10,7-8). La capacità evocativa e la carica simbolica di questi due termini, che rinviano sia allo spazio romanzesco della narrativa arturiana sia alla metafora della vita umana, si incrociano di fatto col tema delle strade intricate e ritornanti su se stesse: «Di su di giù, ne l'alta selva fiera / tanto girò, che venne a una riviera» (I 13,7-8); «Pel bosco Ferraù molto s'avvolse, / e ritrovossi al fine onde si tolse» (I 23,7-8).

«Non si tratta soltanto – scrive Mengaldo nella citata lettura del I canto – delle varie selve in cui continuamente, quasi nevroticamente si cercano e si perdono eroi ed eroine del canto, ma di una prefigurazione dell'*ingens sylva* delle avventure di donne e cavallier che è il grande tema così del *Furioso* come della tradizione che vi sbocca».[35] La selva percorsa e le sue strade divengono anche una sorta di *mise en abîme* del poema stesso,[36] ove anche l'autore deve aggirarsi per seguire i suoi personaggi: «Segue Rinaldo, e d'ira si distrugge: / ma seguitiamo Angelica che fugge» (I 32,7-8); «Mentre a dir di Rinaldo attento sono, / d'Angelica gentil m'è sovenuto, / di che lasciai ch'era da lui fuggita / e ch'avea riscontrato un eremita. / Alquanto la sua istoria io vo' seguire» (VIII 29,5-30,1). I «calli obliqui» e i «boscherecci labirinti» sono anche quelli della narrazione ad *entrelacement*, le *Arturi regis ambages pulcherrimae* di dantesca memoria.

---

34 Pier Vincenzo Mengaldo, *Canto I*, cit., pp. 129-131 e 134-135. Per un'indagine sull'area semantica della 'via' nel *Tristan*, cfr. Nelly Andrieux-Reix, *Hautes routes de l'aventure. Les 'voies' et 'chemins' du Tristan en prose*, in *Nouvelles recherches*, cit., pp. 7-31.

35 Pier Vincenzo Mengaldo, *Canto I*, cit., p. 129.

36 Ivi, p. 130.

Un analogo arricchimento di senso, o piuttosto una vera risemantiz-
zazione, si riscontra nel caso di tradizionali elementi appartenenti alla
sfera del meraviglioso, come le fate e le armi incantate. Qui la distanza
non solo dai grandi romanzi arturiani, ma anche dall'*Innamorato* si fa
netta al punto da configurarsi come una scelta e un deciso ripensamento.
Di fronte alle numerose, mobili e pluriprospettiche fate boiardesche, col-
locate al centro di complessi regni costellati di insidie, il *Furioso* ne intro-
duce sostanzialmente solo due, Alcina e Melissa.[37] Altre due, Logistilla e
Manto, sono in realtà figura di complemento con incidenza relativa sul rac-
conto: fortemente allegorica la prima (a cominciare dal nome allusivo alla
ragione), che altro non è che il *double* positivo della sorella Alcina; l'altra
è personaggio di una narrazione di secondo grado (la novella del giudice
Anselmo: XLIII 70–143) dove, al di là del classico nome della fondatrice
di Mantova, presenta piuttosto i tratti ferico-folklorici della Melusina
donna-serpente. Alcina, ereditata da un interrotto episodio dell'*Innamorato*
(dove rapisce Astolfo: *Inam.*, II xiii 54–66), viene ripresentata accentuan-
done le caratteristiche che già lì la avvicinavano all'omerica Circe (*Furioso*,
canti VI–VIII); Melissa è personaggio di nuova invenzione. Le due fate si
dispongono nell'azione del poema secondo una evidente polarità: Alcina
è divenuta (rispetto a Boiardo) una *longa manus* di Atlante e opera per
distogliere Ruggiero dal suo glorioso (anche se alla fine luttuoso) destino
di capostipite estense; Melissa è la provvida protettrice e consigliera di
Bradamante, instancabile nel promuovere fino al compimento il felice con-
nubio dei due progenitori dei signori di Ferrara (dal canto III al XLVI).[38]

---

37   Cfr. DANIELA DELCORNO BRANCA, *Alcina e Melissa: le fate del* Furioso *o la rilettura
      di un* topos, in *L'*Orlando furioso. *L'arte contemporanea legge l'Ariosto. Incantamenti,
      passioni e follie*, a cura di Sandro Parmiggiani, Cinisello Balsamo, Silvana Editoriale,
      2014, pp. 225–231 (di cui si riprendono qui alcuni elementi). A Boiardo ho dedicato
      un altro intervento: *Lo spazio delle fate nell'*Inamoramento de Orlando, in *Boiardo
      a Scandiano. Dieci anni di studi*, a cura di Andrea Canova, Gino Ruozzi, Novara,
      Interlinea, 2012, pp. 137–155.

38   Cfr. l'importante contributo di VINCENZO FARINELLA, *La Melissa Borghèse de Dosso
      Dossi. Une célébration des mérites politiques de Lucrèce Borgia?*, in *L'Arioste et les arts*,
      a cura di Michel Paoli, Monica Preti, Parigi-Milano, Musée du Louvre – Officina
      Libraria, 2012, pp. 92–118, che rivendica alla cosidetta 'Circe' del Dossi l'identificazione

Ma questa polarità (contro e pro il destino estense) è modellata su quella che caratterizza la natura stessa della fata nella tradizione romanzesca medievale. Secondo la fondamentale bipartizione illustrata da Laurence Harf-Lancner fra Melusina, fata madrina, e Morgana, fata amante segregatrice,[39] Melissa ha tutte le caratteristiche della prima, contrapposta alla seconda, perfettamente incarnata da Alcina, non a caso presentata dal suo inventore Boiardo come sorella di Morgana (*Inam.*, II xiii 55).

Un'ulteriore comparsa di Melissa pare scompaginare questo quadro così marcatamente strutturato. A livello di narrazione di secondo grado, nella novella dell'ospite mantovano, Melissa è una nobile donna esperta di magia che, per possedere l'uomo che ama, procura perfidamente a lui la rovina coniugale, ma anche a se stessa la definitiva sconfitta in quanto viene respinta e rifiutata (XLIII 20–46). La critica è stata più volte riluttante nell'identificare questo personaggio col nume tutelare degli Estensi, allegando per distinguerli la proverbiale quanto improbabile (anzi in questo caso impossibile) distrazione dell'Ariosto.[40] In realtà questo *flash-back* sul passato di Melissa è una straordinaria trovata narrativa, uno squarcio retrospettivo che improvvisamente mette a fuoco il personaggio sottraendolo a un indeterminato profilo tradizionale.[41] Questa vicenda di passione,

---

con Melissa e propone di riconoscere nella figura un ritratto – politicamente allusivo – di Lucrezia Borgia. Un'indiretta conferma può venire da quanto dice GABRIELLA ZARRI (*La* religione *di Lucrezia Borgia. Le lettere inedite del confessore*, Roma, Roma nel Rinascimento, 2006) a proposito dell'iconografia di Lucrezia come santa in ambito estense (pp. 187–202), come ricorda lo stesso FARINELLA (*Alfonso I d'Este. Le immagini e il potere: da Ercole de' Roberti a Michelangelo*, Milano, Officina libraria, 2014, pp. 459–464), tornando successivamente sull'argomento (ivi, pp. 440–464). Cfr. anche la scheda relativa al dipinto del Dossi (BARBARA MARIA SAVY, n° 69), in *Orlando furioso 500 anni. Cosa vedeva Ariosto quando chiudeva gli occhi.* Catalogo della mostra, Ferrara, Palazzo dei Diamanti 24/9/2016-8/1/2017, a cura di Guido Beltramini e Adolfo Tura, Ferrara, Fondazione Ferrara Arte, 2016, p. 180.

39 LAURENCE HARF-LANCNER, *Morgana e Melusina. La nascita delle fate nel Medioevo*, trad. ital., Torino, Einaudi, 1989 (ed. or. Ginevra, Slatkine, 1984).

40 DONATO INTERNOSCIA, *Are there two Melissas, both enchantresses, in the* Furioso?, «Italica», XXV, 1948, pp. 217–226.

41 Sia pure con diverse ragioni difendono l'unicità di Melissa, DANIELA DELCORNO BRANCA, *La conclusione dell'*Orlando furioso: *qualche osservazione*, in *Boiardo,*

gelosia e sventura permette di individuare un'altra caratteristica delle fate del *Furioso*: accanto alla marcata funzione di polarità, Alcina condivide infatti con Melissa una serie di tratti umanizzanti, in particolare l'esperienza amorosa e l'abbandono.

La già citata contrapposizione tra fata madrina aiutante e fata amante segregatrice, pur esibita e prevalente nel *Furioso*, ammette dunque – come molti altri casi all'interno del poema – incrinature ed eccezioni. La protettrice di Ruggiero e Bradamante, Melissa, rivela d'un tratto di avere alle spalle un'amara esperienza di fallimento amoroso, e il suo impegno a favore del matrimonio estense suona quasi come una volontà di espiazione e di risarcimento nei confronti della distrutta armonia coniugale dell'ospite mantovano.[42] Alcina da parte sua svela improvvisamente una natura da donna disperata di fronte alla fuga di Ruggiero: è una maga sconfitta e innamorata che apre il varco all'Armida del Tasso.

> Alcina, ch'avea intanto avuto aviso
> di Ruggier, che sforzato avea la porta,
> e de la guardia buon numero ucciso,
> fu, vinta dal dolor, per restar morta.
> Squarciossi i panni e si percosse il viso,
>
> (VIII 12,1–5)

Ma il ruolo di eroina abbandonata non le si addice più di tanto proprio perché è una fata, e su questo gioca ironicamente l'autore:

> D'aver Ruggier perduto ella si sente
> via più doler che d'altra cosa aversa:
> notte e dì per lui geme amaramente,
> e lacrime per lui dagli occhi versa;
> e per dar fine a tanto aspro martire,

Ariosto e i libri di battaglia. Atti del Convegno Scandiano-Reggio Emilia-Bologna, 3–6 ottobre 2005, a cura di Andrea Canova e Paola Vecchi Galli, Novara, Interlinea, 2007, pp. 127–137: 131–133; GERARDA STIMATO, *Identità o omonimia? Il problema della doppia Melissa nell'*Orlando furioso, in *L'uno e l'altro Ariosto. In Corte e nelle Delizie*, a cura di Gianni Venturi, Firenze, Olschki, 2011, pp. 45–58.

42 DANIELA DELCORNO BRANCA, *La conclusione*, cit., p. 133.

> spesso si duol di non poter morire.
> Morir non puote alcuna fata mai,
> fin che 'l sol gira, o il ciel non muta stilo.
> (X 55,3–56,2)

Le nostre fate non sono dunque tutte d'un pezzo: e qui ancora una volta Ariosto mostra un'acuta percezione della grammatica narrativa della tradizione arturiana, rivisitata secondo nuovi parametri. Come la identificazione della Melissa mantovana con la protettrice di Bradamante lasciava perplessi i critici (a cominciare dal Rajna), analogamente Gaston Paris giudicava negativamente l'identificazione, proposta a partire dal *Lancelot* in prosa, della Dama del Lago (la benefica madrina e educatrice di Lancillotto) con Viviana, la discepola di Merlino che provvede a rinchiuderlo vivo nel sepolcro.[43] Anche qui abbiamo una fata madrina di cui si svela un poco limpido passato amoroso. In realtà, come ha mostrato lo stratificato percorso di miti e di testi analizzato dalla Harf-Lancner, le fate sono sempre ambigue, racchiudono una doppia natura positiva e negativa, che segna appunto il loro appartenere ad un mondo 'altro'. Analogamente a Viviana/Dama del Lago, Morgana, perfida fata amante segregatrice, è però anche la sorella di Artù che viene a rilevarlo dopo la battaglia finale, per curarne le ferite in attesa del suo favoloso ritorno.

Le fate del *Furioso* ripropongono chiaramente questa ambiguità. Alcina – che già Boiardo faceva sorella di Morgana, a sottolinearne il profilo di fata-amante – è provvista di un'altra sorella, Logistilla, che ne rappresenta la controparte positiva e virtuosa: resta il fatto che la parentela indica, nell'una come nell'altra, mescolanza di sangue. Melissa non manca per parte sua di richiami puntuali: da un lato a Viviana/Dama del Lago, in quanto la protettrice di Bradamante appare per la prima volta presso il sepolcro di Merlino di cui si professa discepola (III 7–12), dall'altro a Morgana, poiché nella vicenda del suo amore per l'ospite mantovano usa il 'nappo' incantato, quello stesso vaso che la sorella di Artù aveva perfidamente inviato a corte

---

43   Cfr. Pio Rajna, *Le fonti dell'Orlando furioso*, cit., pp. 131 e nota 3; 571; Laurence Harf-Lancner, *Morgana e Melusina*, cit., pp. 344–378: 345 il riferimento al giudizio di Gaston Paris.

per svelare pubblicamente l'amore di Lancillotto e Ginevra (XLIII 28). Tali riferimenti non lasciano dubbi sull'ambiguità del personaggio-fata, dove positivo e negativo convivono: ed è proprio questo che permette ad Ariosto di servirsene come una delle espressioni del più ampio e generale motivo che percorre l'intero *Furioso*, il contrasto 'simulazione-verità', 'apparenza-realtà', 'finzione poetica-realtà'.

Si prenda l'episodio di Ruggiero all'isola di Alcina, catturato, poi liberato e fuggiasco nel regno di Logistilla, mentre quello di Alcina è distrutto (VI 17-VIII 21 e X 35–68). Episodio marcatamente allegorico: il mondo dei sensi e del piacere si oppone a quello della virtù e del dovere, riproponendo il mito di Ercole al bivio.[44] Eppure è un episodio tutto sottilmente percorso da inquietanti venature di ambiguità e contraddizione che incrinano questo primo esplicito livello di lettura.[45] Viene introdotto il rapporto fra incantesimo e simulazione, magia e apparenza, specie nei proemi, sede privilegiata del commento d'autore. Nel canto VIII (1–2), l'autore attualizza il momento culminante in cui Ruggiero, grazie all'anello magico datogli da Melissa, può conoscere il vero aspetto di Alcina (VII 70–74: un'orribile *descriptio vetulae* di contro alla canonica seducente *descriptio mulieris* di VII 11–15).

> Oh quante sono incantatrici, oh quanti
> incantator tra noi, che non si sanno!
> che con lor arti uomini e donne amanti
> di sé, cangiando i visi lor, fatto hanno.
> Non con spirti constretti tali incanti,
> né con osservazion di stelle fanno;
> ma con simulazion, menzogne e frodi
> legano i cor d'indissolubil nodi.
>
> Chi l'annello d'Angelica, o più tosto
> chi avesse quel de la ragion, potria
> veder a tutti il viso, che nascosto

---

44   Cfr. Remo Ceserani, *Due modelli culturali e narrativi nell'*Orlando Furioso, cit.

45   Cfr. Albert Russell Ascoli, *Ariosto's Bitter Harmony. Crisis and Evasion in the Italian Renaissance*, Princeton, NJ, Princeton University Press, 1987: in particolare pp. 121–256.

da finzïone e d'arte non saria.
Tal ci par bello e buono, che, deposto
il liscio, brutto e rio forse parria.
Fu gran ventura quella di Ruggiero,
ch'ebbe l'annel che gli scoperse il vero
(VIII 1-2)

Viene istituita una correlazione fra le arti magiche della fata (e la finzione letteraria) e le «simulazion, menzogne e frodi» degli incantatori moderni, contro i quali non resta che l'uso dell'anello, esplicitamente identificato come «anello della ragione», qualche cosa di simile alla capacità di andare oltre le apparenze invocata nel proemio precedente.[46]

Ma la simulazione è sempre negativa e le apparenze sono sempre da smascherare? È sufficiente l'anello della ragione? Queste sottintese domande incrinano la salda compagine allegorica dell'episodio di Alcina e si ripropongono più volte nel *Furioso*: come in altri casi (a proposito dell'amore, della fedeltà, del valore delle donne), il poema offre una visione pluriprospettica e problematica. Già nel proemio del canto IV,[47] allorché Bradamante, su consiglio di Melissa, ricorre alla simulazione col simulatore Brunello per carpirgli l'anello e liberare Ruggiero da Atlante, l'autore è costretto a riconoscere che la simulazione può produrre «evidenti benefici»:

Quantunque il simular sia le più volte
ripreso, e dia di mala mente indici,
si truova pur in molte cose e molte
aver fatti evidenti benefici,

46 Per i proemi ariosteschi, cfr. sopra, nota 33; MARIO SANTORO, *Nell'officina del narrante. Gli esordi*, in IDEM, *Ariosto e il Rinascimento*, Napoli, Liguori, 1989, pp. 51-81; ALBERT RUSSELL ASCOLI, *Proemi*, in *Lessico critico*, cit., pp. 341-366. Un acuto intervento è stato dedicato al proemio del canto VII (collegato, come s'è detto, a quello seguente qui citato) da LINA BOLZONI, *Il viaggio e il gioco. Due noterelle ariostesche (VII, 1-2 e VII, 22)*, in *Studi di letterature comparate in onore di Remo Ceserani*, I, *Letture e riflessioni critiche*, a cura di Mario Domenichelli *et alii*, Manziana (Roma), Vecchiarelli, 2003, pp. 43-60.

47 GIORGIO FORNI, *Canto IV*, in *Lettura dell'«Orlando furioso»*, cit., pp. 167-188: 167-174 (già col titolo *«Armi» e «ali». Ironia e illusione nel IV canto del* Furioso, «Lettere Italiane», LXII, 2010, pp. 181-202).

e danni e biasmi e morti aver già tolte;
che non conversiam sempre con gli amici
in questa assai più oscura che serena
vita mortal, tutta d'invidia piena.

(IV 1)

La simulazione non è dunque solo quella perfida della maga Alcina, quella
da cui bisogna guardarsi in amore come negli ambienti cortigiani (VIII 1–2;
X 1–15; XIX 1–2), ma anche l'arma della sua avversaria Melissa che la con-
siglia a Bradamante (come s'è detto) e se ne serve più volte per intervenire
a favore dei suoi protetti, quasi a confermare la riflessione del proemio del
canto IV. Assume le sembianze del mago Atlante per riscuotere Ruggiero
dalle seduzioni di Alcina (VII 51–66), quelle di Rodomonte per indurre
Agramante a interrompere il duello tra Ruggiero e Rinaldo (XXXIX 4–7).[48]

Parimenti l'invito a guardare oltre le apparenze, avanzato dall'autore
nei proemi dei canti VII e VIII e narrativamente realizzato dall'anello
di Angelica nei confronti di Alcina, non solo non è sempre ascoltato
(Bradamante di fronte al palazzo di Atlante crede più ai suoi occhi che alle
istruzioni di Melissa: XIII 74–80), ma può rivelarsi negativo. Nella storia
dell'ospite mantovano (XLIII 20–46) è ancora Melissa che esorta l'amato a
non credere alle apparenze, in questo caso alla fedeltà della moglie. È un con-
siglio interessato e maligno (che tra l'altro ricorre alla simulazione: XLIII
34–35): l'esito è dannoso e si ritorce contro chi vuole conoscere la verità,
ma anche contro chi ha creduto di trarne vantaggio. La saggezza è quella
di Rinaldo che preferisce non conoscere questa verità, in quanto «Ben
sarebbe folle / chi quel che non vorria trovar, cercasse» (XLIII 6,3–4).
La funzione del nappo incantato è simile a quella dell'anello di Angelica:
ma la verità che questi oggetti magici rivelano è di segno opposto. Ancora
una volta l'ambiguità della fata (la cosiddetta doppia Melissa) è espressione
della problematicità del reale.

Tutto questo si estende anche agli oggetti dalle proprietà meravigliose
di cui le fate sono tradizionalmente donatrici. È significativo che sia i

---

48   Cfr. Francesco Ferretti, *Menzogna e inganno nel* Furioso, «Versants», 59/2, 2012
(fascicolo italiano: *L'Orlando furioso e la tradizione cavalleresca*, a cura di Annalisa
Izzo), pp. 85–109.

poemi epici come i romanzi cortesi, diversamente dalla tradizione fiabesco-folklorica, raramente presentino armi fra tali doni.[49] Questo indubbiamente perché l'equipaggiamento del cavaliere costituisce l'identikit del suo valore personale – memoria degli impegni assunti il giorno dell'investitura e delle tappe della sua gloriosa carriera – e non può avere un'origine esterna e tanto meno dipendente da forze magiche. Ariosto, e già prima Boiardo, sembrano invece recuperare decisamente il tema fiabesco-folklorico delle armi incantate provenienti da una fata, che quei testi avevano messo in sordina. Come già si è ricordato, l'*Innamorato* si apre con una scena che ricalca quella iniziale della *Compilazione* di Rustichello da Pisa: il Vecchio Cavaliere che sfida la corte di Artù per saggiarne il valore promettendo in premio al vincitore la donzella che lo accompagna. Boiardo però modifica l'episodio contaminandolo con una vicenda di tradizione tutta italiana (presente nella *Tavola Ritonda* e in vari cantari, *Lasancis, Falso scudo, Astore e Morgana*), dove lo sfidante è inviato da una perfida maga per distruggere la corte di Artù e provvisto di armi incantate, in particolare una lancia che abbatte l'avversario appena lo tocca. In Boiardo il cavaliere è l'Argalia che porta questa lancia, e Angelica assomma in sé le funzioni di maligna incantatrice e di premio proposto al vincitore.[50]

Nel *Furioso* (che significativamente ricorda l'episodio boiardesco nel I canto, 24–30) la lancia magica, che Boiardo aveva poi fatto passare con ameni sviluppi in mano di Astolfo, viene in complesso trascurata, per concentrare l'attenzione piuttosto su un altro oggetto introdotto *ex-novo*, lo scudo che

---

49 Sugli "oggetti" nel *Furioso*, cfr. la recente panoramica (che include ovviamente anche oggetti magici e armi) di SERGIO ZATTI, *Oggetti*, in *Lessico critico*, cit., pp. 283–300. Fra le numerose voci relative al dono di armi fatate da parte di una fata presenti in ANTTI AARNE, STITH THOMPSON, *The Types of Folktale. A Classification and Bibliography*, New York, Burt Franklin, 1971, solo due (F 343.3 e F 343.10) trovano riscontro in ANITA GUERREAU-JALABERT, *Index des motifs narratifs dans les romans arthuriens français en vers (XIIᵉ-XIIIᵉ siècles)*, Ginevra, Droz, 1992: p. 67. Nonostante l'indice riguardi solo i testi in versi, il campione è significativo, tanto più che invece sono numerose, nel medesimo *Index*, le voci del Dizionario AARNE-THOMPSON riguardanti armi magiche (presenti, ma non dono di una fata): D. 1402.7; D. 1402.7.1; D. 1402.7.2.1; D. 1402.7.3; D. 1601.4; D. 1601.4.1; D. 1601.4.2 (ivi, pp. 46 e 49).

50 Cfr. quanto è detto sopra di questo episodio, e nota 14.

abbaglia infallibilmente l'avversario quando viene tolta la fodera che lo
copre. Se ne serve (con intenzioni a suo parere benefiche) il mago Atlante
per catturare Ruggiero e altri cavalieri (II 55–57; IV 17–25): quest'arma,
tuttavia, venuta in possesso di Ruggiero assieme all'ippogrifo (IV 42–47),
diventa in qualche modo problematica. Può un cavaliere servirsene senza
venir meno alle regole della lealtà cavalleresca?[51] Allorché deve affrontare i
mostri dell'isola di Alcina, Ruggiero decide di non usare lo scudo magico,
e l'autore lo loda: «e forse ben, che disprezzò quel modo, / perché virtude
usar vòlse, e non frodo» (VI 67,7–8). Ma la tipica *medietas* ariostesca in
materia di comportamenti, mostra che invece questo uso è lecito in casi
di forza maggiore, quando sono in gioco valori superiori: come per fug-
gire dall'isola di Alcina (con quanto di fortemente allegorico è implicato
in questo episodio: VIII 10–11 e X 49–50) o liberare Angelica dall'Orca
marina (X 107–110). Successivamente, però, alla rocca di Pinabello, un
colpo dell'avversario squarcia la fodera e lo scudo esercita inopinatamente
il suo potere, mettendo fine allo scontro: gli avversari cadono abbacinati e
Ruggiero si ritrova improvvisamente vincitore.

> Via se ne va Ruggier con faccia rossa
> che, per vergogna, di levar non osa:
> gli par ch'ognuno improverar gli possa
> quella vittoria poco glorïosa.
> – Ch'emenda poss'io fare, onde rimossa
> mi sia una colpa tanto obbrobrïosa?
> che ciò ch'io vinsi mai, fu per favore,
> diran, d'incanti, e non per mio valore. –
> (XXII 90)

L'unica soluzione è distruggere lo scudo: Ruggiero lo getta in un pozzo
profondo, dove nessuno potrà ritrovarlo (XXII 91–94). È un gesto
emblematico che ricalca quello di Tristano nella *Tavola Ritonda*, che non

---

51   Sul rapporto armi incantate-cavalleria, cfr. anche i miei interventi, dove è una prima
        traccia delle osservazioni sviluppate qui di seguito: *L'Orlando furioso e il romanzo*, cit.,
        pp. 81–103; *Ariosto e la tradizione epico-romanzesca delle armi incantate*, in *Orlando
        furioso 500 anni*, cit., pp. 266–271.

vuole saperne delle armi incantate donategli dal vinto cavaliere malvagio Lasancis e le distrugge gettandole in una fornace.[52] Se si considera che nel *Furioso* Ruggiero, futuro progenitore degli Estensi, è un personaggio – anzi un principe – in formazione, dal comportamento non sempre irreprensibile (si pensi ai cedimenti prima ad Alcina e poi alle grazie di Angelica), questo rifiuto delle armi incantate, anche rispetto al loro precedente uso moderato, sembra segnare una tappa positiva di perfezionamento cavalleresco.

Boiardo si era divertito a variare l'antico tema del cavaliere dalle armi incantate facendo capitare la lancia magica in mano ad Astolfo, simpatico paladino poco abile in duello, che, ignaro, crede che gli infallibili colpi di quell'arma siano dovuti al suo valore (*Inam.*, I ii 17–19 e 65–68; iii 1–30). Ariosto torna all'originario giudizio che vede le armi incantate come un oggetto anticortese e sleale (analogamente alla freccia), qualche cosa che oppone frode a virtù, che vanifica ogni superiorità dovuta a personale valore.[53] Nella terza redazione del *Furioso* (1532) riprende significativamente il problema: fra le giunte che tendono a riequilibrare e ad accentuare il parallelismo di Orlando con Ruggiero, vi è quella doppia liberazione di Olimpia da parte del paladino, che prima di salvarla dall'Orca la sottrae al perfido Cimosco, possessore dell'archibugio, a tutti gli effetti arma incantata di origine diabolica, introdotta con effetto straniante nella narrazione. Anche Orlando, come già Tristano vincitore di Lasancis o Ruggiero dopo la rocca di Pinabello, prende l'arma e la distrugge gettandola questa volta in fondo al mare (IX 89–91).

---

52   *Tav. Rit.*, pp. 363–364; cap. LXXXVII.

53   Cfr. LINA BOLZONI, «*O maledetto o abominioso ordigno*». *La rappresentazione della guerra nel poema epico-cavalleresco*, in *Storia d'Italia. Annali*, XVIII, *Guerra e pace*, a cura di Walter Barberis, Torino, Einaudi, 2002, pp. 201–247; DAVE HENDERSON, *Power Unparalleled, Gunpowder Weapons and the Early* Furioso, «Schifanoia», 13–14, 1992, pp. 109–131. Utili elementi sulla posizione ariostesca nei confronti delle guerre d'Italia e della politica estense sono nei recenti MARCO DORIGATTI, *Ludovico Ariosto, il poema e la storia*, in *Orlando furioso 500 anni*, cit., pp. 332–339, e NICOLÒ MALDINA, *Ariosto e la battaglia della Polesella. Guerra e poesia nella Ferrara di inizio Cinquecento*, Bologna, Il Mulino, 2016.

L'intenzïon non già, perché lo tolle,
fu per voglia d'usarlo in sua difesa;
che sempre atto stimò d'animo molle
gir con vantaggio in qualsivoglia impresa:
ma per gittarlo in parte, onde non volle
che mai potesse ad uomo più fare offesa:
e la polve e le palle e tutto il resto
seco portò, ch'apparteneva a questo.

E così, poi che fuor de la marea
nel più profondo mar si vide uscito,
sì che segno lontan non si vedea
del destro più né del sinistro lito;
lo tolse, e disse: – Acciò più non istea
mai cavallier per te d'esser ardito,
né quanto il buono val, mai più si vanti
il rio per te valer, qui giù rimanti.

O maladetto, o abominoso ordigno,
che fabricato nel tartareo fondo
fosti per man di Belzebù maligno
che ruinar per te disegnò il mondo,
all'inferno, onde uscisti, ti rasigno. –
Così dicendo, lo gittò in profondo.
(IX 89–91,6)

Le parole che accompagnano il gesto sono un'esplicita condanna, simile a quella già formulata da Tristano nel distruggere le armi incantate del suo avversario: «Qual è quello cavaliere che si diletti d'esser tenuto pro' nella opera e avere ardimento di cuore, e sia forte di membra, savio e ingegnoso nello combattere; e non affalsi sue prodezze con incantate armadure» (*Tav. Rit.*, pp. 363–364, cap. LXXXVII).

Veniamo ora a qualche conclusione. I casi presi in esame – l'area lessicale 'bosco/strada', la figura della fata, le armi incantate – puntualmente si inseriscono nel più ampio fenomeno della risemantizzazione, da parte di Ariosto, degli elementi della tradizione romanzesca arturiana: analoghe ricerche sono state dedicate a importanti strutture narrative, come la tecnica ad *entrelacement* o il tema dell'inchiesta, e a queste converrà accennare brevemente.[54] Nel primo caso, al prevalente uso illusionistico e a *suspense* del tempo narrativo esercitato da Boiardo corrisponde in Ariosto un problematico e contraddittorio tempo dagli incontri sfasati (come Angelica liberata da Ruggiero che non la cerca, mentre Orlando, che la cerca, libera Olimpia), ma questo tempo è pur sempre un montaggio riconducibile a un confronto, a un giudizio etico di fondo: l'avventurosa impresa con variante erotica di Ruggiero volteggiante sull'ippogrifo, di contro alla radicale 'distruzione della Malvagia Usanza' di Ebuda da parte del disinteressato ed eroico Orlando.[55] Quanto all'inchiesta, assunta da Ariosto a vettore portante della narrazione rispetto alla 'ventura' casuale e dilatantesi all'infinito privilegiata da Boiardo, essa si carica nel *Furioso* di profonde risonanze, divenendo l'immagine del desiderio umano perennemente inappagato che può sfociare nella follia.

Il dialogo con gli elementi della tradizione arturiana accompagna tutta l'elaborazione del poema. Dopo il luminoso avvio del I canto e l'arioso dispiegarsi della narrazione del 1516, l'Ariosto sembra, proprio nelle giunte del '32, tornare a riflettere sui meccanismi di questi antichi romanzi: sia nella Rocca di Tristano (canti XXXII e XXXIII) e in Marganorre (canto XXXVIII 24 ss.), con ingredienti attinti al *Tristan* e al *Guiron*,[56] come nella magnanima peripezia di Ruggiero e Leone (ispirata al rapporto Lancillotto-principe Galeotto: canti XLIV–XLVI), ma soprattutto nella dilatazione del motivo dell' «amorosa inchiesta» di Orlando, che acquista un'estensione e un

---

54   Cfr. rispettivamente i saggi di Marco Praloran, citati a nota 10, e il mio *Inchiesta*, in *Lessico critico*, cit.

55   Cfr. Marco Praloran, *Le strutture narrative*, cit.: in particolare pp. 111–114 e 122–123; e, sul piano generale della narrativa arturiana, la contrapposizione fra romanzi «digressivi» (*Lancelot, Tristan, Guiron*) e romanzi «finalistici» (*Queste del St. Graal, Mort Artu*) istituita da Nicola Morato, *Figura della violenza nel romanzo arturiano in prosa*, in *Figura e racconto. Figura et récit*, a cura di Gabriele Bucchi *et alii*, Firenze, Sismel-Edizioni del Galluzzo, 2009, pp. 163–191: 174–176. Il passaggio del senso e della struttura dell'avventura dall''inchiesta' all''erranza' (ivi, p. 176) corrisponde a quanto Praloran sottolinea avvenire in senso inverso tra Boiardo e Ariosto, un riemergere dell'*ethos* accanto al *pathos*, un finalizzarsi del movimento narrativo.

56   Cfr. Pio Rajna, *Le fonti dell'Orlando furioso*, cit., pp. 479–505 e 518–527, e le circostanziate note del commento di Emilio Bigi, cit.

rilievo assolutamente nuovi con l'introduzione dell'episodio di Olimpia (canti IX–XI).[57] Nel confronto intrecciato con la vicenda di Ruggiero liberatore di Angelica, emerge chiaramente da un lato (come s'è detto) un giudizio etico, quella che è stata definita da Praloran la «finalizzazione» del ritmo narrativo, propria degli ultimi romanzi del ciclo arturiano della *Vulgata* (*Queste del St. Graal, Mort Artu*).[58] Dall'altro vengono sottolineati i tempi angosciosi e frustranti dell'impresa, dove alla ricerca vuota di notizie si alternano deviazioni, imprevisti, controfigura dell'oggetto cercato, mentre gli elementi topici dell'inchiesta finiscono per assumere le tonalità squisitamente liriche delle enumerazioni del *Canzoniere* petrarchesco e della sua inappagata ricerca: «cercò le selve, i campi, il monte, il piano / le valli, i fiumi, li stagni, i torrenti» (XII 2,5–6); «Di piano in monte e di campagna in lido» (XI 83,1).[59]

Com'è stato ripetutamente osservato, la vicenda storica contemporanea improntа di sé non poche aggiunte del terzo *Furioso*: in questo contesto si può misurare anche la differenza fra le due rivisitazioni ariostesche del *topos* delle armi incantate. Lo scudo di Atlante, gettato nel pozzo già nel *Furioso* del 1516, non sarà più ritrovato (XXII 94): appartiene alla tradizione romanzesca. Invece, vanamente Orlando ha tentato di distruggere l'archibugio, moderno corrispettivo della lancia incantata, strumento di morte del presente che ha sancito la decadenza degli originari valori cavallereschi (XI 21–28): nell'elaborazione del poema, l'antico paradigma tristaniano e canterino viene decisamente riletto da Ariosto alla luce della realtà contemporanea.[60]

---

57   Per il *Lancelot* e l'episodio di Ruggiero e Leone, cfr. DANIELA DELCORNO BRANCA, *La conclusione*, cit.; per Olimpia EADEM, *L'inchiesta autunnale di Orlando*, «Lettere italiane», LII, 2000, pp. 379–399; EADEM, *Inchiesta*, cit., pp. 134–136.

58   Cfr. sopra, nota 55.

59   Come ha rilevato in pagine fondamentali MARCO PRALORAN, *Tempo e azione*, cit., pp. 57–76, e IDEM, *Petrarca in Ariosto: il* principium constructionis, in IDEM, *Le lingue del racconto*, cit., pp. 175–198.

60   Cfr. sopra, nota 53, e LINA BOLZONI, *An Epic Poem of Peace: The Paradox of the Representation of War in the Italian Chivalric Poetry of the Renaissance*, in *War in Words. Transformations of War from Antiquity to Clausewitz*, a cura di Marco Formisano e Hartmut Böhme, Berlin – New York, Walther de Gruyter, 2011, pp. 271–290; MARCO VALLERIANI, *The War in Ariosto's* Orlando Furioso. *A Snapshot of the Passage from Medieval to Early Modern Technology*, ivi, pp. 375–390.

ANNALISA PERROTTA

2   Menzogne, verità e Cassandre tra *Morgante* e *Furioso*

Tra il Morgante *e il* Furioso

In questo lavoro intendo esplorare alcune manifestazioni di uno dei nuclei generativi profondi dell'*Orlando furioso*, cioè la riflessione sul legame che unisce all'atto compositivo dell'opera le nozioni di finzione, verità e menzogna.[1] Per farlo metterò al centro della riflessione il confronto tra il *Furioso* e la prima opera d'autore della tradizione cavalleresca rinascimentale, ovvero il *Morgante* di Luigi Pulci.

Gli studi sui rapporti tra il *Furioso* e la tradizione cavalleresca precedente hanno spesso riservato al *Morgante* una posizione controversa. Nell'introduzione al suo studio sulle fonti del poema ariostesco Rajna considerava il *Morgante* un modello inimitabile.[2] Circa un secolo dopo, Luigi

---

1   Si tratta di un tema di tradizione critica ricca e antica, legata all'indagine sulla costruzione della figura autoriale nel testo. Mi limito a citare solo alcuni lavori di riferimento: ROBERT M. DURLING, *The Figure of the Poet in the Renaissance Epic*, Cambridge, MA, Harvard University Press, 1965, ALBERT R. ASCOLI, *Ariosto's Bitter Armony. Crisis and Evasion in the Italian Renaissance*, Princeton, NJ, Princeton University Press, 1987; SERGIO ZATTI, *Il* Furioso *tra epos e romanzo*, Lucca, Pacini Fazzi, 1990; GIUSEPPE SANGIRARDI, *Boiardismo ariostesco. Presenza e trattamento dell'*Orlando innamorato *nel* Furioso, Lucca, Pacini Fazzi, 1993, pp. 313–337; IDEM, *Ludovico Ariosto*, Firenze, Le Monnier, 2006.

2   «Basta questo brevissimo cenno intorno al poema del Pulci, per vedere che di lì non poteva prendere le mosse un nuovo indirizzo del romanzo cavalleresco», PIO RAJNA, *Le fonti dell'Orlando furioso*, rist. anast. della seconda ediz. (1900), a cura e con introduzione di Francesco Mazzoni, Firenze, Sansoni, 1975, pp. 20–21.

Blasucci, nel suo studio sulle *Riprese linguistico-stilistiche del «Morgante»
nell'«Orlando furioso»*, auspicava che il lavoro sui due poemi muovesse
verso il confronto di situazioni, spunti e atteggiamenti. Nonostante la
diversità dei sistemi stilistici propri dei due autori «è tuttavia difficile
pensare che il *Furioso* sarebbe stato quella realtà espressiva che è, senza
l'esistenza del *Morgante*»:[3] il saggio di Blasucci indaga i «debiti contratti
da Ariosto come diretto lettore del Pulci» nel lessico, nell'uso di sintagmi
ed espressioni idiomatiche, nei movimenti ritmico-verbali fino alla ripresa
di intere immagini; arriva a concludere che

> all'accumulazione pulciana dunque corrisponde il ritmo ariostesco [...] alla puntualità
> dello 'spettacolo' [...] corrisponde il dinamismo del racconto. E questo è precisamente
> il punto in cui l'osservazione dei due diversi sistemi stilistici sfocia inevitabilmente
> nella considerazione dei due diversi sistemi narrativi.[4]

Lo studio di Sangirardi sul boiardismo ariostesco prende in considerazione
i risultati dello studio di Blasucci,[5] ma si riallaccia alle considerazioni di
Rajna proprio per riflettere sulla esclusione del *Morgante* da lui operata dal
novero delle principali fonti romanzesche del *Furioso*: secondo Sangirardi,
Rajna non considera il *Morgante* una fonte «proprio per il suo carattere
bifronte, per la sua posizione di frontiera. Il *Morgante*, di fatto, può segnare
con uguale legittimità il punto terminale della storia tre-quattrocentesca,
anonima e umile, del genere cavalleresco, e il principio di quell'altra storia».[6]
Lo stesso studioso, però, nel soffermarsi sull'influenza di Pulci nell'ideazione
boiardesca, conclude:

> Prima di offrire a Boiardo spunti di scrittura e di invenzione, il *Morgante* deve avergli
> suggerito l'idea stessa di un riscatto artistico della pratica del romanzo cavalleresco,

---

3   Luigi Blasucci, *Riprese linguistico-stilistiche del «Morgante» nell'«Orlando
    furioso»*, «Giornale storico della letteratura italiana», 152, 1975, pp. 199–221: 200
    (poi in Idem, *Sulla struttura metrica del* Furioso *e altri studi ariosteschi*, Firenze,
    SISMEL-Edizioni del Galluzzo, 2014, pp. 99–119).

4   Ivi, p. 221.

5   Giuseppe Sangirardi, *Boiardismo ariostesco*, cit., p. 298 e nota 12.

6   Ivi, p. 298.

riscatto che certo nell'*Innamorato* sarà attuato secondo uno stile del tutto differente e segnato dalle predilezioni e idiosincrasie della cultura cortigiana ferrarese.[7]

Se l'operazione che Pulci compie con il *Morgante* può suggerire l'idea di un riscatto artistico, questo avviene a maggior ragione in considerazione del tratto più originale, secondo solo all'inventiva linguistica, del poema pulciano: la costruzione di una voce autoriale e la sua interazione con le vicende narrate, tra storia, finzione, propaganda.

Il *Morgante* detiene un primato: è il testo che per primo tratta la materia cavalleresca con il distacco di chi sa di stare compiendo un'opera di parodia e di riscrittura; questo è vero per il poema pulciano, come è vero per le opere cavalleresche d'autore cronologicamente vicine, innanzitutto l'*Inamoramento de Orlando* di Boiardo.[8] In particolare nel *Morgante*, però, la riflessione metanarrativa avviene attraverso la costruzione di una voce

---

7   Ivi, p. 299.

8   Questo distacco però è presente – sebbene in misura meno pronunciata e forse meno consapevole – anche in opere cavalleresche anonime dello stesso periodo: penso all'imponente compilazione cavalleresca dal titolo *Innamoramento di Carlo Magno e dei suoi paladini* ([Venezia], Walch, 1481, GW 12613, ISTC ic00204000), che condivide con la prima parte dell'*Inamoramento de Orlando* la tendenza spiccata al ribaltamento delle attese: qui Carlo Magno, vecchio, si innamora *per audita* di una donna saracena e proprio a Rinaldo tocca combattere per la donna destinata al suo signore. Oppure penso alla *Trabisonda* (Bologna, Ugo Rugerius, 1483, IGI 9696, GW 12812, ISTC it00410500), nella quale le trame di Gano operano un rovesciamento dei caratteri dei principali paladini (Orlando passa per traditore, oppure impazzisce e arriva a rinnegare il Cristianesimo; il veritiero Turpino è latore e garante di una lettera menzognera, e così via). Difficile determinare, in assenza di chiari contatti intertestuali, se un tale rapporto con la materia preceda o segua i poemi di Pulci e Boiardo, che erano stati composti o erano in lavorazione negli stessi anni delle stampe. Si può comunque affermare che l'intera produzione cavalleresca rinascimentale italiana, colta e popolare, ha a che fare con una tradizione non discontinua di testi: indipendentemente dal livello artistico, inserirsi dentro una struttura narrativa ben nota e consolidata consente una possibilità maggiore di distanza e di gioco nei confronti della materia narrata.

autoriale, l'autore/narratore si fa personaggio e interviene con riflessioni e commenti sul farsi della propria opera.[9]

Con il *Morgante* per la prima volta una materia «da piazza» (Pulci, *Morgante*, XVIII 142,4)[10] che conosceva la fortuna delle stampe proprio negli anni Settanta del Quattrocento, viene in mano a un autore che ne plasma la lingua e la struttura, ha una missione e un progetto, vive e lavora all'interno di un gruppo con caratteristiche peculiari e di altissimo livello, dove occupa uno spazio suo specifico; per conservarlo sarà in un secondo momento costretto a combattere (senza troppo successo). Il *Morgante* raccoglie e manifesta il travaglio del suo autore; Pulci rende il poema uno spazio di espressione, ma anche il luogo in cui discutere la norma (la tradizione) e la sua infrazione, la «via nostra distesa» (*Morg.*, II 41,4) delle fonti e l'esuberanza iperbolica della figura autoriale, sia quando si riconosce in Morgante («Ben so che spesso, come già Morgante, / lasciato ho forse troppo andar la mazza», *Morg.*, XVIII 142,1–2) sia quando si nasconde dietro Malagigi e forza la mano alla tradizione più consolidata, riscrivendo una nuova Roncisvalle.[11]

---

9   Si veda su questo già Rajna: «In che consistono dunque le novità del *Morgante*? – Nello stile, fresco, snello, scintillante di brio; in certi episodî, dove l'Autore introduce curiosi personaggi di sua fattura e si scapriccia tanto colla fantasia quanto colla ragione; soprattutto poi nella dimostrazione del suo io e nell'atteggiamento che prende di fronte all'opera sua. Questa diventa per il poeta un vero balocco. Egli m'ha l'aspetto d'un uomo maturo, che s'è messo a fabbricare castelli di carte» (PIO RAJNA, *Le fonti dell'Orlando furioso*, cit., p. 20); e Momigliano: «dopo tante discussioni sul suo protagonista [...] io credo che l'unico personaggio, che domina tutta l'azione, attorno al quale tutta l'azione si svolge, sia l'autore stesso: all'infuori di lui non c'è protagonista» (ATTILIO MOMIGLIANO, *L'indole e il riso di Luigi Pulci*, Rocca San Casciano, Licinio Cappetto, 1907, p. 121).

10   Le citazioni dal *Morgante* sono tratte dall'edizione a cura di Franca Ageno, Milano-Napoli, Ricciardi, 1955; l'opera verrà d'ora in avanti indicata con la sigla *Morg.*; quando presenti, i corsivi sono miei.

11   GIUSEPPE SANGIRARDI, *Boiardismo ariostesco*, cit., pp. 298–299: 330, note 12–13; su questo aspetto del *Morgante*, si veda anche ANNALISA PERROTTA, *Rappresentazione della creatività narrativa nel* Morgante *di Luigi Pulci*, «Italian Studies», 60, 2, 2005, pp. 147–162; EADEM, *Magia, profezia e narrazione del vero nel* Morgante *di Luigi Pulci*, in *Le forme della poesia. Atti dell'VIII Congresso Adi, Siena, 22–25*

Pulci dunque si addentra nei meccanismi della narrazione epica e consapevolmente ci gioca, li discute, li trasforma. In particolare negli ultimi cinque cantari del poema, ma non solo, costruisce – per la prima volta in questo genere narrativo – una voce autoriale egocentrica e capricciosa, che fa della verità e del proprio rapporto privilegiato con la verità e con la storia il perno attorno a cui far ruotare l'intero racconto. D'altra parte, la missione che Tornabuoni affida a Pulci è quella della celebrazione di Carlo; il poema diviene invece il racconto di una tragedia politica e militare (il tradimento di Gano, la rotta di Roncisvalle) che risuona in modo sinistro, soprattutto se riletta alla luce dell'Italia delle congiure. Malagigi è profeta inascoltato della rotta, figura dell'autore che si presenta a sua volta come profeta inascoltato di una storia che si situa fuori dal testo.

Per queste caratteristiche, il modello del *Morgante* rimane inimitato. Costituisce, però, anche un punto di riferimento all'interno della riflessione metanarrativa sul poema cavalleresco e sul rapporto tra il piano della realtà e quello della finzione in opere del medesimo genere.

L'utilità di una riflessione che metta a confronto il *Morgante* e il *Furioso* è duplice: da una parte è un modo per esplorare in maniera più approfondita il contatto tra i testi; dall'altra consente di considerare il lavoro d'autore sulla materia cavalleresca come un ambito privilegiato proprio per la riflessione metaletteraria e la costruzione di una voce autoriale che interagisce criticamente con la materia narrata e assume una posizione ben precisa nei confronti di essa e del pubblico al quale si rivolge.

Nel mio discorso considererò contatti testuali piuttosto circostanziati tra il *Morgante* e il *Furioso* riguardanti:

1) la serie rimica che connette Dante, *Inferno*, XVI 121–132, Petrarca, *Triumphus Cupidinis*, 77–81, Pulci, *Morgante*, XXIV 104, e Ariosto, *Orlando furioso*, VII 2;
2) il ritorno di epressioni e parole pulciane nell'episodio di Alcina;
3) la figura di Cassandra come una delle voci poetiche/profetiche e trasposizione dell'autore nel testo.

settembre 2004, a cura di Riccardo Castellana e Anna Baldini, Firenze, Betti editore, 2006, vol. II, pp. 67–74.

Verità, credibilità, menzogna: Orlando furioso, *VII 1–2*

Chi va lontan da la sua patria, vede
cose, da quel che già credea, lontane;
che narrandole poi, non se gli crede,
e stimato bugiardo ne rimane:
che 'l sciocco vulgo non gli vuol dar fede,
se non le vede e tocca chiare e piane.
Per questo io so che l'inesperienza
farà al mio canto dar poca credenza.

Poca o molta ch'io ci abbia, non bisogna
ch'io ponga mente al vulgo sciocco e ignaro.
A voi so ben che non parrà menzogna,
che 'l lume del discorso avete chiaro;
ed a voi soli ogni mio intento agogna
che 'l frutto sia di mie fatiche caro.
Io vi lasciai che 'l ponte e la riviera
vider, che 'n guardia avea Erifilla altiera.
(Ariosto, *Orlando furioso*, VII 1–2)[12]

Questo esordio si colloca al centro dell'episodio di Alcina: come la fine
del canto VI divide l'episodio in due (*Fur.*, VI 16–81; VII 1–35; 45–80),
così il proemio del canto VII costituisce, insieme a quello del canto VIII,
la chiave di lettura dell'intero episodio. Delcorno Branca sottolinea come
i proemi ariosteschi costituiscano

> uno spazio unitario e significativo destinato alla voce dell'autore e alle ragioni di fondo
> del testo, come cornice portante e non elemento esornativo, allotrio e sperimentale
> nei confronti del poema.[13]

---

12   Le citazioni sono tratte da LUDOVICO ARIOSTO, *Orlando furioso e Cinque canti*,
     a cura di Remo Ceserani e Sergio Zatti, Torino, UTET, 1997. Quando presenti, i
     corsivi sono miei.

13   DANIELA DELCORNO BRANCA, *Ariosto e la tradizione del proemio epico-cavalleresco*,
     in *Lettura dell'«Orlando furioso»*, diretta da Guido Baldassarri e Marco Praloran,
     vol. I, a cura di Gabriele Bucchi e Franco Tomasi, Firenze, SISMEL-Edizioni del
     Galluzzo, 2015, pp. 59–99: 76; Delcorno Branca (ivi, pp. 79–80) riassume le funzioni

e suggerisce la lettura di alcuni proemi successivi disposti in «nuclei seriali», da aggiungere al «radicamento» di ciascun proemio all'interno del canto d'appartenenza. I proemi dei canti VII e VIII sono accomunati dal confronto tra il livello della realtà e quello della finzione poetica. Anche Hempfer nella sua lettura del canto VII del *Furioso*, associa i due proemi, del VII e dell'VIII canto, come luoghi in cui l'autore «tematizza anche il principio dell'interpretazione allegorica stessa», in particolare quando «gli elementi vengono resi noti nella loro funzione allegorica», come nel caso, in VIII 2, dell'anello di Angelica.[14]

Nel proemio del canto VII il narratore è rappresentato come un viaggiatore di ritorno, potenzialmente menzognero, per aver fatto esperienze che non hanno coinvolto altri: per questo è facile che passi per bugiardo, nella percezione del pubblico «sciocco» e «ignaro». Il viaggiatore racconta le nuove esperienze a coloro che non sanno, agli 'inesperti'; d'altra parte, la sua stessa inesperienza renderà il pubblico sospettoso. Siamo in presenza di un paradosso, presto risolto quando si precisa che la similitudine sovrappone solo parzialmente il narratore e il viaggiatore: il viaggiatore si muove su un piano di realtà verificabile (ha fatto esperienza di cose che esistono da qualche parte nel mondo, indipendentemente dal fatto che vengano o no credute vere); il discorso del narratore, invece, può essere seguito solo da chi ne ha chiaro il «lume»: si tratta di contenuti che sono nascosti da menzogna («bella menzogna» per Dante in *Convivio*, II 1, a proposito del senso allegorico),[15] ma che tali non appaiono a chi riesce a capire in profondità il senso del testo. D'altra parte l'accostamento tra il viaggiatore

---

del proemio in quattro punti: rapporto con la realtà presente, immagine dell'autore all'interno e a confronto con la sua opera, ironia distruggitrice della distanza epica, esperienza della problematicità e contraddittorietà del reale.

14   KLAUS W. HEMPFER, *Canto VII*, in *Lettura dell'«Orlando furioso»*, cit., pp. 235–256: 239–240; si veda anche il precedente IDEM, *Dekonstruktion sinnkonstitutiver Systeme in Ariosts* Orlando furioso, in *Ritterepik der Renaissance*, a cura di Klaus W. Hempfer, Stuttgart, Franz Steiner, 1989, pp. 277–298 (trad. it. *Il concetto di decostruzione e l'episodio di Alcina*, in KLAUS W. HEMPFER, *Testi e contesti. Saggi post-ermeneutici sul Cinquecento*, Napoli, Liguori, 1998, pp. 119–146).

15   DANTE ALIGHIERI, *Convivio*, a cura di Giorgio Inglese, Milano, Rizzoli, 1993, p. 84.

di ritorno e il narratore costituisce un giudizio di valore sul poema e sulla
verità in esso contenuta: l'esperienza del narratore è come ricavata da un
viaggio in un altrove, dove si incontrano cose inaspettate; il sapere nasce,
perciò, dall'incontro tra il noto e l'ignoto, tra un'esperienza consolidata e
l'inaudito, e proprio per questa sua natura è destinato solo a un pubblico
preparato, che sappia scorgere il vero.

Leggendo in sequenza i proemi ai canti VII e VIII, sembrerebbe che
avere chiaro il lume del discorso equivalga a possedere l'anello di Angelica:

> Chi l'annello d'Angelica, o più tosto
> chi avesse quel de la ragion, potria
> veder a tutti il viso, che nascosto
> da finzïone e d'arte non saria.
> Tal ci par bello e buono, che, deposto
> il liscio, brutto e rio forse parria.
> Fu gran ventura quella di Ruggiero,
> ch'ebbe l'annel che gli scoperse il vero.
>
> (*Fur.*, VIII 2)

Chi possiede l'anello, cioè ha la ragione, può vedere ciò che è nascosto «da
finzïone e d'arte», e dunque è in grado di rendere vani i tentativi degli
incantatori che vestono il vero di bella menzogna. Gli incantatori sono i
falsari, coloro che fanno credere quello che non c'è: Alcina che nasconde la
propria bruttezza di vecchia dietro la bellezza letterariamente più perfetta,
il vecchio incantatore che rapisce Angelica e la persuade a dargli fiducia,
nascondendo dietro l'aspetto e l'atteggiamento venerabile i suoi più bassi
istinti.[16] Incantatore è anche il narratore che nasconde il lume del discorso
dietro una bella menzogna e seleziona così il pubblico che può avere accesso
al frutto delle sue fatiche.

La riflessione metaletteraria e l'ambivalenza tra finzione e menzogna
risultano componenti fondamentali del discorso ariostesco sulla propria arte
di narratore. Non è mia intenzione addentrarmi ulteriormente nell'analisi
dell'episodio di Alcina o in un discorso sulle interpretazioni allegoriche del

---

16 Maria Luisa Meneghetti, *Canto VIII*, in *Lettura dell'«Orlando furioso»*, cit.,
    pp. 257–271.

poema, discorso già ampiamente trattato dalla critica. Come anticipato, scopo di questo saggio è quello di mostrare come l'aspetto metaletterario, la rappresentazione del narratore come incantatore, il rapporto serrato tra finzione-verità-menzogna sono tratti che costituiscono un motivo profondo anche nel *Morgante* di Pulci: forse il testo pulciano può essere considerato tra i punti di partenza della stessa riflessione ariostesca.

La serie rimica che connota la seconda ottava della citazione dal *Furioso* traccia una linea che attraversa una molteplicità di testi:

El disse a me: 'Tosto verrà di sovra
ciò ch'io attendo e che il tuo pensier
    sogna;
tosto convien ch'al tuo viso si scovra'.
Sempre a quel ver c'ha faccia di
    menzogna
de' l'uom chiuder le labbra fin ch'el
    puote,
però che sanza colpa fa vergogna;
ma qui tacer nol posso; e per le note
di questa comedìa, lettor, ti giuro,
s'elle non sien di lunga grazia vòte,
ch'i' vidi per quell'aere grosso e scuro
venir notando una figura in suso,
maravigliosa ad ogne cor sicuro.
(Dante, *Inferno*, XVI 121–132)[17]

Ecco quei che le carte empion di sogni,
Lancilotto, Tristano e gli altri erranti,
ove conven che 'l vulgo errante agogni.
(Petrarca, *Triumphus Cupidinis*,
III 79–81)[18]

Ora ècci un punto qui che mi bisogna
allegar forse il verso del Poeta:
«sempre a quel ver c'ha faccia di
    menzogna»
è più senno tener la lingua cheta,
ché spesso «sanza colpa fa vergogna»;
ma s'io non ho gabbato il bel pianeta
come Cassandra già, non è dovuto
che il ver per certo non mi sia creduto.
(*Morg.*, XXIV 104)

In *Inferno* XVI Dante sta per introdurre la visione di Gerione, la «sozza imagine di froda»; si tratta di un momento di grande intensità, in cui viene chiamato in causa il lettore della «comedìa»: il narratore dichiara la verità di quello che sta dicendo, menziona il tacito patto con il lettore, e la grazia, che spera non gli venga meno. La formula il «ver ch'ha faccia di menzogna» godrà di una grande fortuna. Ma come è evidente dalle parole in rima e dal riferimento al «vulgo», Ariosto incrocia qui Dante e Petrarca del *Triumphus Cupidinis*, proprio in quel luogo in cui si scredita la verità (o si sottolinea l'aspetto finzionale) del romanzo medievale: Petrarca infatti – e non Dante – ha in rima «agogna»; Petrarca (non certo Dante) getta discredito sul «vulgo errante» (che è in clausola «vulgo avaro et sciocco»

---

17   DANTE ALIGHIERI, *Inferno*, commento di Anna Maria Chiavacci Leonardi, Milano, Arnoldo Mondadori, 1991.
18   FRANCESCO PETRARCA, *Trionfi*, a cura di Guido Bezzola, Milano, Rizzoli, 1997.

in *Canzoniere*, LI 11),[19] e ancora petrarchesca è «Vero dirò (forse e' parrà menzogna)» (*Canzoniere*, XXIII 156), in rima con «vergogna». Questa mini serie intertestuale accosta e fa interagire il discorso metanarrativo con quello dell'individuazione di un pubblico eletto e intenditore, che abbia accesso al «lume del testo», qualunque esso sia.

Il terzo contatto testuale è con il *Morgante*, che cita a sua volta esplicitamente gli stessi versi di Dante. Alla citazione esplicita Pulci associa l'allusione a un luogo del *Filostrato* di Boccaccio, che è un punto di riferimento dell'ottava pulciana: quando si rivolge a Cassandra dicendole «forse più senno ti saria 'l tacere / che sì parlare scapestratamente» (VII 89,5–6),[20] che nel *Morgante* diventa «è più senno tener la lingua cheta». È un luogo cruciale del XXIV cantare del *Morgante*, il primo della ripresa del poema dopo l'interruzione del canto XXIII: Malagigi interviene con la magia per fermare i due giganti di Antea che muovono contro l'esercito cristiano a Parigi. Questi vengono tormentati dal Marguttino, una figuretta piena di sberleffi e gesti irriverenti, creata per magia da Malagigi, e attratti in un boschetto impaniato. Qui rimangono prigionieri e vengono bruciati vivi per intervento di Terigi, che incendia il boschetto.

Il carattere metaletterario dell'episodio pulciano è piuttosto evidente: già De Robertis individuava in questo luogo del *Morgante*

> il vero centro dell'ispirazione di Pulci [...]. Giusto con quella rappresentazione del boschetto di Malagigi ci ritroviamo [...] in uno dei 'luoghi' sacri della fantasia del Nostro, la raffigurazione degli uccelli nella seconda parte del padiglione di Luciana.[21]

Pulci commenta questo episodio, rendendolo rivendicazione di una verità indiscutibile della creazione poetica:

---

19 Francesco Petrarca, *Canzoniere*, introduzione di Roberto Antonelli, note di Daniele Ponchiroli, Torino, Einaudi, 1992.

20 Giovanni Boccaccio, *Filostrato*, a cura di Luigi Surdich, Milano, Mursia, 1990.

21 Domenico De Robertis, *Storia del Morgante*, Firenze, Le Monnier, 1958, p. 607; sulle figura che rappresentano la creatività nel *Morgante* come riflessione metaletteraria si veda Annalisa Perrotta, *Rappresentazione della creatività narrativa*, cit.

> Io veggo tuttavia questi giganti
> con gli occhi della mente, e so ch'i' ho scritto
> appunto i lor effetti e lor sembianti,
> sì ch'io non parlo simulato o fitto.
> Venga chi vuol con sue ragioni avanti,
> ch'io lo farò poi alfin contento e zitto,
> e dirà: «Ciò che l'auttor qui scrisse,
> par che sia tratto dall'*Apocalisse*».
>
> (*Morg.*, XXIV 105)

Pulci rivendica la verità del proprio testo negando che esso contenga finzioni o simulazioni: significativamente la medesima dittologia, «simulato o fitto», si ritrova anche in un altro proemio ariostesco in cui si affronta il tema della simulazione necessaria come misura di autoconservazione, a proposito dell'incontro tra Bradamante e Brunello (Brunello era «tutto simulato e tutto finto», così Bradamante «Simula anch'ella; e così far conviene / con esso lui di finzïoni padre», *Fur.*, IV 2,7 e 3,1). Inoltre, la creazione da parte di Malagigi del Marguttino e soprattutto del boschetto fornisce l'occasione a Pulci per discutere i confini dell'arte magica, che sono nel contempo anche i confini della rappresentazione e della rappresentabilità poetica di fronte a un pubblico specifico: il narratore dichiara di essere stato al monte di Sibilla e di doversi confessare a Minosse e riconoscere il vero con gli altri «erranti, / piromanti, idromanti e geomanti» (*Morg.*, XXIV 113,7–8),[22] stabilendo così in modo esplicito la connessione tra Malagigi creatore di Marguttino e Pulci creatore di Margutte, entrambi indovini, entrambi capaci di verità profetiche («ciò che l'auttor qui scrisse / par che sia tratto dall'*Apocalisse*», *Morg.*, XXIV 105,7–8).

A voler raffrontare il passo del *Furioso* con quello del *Morgante*, Ariosto sembra rovesciare i termini del discorso: lui *non* deve temere che il suo discorso appaia menzognero, *non* ha bisogno di rivendicare dantescamente la verità della propria rappresentazione: il suo pubblico scelto è l'unico suo destinatario. La contrapposizione appare chiara confrontando i due testi: «Ora ècci un punto qui che *mi bisogna* / allegar forse il verso del Poeta»

---

22   Pulci cita qui l'*Acerba* di Cecco d'Ascoli; ma si veda più avanti, nota 46.

(*Morg.*, XXIV 104,1–2) e «Poca o molta ch'io ci abbia, non *bisogna* / ch'io ponga mente al vulgo sciocco e ignaro» (*Fur.*, VII 2,1).

Il contatto tra il *Furioso* e il *Morgante* in questa occasione può essere fortuito: il passo dantesco è quasi proverbiale, insieme al passo del *Triumphus Cupidinis* costituiva una sorta di mossa difensiva consueta per coloro che volevano affermare una qualche attendibilità del proprio testo.[23] Come già mostrato da Blasucci, però, i contatti tra i due testi costituiscono un dato non opinabile e testimoniano una lettura diretta del *Morgante* da parte di Ariosto.

Tra le parole che Blasucci identifica come chiari debiti del *Furioso* nei confronti del *Morgante* c'è l'uso di un certo lessico specifico. È il caso del vocabolario tecnico, come quello che riguarda gli strumenti per ladri che collegano in modo significativo la rappresentazione simbolica dei peccati che Ruggiero incontra nell'isola di Alcina (*Fur.*, VI 62) e «l'inventario furfantesco di Margutte» (*Morg.*, XVIII 133).[24] La significatività dell'accostamento risiede nel fatto che Margutte raccoglie in sé – anche provocatoriamente – tutti i peccati possibili (tranne, si noti bene, il tradimento),[25] che interpreta in maniera esemplare, così come esemplari sono le comparse della schiera dei peccati nell'isola di Alcina.

> E trapani e paletti e *lime sorde*
> e succhi d'ogni fatta e grimaldelli
> *e scale* o vuoi di legno o vuoi *di corde*,
> e levane e calcetti di feltrelli
> che fanno, quand'io vo, ch'ognuno assorde,

---

23   Un luogo ricorrente specie nella tradizione narrativa in ottave, come mostra CARLO
      DIONISOTTI, *Fortuna del Boiardo nel Cinquecento*, in *Il Boiardo e la critica contem-
      poranea*. Atti del Convegno di Studi su Matteo Maria Boiardo (Scandiano-Reggio
      Emilia 25–27 aprile 1969), a cura di Giuseppe Anceschi, Firenze, Olschki, 1970, pp.
      221–241, ora in IDEM, *Scritti di storia della letteratura italiana*, vol. II, a cura di Tania
      Basile, Vincenzo Fera, Susanna Villari, Roma, Edizioni di storia e letteratura, 2009,
      pp. 381–400; considera brevemente il proemio del *Troiano* DANIELA DELCORNO
      BRANCA, *Ariosto e la tradizione del proemio*, cit., p. 65.

24   LUIGI BLASUCCI, *Riprese linguistico-stilistiche*, cit., p. 203.

25   Sulla fedeltà di Margutte si veda *Morg.*, XVIII 142,8, ribadito dalla voce di Morgante
      all'ottava 143,3.

lavoro di mia man puliti e belli;
e fuoco che per sé lume non rende,
ma con lo sputo a mia posta s'accende.

(*Morg.*, XVIII 133)

Chi senza freno in s'un destrier galoppa,
chi lento va con l'asino o col bue,
altri salisce ad un centauro in groppa,
struzzoli molti han sotto, aquile e grue;
ponsi altri a bocca il corno, altri la coppa;
chi femina è, chi maschio, e chi amendue;
chi porta uncino e *chi scala di corda,*
chi pal di ferro e chi *una lima sorda.*

(*Fur.*, VI 62)

Nel *Furioso* l'enumerazione degli strumenti per ladri comporta oltra al ritorno lessicale, anche un richiamo in sede rimica (*sorde* : *corde*; *corda* : *sorda*) e uno strutturale, per la ripetizione anaforica propria dello stile canterino, che avvicina il testo a quello del *Morgante*: non si tratta dunque dell'esibita imitazione di un luogo testuale, ma del richiamo di alcuni tratti caratteristici, seppure presenti in passi diversi.[26] Inoltre Margutte è, oltre che ladro, anche falsario, caratteristiche salienti della narrazione nei canti VI–VIII del *Furioso*.[27]

L'episodio di Alcina contiene altri due richiami al lessico pulciano: uno, il verbo *arrostarsi* ('schermirsi', 'difendersi'), non è specifico del *Morgante*, ma è presente innanzitutto nella *Spagna* (V 30, XI 30, XIII 23 ecc.), e poi

26   Ottave anaforiche con ripetizione di «chi» nel *Morgante* in VII 44, ma anche nella descrizione del padiglione di Luciana, XIV 72. La lima sorda compare anche in Boiardo, *Inamoramento de Orlando*, I ix 10: è la lima che Malagigi offre ad Angelica per aiutarla a salvare Rinaldo prigioniero nella rocca crudele.

27   Meneghetti afferma che «per Boiardo, ma ancora di più per Ariosto, Alcina è 'tecnicamente' un falsario, nel senso inteso da Dante, che considerava i 'falsadori' come coloro che operano in maniera deliberata contro la verità, cambiando tanto la natura delle cose (metalli, monete) quanto l'aspetto – cioè la forma – degli esseri umani e dei loro prodotti» (MARIA LUISA MENEGHETTI, *Canto VIII*, cit., p. 262); e cita Dante, *Inferno*, XXIX–XXX, in cui viene descritto l'operato di alchimisti, falsificatori di moneta, contraffattori di persone e calunniatori.

molto comune nel poema pulciano (*Morg.*, VII 19,2, XII 47,4, XIX 41,8, in cui è Margutte che lottando con Beltramo «s'arrostava colla scimitarra» ecc.);[28] l'altro richiamo connette la descrizione di Alcina che incanta i pesci – contenuta nel racconto di Astolfo – con un altro luogo in cui si esprime la bravura nomenclativa di Pulci, la descrizione del padiglione che Luciana, figlia di Marsilio, dona a Rinaldo:

La terza parte è figurata al mare:
quivi si vede scoprir la *balena*
e far talvolta navili affondare,
e dolcemente cantar la serena
e' navicanti ha fatti addormentare;
il *dalfin* v'è, che mostrava la *schiena*,
e par ch'a' marinai con questo insegni
che si provegghin di salvar lor legni.

Il *marin vécchio* fuor dell'acqua uscìa,
e 'l pesce rondin si vedea volare,
ma il pesce tordo così non facìa;
vedeasi il cancro l'ostrica ingannare,
e come il fuscelletto in bocca avìa,
e poi che quella vedeva allargare,
e' lo metteva nel fesso del guscio,
e poi v'entrava a mangiarla per l'uscio.
                 (*Morg.*, XIV 64–65)

E come la via nostra e il duro e fello
distin ci trasse, uscimmo una matina
sopra la bella spiaggia, ove un castello
siede sul mar, de la possente Alcina.
Trovammo lei ch'uscita era di quello,
e stava sola in ripa alla marina;
e senza rete e senza amo traea
tutti li pesci al lito, che volea.

Veloci vi correvano i delfini,
vi venìa a bocca aperta il grosso *tonno*;
i capidogli coi *vécchi marini*
vengon turbati dal lor pigro sonno;
muli, salpe, *salmoni* e coracini
nuotano a schiere in più fretta che ponno;
pistrici, fisiteri, orche e *balene*
escon del mar con *monstruose schiene*.
                 (*Fur.*, VI 35–36)

Nella descrizione ariostesca non compare solo il «vécchio marino», ma anche il tonno (al plur. in *Morg.*, XV 67,1), i salmoni (al sing. in *Morg.*, XV 66,2) e soprattutto delfini e balene, con ritorno in parola rima (*balena : schiena* nel *Morg.*, *balene : schiene* nel *Fur.*), dove però nel testo pulciano le schiene sono quelle dei delfini, in quello ariostesco sono quelle, mostruose, delle balene: in una logica di variazioni minute, il contatto intertestuale mi sembra solidamente dimostrabile.

---

28   Luigi Blasucci, *Riprese linguistico-stilistiche*, cit., p. 201. Il verbo è usato anche da Dante in *Inferno*, XV 39, ma non in un contesto bellico, come invece accade nella *Spagna*, nel *Morgante* e nel *Furioso*.

L'episodio di Alcina è dunque trapunto qui e lì di riprese dal *Morgante*. I luoghi pulciani dai quali Ariosto sembra trarre alcuni elementi utili alla sua narrazione non sono indifferenti: gli strumenti del ladro dalla descrizione autopromozionale di Margutte il peccatore, il falsario, all'interno di un episodio in cui c'è la rappresentazione sia della schiera dei diversi peccati sia quella di una falsaria per eccellenza, Alcina. I pesci intessuti in un padiglione, un oggetto che nel testo ariostesco è altrimenti presente, ma sempre connesso alla rappresentazione metanarrativa.

A questi si aggiunge, lo abbiamo visto sopra, la riflessione nelle ottave proemiali del canto VII, che precede proprio la comparsa di Alcina davanti a Ruggiero, e che rimandano ad un altro luogo del *Morgante*, nel quale Pulci rivendica, con le stesse parole di Dante, la «verità» del proprio testo, la contrappone a una «menzogna» che una parte del pubblico potrebbe rinvenirvi: si tratta di una difesa e insieme di una riflessione metapoetica, laddove Malagigi il negromante (figura dell'autore nel testo) crea per magia, un boschetto, che insieme è un consolidato luogo letterario. Per Hempfer l'episodio di Alcina costituisce «una *mise en abyme* della struttura semantica dell'*Orlando furioso* nel suo complesso»:[29] la riflessione iniziale del canto VII potrebbe a sua volta prendere avvio proprio da una lettura, profonda quanto personale e dissimulata, del *Morgante*, opera nella quale Luigi Pulci, per primo, aveva trattato da autore la materia dei cantari cavallereschi. Dice De Robertis nella sua *Storia del Morgante*, cogliendo forse uno dei sensi più profondi dell'operazione pulciana nel *Morgante*:

> quell'ambizione di far storia lo poneva di continuo di fronte alla propria storia, significava assumere un atteggiamento, definirsi rispetto ad essa. E quell'immagine dell'uomo, variamente rifranta e dispersa, con cui il romanzo tendeva ogni momento a confrontarsi, era anche immagine di sé, uomo del suo tempo, delle sue aspirazioni e dei suoi interessi. Sul poema epico premeva l'idea del poema come espressione totale, come totale impegno, nell'illusione di rinverdire, sopra una diversa materia, entro nuove dimensioni fantastiche (ma con mezzi e modi spesso ricalcati scrupolosamente) l'esempio lontano della *Commedia*.[30]

29   Klaus W. Hempfer, *Canto VII*, cit., p. 236.
30   Domenico De Robertis, *Storia del Morgante*, cit., p. 455.

Tra l'altro, anche il canto XXIV, con il ruolo speciale di Malagigi nella creazione del Marguttino (come Luigi/Gigi Pulci aveva creato Margutte), il bosco impaniato, la connessione tra la musa e la Sibilla, la poesia e la magia, può essere considerata una sorta di *mise en abyme* della creatività pulciana.

Ariosto, forse, tiene presente anche un altro elemento contenuto nelle ottave del canto XXIV del *Morgante*, anche se lo disloca altrove, la menzione di Cassandra: «ma s'io non ho gabbato il bel pianeta / come Cassandra già, non è dovuto / che il ver per certo non mi sia creduto», *Morg.*, XXIV 104,6–8). Si tratta di un personaggio che in entrambi i poemi riveste un ruolo circoscritto quanto cruciale, e che rappresenta in tensione i diversi poli di questo nostro discorso: la verità, la credibilità, la finzione, la (presunta) menzogna.

Cassandre tra Boccaccio e Ariosto

Pio Rajna nelle fonti del *Furioso* fa una piccola rassegna di quei luoghi in cui

> si hanno rappresentati col linguaggio delle arti, per opera d'ago, o di pennello, di scalpello, personaggi e cose future. Basta dir questo perché subito s'intenda a che mirino intromissioni siffatte. Sono un ripiego per ammettere nel poema roba posteriore.[31]

La riflessione di Rajna appare oggi un po' *tranchant*, ma non è comunque priva di buon senso: per mantenere la coerenza del piano della finzione, il piano della storia non può che essere rappresentato attraverso la profezia, che funziona da diaframma, passaggio tra i due piani (finzione/verità); questo movimento ha due direzioni: inserisce la storia nella finzione e insieme si serve di una fonte autorevole e veritiera che possa raffigurare, attraverso immagini *fictae*, la verità (o fatti che devono essere in prima

---

31   Pio Rajna, *Le fonti dell'Orlando furioso*, cit., p. 377.

istanza e indubitabilmente percepiti come veri, in quanto parte del progetto encomiastico).

Presente già in A, la profezia del canto XLVI è la più antica del poema,[32] e quella che compare per ultima, suggellando la sospirata ricomposizione della coppia dinastica: Melissa, pronuba, aveva collocato il «genïal letto fecondo» (*Fur.*, XLVI 77,1) di Ruggiero e Bradamante sotto un padiglione istoriato da Cassandra in persona, la fanciulla della terra d'Ilia «ch'avea il furor profetico congiunto» (*Fur.*, XLVI 80,4).

> Con eccellente e singulare ornato
> la notte inanzi avea Melissa maga
> il maritale albergo apparecchiato,
> di ch'era stata già gran tempo vaga.
> Già molto tempo inanzi desïato
> questa copula avea quella presaga:
> de l'avvenir presaga, sapea quanta
> bontade uscir dovea da la lor pianta.
> (*Fur.*, XLVI 76)

> Eran degli anni appresso che duo milia
> che fu quel ricco padiglion trapunto.
> Una donzella de la terra d'Ilia,
> ch'avea il furor profetico congiunto,
> con studio di gran tempo e con vigilia
> lo fece di sua man di tutto punto.
> Cassandra fu nomata, et al fratello
> inclito Ettòr fece un bel don di quello.
> (*Fur.*, XLVI 80)

Anche di Melissa si descrive con insistenza la facoltà di indovina con una anadiplosi (con polittòto: «quella presaga [...] dell'avvenir presaga»). L'invenzione del padiglione profetico è boiardesca:

> Questo era sì legiadro e sì polito
> Che un altro non fo mai tanto soprano.

---

32   Ne fa un'analisi JUAN CARLOS D'AMICO, *Bradamante, Ruggiero e le false profezie nel* Furioso, «Croniques italiennes web», 19, 1, 2011, pp. 1–19.

Una Sibilla (come hagio sentito)
Già stete a Cuma, al mar napolitano,
E questa aveva il pavaglion ordito
E tuto lavorato di sua mano;
Poi fo portato in strane regïone,
E vienne al fine in man di Dolistone.

Io credo ben, signor, che voi sapiati
Che le Sibile fòr tute divine;
E questa al pavaglion avea signati
Gran fatti, en degne istorie e peregrine,
E presenti, e futuri, e de' passati;
Ma sopra a tuti, dentro ale cortine,
Dodeci Alfonsi avea posti d'intorno,
L'un più che l'altro nel sembiante adorno.
(*Inamoramento de Orlando*, II xxvii 51–52)[33]

Boiardo adatta un elemento topico della letteratura cavalleresca, quello del padiglione con figura.[34] Il testo di Boiardo viene ripreso in alcuni punti quasi alla lettera («di sua mano ...», «di sua man»), e in entrambi i casi l'autrice dei ricami è indovina («di furor profetico congiunta», «for tutte divine»), ma il testo ariostesco apporta una fondamentale variazione: se nell'*Inamoramento* la ricamatrice e istoriatrice presaga è la Sibilla cumana, nel *Furioso* è Cassandra, la sorella di Ettore e figlia di Priamo, sacerdotessa di Apollo, della medesima stirpe di Enea, della *gens Iulia*, e degli Estensi.

---

33   Le citazioni sono tratte da MATTEO MARIA BOIARDO, *Orlando innamorato. L'inamoramento de Orlando*, a cura di Andrea Canova, Milano, Rizzoli, 2011.

34   Tissoni Benvenuti (commento al luogo in Matteo Maria Boiardo, *Inamoramento de Orlando*, a cura di Antonia Tissoni Benvenuti e Cristina Montagnani, Milano-Napoli, Ricciardi, 1999, 2 voll.) cita il padiglione presente nell'*Attila* e quello donato da Luciana a Rinaldo nel *Morgante* («con le sue mani l'ha fatto Luciana», *Morgante*, XIV 42): l'accostamento è particolarmente interessante sia perché una donna lo ha intessuto per un suo prediletto – com'era Rinaldo per Luciana – sia perché in questo caso si tratta, come abbiamo visto sopra, di un padiglione «enciclopedico», rappresentante le specie animali che abitano l'aria e i pesci. Nel *Morgante* compare anche il padiglione di Antea nel canto XXIV 173, che riporta tradotte in immagini le ragioni del nuovo attacco della regina di Bambillona alla Francia.

Cassandra aveva vaticinato la fine di Troia, e nell'*Eneide* compare come colei che aveva previsto l'approdo dei Troiani in Italia: nell'*Eneide* in primo luogo la sua figura viene utilizzata per legittimare il destino di Enea.[35] Il passaggio dalla Sibilla a Cassandra dunque ha una ragione interna al poema e strutturale: connette più fermamente il destino di Ruggiero (incarnato nella sua discendenza) con quello dell'illustre predecessore, Enea, e di conseguenza il *Furioso* all'*Eneide*, la casata degli Este alla *gens Iulia* e così via.

Le implicazioni metanarrative di tale passaggio, però, sono molteplici, e indugiano ancora sul nodo che ruota intorno alla coppia oppositiva verità/menzogna.[36] Cassandra appare come ultima figura dell'autore del testo, estrema ambivalente manifestazione del furore poetico. Cassandra per punizione divina non possiede il dono della persuasione: le sue profezie sono vere, ma suonano come menzogne alle orecchie di chi le ascolta. Questa fondamentale caratteristica del personaggio non compare nel testo del *Furioso*: essa può essere evocata dal nome stesso di Cassandra e dalla tradizione che ha delineato il suo personaggio, talora con interpretazioni diverse. La dialettica tra ciò che il testo di Ariosto dice e ciò di cui invece tace deve comunque essere tenuta in considerazione. Il confronto con possibili fonti per la Cassandra ariostesca consente di mettere meglio a fuoco l'interpretazione specifica, e il cambiamento che esso subisce tra l'edizione del 1516 e quella del 1532.

---

35   Cfr. Virgilio, *Eneide*, III 182–187: «Nate, Iliacis exercite fatis, / sola mihi talis casus Cassandra canebat. / Nunc repeto haec generi portendere debita nostro / et saepe Hesperiam, saepe Itala regna vocare. / Sed quis ad Hesperiae venturos litora Teucros / crederet? Aut quem tum vates Cassandra moveret? / Cedamus Phoebo et moniti meliora sequamur» (VIRGILIO, *Eneide*, vol. II (Libri III–IV), a cura di Ettore Paratore, trad. di Luca Canali, Milano, Fondazione Lorenzo Valla-Arnoldo Mondadori, 1978); si veda JUAN CARLOS D'AMICO, *Bradamante, Ruggiero*, cit., p. 15.

36   Sulle implicazioni metanarrative della figura di Cassandra, si veda ALBERT R. ASCOLI, *Ariosto's Bitter Armony*, cit., pp. 376–393.

Innanzitutto, Boccaccio:[37] Cassandra è una delle figura presenti nel *De mulieribus claris*.[38] Qui è una «mens vaticinii», anche se non è certa l'origine di questa facoltà: «seu quesita studiis, seu Dei dono, seu potius dyabolica fraude non satis certum est». Ariosto doveva avere presente questo passo se la sua Cassandra intesse la trama profetica «con studio di gran tempo e con vigilia» (*Fur.*, XLVI 80,5), con l'impiego di un lessico («studio», «vigilia») che rimanda innanzitutto a un ambito intellettuale: per la posizione del verso, il riferimento allo studio e alla vigilia, solitamente riferito alla fattura del padiglione, logicamente potrebbe indicare anche il mezzo attraverso cui Cassandra aveva ottenuto il furore poetico;[39] solo

37 Oltre agli esempi citati più avanti, Cassandra è menzionata nel *Filocolo* (IV vii, ed. a cura di Carlo Salinari e Natalino Sapegno, in GIOVANNI BOCCACCIO, *Decameron. Filocolo. Ameto. Fiammetta*, a cura di Enrico Bianchi, Carlo Salinari, Natalino Sapegno, Milano-Napoli, Ricciardi, 1952), nel *De casibus virorum illustrium* (I xiii 18 e 26), nel *De mulieribus claris* (XXXIV, *De Hecuba regina Troianorum*), nell'*Ameto*.

38 GIOVANNI BOCCACCIO, *De mulieribus claris*, XXXV, in *Tutte le opere*, a cura di Vittore Branca, vol. X, Milano, Arnoldo Mondadori, 1966.

39 L'ambiguità è presente in A e B, dove la virgola tra i vv. 4–5 dell'ottava XL 52 non compare; è presente nell'edizione del 1532 (XLVI 80) e disambigua il senso dei versi, riferendo lo «studio» e la «vigilia» alla fattura del padiglione. Si veda *Orlando furioso di Ludovico Ariosto secondo le stampe del 1516, 1521, 1532 rivedute dall'Autore*, riproduzione letterale di Filippo Ermini, Roma, Società filologica romana, 1909, 2 voll., e *Orlando furioso di Ludovico Ariosto secondo la stampa del 1532*, Roma, Società filologica romana, 1913; la trascrizione del *Furioso* del 1532 è stata condotta sull'esemplare Barberino-Latino 3942 della Vaticana. Conor Fahy dichiara la necessità di procedere nuovamente alla creazione di un testo critico conservatore delle tre edizioni e soprattutto di C, in particolare per sostituire l'edizione Ermini, che contiene errori di trascrizione e non considera gli aspetti tipografici; poi aggiunge: «certo, per C l'Ariosto e/o i tipografi, forse questi più di quello, ma non senza l'approvazione generale dell'autore, cercarono di rimediare alla scarsità dell'interpunzione in B e negli autografi ariosteschi; e, fermo restando che lo stabilirsi di un sistema di interpunzione nell'editoria italiana cinquecentesca sia un acquisto piuttosto della seconda che della prima metà del secolo, e che la punteggiatura si distribuisca in modo disuguale nei vari settori dell'editoria [...] non si vede perché non si debba tener conto, in un'edizione come C, così strettamente vigilata dall'autore, anche dei segni d'interpunzione, come specchio, per quanto imperfetto, del suo desiderio di adattarsi alle esigenze del mezzo prescelto per la presentazione al pubblico del suo lavoro» (CONOR FAHY, *L'«Orlando furioso»*

in C l'aspetto più diabolico, che nel testo boccacciano è una delle ipotesi sull'origine del dono profetico, viene 'spostato' su colei che prende l'iniziativa e organizza il trasporto del padiglione profetico, Melissa: il trasporto diviene un modo per mostrare a Leone il potere dell'arte magica di controllare e assoggettare le potenze infernali («per dargli maraviglia, / e mostrargli de l'arte paragone», *Fur.*, XLVI 78,2–3; «gran vermo infernal» 78,4; «la a Dio nimica empia famiglia», 78,6; «messi stigi», 78,8).

Anche un'altra opera di Boccaccio, il *De genealogia deorum* (VI xvi, *De Cassandra II^a Priami filia*) sembra essere presente ad Ariosto nella rappresentazione di Cassandra, e in maniera ancora più interessante. Qui Cassandra è la figlia di Priamo ed Ecuba, la profetessa non creduta, la prigioniera dei greci, la vittima della furia gelosa di Clitennestra: Boccaccio cita esplicitamente i versi di Virgilio e l'*Agamennone* senechiano; racconta la storia del dio Apollo e il successivo rifiuto di Cassandra di divenire sua amante: perciò Apollo «cum auferre nequiret quod dederat», trasformò il dono nella maledizione di non essere mai creduta («egit ut nulla prestaretur fides vaticiniis suis»); alla fine, però, la voce narrante dichiara che la storia del dio Apollo – del suo amore per Cassandra, della vista profetica prima concessa e poi resa vana – era una menzogna escogitata proprio in conseguenza della morte efferata della fanciulla: «quod autem de Apolline fictum est, ab eventu sumptum videtur». La vergine troiana «studuit [...] ut vaticinio instrueretur, et eo quod optime proficeret ab Apolline divinationis deo diligi visa est, dictimque illi ab eo concessum, quod labore quaesiverat»; ma chi la ascoltava non prestava fede alle sue parole, «quod figmenti superest additum est».[40] Torna qui come nel *De mulieribus claris* il lessico relativo allo studio e all'impegno intellettuale.

del 1532. Profilo di una edizione, Milano, Pubblicazioni della Università Cattolica del Sacro Cuore, 1989, pp. 154–155); propone di riconsiderare i meriti del lavoro di Ermini MARCO DORIGATTI, *Introduzione*, in LUDOVICO ARIOSTO, *Orlando furioso secondo la* princeps *del 1516*, a cura di Marco Dorigatti con la collaborazione di Gerarda Stimato, Firenze, Olschki, 2006, pp. XXVII–XXVIII.

40   GIOVANNI BOCCACCIO, *Tutte le opere*, vol. VII–VIII, *Genealogie deorum*, a cura di Vittorio Zaccaria e Manlio Pastore Stocchi, Milano, Arnoldo Mondadori, 1998, tomo I, p. 647.

Boccaccio in questo luogo[41] rende Cassandra una figura umana, dubita
dell'intervento divino; l'eccezionalità di lei – della sua arte ottenuta con
la fatica, della sua morte – hanno determinato l'invenzione della storia
del dio vendicativo. Ne discende che non per maledizione divina, ma per
loro naturale incredulità, in particolare di fronte alle sciagure pronosticate,
coloro che la ascoltavano dubitavano delle sue parole.

Sia il *De mulieribus claris*, sia il *De genealogia* contengono parole che
appaiono vicine allo «studio» di Cassandra nel *Furioso* («studiis», «stu-
duit», «instrueretur»). La Cassandra delineata da Ariosto in A sembra
essere più vicina a quella del *De genealogia*, proprio per l'interpretazione
delle ragioni che hanno portato alle capacità divinatorie: nel *Furioso*
Cassandra è la profetessa che, come Melissa, prevede con successo il futuro
dei personaggi, senza che ci sia alcun riferimento alla natura soprannaturale
del dono:[42] nel *De genealogia* solo la credulità dei molti (o la loro incredulità
di fronte alla manifestazione di tanto valore intellettuale) ha permesso alla
storia del dono di Apollo di prendere piede.[43]

41   Si è già vista la narrazione della storia di Cassandra nel *De mulieribus claris*; le altre
     menzioni del personaggio ripropongono la versione del dono divino; fa eccezione,
     a mio avviso, il *Filocolo*, nel quale Cassandra è esempio della consigliera saggia cui
     Paris, accecato dall'amore, non aveva dato ascolto: «Certo questi (*scil.* Amore), da
     coloro in cui dimora, fa dispregiare i savi e utili consigli: e male per li troiani non
     furono da Paris uditi quelli di Cassandra» (p. 875).
42   Di diverso avviso Ascoli, che legge la presenza di Cassandra come manifestazione
     della posizione della voce narrante: «There is nothing and no one in the *Furioso* that
     better crystallizes the position of its author, who both lies and tells the truth, who
     flies from both madness and reason, than the figure of Cassandra in canto XLVI»
     (ALBERT R. ASCOLI, *Ariosto's Bitter Armony*, cit., p. 391).
43   Cassandra è dotata di quel dono, l'antivedere', che nella conclusione alla decima
     giornata del *Decameron* viene definito con queste parole: «Il senno de' mortali non
     consiste solamente nell'avere a memoria le cose preterite o conoscere le presenti, ma
     per l'una e per l'altra di queste saper antiveder le future è da' solenni uomini senno
     grandissimo reputato» (GIOVANNI BOCCACCIO, *Decameron*, a cura di Vittore
     Branca, Torino, Einaudi, 1992, p. 1249); ma si veda anche DANTE, *Convivio*, cit., IV
     xxvii 5. Nel *Filostrato* Troilo rimprovera Cassandra per aver parlato male di Criseide,
     dicendole: «[...] Cassandra, il tuo volere / ogni segreto, più che l'altra gente, / con
     tue 'maginazioni antivedere, / t'ha molte volte già fatta dolente» (VII 89,1–3).

La menzione delle forze infernali che Melissa impiega per il trasporto del padiglione in C, avvicina invece, come abbiamo visto, la rappresentazione di Cassandra a quella fatta da Boccaccio nel *De mulieribus claris*: qui Boccaccio discute dell'origine del dono (studio? il dio Apollo? l'inganno del diavolo?) e riporta – senza mostrare di dubitarne – l'ipotesi della punizione divina. Per via di questo accostamento, in C Cassandra appare più dubbia e più sfuggente, quasi diabolica; e forse più vicina a quella che costituisce una delle figura dell'autore/narratore nel testo del *Morgante*.

Pulci, Ariosto e le Cassandre

Leggere alla luce del testo di Pulci il passaggio che Ariosto opera nel suo testo dalla Sibilla a Cassandra e le sostanziali modifiche tra A e C nella caratterizzazione e nell'uso della figura della profetessa troiana può forse arricchire la riflessione su questo snodo del poema. Nel *Morgante*, infatti, sono presenti entrambe le figura, la Sibilla e Cassandra.

La Sibilla di Pulci, nota anche come Appenninica o Picena, aveva il suo luogo consacrato a Norcia, sui monti Sibillini.[44] Pulci menziona la Sibilla quando rivela, in una sorta di confessione/rivendicazione, di essere stato al monte di Sibilla, di avere, cioè, praticato la magia; pratica magica e pratica poetica sono nel *Morgante* strettamente connesse:[45]

---

44   Si veda FRANCA AGENO, commento a *Morgante*, cit., XXIV 112,4; MARCO VILLORESI, «*Volgata fama, anzi pazzesca favola*». *Ancora sulla figura della Sibilla e del lago di Pilato nella letteratura del secolo XV*, «Studi italiani», I, 2004, pp. 5–29; ancora utile il resoconto di PIO RAJNA, *Nei paraggi della Sibilla di Norcia*, in *Studii dedicati a Francesco Torraca nel XXXVI anniversario della sua laurea*, Napoli, Francesco Perrella, 1902, pp. 233–253.

45   Cfr. CONSTANCE JORDAN, *Pulci's Morgante*, London-Toronto, The Folger Shakespeare Library, 1986, pp. 131–141; JEAN LACROIX, *Le monde enchanté et désenchanté de Luigi Pulci. Le magicien et la sorcière dans* Il Morgante, in *Zauberer und Hexen in der Kultur des Mittelalters*, Greifswald, Reineke, 1994, pp. 115–137; MARK DAVIES, *Half-serious Rymes. The Narrative Poetry of Luigi Pulci*, Dublin, Irish Academic Press, 1998, p. 154.

Così vo discoprendo a poco a poco
ch'io sono stato al monte di Sibilla,
che mi pareva alcun tempo un bel giuoco:
ancor resta nel cor qualche scintilla
di riveder le tanto incantate acque,
dove già l'ascolan Cecco mi piacque;

e Moco e Scarbo e Marmores, allora,
e l'osso biforcato che si chiuse[46]
cercavo come fa chi s'innamora:
questo era il mio Parnaso e le mie Muse;
e dicone mia colpa, e so che ancora
convien che al gran Minòs io me ne scuse,
e ricognosca il ver cogli altri erranti,
piromanti, idromanti e geomanti.
                              (*Morg.*, XXIV 112,3–8; 113)

Forse coloro ancor che leggeranno,
di questa tanto piccola favilla
la mente con poca esca accenderanno
de' monti o di Parnaso o di Sibilla;
e de' miei fior come ape piglieranno
i dotti, s'alcun dolce ne distilla;
il resto a molti pur darà diletto,
e l'aüttore ancor fia benedetto.
                              (*Morg.*, XXVIII 151)

Nel testo pulciano la menzione della Sibilla ha una funzione esclusivamente metapoetica: Pulci parla della propria magia e della propria poesia, e sovrappone i due ambiti; parla con le parole di Cecco d'Ascoli della pratica

---

46   In questo luogo Pulci cita alla lettera il testo di Cecco d'Ascoli: «Anch'io te voglio dire
      come nel fuocho / fanno venir figura i piromanti, / chiamando "Scarbo" "Mormores"
      e "Smocho". / Li geomanti cum li socchi puncti / cum l'ossa di li morti nigromanti; /
      ne l'aire l'idromanti son coniuncti. / Ciaschum de quisti ne la piena Luna / li spiriti
      chiamando con lor muse, / sanno el fucturo per caso e fortuna: / per strepiti de
      l'incantate palme, / per l'osso buforcato che si chiuse, / sanno el futuro queste dan-
      nate alme», CECCO D'ASCOLI, *L'Acerba (Acerba etas)*, a cura di Marco Albertazzi,
      Lavis (TN), La Finestra, 2002, IV iii 7–18.

magica e delinea il proprio pubblico, distinguendo i dotti che «come ape piglieranno» dai suoi «fiori», e i «molti» che prenderanno diletto e benediranno l'autore.

Nel *Furioso* la Sibilla compare come Sibilla Cumana, associata anche ad Ecuba come antonomasia di estrema vecchiezza (VII 73,5; XIX 66,1–2; XX 120,2),[47] mentre la Sibilla di Norcia è menzionata solo una volta, in un luogo significativo, nel prologo del canto XXXIII di C, quello che contiene la descrizione degli affreschi profetici della Rocca di Tristano: qui il narratore afferma che per quanti pittori si conoscano, del presente e del passato, «non però udiste antiqui, né novelli / vedeste mai dipingere il futuro» (XXXIII 3,5–6): il palazzo fu costruito in una notte dai demoni al servizio di Merlino grazie al libro «o fosse al lago Averno, / o fosse sacro alle Nursine grotte», cioè ai luoghi consacrati rispettivamente alla Sibilla Cumana e a quella di Norcia. Anche qui, come nell'ottava del canto XLVI aggiunta al corrispondente canto XL di A, i demoni/diavoli hanno una parte fondamentale nella trasmissione della profezia.

Il passo del *Morgante* che contiene la menzione di Cassandra è lo stesso che abbiamo discusso sopra a proposito della serie rimica *bisogna* : *menzogna* : *vergogna*. Sono le ottave in cui Pulci giustifica le proprie scelte narrative e instaura un parallelo tra il narratore e il mago Malagigi. Di sé il narratore dice, come si ricorderà: «ma s'io non ho gabbato il bel pianeta / come Cassandra già, non è dovuto / che 'l ver per certo non mi sia creduto» (*Morg.*, XXIV 104,7–8).

Nell'opera pulciana Malagigi e Cassandra sono profeti inascoltati della rotta: Pulci mette in parallelo la distruzione di Troia e la rotta di Roncisvalle, il tradimento del cavallo e quello di Gano:

> E Malagigi avea di nuovo fatto
> l'arte e sapea ciò che diceva Gano,
> e dicea con Orlando: – O Carlo matto,
> ché non si può chiamar più Carlo Mano,

---

47 Appare significativo, ai fini del nostro discorso, notare che la Sibilla cumana viene menzionata per descrivere la vecchiezza di Alcina una volta svanito l'incanto davanti agli occhi di Ruggiero, grazie all'anello magico (VII 73), e quella di un'altra ingannatrice, Gabrina (XX 120).

tutti sarete mal contenti un tratto. –
E così fu dello imperio troiano
poi che l'ultimo termin fu venuto,
che non era a Cassandra il ver creduto.

(*Morg.*, XXIV 169)

Malagigi è come Cassandra, perché predice la rovina finale (e dunque la rotta di Roncisvalle) e non viene creduto (come nel passo appena citato). Il narratore del *Morgante* rivendica la libertà creativa e insieme la credibilità delle proprie scelte narrative, oppure allude a verità che si trovano fuori dal testo, nascondendo dietro a situazioni e personaggi riferimenti alla realtà storica sua contemporanea (come in *Morg.*, XXIV 104). Nel *Morgante* Cassandra costituisce una potente rappresentazione dell'autore nel testo, un autore che, specie all'altezza del cantare XXIV, parla da una posizione marginale e non viene creduto, ma che ritiene di vedere e antivedere meglio di altri negli affari della Firenze Medicea: la voce dell'autore si consolida e prende spazio soprattutto negli ultimi cinque cantari del *Morgante*, composti nella fase discendente della sua carriera presso la famiglia Medici.[48] La connessione tra Malagigi e la figura dell'autore nel testo permette di connettere anche alla creazione artistica l'arte magica di Malagigi e la pratica magica dell'autore, di cui Pulci parla esplicitamente e che è parte costitutiva delle sue dichiarazioni di poetica: una magia fatta di riti di evocazione di esseri soprannaturali, che permettono di vedere al di là delle barriere spaziali e temporali.

Ariosto potrebbe aver avuto presente nella composizione della propria opera l'esempio eccentrico del *Morgante*, ed essersene servito come stimolo per la costruzione della voce autoriale, proprio per quell'aspetto specifico che – con esiti diversi – condividono: la riflessione tra la composizione della propria opera, la sua verità e credibilità presso un pubblico ben preciso, la connessione con una realtà extratestuale, ottenuta nel corpo della narrazione per Pulci attraverso l'allusione, per Ariosto attraverso la profezia. La Cassandra nel *Furioso* potrebbe ricordarsi delle Cassandre pulciane e, anche in ragione di questo precedente, essere preferita alla Sibilla

---

48   Alessio Decaria, *Tra Marsilio e Pallante: una nuova ipotesi sugli ultimi cantari del Morgante*, in *L'entusiasmo delle opere. Studi in memoria di Domenico De Robertis*, a cura di Isabella Becherucci *et al.*, Lecce, Pensa, 2012, pp. 299–339.

boiardesca. D'altra parte, i ritorni lessicali evidenziati nella prima parte di questo lavoro testimoniano come Ariosto avesse presente il *Morgante* (il ritratto di Margutte il 'falsario', il padiglione di Luciana) proprio nella scrittura dell'episodio di Alcina.

È però in particolare la Cassandra di C ad essere connotata in senso pulciano: l'intervento dei diavoli nel trasporto del padiglione sembra rimandare al passo del *De mulieribus claris*, nel quale viene contemplata l'ipotesi di una Cassandra 'diabolica' che avvicina l'arte profetica alla pratica magica. Allo stesso tempo, l'intervento diabolico può essere un riferimento alla pratica magica, poetica e diabolica che è parte costitutiva della voce autoriale costruita da Pulci; anche il riferimento alla Sibilla di Norcia nel contesto della creazione della Rocca di Tristano potrebbe rimandare, di nuovo, al *Morgante*, dove l'autore fa dichiarazione esplicita di essere stato al monte di Sibilla e connette l'esperienza alla sua pratica poetica (Parnaso, Muse). L'approfondimento del contatto pulciano in C segna il passaggio ad una conclusione del poema più ambigua rispetto alla prima concezione, in particolare per quanto concerne il ruolo della voce autoriale nel testo: la Cassandra del 1516 sembra libera dagli aspetti più inquietanti e soprannaturali; nel 1532 la luce della prima rappresentazione si smorza, lasciando il posto al gioco d'ombre che emerge anche altrove nell'ultima versione del poema.[49]

---

49 Il discorso su armonia e disarmonia del *Furioso* è un altro tema critico molto dibattuto, e da lunghissima data. Mi limito a menzionare le posizioni di Bigi e Sangirardi, come rappresentanti dei due poli della discussione. Bigi ritiene che «nel complesso il primo e l'ultimo strato del *Furioso* si accordano sul piano ideologico e psicologico» per una rappresentazione che, pur nella tensione tra aspirazioni morali e consapevolezza della realtà, rimane in equilibrio (EMILIO BIGI, *Introduzione*, in LUDOVICO ARIOSTO, *Orlando furioso*, a cura di Emilio Bigi, Milano, Rusconi, 1982, 2 voll.: I, p. 37); Sangirardi, d'altra parte, vede agire nell'ultimo *Furioso* la tematica del rancore e della vendetta presente anche in altre opere dell'ultimo periodo della sua vita, e stemperata ma non annullata dalle misure di distanziazione tipiche dell'autore e della materia (GIUSEPPE SANGIRARDI, *Ludovico Ariosto*, cit., pp. 230–236); molto utile su questo punto REMO CESERANI, *Ariosto, il moderno e il postmoderno*, «Horizonte», 9, 2005–2006 (*Trugbildenerisches Labyrinth – Kaleidoskopartige Effekte. Neurezeptionen des "Orlando furioso" von Ariosto*, a cura di Cornelia Klettke e Georg Maag), pp. 27–44.

ELISA MARTINI

3 «Dirò d'Orlando»: l'evoluzione della figura del conte di Brava tra il *Mambriano* e il *Furioso*

A Benedetta

Dirò di Orlando in un medesmo tratto
cosa non detta in prosa mai né in rima:
che per amor venne in furore e matto,
d'uom che sì saggio era stimato prima
(*Fur.*, I 2,1–4)[1]

Con queste parole Ludovico Ariosto introduce, nella seconda ottava del suo poema, il paladino che offre il nome e la materia all'opera: Orlando, conte di Brava. Eroe strutturalmente e narrativamente monolitico dell'intera tradizione epico-cavalleresca, il signore del Quartiere viene fin da subito – riattivando, ampliandola, la novità amorosa boiardesca – sottilmente mostrato come conteso e scisso all'interno del binomio tra l'incipiente follia del presente e la presunta saggezza del passato. L'«essere stimato», infatti, presuppone – in quanto *verbum existimandi* – una valutazione opinabile fondata sulla *doxa*, ossia non contenente in sé un valore assoluto universalmente oggettivo e comprovato, elemento questo che, invece, appartiene al «venire in furore e in matto», in quanto azione che circoscrive una realtà concreta legata alla sfera dell'*epistème*, come conferma la lettura in chiave scientifica intrapresa da Massimo Ciavolella sulla licantropia di Orlando:

---

1   LUDOVICO ARIOSTO, *Orlando furioso*, a cura di Lanfranco Caretti, prefazione di Italo Calvino, Torino, Einaudi, 1992. Tutte le citazioni dell'opera saranno tratte da questa edizione.

Da quel momento soffrire di licantropia significò essere pazzo furioso, e quali cause potenziali della licantropia furono indicati tutte le specie di comportamento irrazionali, incluso l'amore passionale.

L'amore infatti, nelle sue manifestazioni più appariscenti, era considerato una vera e propria malattia, un'aberrazione mentale con radici e ripercussioni fisiologiche. [...] Secondo i testi medici da noi consultati, la malattia d'amore è dovuta alla corruzione della facoltà estimativa, localizzata nella parte dorsale del ventricolo mediano dell'encefalo, la quale insiste a proporre l'amato alla coscienza dell'amante come unico e raggiungibile bene. [...] Si noti che ci troviamo di fronte ad un complesso tentativo di sviluppare un sistema prettamente razionale per spiegare ciò che oggi potremmo definire come uno stato di profonda ansietà dovuta a stress emotivo. E difatti tutti i medici sono d'accordo nell'affermare che a causa di questo surriscaldamento delle facoltà mentali, a causa cioè di questa ossessione, gli *amantes heroyci* soffrono di fastidiosi e a lungo andare irreparabili disordini.

I disordini d'amore possono essere fisici e mentali. Quelli fisici sono eccessivo pallore, insonnia, frequenti sospiri, profondissime occhiaie, anoressia. Quelli mentali sono malinconia e follia. [...] La letteratura occidentale pullula di amanti infelici (gli amanti felici non sono mai stati d'attualità): amanti che gemono, che piangono, che sospirano, che si consumano per la loro passione e che impazziscono. L'*Orlando Furioso* è l'epitome di questa tradizione, e Orlando, l'*amans heroycus*, ne è forse il personaggio artisticamente più rappresentativo, e come tale riconosciuto da uno scrittore del tardo '500, Robert Burton appunto, che deve considerarsi uno dei più attenti e preparati studiosi del fenomeno.[2]

Alla luce della trattazione medica, chiaro e psicologicamente definito risulta, senza dubbio, il percorso che Orlando compie all'interno della follia, in particolar modo nel testo del 1516 dove nessuna prova viene a distrarlo dalla sua discesa infernale ed uterina.[3] Se, infatti, un primo cenno lo si può certo cogliere nel lamento incipitario dell'Orlando boiardesco («Ahi

---

2   Massimo Ciavolella, *La licantropia d'Orlando*, in *Il Rinascimento. Aspetti e problemi attuali*. Atti del X Congresso dell'Associazione Internazionale per gli Studi di Lingua e Letteratura Italiana, Belgrado 17–21 aprile 1979, a cura di Vittore Branca, Firenze, Olschki, 1982, pp. 311–323: 313–319.

3   Cfr. *Fur.*, IX 7–9 A. Testo di riferimento: Ludovico Ariosto, *Orlando furioso secondo la* princeps *del 1516*, edizione critica a cura di Marco Dorigatti, con la collaborazione di Gerarda Stimato, Firenze, Olschki, 2006.

paccio Orlando!», *Inn.*, I i 30,1),[4] dove il paladino è ben consapevole non
solo della sua 'pazzia' nascente, ma anche dell' «error che te desvia / e tanto
contra a Dio te fa fallare» (ivi, 30,3–4) – spunto ripreso poi da Ariosto nel
non casuale proemio del canto IX – è senza dubbio nel *Furioso* del '16 (ma
indubbiamente non perduto nel '32) che l'elemento ossessivo e clinicamente
patologico va crescendo mediante il lamento e il sogno del canto VIII fino
alla visione esteriorizzata del suo desiderio-incubo realizzata nel palazzo di
Atlante nel canto IX. Al centro di questa evoluzione – o per meglio dire
regressio ad uterum – si ha il già menzionato prologo:

> Che non può far d'un cor ch'abbia suggetto,
> questo crudele e traditore Amore,
> poi ch'ad Orlando può levar del petto
> la tanta fé che debbe al suo signore?
> Già savio e pieno fu d'ogni rispetto,
> e de la santa Chiesa difensore:
> or per un vano amor, poco del zio,
> e di sé poco, e men cura di Dio.
>
> (*Fur.*, IX 1)

dove nuovamente alla follia amorosa del paladino, dimentico quindi di se
stesso e della sua funzione sociale e cristiana, viene contrapposta la visione
di un Orlando che «già savio e pieno fu d'ogni rispetto, / e de la santa
Chiesa difensore»: una saggezza trascorsa che pare quasi impossibilitata
a poter ritornare poiché bloccata sul foglio da un netto tempo remoto.
«Savio» e «matto», saggezza e follia, passato e presente: questa l'endiadi
in cui si racchiude non solo Orlando, ma tutto il cosmo del poema. Qui
si impernia lo sguardo di Ariosto e il suo confrontarsi con la produzione
a lui antecedente.

L'elemento 'smisurato' che tanto contraddistingue – seguendo alcuni
dei dettami della licantropia amorosa[5] – l'andare oltre se stesso e la natura

---

4 MATTEO MARIA BOIARDO, *Orlando innamorato*, a cura di Riccardo Bruscagli,
   Torino, Einaudi, 1995. Tutte le citazioni dell'opera saranno tratte da questa edizione
   (sigla *Inn.*).
5 Sul desiderio «oltre misura» della persona amata e la corruzione della facoltà razio-
   nale umana, cfr. BERNARDUS GORDONIUS, *Lilium medicinae*, Lugdnensis, apud

umana della pazzia furiosa ariostesca è un fattore, però, che si lega al conte di Brava fino dalla sua prima apparizione sulla carta. È memoria comune, infatti, la distinzione che intercorre tra un Roland «proz» e un Olivier «sage» all'interno della *Chanson de Roland*,[6] dove la dismisura della sua prodezza sfiora la follia impedendogli di fatto di suonare il corno;[7] quella stessa forza al di fuori dell'umano che porta il paladino a compiere «gesti smisurati» per amore nel testo boiardesco.[8] Dato conosciuto è altresì la connotazione di «savio» che Orlando assume nella trasmissione italiana del ciclo carolingio, a partire dal testo franco-veneto dell'*Entrée d'Espagne*,[9]

Guliel. Rovillium, 1574, 7 voll.: II, cap. XX, p. 206. Sulla bestialità della pazzia di Orlando, cfr. MASSIMO CIAVOLELLA, *La licantropia di Orlando*, cit.: «Da questo istante il delirio di Orlando erompe incontrollabile, e la sua cieca furia si volge contro tutto il mondo che lo circonda, natura animali genti. Il nobile cavaliere perde i propri attributi e fattezze umani, si riduce a guisa di una bestia rabbiosa. [...] La forza dell'amore si è ormai completamente tramutata in licantropia. Se uno è sufficientemente forte o tanto fortunato da poter controllare e incanalare questa forza nella direzione giusta, ne potrà ricavare ulteriore gentilezza e nobiltà (si pensi alla novella di Cimone, *Dec.*, V, 1). Ma se egli non riesce a dominare la forza dell'amore, sarà svuotato di tutta la sua volontà e abbandonato in un languore simile a quello delle piante morenti, oppure, negli eccessi del suo desiderio delirante diventerà come Orlando, una insaziabile bestia selvaggia. Da una parte il progressivo indebolirsi, consumarsi della pianta, dall'altra la rabbia, la brutale cupidigia della bestia» (pp. 321, 323).

6   Cfr. *Il poema di Rolando (La Chanson de Roland)*. Traduzione della *Chanson de Roland* dal manoscritto di Oxford (secolo XII) con introduzione storica e note. Edizione riveduta e corretta con testo originale a fronte, a cura di Matteo Nardelli, Civitade Camuno, Editrice San Marco, 1977, v. 1093: «Rollant est proz e Oliver est sage».

7   Di follia, infatti, è accusato Roland da Olivier, poiché il suo essere oltre la «mesure» ha condannato a morte la retroguardia francese. Cfr. ivi, vv. 1723–1726: «[...] Cumpainz, vos le feïstes, / kar vasselage par sens nen est folie; / mielz valt mesure que ne fait estultie. / Franceis sunt morz par vostre legerie».

8   Cfr. *Inn.*, I i 1,6–8: «E vedereti i gesti smisurati / L'alta fatica e le mirabil prove / Che fece il franco Orlando per amore».

9   Cfr. *L'Entrée d'Espagne. Chanson de geste franco-italienne*, ristampa anastatica dell'edizione di Antoine Thomas, premessa di Marco Infurna, Firenze, Olschki, 2007, 2 voll.: vv. 17–18: «Roland, par chi l'estoire et lo canter comanze, / Li melors chevalers que legist en sianze».

dove certo la saviezza – frutto di educazione clericale e sinonimo di sapienza – diviene un attributo del paladino, il quale però resta comunque un eroe orgoglioso e sconsiderato, pronto ad atti repentini.[10] La dismisura, benché in sordina, resta quindi alla base del personaggio nelle vesti di una smoderatezza valorosa ed eroica ed offre così ad Ariosto un canale in cui inserire la sua progressiva fuoriuscita del paladino dalla dimensione umana verso una bestialità completa: la saggezza ha in sé, quindi, i possibili spunti della follia.

La contrapposizione però affermata più volte da Ariosto, in cui assennatezza e pazzia sono, nel loro contrasto, sinonimi di passato e presente,

---

10   Sulla saggezza-sapienza cfr. Marco Infurna, *Introduzione*, in Anonimo Padovano, *L'Entrée d'Espagne. Rolando da Pamplona all'Oriente*, a cura di Marco Infurna, Roma, Carocci, 2011: «Il Rolando che egli propone come modello esemplare ai signori d'Italia non smarrisce i tratti caratteriali dell'antico – ma sul piano della finzione poetica, futuro – eroe di Roncisvalle: nel consiglio iniziale parla con lo stesso feroce sarcasmo usato nella *Chanson de Roland* a chi non vuole la guerra; in occasione di uno dei suoi soprassalti di ira e tracotanza l'autore, con leggera ironia, osserva prospetticamente come egli sia stato visitato da quella cosa che sempre gli fu un po' *germaine* (v. 11454). Nell'*Entrée* tuttavia il paladino presenta una personalità assai più sfumata e complessa: alla tradizionale prodezza egli intreccia, seppure con qualche intermittenza, una saggezza frutto di educazione clericale. [...] L'inclusione della sapienza fra le qualità cavalleresche proposte dall'Anonimo è corroborata certamente dalla figura di Alessandro Magno, che rappresenta nell'*Entrée* il vero modello esemplare di Rolando. Nel trasmettere e rielaborare i dati storico-leggendari della vita del Macedone, gli autori medievali accolgono e sviluppano infatti il tema dell'amore per la conoscenza del più celebre allievo di Aristotele. Il Padovano, a cui non sfugge il carattere latamente politico del *Roman d'Alexandre*, in più punti esibente una precettistica da *speculum principis*, insiste sul tratto più apprezzato dell'Alessandro medievale, la generosità cavalleresca. [...] Nobiltà e cultura: per il Padovano il sogno di una vita più bella si sostanzia intrecciando i valori cavallereschi e il brio, l'acutezza, l'eleganza di un'intelligenza coltivata» (pp. 16–26). Si veda inoltre *Entrée d'Espagne*, cit., vv. 14781–14783: «"Amis", ce dit l'ermite, qant Roland ais en non, / "Fais adonch q'il ne mante dou nom l'antencion, / Car roe de siance dois etre por raison"». Si veda anche la relativa spiegazione data dal Thomas, ivi: «Cette interprétation pseudo-étymologique du nom de *Roland*, qui repose sur la forme latine factice *Rotolandus*, a manifestement été empruntée par l'auteur de l'*Entrée d'Espagne* à la lettre apocryphe du pape Callixte II, ordinairement annexée aux manuscrits de la chronique de Turpin: "*Rotholandus* interpretatur *rotulus scientiae*, quia omnes reges et principes omnibus scientiis imbuebat"» (p. 303).

sembra mirare ad un ideale ben più articolato – ed ora messo in crisi – rispetto al solo richiamo dello stereotipato 'dotto' paladino difensore della fede, che – come accennato – presenta comunque tratti di smisuratezza e tracotanza. Forse per capire a quale ideale realmente Ariosto si stia rivolgendo, bisogna recuperare quel «sage» di Olivier, che nel testo della *Chanson* risulta essere sinonimo di «misura» e di «prudenza», connotati questi che appartengono al modello umanistico del perfetto signore di corte.[11] Se un primo cenno lo si può trovare all'interno del testo della *Prise de Pampelune* di Niccolò da Verona, dove la virtù della *prudentia* sembra appartenere ad Orlando,[12] è in un altro testo dove essa diviene tratto essenziale del conte di Brava: il *Mambriano* del Cieco da Ferrara. All'ottava 55 del canto XII, Orlando è definito, infatti, come «Benigno, giusto, animoso e prudente»,[13] inserendo di fatto il paladino dentro quel modello signorile e umanistico che sarà poi delineato perfettamente da Castiglione nel *Libro del Cortegiano*.[14] Siamo, quindi, forse in presenza di

---

11 Varie sono le aggettivazioni legate al nome di Olivier nella *Chanson de Roland*, tutte indicanti – vero *speculum principis* – le qualità primarie del perfetto cavaliere e signore: «li proz e li gentilz» (v. 176), «li proz e li curteis» (v. 576; v. 3755), «li proz e li vaillanz» (v. 3186), «nobilie» (v. 3690). La gentilezza, il valore, la cortesia e la nobiltà – oltre alle già menzionate saggezza e misuratezza – rappresentano a pieno lo stereotipo del perfetto signore di corte feudale, tema ripreso sia nella trattatistica medievale e carolingia che poi, in parte, nella precettistica quattrocentesca e nell'ideale cavalleresco cortese rinascimentale. Per un quadro completo, cfr. MANLIO PASTORE STOCCHI, *Pagine di storia dell'Umanesimo italiano*, Milano, Franco Angeli, 2014, pp. 26–83.

12 NICCOLÒ DA VERONA, *La «Continuazione dell'Entrée d'Espagne» (Prise de Pampelune)*, in IDEM, *Opere*, a cura di Franca Di Ninni, Venezia, Marsilio, 1992, vv. 556–557: «ce est Roland tuen niés, a cui danideu dont / acomplir suen voloir, car maint preu en auront».

13 FRANCESCO CIECO DA FERRARA, *Libro d'arme e d'amore nomato Mambriano*, introduzione e note di Giuseppe Rua, Torino, Utet, 1926. Tutte le citazioni dell'opera saranno tratte da questa edizione (sigla *Mamb.*).

14 Proprio in riferimento al verso del *Mambriano*, cfr. BALDASSARRE CASTIGLIONE, *Il libro del Cortegiano*, a cura di Giulio Carnazzi, introduzione di Salvatore Battaglia, Milano, BUR, 1987, IV, XXXIX: «Dico adunque, messer Cesare, che le cose che voi volete che faccia il principe son grandissime e degne di molta laude; ma dovete intendere, che se esso non sa quello ch'io ho detto che ha da sapere, e non ha formato

un canone assai prossimo ad Ariosto e da lui conosciuto e con il quale si confronta all'interno del *Furioso*.

Edito postumo nel 1509, il *Mambriano* mostra chiaramente un'inversione di rotta rispetto all'*Innamorato*: non solo non viene accolta la novità boiardesca, ma si ritorna alla tradizione ad essa precedente. L'amore errante del Boiardo non sfiora, infatti, l'Orlando mambrianesco, che viene detto «pietoso», «valoroso», «cristiano», «di forze ornato e di costume», «capitan saggio e famoso», «baron gentile», «capitan saggio e discreto», «ardito [...] e franco», «giusto, gentil, magnanimo e cortese», «maggior e più sovrano cavalier», «savio», «magno», tutte caratteristiche che se da un lato richiamano gli epiteti consueti del paladino difensore della fede, dall'altro aprono un versante più cortigiano della figura del Conte. Nel *Mambriano*, infatti, Orlando torna sì ad essere il campione cristiano, pio e pietoso, dottore sapiente in teologia che diffonde il verbo biblico nelle terre di Pagania convertendo così intere popolazioni, ma assume su di sé ulteriori tratti che sono quelli di un perfetto signore di una corte rinascimentale. La cortesia, la grazia, la gentilezza, l'essere giusto e accorto oltre che ardito delineano infatti un modello ben preciso: quello, appunto, del signore illuminato di stampo umanistico.

---

l'animo di quel modo ed indrizzato al camino della virtù, difficilmente saprà esser magnanimo, liberale, giusto, animoso, prudente» (pp. 304–305). La prudenza, nel testo del *Cortegiano*, emerge già come virtù fondamentale nella descrizione di Ottaviano Fregoso nelle pagine iniziali dedicate all'arcivescovo di Viseo, don Michel de Silva: «omo a' nostri tempi rarissimo, magnanimo, religioso, pien di bontà, d'ingegno, prudenzia e cortesia e veramente amico d'onore e di virtù e tanto degno di laude» (ivi, p. 50). L'importanza della prudenza – unita alla saggezza – viene poi illustrata nei capitoli incipitari del libro secondo: «Però il governarsi bene in questo parmi che consista in una certa prudenzia e giudicio di elezione, e conoscere il più e 'l meno che nelle cose si accresce e scema per operarle oportunamente o fuor di stagione. [...] Però è necessario che 'l nostro cortegiano in ogni sua operazion sia cauto, e ciò che dice o fa sempre accompagni con prudenzia; e non solamente ponga cura d'aver in sé parti e condizioni eccellenti, ma il tenor della vita sua ordini con tal disposizione, che 'l tutto corrisponda a queste parti, e si vegga il medesimo esser sempre ed in ogni cosa tal che non discordi da se stesso, ma faccia un corpo solo di tutte queste bone condizioni; di sorte che ogni suo atto risulti e sia composto di tutte le virtù, come dicono i Stoici esser officio di chi è savio» (ivi, II, VI–VII, pp. 121–122).

Proprio l'aggettivo 'prudente', da cui siamo partiti, è la cartina tornasole di questo cambiamento. Come giustamente dimostrato da Jacopo Gesiot,[15] l'endiadi «animoso e prudente», così estranea alla tradizione rolandiana, trova un suo antecedente in un poema molto amato alla corte dei Gonzaga: il *Tirant lo Blanch*. Nel testo iberico, infatti, torna l'unione tra *animós* e *prudent*, legando così il valore guerresco ad una capacità strategica di valutare gli eventi futuri e quindi le mosse da compiere, ossia la catalana *prudència*, dote non tanto dell'eroe carolingio quanto di un ben nuovo *capità estrateg*, figura meno letteraria, ma certamente più consona ad una conoscenza reale e autentica della guerra. Non sarà quindi un caso che anche nel *Mambriano* si ritrovino scrupoli tattici e momenti di sospensione strategici, come sottolinea, ad esempio, Orlando:

> Agevolmente in man l'arme si prendono,
> Come già molte volte hai visto e vedi;
> Ma il fine de le guerre è sì fallace,
> Che l'uom farebbe meglio a starsi in pace.
>
> E se 'l si trova pur necessitato[16]
> Di prenderle, el si dee misurar prima,
> E non andar così là traboccato
> (*Mamb.*, XVII 39,5–8; 40,1–3)

La «misura» è la qualità del grande stratega che ha esperienza diretta della guerra,[17] del «buon capitano», come infatti viene più volte appellato il conte

---

15   JACOPO GESIOT, *Il* Tirant lo Blanch *tra i versi del* Mambriano *di Francesco Cieco da Ferrara*, «Historia fingidas», III, 2015, pp. 189–210: 195.

16   L'«essere necessitato» a prendere un partito – altrimenti da evitare per quanto possibile – e a seguirlo riporta alla memoria un altro trattato principesco che uscirà da lì a pochi anni, vero *vademecum* «effettuale» per i giovani detentori del potere, ossia *Il Principe* di Niccolò Machiavelli, anche se nel testo del Segretario fiorentino la «misura» è solo una delle possibili strategie che il «savio» dovrà mettere in atto al «variar di fortuna».

17   La «misura» è anche una prerogativa del cortigiano castiglionesco, cfr. SALVATORE BATTAGLIA, *L'idea del cortegiano*, in BALDASSARRE CASTIGLIONE, *Il libro del Cortegiano*, cit.: «Alla sua costruzione il Castiglione ha sacrificato tutti i moti dell'animo; ha circondato la figura del Cortegiano d'una sostanza psicologica

di Brava dal Cieco. Un Orlando, quindi, cristiano anche se albertianamente illuminato dall'industria e non solo propenso alla preghiera; signore gentile che usa la diplomazia cortese e le modalità cortigiane (come ad esempio il banchetto) per fare accordi di pace e sancire alleanze tramite il vincolo matrimoniale;[18] capitano stratega che sa dosare ardire e prudenza sul campo di battaglia, perseguendo un fine «politico-sociale» e non solo un'impresa personale: un Orlando, dunque, che non solo riveste i panni cristiani e umanistici del perfetto *dominus* di corte, ma che diviene specchio e modello per il Sole gonzaghesco destinatario primo del poema – Francesco II Gonzaga – magnanimo e pio marchese non solo della città di Mantova, ma anche *capità estrateg* della battaglia di Fornovo.[19] L'opera del Cieco, infatti, viene a unirsi strettamente alla realtà «nuova» che vanno vivendo le corti italiane tra la fine del XV e inizio del XVI secolo.[20] Il mondo dorato

---

equanime che non conosce le ombre e le punte dello spirito, ma tutto gli si con-figura con estrema lucidità, nettamente quasi in un'olimpica compresenza: è l'ideale dell'uomo del Rinascimento, e non soltanto del cortigiano, del letterato, del politico, del pensatore, ma dell'uomo intero, ideato nelle sue forze più mature, nella sua formazione più totalitaria, più universalistica, che s'è reso conto della vita e delle sue multiformi possibilità, che ha sviluppato le qualità intellettuali, quelle che lo portano a dominare la realtà mutevole, a intuire le idee sovrasensibili, a comunicare con l'immobile eternità, a sentirsi privilegiato fra tutti gli esseri del creato, sempre *compos sui*, delle sue azioni e dei suoi pensieri, sempre presente a se stesso in ogni circostanza del suo vivere e in ogni attimo del suo pensare, capace in ogni evento di penetrare la ragione delle cose con l'occhio della mente. [...] E il Castiglione s'è creato il mito della misura spirituale, dell'equilibrio morale, della moderazione sentimentale; a questa nuova e fascinosa divinità egli ha dovuto sacrificare forse un po' troppo, ha spesso spento quei lieviti e contrasti interni, oscuri e burrascosi, che formano la grande via» (p. 11).

18   Cfr. ELISA MARTINI, *Un romanzo di crisi. Il* Mambriano *del Cieco da Ferrara*, Firenze, Società editrice fiorentina, 2016, pp. 111-131, 351-370.

19   Cfr. JACOPO GESIOT, *Il* Tirant lo Blanch *tra i versi del* Mambriano *di Francesco Cieco da Ferrara*, cit, p. 193.

20   Sulla nuova compagine storica di pieno Cinquecento e sulla necessità di una nuova figura eroica, cfr. STEFANO JOSSA, *La fondazione di un genere. Il poema eroico tra Ariosto e Tasso*, Roma, Carocci, 2002: «Il passaggio dall'avventura individuale all'impresa collettiva si configura decisamente come svolta non solo tematica, ma anche e soprat-tutto poetica e ideologica: rinunciando al cavaliere errante sia il *Girone* che l'*Ercole*

del Boiardo è adesso sconquassato dalle furiose Guerre d'Italia, ondate devastatrici puntualmente registrate dal Cieco nei suoi proemi ai canti. Il ritorno, quindi, al mondo cavalleresco nella sua caratterizzazione più tradizionale – elemento questo certo più consono all'*humus* eterogenea e medievale mantovana – coordinato però con l'influenza classica della scuola vittoriniana (e guariniana) e con la precettistica umanistica in particolar modo albertiana, in un momento così alieno alle muse canterine, non è un fatto casuale. Il Cieco vuole cantare, perché la sua opera deve sostenere pragmaticamente un modello di società che sta crollando: quello della corte. Tutti i valori cortesi sono quindi raccolti all'interno del suo testo e in particolar modo nel personaggio di Orlando, campione *exemplum* che diviene baluardo cartaceo a sostegno del signore reale. Ed è qui che entra in scena la rivoluzione ariostesca. L'*Orlando furioso*, infatti, mira a colpire le false speranze umanistiche e idealistiche – ancora così vive nel *Mambriano* – per diagnosticare, come indicato da Giovanna Scianatico,[21] il fallimento e gli errori della politica a lui contemporanea, che hanno portato alla disfatta e alla sudditanza italiana. La follia di Orlando diviene emblema di quella umana e storica che Ariosto ormai vede come unica presenza costante nel mondo: ogni modello, ogni maschera decade. Orlando, svuotandosi della sua identità, rappresenta la vacuità dei valori della realtà coeva al

---

esprimono di fatto la rinuncia all'originario progetto romanzesco per spostarsi verso orizzonti di tipo epico, nella consapevolezza che l'eroe della modernità non può più essere il cavaliere errante, avventuroso e individualista, ma dev'essere il condottiero, capace di mettere la sua competenza militare al servizio dello Stato. [...] Alamanni rivela così la consapevolezza che un mondo, quello degli amori e delle cortesie, sta finendo, per lasciare il posto a un nuovo mondo, fondato sull'organizzazione sociale e sulla tattica militare: un mondo in cui al centro c'è lo Stato, non più il cavaliere, l'eroe guerriero, al servizio della comunità, anziché il protagonista di imprese eccezionali e solitarie» (pp. 196–197). L'Orlando mambrianesco anticipa – al pari di Tirant – dunque, pur conservando le imprese eroiche personali, questo nuovo modello di condottiero «nazionale», che ben si confà con il nuovo clima guerresco di fine Quattrocento e con la figura di Francesco II Gonzaga.

21   Giovanna Scianatico, *Storia e follia nel* Furioso, Bari, Progedit, 2014.

poeta.[22] Il personaggio, quindi, che solo pochi anni prima aveva rivestito nel *Mambriano* il prototipo del perfetto signore di corte a cui riferirsi per salvarsi dalla crisi incombente, ora diviene il simbolo dell'insania umana e della fallacia degli ideali sia nell'uomo che nella società: crederci ancora è una pazzia che porta o all'esclusione o alla morte. La visione della realtà è mutata nel giro di pochissimi anni e questo cambiamento si riflette nell'evoluzione del carattere principe dell'epica cavalleresca, Orlando appunto.

Emblematica l'entrata in scena del paladino in entrambi i poemi: sia nel *Mambriano* che già nel *Furioso* del '16 Orlando si presenta in una dimensione onirica. Il conte di Brava, infatti, sogna in entrambi i testi e, se in ambedue i casi si tratta di una *visio* macrobiana, nel *Mambriano* la visione ha anche i tratti del *somnium* in quanto mostra allegoricamente il pericolo reale che il cugino Rinaldo sta correndo (*Mamb.*, IV 5), mentre nel *Furioso* essa, sempre in veste allegorica, preannuncia sì al paladino il suo futuro da *furens*, ma lo fa collegandosi all'altra categoria macrobiana: quella fallace dell'*insomnium* (*Fur.*, VIII 80–83). Sono due visioni veritiere, ma diversa è la loro lettura da parte del paladino. Nel *Mambriano*, infatti, Orlando non crede subito al sogno: esso deve essere reiterato e confermato anche da Astolfo. Solo allora si arriverà ad interpretarlo e a considerarlo autentico e quindi sprone per partire *en quête* del cugino:

> Poi disse: Cugin mio, dove procede
> Che sì per tempo oggi levato sei?
> Rispose Astolfo: Se 'l si può dar fede
> A' sogni, conte, meco pianger dèi.
> Orlando fermamente allora crede
> Che Rinaldo sia giunto a casi rei,
> Però che una medesma visione
> Ha con Astolfo, del figliuol d'Amone.
>
> Cugin mio, disse Orlando, se 'l ti piace
> Venir con meco, io non cesserò mai

---

22 Ivi: «L'operazione di Ariosto, tesa nello spazio poetico dell'ambiguità, tra mistificazione e demistificazione, ne consuma lo svuotamento, testimoniando attraverso la perdita d'identità del personaggio, il vuoto d'identità della società che in esso, in quel complesso di valori aspira a riconoscersi e a proiettarsi» (p. 34).

> D'andar cercando fra 'l popolo mendace,
> Ch'io troverò Rinaldo, ed il vedrai.
> [...]
>
> Orlando fece far due sopravveste
> A la sua sposa d'un color medemo,
> [...]
>
> Subito Orlando fe' porre in assetto
> L'arme, i cavalli e ciò che bisognava
>   (*Mamb.*, IV 8; 9,1–4; 10,1–2; 12,1–2)

Un ponderare e una prudenza che invece mancano all'Orlando ariostesco, il quale prende subito per vero e alla lettera il suo sogno, senza pensare che ci possa essere un inganno:

> Senza pensar che sian l'imagin false
> quando per tema o per disio si sogna,
> de la donzella per modo gli calse,
> che stimò giunta a danno od a vergogna,
> che fulminando fuor del letto salse.
> Di piastra e maglia, quanto gli bisogna,
> tutto guarnissi, e Brigliadoro tolse;
> né di scudiero alcun servigio vòlse.
>
> E per potere entrare ogni sentiero,
> che la sua dignità macchia non pigli,
> non l'onorata insegna del quartiero,
> distinta di color bianchi e vermigli,
> ma portar vòlse un ornamento nero;
> e forse acciò ch'al suo dolor simigli
>   (*Fur.*, VIII 84–85,1–6)

Se nel *Mambriano* il «saggio» Orlando si appella a Dio («O Dio, abbi di lui compassione, / Che 'l non rimanga de la vita spento!», *Mamb.*, IV 6,5–6) e al dubbio della ragione espresso da Astolfo («Se 'l si può dar fede / a' sogni», ivi, 8,3–4), poi fugato dall'essere comune e ripetuto del sogno, nel testo ariostesco il conte di Brava crede immediatamente alle sue paure e alla sua ossessione di un'Angelica in pericolo (cosa in quel momento vera essendo la giovane ad Ebuda) e bisognosa di lui, condannandosi così a incontrare quel luogo idilliaco e quel turbine della follia a cui il suo amore lo sta portando. Partendo in cerca di Angelica, nella vana illusione che lei sia l'agnella disperata che lo chiama, Orlando va incontro proprio a quel destino di pazzia preannunciato.[23] La sua lettura è errata: invece che riflettere sulle sue ossessive pulsioni, prima espresse dal lamento e poi conclamate nel successivo «carcere interiore» del palazzo di Atlante,[24] il paladino le avverte come effettive e, quindi, come conferma della sua paura. La realtà oggettiva e dimostrata per conferma da altri del *Mambriano* scompare nel *Furioso*, dove solo una soggettività alimentata dai suoi desideri e timori guida l'azione. Per quanto simili, anche nei gesti le due partenze mostrano chiaramente l'involuzione avvenuta nel paladino. Orlando, nel *Furioso*, agendo di impulso, non programma la partenza come nel *Mambriano*: in entrambi i testi indossa vesti per lui inconsuete, ma se per il Cieco questa scelta è dettata dalla prudenza e sancita dall'ufficialità e sacralizzazione della tessitura muliebre, nel *Furioso* è frutto della vergogna e del salvaguardare il suo nome, la sua dignità altrimenti compromessa. Diversa, seppur analoga, anche la scelta della compagnia: Orlando, nel *Mambriano*, parte seguito dai suoi fedelissimi, lasciando il compito a Grifonetto di proteggere Alda in sua assenza e – solamente in caso di attacco nemico a Parigi – di avvertire Carlo della sua missione,[25] la quale nasce sotto i crismi del legame parentale con Rinaldo e quindi sugellata dalla virtù. Il buon capitano coordina non solo la sua spedizione, ma anche la possibile difesa per la città e per il re, a differenza dell'Orlando ariostesco, che parte in piena solitudine (e nel bel mezzo della guerra sui Pirenei), tacendo – sempre per il suo disagio – a tutti il suo errare: Angelica non è Rinaldo, non è una missione virtuosa e sociale (Rinaldo è comunque uno dei grandi paladini di Carlo Magno) misuratamente gestita,

---

23 Cfr. SILVIA LONGHI, *Orlando insonniato. Il sogno e la poesia cavalleresca*, Milano, Angeli, 1990.

24 Cfr. ITALO CALVINO, *Orlando furioso di Ludovico Ariosto raccontato da Italo Calvino*, Milano, Mondadori, 1995: «Il palazzo, ragnatela di sogni e desideri e invidie si disfa: ossia cessa d'essere uno spazio esterno a noi, con porte e scale e mura, per ritornare a celarsi nelle nostre menti, nel labirinto dei pensieri» (pp. 172-173).

25 *Mamb.*, IV 18,5-8: «Quando i paladini / Fossero oppressi, per schifar gl'insulti, / Avvisa Carlo dove noi siam giti / E manda fuora i messi più espediti».

ma è un'ossessione scandita dalla sua passione smisurata.[26] Il testo di Ariosto pare, quindi, quasi capovolgere di segno quello del Cieco.

Similare anche la prima prova che Orlando, ormai in inchiesta, incontra sia nel *Mambriano* che nel *Furioso* del '32. La giunta di Olimpia,[27] infatti, presenta tratti comuni alle gesta che il paladino affronta per Fulvia. Entrambe intervengono subito a deviare l'inchiesta originaria del conte e benché Orlando accetti consapevolmente di aiutare le due giovani donne in virtù del suo obbligo di cavaliere, nel *Furioso* emerge chiaramente la fretta del paladino di tornare alla sua *quête* e al suo andare ad Ebuda, dove effettivamente è stata anche Angelica come da lui temuto. Olimpia, contrattempo della cerca e controfigura della principessa del Catai, è sì la grande impresa titanica che Ariosto fa compiere al paladino prima di impazzire, ma segna anche il suo destino di vinto. L'Orlando mambrianesco supera prontamente la «fatica» impartitagli da Fulvia, che lascia felice sposa del suo Feburo e signora del suo regno, dopo aver abbandonato l'errato ricorso alla magia per invece ribadire la fiducia prima nella fede e poi sia in un'umanistica industria che nell'abilità del valore e della sapienza umana,[28] determinando, in tal modo, l'episodio come momento di crescita e di perfezionamento. In Ariosto, d'altra parte, abbiamo l'invettiva di Orlando contro il terribile archibugio: il paladino crede di averlo eliminato, ma in realtà è una vittoria effimera come ben dimostra la realtà contemporanea al suo autore. Anche

---

26   Nel *Furioso*, Orlando, ponendo la sua *quête* agli antipodi della ragione e della misura, rompe – a causa della passione – il suo patto sociale. Cfr. GIOVANNA SCIANATICO, *Storia e follia nel* Furioso, cit.: «Alla sospensione della misura è relato il prevalere, nell'uomo come nel cosmo, di uno squilibrio oscuro, di una insidia interna alla natura, nella persistente eventualità di lacerazione delle norme sociali e dei ritmi e dei cicli naturali» (p. 13).

27   Su una più ampia analisi della giunta di Olimpia, cfr. ELISA MARTINI, *Gli 'inverni' di Ludovico Ariosto. La stagione della sconfitta tra follia ed inganno*, in *Il professore innamorato. Studi offerti a Riccardo Bruscagli*, a cura di Giovanni Ferroni, Pisa, Edizioni ETS, 2016, pp. 123–143: 125–128.

28   Sull'influenza di Leon Battista Alberti, cfr. EADEM, *Tessere albertiane in un poema di primo Cinquecento*, in *Gli Este e l'Alberti: tempo e misura*. Atti del Convegno internazionale – VII Settimana di Alti Studi Rinascimentali, «Schifanoia», XXXIV–XXXV, 2008, pp. 121–142.

l'*happy ending* della storia di Olimpia è momentaneo: Orlando infatti la ritroverà ben presto sposa abbandonata legata allo scoglio dell'isola di Ebuda. Anche nel *Mambriano*, Orlando deve nuovamente intervenire in aiuto di Fulvia, a cui è stato ucciso il marito. Due imprese, quindi, che vedono un duplice intervento del paladino e un replicarsi matrimoniale, ma se nel testo del Cieco vi è un crescendo (Fulvia infatti sposa il ben più nobile e cortese Sinodoro, tutta Pagania è stata convertita e si sono create nuove importanti alleanze in un gioco politico tra corti), non avviene lo stesso nel *Furioso*, dove un alone di scacco pervade tutto l'episodio. Orlando non è più colui che porta soluzioni definitive e Olimpia, oltre ad essere la controfigura frustrante di Angelica, è la dimostrazione della vacuità degli ideali: l'amore di Bireno è stato passeggiero come tutte le cose terrene e adesso deve «accontentarsi» di Oberto. Orlando e Olimpia sono due sconfitti, perché legati al loro ideale e destinati a scontrarsi con il reale. Se nel *Mambriano* il nuovo salvataggio della donna porta ad una vittoria radiosa ed esaltante, nel *Furioso* vi è un finale adombrato da un senso avvilente di compromesso: il mondo sta cambiando e gli ideali cavallereschi espressi da Orlando non sono più risolutivi. Se nel *Mambriano* è ancora possibile una crescita, nel *Furioso* il duplicarsi di una prova diviene un ciclo ripetitivo di eventi, un vortice in cui l'azione umana non ha margine, dove il progetto della mente è destinato allo scacco in quanto segnato dall'errore.[29] Non sarà allora un caso che Ariosto riprenda le modalità del combattimento, che nel *Mambriano* Orlando compie per Fulvia contro Fulicano, per descrivere lo scontro del paladino ormai folle contro Rodomonte:

> Ma Dio che di continuo porge lume
> Ai servi suoi, gl'illuminò la mente,
> Acciò che quel ribaldo si consume,

---

29 Sulla ripetitività, cfr. GIOVANNA SCIANATICO, *Storia e follia nel* Furioso, cit.: «La prospettiva ariostesca, integralmente negativa, non lascia spazio all'azione, al progetto della mente segnato dall'errore e dallo scacco, in un ciclo ripetitivo di eventi, come appare nella sequenza storica del XXXIII canto ritmata dal martellare delle anafore [...]. La storia è la ripetizione all'infinito di un processo di negazione immodificabile, che non lascia spazio a margini di iniziativa, a progetti e previsioni, alla possibilità di governare la realtà, secondo il *leitmotiv* della sentenziosità ariostesca» (p. 58).

Ch'avea distrutta e morta tanta gente;
Pensossi Orlando gettarlo nel fiume;
E fatto tal pensier, subitamente
Un'altra volta fu seco alle prese.
Né colui molto in questo si difese.

In spalla se lo pose il franco conte,
E a mal suo grado via nel porta in fretta,
Tanto che giunse al fiume sopra il ponte;
Correa quel fiume più ch'una saetta,
Perché cadeva giù da un alto monte;
Orlando in mezzo a quel stramazza e getta
Il suo nimico, il qual cadendo stride;
Ma giunto in l'acqua, mai più non si vide.

(*Mamb.*, XI 10–11)

Orlando, che l'ingegno avea sommerso,
io non so dove, e sol la forza usava,
l'estrema forza a cui per l'universo
nessuno o raro paragon si dava,
cader del ponte si lasciò riverso
col pagano abbracciato come stava.
Cadon nel fiume e vanno al fondo insieme:
ne salta in aria l'onda, e il lito geme.

(*Fur.*, XXIX 47)

Stessa situazione[30] e stessa risoluzione (il precipitare nel fiume), ma se
l'Orlando mambrianesco agisce grazie all'ispirazione divina e al suo intuito,
quello ariostesco segue solo l'istinto animale, in quanto ormai folle e non
più con le armi del cavaliere: la ragione, illuminata da Dio, è oramai som-
mersa. Diversa anche la presenza dell'elemento magico nel testo del Cieco:
Fulicano è, infatti, incantato a differenza di Rodomonte, aspetto questo che
fa sì che Orlando incarni ancora, nel *Mambriano*, la fiducia tutta umanistica
nel valore e nella possibilità dell'uomo anche contro potenze a lui superiori,
speranza ormai resa vana nell'imperversare della follia ariostesca.

---

30   Cfr. *Mamb.*, X 77,1: «Quivi appresso è una torre, un ponte e un fiume»; *Fur.*, XXIX
     33,3–6: «Presso al sepolcro una torre alta vuole; / ch'abitarvi alcun tempo si destina. /
     Un ponte stretto e di due braccia sole / fece su l'acqua che correa vicina».

Viene da chiedersi, a questo punto, se il *Mambriano* sia totalmente esente dalla pazzia che tanto presiede e plasma il testo ariostesco. Basti ricordare l'insistenza del Cieco nei suoi proemi ai canti sull'imperversare della furia devastatrice delle guerre,[31] motivo per cui lui sceglie di cantare e di ribadire i valori di quel mondo che sta crollando sotto i colpi degli archibugi stranieri. La realtà storica che il Cieco e l'Ariosto vivono è la medesima, differenti sono le reazioni e le riflessioni dei due autori. Negli stessi anni esce l'erasmiano *Encomium moriae*, dove al suo interno si ritrova certo la pazzia esemplificata da tutto l'universo ariostesco, ma anche quella descritta dal Cieco tramite il personaggio di Astolfo. Diretto discendente di Estout,[32] il paladino inglese veste nel *Mambriano* sì i panni del *miles gloriosus*, ma assume su di sé tutta una serie di controvalori che vanno a scontrarsi contro gli ideali espressi dal cugino Orlando. Ne nasce così una dialettica continua, dove il sistema umanistico-cortese espresso dal conte

31 Cfr. DANIELA DELCORNO BRANCA, *Ariosto e la tradizione del proemio epico-cavalleresco*, «Rassegna europea di letteratura italiana», XXXVIII, 2011, pp. 117–146; ELISA MARTINI, «All'apparir del vero»: il proemio come sguardo 'effettuale' e satirico sul reale, in *L'uno e l'altro Ariosto in Corte e nelle Delizie*. Atti del Convegno internazionale – X Settimana di Alti Studi, «Schifanoia», XXXIV–XXXV, 2008, pp. 225–232; EADEM, *Gli 'inverni' di Ludovico Ariosto*, cit., pp. 130–137.

32 Cfr. ALBERTO LIMENTANI, *L'«Entrée d'Espagne» e i signori d'Italia*, a cura di Marco Infurna e Francesco Zambon, Padova, Antenore, 1992: «Ad Estout sono annesse virtù di comicità d'azione e di comicità di discorso; millantatore il più delle volte scavalcato, egli adempie a una funzione chiaroscurale; buon compagnone, aggressivo impulsivo e tracotante, motteggiatore e malalingua, ma leale e devoto a Rolando, dà luogo a una struttura di comunicazione entro la comunicazione che moltiplica gli effetti dei procedimenti rimozionali. Entro il testo, la battuta di Estout va a incidere sull'uditorio composto da altri personaggi, ora muovendoli al riso ora suscitandone l'ira, con contraccolpi sull'azione: il tipo discorsivo è quello dell'arguzia *ad personam*, che fa dell'interloquito una vittima coinvolgendo i terzi quali complici; il lettore o auditore del poema è tratto a identificarsi con quel pubblico immaginario. [...] In sostanza, nell'equilibrio dinamico del cavalleresco, il sistema è ancora in grado di accogliere e assorbire questo cospicuo elemento di trasgressione» (pp. 118–119). Su Estout / Astolfo si veda anche ANTONIO CANOVA, *Vendetta di Falconetto (e Inamoramento de Orlando?)*, in *Boiardo, Ariosto e i libri di battaglia*. Atti del Convegno, Scandiano-Reggio Emilia-Bologna, 3–6 ottobre 2005, a cura di Antonio Canova e Paola Vecchi Galli, Novara, Interlinea, 2007, pp. 77–106: 98–106.

di Brava si trova a confrontarsi con una nuova visione della vita, molto più pragmatica, legata all'utile e alla relatività dei rapporti e dei sentimenti. Tutto viene stravolto e volto al guadagno da Astolfo, anche le parole delle Sacre Scritture. Il Cieco rappresenta così le nuove istanze che vanno minando il mondo ideale cortese, ma se nel *Mambriano* Orlando riesce a tenere ancora sotto controllo il cugino dissacratore e a riportarlo all'ordine, nel *Furioso* la battaglia è ormai perduta: i non valori espressi dall'Astolfo mambrianesco sono ormai il sottofondo reale su cui si muovono tutte le figura ariostesche. Per questo Astolfo diviene il personaggio capace di recuperare il senno e di attraversare tutti i mondi: la realtà è ormai cambiata e lui può attraversarla e comprenderla. Lui può adattarsi, Orlando no. Il conte di Brava, benché innamorato, è sempre il campione dei valori umanistici e cortesi come nel *Mambriano*. Per questo diviene folle: il suo vassallaggio dell'anima, il suo amore è «tradito» dalla moderna Angelica. Il suo mondo ideale non esiste più e il continuare a prestare fede e a leggere quello reale tramite quella lente porta inesorabilmente alla follia, poiché crederci è già una pazzia. Il rapporto tra Astolfo e Orlando è quindi inversamente proporzionale nel *Mambriano* e nel *Furioso*, a dimostrazione di un evolversi di sguardo tra i due poeti sulla realtà che li circonda. Dove per il Cieco ancora una salvezza è possibile, nell'Ariosto tutto ormai è solo insania.

Le ossessioni e i meccanismi a ripetersi dell'Orlando ariostesco trovano però una corrispondenza in altri personaggi mambrianeschi, a dimostrazione di come il Cieco percepisse l'evoluzione del reale – e la sua pericolosità – poi espressa chiaramente da Ariosto. Troviamo quindi il *miles* Mambriano, anche lui vittima – come l'Orlando ariostesco – di un sogno che lo spinge a far quelle azioni che porteranno a far sì che la visione onirica si realizzi, ma soprattutto Rinaldo, che – pur affrontando svariate imprese – non riesce mai a raggiungere la perfezione del cugino. Il signore di Montalbano mantiene, infatti, un lato squisitamente umano, di errore legato ai desideri, alla follia erasmiana. Non è un caso allora che sia lui a soccombere al richiamo suadente del palazzo di Uriella, meccanismo giocato su pulsioni interiori che tanto da vicino ricorda quello del palazzo di Atlante ariostesco, dove lo stesso Orlando – al pari di tutti gli altri campioni – cade prigioniero della sua stessa smania. Nel *Mambriano* anche Rinaldo affronta per due volte una medesima prova, ma se per il cugino (come abbiamo visto) la reiterazione era solo un gradino verso una maggiore perfezione, per lui – al pari dell'Orlando ariostesco – è sintomo di una fallacia, di un'imperfezione, di un'incapacità di un lieto fine contro l'imponderabilità della vita. Con Rinaldo, nel *Mambriano*, si apre la dimensione della possibilità, del relativismo della realtà, tratti questi che trasmigrano, rielaborati, nel Rinaldo del *Furioso*. Il figlio di Amone, infatti, diviene nell'universo ariostesco il cavaliere che maggiormente si richiama al modello carolingio, ligio alla regola tanto da tradurre nel suo conformismo – riprendendo le parole di Francesco Sberlati – un'esigenza di giustizia.[33] Rinaldo non è Astolfo, turista esperto del nuovo mondo, né Orlando, paladino imprigionato nella follia dei suoi ideali: è forse il cavaliere più umano, come già lo era nel *Mambriano*, che medita e affronta il reale per quello che è. Emblematica risulta allora la prova del nappo, che Rinaldo, saviamente, decide di non affrontare: conosce i limiti della natura umana e la sua fallacità in cui lui stesso – come nel mambrianesco palazzo di Uriella – è caduto. Il suo essere cosciente del margine dell'errore lo rende il solo capace di portare avanti certi valori cavallereschi, comprendendone però la loro convenzionalità. Rinaldo, che nel *Mambriano* anela all'irraggiungibile perfezione del cugino Orlando, nel *Furioso* è oramai l'unico che possa riconoscere, proprio grazie alla sua imperfezione, la realtà effettuale fatta di follia del mondo, tanto da diventare lui il vero «savio» a confronto del «pazzo» Orlando ancora legato all'assolutismo dei valori cortesi[34] e destinato – una volta rinsavito – a involarsi verso il suo destino di morte a Roncisvalle, dove un'altra forma di folle dismisura lo assalirà. Ritrovato il senno, il signore del Quartiere

---

33 Cfr. FRANCESCO SBERLATI, *Magnanimi guerrieri. Modelli epici nel* Furioso, in *Boiardo, Ariosto e i libri di battaglia*, cit., pp. 453–473: 464–467. Si veda anche GIOVANNA SCIANATICO, *Storia e follia nel* Furioso, cit., pp. 62–63.

34 Cfr. ERASMO DA ROTTERDAM, *Elogio della follia*, a cura di Nicola Petruzzellis, Milano, Mursia, 1996, XXIX: «Come non v'è nulla di più folle che una saggezza intempestiva, così pure niente è più sconsigliato di una prudenza stravagante. Giacché male si conduce chi non si adatta ai tempi e alle condizioni del mercato né si ricorda della legge dei conviti: "Bevi o vattene!", perché pretenderebbe che la commedia non fosse una commedia. Viceversa è saggio, essendo uomini, non volere saper nulla di più dell'umano, e vivere e sbagliare in allegria insieme con tutto il resto dell'umanità» (p. 62).

torna sì ad essere il paladino *proz* della fede, ma si consegna anche di fatto ad una dimensione più dimessa nella storia ariostesca. Dopo il duello di Lipadusa, Orlando sarà rilegato ad essere spettatore dello scontro finale tra Ruggiero e Rodomonte, quasi come in un'anticamera mortifera. Qualcosa si è spento ed una sorta di alone malinconico avvolge e dissolve sullo sfondo la figura del paladino. A ben vedere la follia amorosa boiardesca, per quanto poi devastante nell'invenzione ariostesca, ha rappresentato comunque un aspetto positivo per il conte di Brava: lo ha reso umano e quindi vivo per un tratto della sua storia, perché la vita è follia come suggerito da Erasmo.[35] Orlando però, come già detto, a differenza di Rinaldo non sa adattarsi alla nuova realtà ed è destinato, quindi, ad «uscirne»:[36] la sua condizione di folle innamorato non è preludio di una nuova «saggezza», ma viatico alla pazzia bestialmente furiosa. Concludendo, si può, dunque, osservare una trasformazione non solo del conte di Brava, ma anche dei personaggi a lui vicini tra il *Mambriano* e il *Furioso*, mutazione che segue l'evolversi inesorabile della Storia, della quale se il Cieco ne vede solo il terribile inizio contro il quale cercare di difendersi, Ariosto ne assapora ormai il veloce, devastante e fatale epilogo di pazzia.

---

35 Ivi, XII–XVI, pp. 37–43. In particolare sulla bellezza della follia, cfr. ivi, XII: «E di questo fatto mi sia testimone il gran Sofocle, non mai abbastanza lodato, che ha scritto di me la bellissima lode: "La vita è più bella quando non si ragiona"» (pp. 38–39).

36 Ivi, XXVI: «Questo filosofo dunque non può essere d'utilità a nessuno: né a se stesso, né al suo paese o ai suoi, inesperto com'è delle cose d'ogni giorno, e poiché inoltre le sue opinioni ed i suoi gusti divergono nel modo più radicale da quelli della follia. È logico che questo modo diverso di vivere e di pensare gli procacci l'odio di tutti; poiché tra gli uomini non si fa nulla che non sia pieno di follia. Tutti quanti sono folli, uno più dell'altro, e se uno solo vuole opporsi a tutta l'umanità, non posso che consigliargli di ritirarsi, a somiglianza di Timone, in qualche deserto, a gustarvi da solo le gioie della saggezza» (pp. 56–57).

4 Nicolò degli Agostini's *Quinto libro* and the 1516 *Furioso*

Boiardo, Agostini, Ariosto

In his *Annotationi, et avvertimenti sopra i luoghi importanti del Furioso*, a commentary which follows Ariosto's poem in the lavish 1556 Valgrisi edition, Girolamo Ruscelli tells his readers that, in order to make sense of the intricate plot of the *Furioso*, one should start with Boiardo, whose story Ariosto sets out to complete. Ruscelli then goes on to suggest that the reason why Ariosto embarked on the composition of his poem may have been the remarkable success of Nicolò degli Agostini's sequels:

> Onde poi Nicolò de gli Agostini, che per quei tempi non fu ingegno ignobile, si pose a seguirle [Boiardo's stories], come fece Quinto Calabro quelle d'Omero, et Maffeo Vegio, quelle di Virgilio. Et così il detto Agostini fece altri tre libri, i quali vanno a stampa insieme con quei tre primi del Boiardo. Et essendo lodati molto da alcuni, che diceano che per certo il Boiardo stesso non haveria per aventura potuto finir tutte quelle cose sue proprie meglio di quello che l'Agostini havea fatto, sono alcuni che dicono che messer Lodovico Ariosto da se stesso entrò in questo pensiero di far pruova quanto si potessero seguir meglio, et di quanto avanzare in quello stesso soggetto l'uno et l'altro di detti due.[1]

Indeed, Agostini's continuation of the *Inamoramento de Orlando* enjoyed a wide circulation throughout the sixteenth century. Following the publication of Giorgio Rusconi's 1506 edition of *Tutti li libri de Orlando*

---

1   Girolamo Ruscelli, *Annotationi, et avvertimenti sopra i luoghi importanti del Furioso*, in Ludovico Ariosto, *Orlando furioso, tutto ricorretto, et di nuove figura adornato* (Venice: Vicenzo Valgrisi, 1556), a2r-c4v: a2r.

inamorato, which also contained Agostini's *Quarto libro*, sixteenth-century editors often printed Boiardo's romance together with Agostini's sequel(s), thereby offering their readers a supposedly complete story. The demand for Agostini's alternative ending did not abate even after the publication (and subsequent canonisation) of the *Furioso*: at least twelve joint editions of Boiardo and Agostini were issued between 1516 and 1588, some of them containing the linguistically revised *rifacimento* by Lodovico Domenichi who Tuscanised both Boiardo's poem and Agostini's so-called *gionta*.[2] Of course, many of Ariosto's sixteenth-century readers were familiar with Agostini's work. But what about Ariosto? Did he see Agostini – whose reputation today is that of a hopelessly mediocre and insipid poet – as a rival or at least as an author worthy of attention? And if so, which parts of Agostini's three-book sequel did he find particularly interesting?

Ariosto began composing the *Furioso* between 1504 and 1506,[3] most likely in 1505, the year he entered the service of Cardinal Ippolito, which coincides with that of the publication of the first known edition of Agostini's *Quarto libro*.[4] The opening canto of the *Furioso* contains unmistakable allusions to Agostini's first *gionta*: suffice it to think of Angelica's encounter with Ferraù, or Sacripante's intention to take Angelica's virginity by force, episodes which recall Feraguto's attempted rape of Angelica in canto X of the *Quarto libro*. Moreover, we must bear in mind that Agostini is the first continuator to identify Marphisa with Rugiero's long-lost twin

2   Neil Harris, *Bibliografia dell'*Orlando Innamorato (Modena: Panini, 1981–1991), 2 vols: II, 262.

3   See Marco Dorigatti, 'Il manoscritto dell'*Orlando furioso* (1505–1515)', in Gianni Venturi, ed., *L'uno e l'altro Ariosto in Corte e nelle Delizie* (Florence: Olschki, 2011), 1–44: 5.

4   *El fin de tuti li libri delo Inamoramento di Orlando dil conte Matheo Maria Boiardo* (Venice: Giorgio Rusconi, 1505). In Celio Calcagnini's *Equitatio* – whose action is set in the autumn of 1507 – Ariosto's poem is referred to as 'almost incredible adventures of giants and heroes', which immediately brings to mind Agostini and Cieco da Ferrara (see Marco Dorigatti, 'Il presente della poesia. L'*Orlando furioso* nel 1516', *Schifanoia*, 54–55 (2018), 13–26: 19–21).

sister.[5] Rugiero's and Marphisa's conversions in Agostini (*Quarto libro*, VII and X) may have given Ariosto ideas for the conversions of his dynastic hero and his sister: in both continuations Bradamante puts pressure on her lover, who is reluctant to abandon Agramante, doing so with a heavy heart; Marphisa, on the contrary, eagerly embraces the Christian faith.[6] Ariosto's engagement with Agostini is also evident in what appears to be his deliberate departures from him, which give the impression that the author of the *Furioso* was indeed driven by a spirit of competition. For example, while Agostini's Bradamante is struck by Marphisa's beauty, so much so that, without yet knowing who she is, she tells her that she wants to be her 'sorella et cara amicha' (*Quarto libro*, X 52,8), Ariosto's Bradamante convinces herself that Ruggiero has left her for Marphisa and attempts to kill her 'rival', their duel turning into a catfight in arguably one of the funniest episodes of the poem (*Fur.*, XXX 20–63 A).[7]

Clearly, Ariosto's *Furioso* is indebted to Agostini's *Quarto libro*. But could it be indebted to his *Quinto libro* as well? First printed in October 1514, the *Quinto libro* concludes many of the narrative threads that were left

---

5   On the presence of Agostini's *Quarto libro* in the *Furioso*, see Pio Rajna, *Le fonti dell'Orlando furioso*. Ristampa della seconda edizione 1900 accresciuta d'inediti, ed. Francesco Mazzoni (Florence: Sansoni, 1990); Enrico Carrara, 'Dall'*Innamorato* al *Furioso*', in Idem, *I due Orlandi* (Turin: L'Erma, 1935), 75–99, especially 78–94 (this essay was later reprinted as 'Dall'*Innamorato* al *Furioso* (Niccolò degli Agostini)', in Idem, *Studi petrarcheschi ed altri scritti* (Turin: Bottega d'Erasmo, 1959), 243–276); and Riccardo Bruscagli, '"Ventura" e "inchiesta" fra Boiardo e Ariosto', in Idem, *Stagioni della civiltà estense* (Pisa: Nistri-Lischi, 1983), 87–126, especially 91–96.

6   While Agostini's Rugiero overcomes his scruples within the space of a few stanzas, the internal struggle of Ariosto's Ruggiero shapes the trajectory of his storyline. On the figure of Rugiero (Ruggiero) in the *Quarto libro* and in the *Furioso*, see Carrara, 'Dall'*Innamorato* al *Furioso*', 83–85; and Rosanna Alhaique Pettinelli, 'Tra il Boiardo e l'Ariosto: il Cieco da Ferrara e Niccolò degli Agostini', *Rassegna della letteratura italiana*, 79 (1975), 232–278: 247–249. Pettinelli's article was later reprinted in her book *L'immaginario cavalleresco nel Rinascimento ferrarese* (Rome: Bonacci, 1983), 152–230.

7   Unless otherwise stated, all references are to the following edition of the *Furioso*: *Orlando furioso secondo la princeps del 1516*, ed. Marco Dorigatti, in collaboration with Gerarda Stimato (Florence: Olschki, 2006).

dangling at the end of the *Inamoramento de Orlando* and for which Agostini failed to provide closure in his first sequel, such as Agramante's war (the *Quarto libro* ends with a truce between Christians and Saracens) and the plotline centred on Orlando's infatuation with Angelica.[8] Enrico Carrara dismisses out of hand the possibility that Ariosto could have drawn on Agostini's second sequel, claiming that it was published too late for Ariosto to make any use of it, considering that the manuscript of the *Furioso* was submitted to the printer in late 1515.[9] However, other scholars have been more cautious in their comments on the possible relationship between the *Quinto libro* and the *Furioso*. Gioacchino Paparelli and Rosanna Alhaique Pettinelli do not eliminate the *Quinto libro* from the list of possible sources for Ariosto's poem.[10] The whole question has been recently re-examined by Angela Matilde Capodivacca and Anna Carocci, who arrive at opposite conclusions.[11] Both Capodivacca and Carocci draw attention to the curious

8   Nicolò degli Agostini, *Il quinto libro dello inamoramento de Orlando* (Venice: Giorgio de Rusconi, 1514). All quotations from the *Quinto libro* are taken from this edition. Agostini's *Sesto libro* was first published in 1521 by Nicolò Zoppino and Vincenzo di Paolo.

9   Carrara, 'Dall'*Innamorato* al *Furioso*', 94.

10   According to Gioacchino Paparelli, Ariosto could have drawn on both Agostini's *Quinto libro* and Raffaele Valcieco's *Quinto libro* ('Tra Boiardo e Ariosto: le Gionte all'*Innamorato* di Niccolò degli Agostini e Raffaele da Verona', in Idem, *Da Ariosto a Quasimodo: saggi* (Naples: Società Editrice Napoletana, 1977), 34–47: 36 n.; Idem, 'Una probabile fonte dell'Ariosto: la «Gionta» all'*Innamorato* di Raffaele da Verona', in *Saggi di letteratura italiana in onore di Gaetano Trombatore* (Milan: Istituto Editoriale Cisalpino-La Goliardica, 1973), 343–356). Alhaique Pettinelli highlights a number of similarities between Agostini's second sequel and the *Furioso*, noting, however, that this is not enough to conclude that the *Quinto libro* was one of Ariosto's direct sources. Bruscagli points out that the episode of Rinaldo's encounter with Sdegno in the *Furioso* recalls a similar episode in Agostini's *Quinto libro* (XIV 47 ff.), but 'trattandosi della materia del quinto libro, pubblicato nel '14, risulta più che mai impraticabile un rilievo di "fonti" in senso stretto' (Bruscagli, '"Ventura" e "inchiesta" fra Boiardo e Ariosto', 115n).

11   Angela Matilde Capodivacca, '"Forsi altro canterà con miglior plectio": l'innamoramento di Angelica in Ariosto e Niccolò degli Agostini', *Versants*, 59 (2012), 67–84; Anna Carocci, 'Stampare in ottave. Il *Quinto libro de lo Inamoramento de Orlando*', *Ecdotica*, 12 (2015), 7–29.

similarities between Angelica's storyline in the two poems, but while the former concludes that Ariosto was likely to be familiar with Agostini's work (which, according to her, could have circulated in manuscript before its publication in 1514), Carocci suggests that it is Agostini who imitates Ariosto, pointing out that he could have been present at one of the pre-1516 readings of parts of the *Furioso*.

As we shall see, the correspondences between the *Quinto libro* and the *Furioso* are not limited to Angelica's story. In fact, they are even more numerous and more significant if we consider the stories of some of the main characters involved in Agramante's war. In what follows, I shall attempt to shed new light on the yet unsolved question of the relationship between the two continuations. My discussion will be divided into three parts. I shall start by reconsidering the complicated question of the dating of the composition of the *Quinto libro*. Then I shall provide a comprehensive overview of the possible points of contact between the *Quinto libro* and the *Furioso*, and, finally, I shall make some observations regarding the direction of 'borrowings'.

The composition date of Agostini's *Quinto libro*

Unlike the *Furioso*, which is steeped in references to specific historical events, Agostini's *Quinto libro* offers very few clues to help us determine when it was composed. Scholarly opinion is divided on this question. According Elisabetta Baruzzo, a probable *terminus ante quem* is the Battle of Agnadello, which marks one of the darkest moments in the military career of the poem's dedicatee, Bartolomeo d'Alviano (1455–1515), an accomplished Italian *condottiero* who was in the service of Venice between 1498 and 1515.[12] Between July 1508 and the spring of 1509, d'Alviano held a court at Pordenone, attracting men of letters and cultivating a reputation as a patron

12   Elisabetta Baruzzo, *Nicolò degli Agostini, continuatore del Boiardo* (Pisa: Giardini Editori e Stampatori, 1982), 10. Carrara, too, believes that 'La sconfitta d'Agnadello

of culture. However, *Fortuna* turned her back on him when, on 14 May 1509, the French inflicted a crushing defeat on the Venetian forces, and d'Alviano himself was taken prisoner and sent to captivity in France, regaining his freedom only in the spring of 1513, following an alliance between Louis XII and the Venetians. Baruzzo's dating is accepted by Capodivacca, but challenged by Carocci who argues that Agostini churned out his *Quinto libro* in the few months between its publication on 6 October 1514 and the publication of Raffaele Valcieco's *Quinto libro* on 1 March earlier that year. Carocci's argument rests on the assumption that Agostini draws on Valcieco's sequel in his own poem.[13] As will be shown later, one should be cautious in reading too much into supposed similarities between Agostini's and Valcieco's poems. There is not enough evidence to say that the composition of Agostini's second sequel postdates Valcieco's *gionta*. However, a careful analysis of Agostini's references to his dedicatee gives one reason to doubt that the *Quinto libro* was written under the influence of d'Alviano.

The first canto of Agostini's *Quinto libro* opens with the poet explaining why he decided to add yet another sequel to the poem of his beloved Count Matteo Maria Boiardo. He begins by confessing that, initially, he wanted to leave that task to a more gifted poet:

> Disposto era lassar questa fatica
> del fin del libro di Matheo Maria
> a più sonora musa, a Phebo amica,
> per ornar con la sua la historia mia,
> la qual diece anni, et più git'è mendica
> da errori oppressa, a<h>i sorte acerba, et ria!
> (Agostini, *Quinto libro*, I 1,1–6)

It has been suggested that in these opening lines Agostini may be alluding to Ariosto.[14] However, Ariosto does not continue Agostini's *Quarto libro*: he grafts his poem directly onto the *Inamoramento de Orlando*, and more

---

(1509) con la conseguente prigionia dell'Alviano (1513) limita gli anni di composizione del V libro all'età di splendore del capitano veneto' ('Dall'*Innamorato* al *Furioso*', 76).

13   Carocci, 'Stampare in ottave', 23–26.
14   Carrara, 'Dall'*Innamorato* al *Furioso*', 94.

specifically onto *Inam.*, II xxii 3.[15] By contrast, Valcieco's *Quinto libro* is a continuation of Agostini's *Quarto libro*. It is much more plausible, therefore, that Agostini is referring to Valcieco, his apparent self-deprecation being deliberate false modesty. Agostini says that more than ten years have elapsed since the *editio princeps* of his own 'historia', that is his *Quarto libro*, which has been circulating in a sorrowful state, riddled by errors in its subsequent editions.[16] This may lead one to conclude that he started his *Quinto libro* ten years after he published the *Quarto*. However, his mention of the ten years that separate the two sequels does not really tell us much about the composition of the *Quinto libro*, as the opening stanza could have been added (and likely so) at a later stage, when Agostini was preparing the manuscript for publication.[17]

Having spoken of his initial reluctance to continue the *Quarto libro*, Agostini goes on to announce that he has changed his mind because he has been asked to compose another book:

> Un c'ha nel secol nostro in man la palma
> d'ogni excellentia, splendido, et gentile,
> fido subietto a l'amorosa salma,
> me fa l'opra seguir col basso stile,
> et io che gli ho donato il corpo, et l'alma
> in vece di mia fé, qual servo humìle,
> non so dirli di no, sì amor mi lega:
> che un giusto prego ogni dur'alma piega.
>
> (Agostini, *Quinto libro*, I 2)

15   See Marco Dorigatti, 'La favola e la corte: intrecci narrativi e genealogie estensi dal Boiardo all'Ariosto', in Gianni Venturi and Francesca Cappelletti, eds, *Gli dei a corte: letteratura e immagini nella Ferrara estense* (Florence: Olschki, 2009), 31–54: 48–50.

16   We know that there were at least six editions of the *Quarto libro* between what appears to be its first edition in 1505 and the *editio princeps* of the *Quinto libro* (in 1506, 1507, 1511 and three in 1513).

17   We may mention in this respect that the definitive version of the opening stanzas of the 1516 *Furioso* could not have been composed earlier than 1513, the year when Ariosto met Alessandra Benucci, the lady who supposedly drove him to the verge of madness. See Dorigatti, 'Il manoscritto dell'*Orlando furioso* (1505–1515)', 36–37.

Several stanzas later, Agostini once again stresses that he has decided to return to the story started by Boiardo because of this 'spirto valoroso', as he calls him, who has encouraged him in his poetic efforts:

> seguirò il libro tanto desiato
> per amor di *quel spirto valoroso*
> *che con dolci parole m'ha pregato,*
> mostrando aperto ch'ogni cor gentile
> quanto è in stato maggior, si fa più humìle.[18]
>   (Agostini, *Quinto libro*, I 5, 4–8)

Critics who have studied the *Quinto libro* have assumed that this lover of chivalric poetry must be Bartolomeo d'Alviano.[19] However, if we look at Agostini's dedication to the 'unico presidio dello Italico honore Bartholomeo Liviano' (as he calls d'Alviano), which is printed on the verso of the title-page of the 1514 edition, we shall see that, by Agostini's own admission, d'Alviano never urged him to compose, or indeed to publish, the *Quinto libro*:

> *Sforzato dalle assidue richieste d'altrui,* Illustrissimo Signor mio, delle tante mie vigilie, et diverse fatiche il picciolo, et debole frutto di porre a chiara luce, deliberai prima che egli fora se ne andasse, ritrovare uno che li fusse elmo, et scudo contra le detrattioni delli malivoli et invidi. Et chi questo si sia, con grandissima riverentia dico esser tua Illustrissima Signoria, poggio, et sostegno non solamente de li valorosi, et excellenti huomini nelle cose militari, ma anchora presidio di chiunque aspira di salire al sommo seggio. (Agostini, *Quinto libro*, f. A iv)

The dedication seems to imply that the *Quinto libro* had already been written when Agostini decided to dedicate it to some influential figure ('prima che egli fora se ne andasse'), and that his choice of d'Alviano – who in 1514 was captain general of the Venetian army – was motivated by a need to protect the book and himself against any possible hostile criticism. This is in keeping with what we find at the end of the poem. In fact, in the final canto of his second *gionta* Agostini repeats that he wants to dedicate his

---

18   The italics here and elsewhere are mine.
19   See, for example, Carrara, 'Dall'*Innamorato* al *Furioso*', 77.

poem to d'Alviano ('Però sotto 'l tuo nome almo et felice / volsi ch'andasse questa opretta fora', *Quinto libro*, XV 52,1–2), without saying that it would not have been completed if it were not for him. Addressing d'Alviano in these closing stanzas, he praises him for his military victories and calls him 'ferma colonna al stato Venetiano' (50,4), which is an implicit statement of his own loyalty to the Serenissma. By contrast, in the opening stanzas of the first canto, he makes no mention of Venice or of the Italian Wars, merely stating that the person who has asked him to write another sequel is a famous and powerful man who is endowed with every possible virtue, including humility. In order to find the necessary peace of mind for the composition of another poem, Agostini has retreated to a 'folto boschetto / presso una piaggia, ch'è vicina al mare' (I 3,3–4), which means that he started composing the *Quinto libro* at the request of some figure of authority, but not necessarily in a courtly setting.[20]

All of this suggests that, originally, Agostini intended to dedicate his work to somebody else. But who might this be? Unfortunately, we know too little about Agostini's life to be able to answer this question.[21] And yet, it is worth bearing in mind that earlier he spent some time at the court of Marquis Francesco II Gonzaga of Mantua, the dedicatee of the *Quatro libro*. Agostini's first *gionta* contains numerous references to Francesco, to whose encouragement and support it owes its existence. Thus, Agostini acknowledges Francesco's inspiring influence in the proem to the first canto ('Francescho illustre et d'ogni gratia pieno, / essendo lui che mi fa seguitare / l'opra [...]', *Quarto libro*, I 6,4–7), and later mentions him in the proems to cantos V, VI, VII, X and XI), either asking him to guide his

20 Although Agostini's narrator addresses himself to 'donne leggiadre, e lieti amanti' (I 6,1), 'signori' (II 2,1; III 1,1; X 2,1), 'brigate' (VI 97,2), 'auditor' (VIII 2,3), this does not necessarily mean that he read it aloud to a group of sympathetic listeners. It could be that he does so to create an illusion of recitation. Alongside such markers of orality we find expressions that suggest that Agostini's ultimate goal was to have his poem published: 'credi, lettor' (IV 40,1), 'così potrebbe ogni lettor qui dire' (XIV 46,1), 'dissi di sopra' (XV 2,1).

21 For Agostini's biography, see Angela Piscini's entry 'Niccolò degli Agostini', in *Dizionario biografico degli italiani* (Rome: Istituto della enciclopedia italiana, 1988), XXXVI, 156–159.

ship to a safe harbour or stating that he writes 'sol per dar diletto al signor mio' (*Quarto libro*, X 2,1).[22] These authorial interventions make one think of Cardinal Ippolito serving as the poet's interlocutor and inspiration in the *Furioso*. It cannot be denied that they are very similar in tone to the *incipit* of the *Quinto libro*. However, if we disregard the first and the last cantos of Agostini's second sequel, the figure of the patron is virtually absent from it,[23] which could either mean that most of it was composed after Agostini had parted ways with the person who had persuaded him to embark on another sequel, or that, having decided to try and ingratiate himself with d'Alviano by dedicating the book to him, he revised the proems which contained explicit references to the previous dedicatee, that is references that could allow his readers to identify this person.[24] Interestingly, at one point in the *Quarto libro* Agostini says that his *gionta* has been harshly criticised by a fellow poet – presumably Panfilo Sasso (1455–1527) – but that Francesco, ''l divo signor mio' (*Quarto libro*, VII 2,6), has helped him regain his self-confidence. In one of the proems of the *Quinto libro* (ironically, the canto in question is once again canto VII) Agostini warns Apollo about the swarm of arrogant poetasters – 'stran gonfiati spirti / che si tengon del secol nostro i dèi' (*Quinto libro*, VII 1,3–4) – who want to dethrone him, which may well be an allusion to Agostini's rivalry with other poets. But this time he does not invoke the protection of his 'signore'. It could be

22   All quotations from the *Quarto libro* are taken from the following edition: Nicolò degli Agostini, *Quarto libro*, in *Tutti li Libri De Orlando Inamorato* (Venice: Giorgio de Rusconi, 1506).

23   In the proem to canto VI Agostini praises 'quel signor che mi mantiene / in compagnia di poveri bifolchi' (*Quarto libro*, VI 2,5–6), but this could be a reference to Apollo or to God.

24   We may note that there may be a stanza missing from the proem to canto XI: 'L'ombrose selve, i chiari fonti vivi, / le verdeggianti piagge, i colli ameni, / che non fur visti mai di herbette privi, / ma de variati fiori carchi, e pieni, / le belle nimphe, e i mormoranti rivi, / sono cagione ch'anchor non mi affreni / di seguir quel ch'amò la laurea scorza / che s'un m'invita a ciò, l'altro mi sforza // Re Rodamonte a quel rumor rivolto […]' (*Quinto libro*, XI 1–2,1). The transition from the first to the second stanza strikes one as uncharacteristically abrupt, and the meaning of the last line of the first stanza is unclear.

that by then Agostini was no longer sure that the original dedicatee could help him, or maybe he was no longer there.[25]

Since Francesco Gonzaga was the driving force behind the project of the *Quarto libro*, it is not inconceivable that he coaxed Agostini into composing the *Quinto libro* too, especially considering that he must have been aware of Agostini's intention to produce another book (more on this later). We know that Francesco and his wife Isabella d'Este were among the first readers of the *Furioso* and that they fell under its spell long before its publication in 1516. Already in 1507 Ariosto read parts of his poem to Isabella. In 1512 Francesco wrote to Ariosto, asking him to send him the manuscript of the *Furioso*. Ariosto's reply was a polite refusal: he claimed that the manuscript was impossible to make sense of, illegible to all but himself, promising to transcribe some of its parts and send them to him as soon as possible. Francesco responded by stressing that 'Il desiderio che havemo di vedere quella compositione vostra [...] è major anchor che non vi è sta referto.'[26] Could he have made a similar request to Agostini (satisfying his curiosity and then turning his attention to the work of the more talented poet)? Could Agostini have given him a copy of an early draft of the *Quinto libro*? We cannot rule out this possibility. If so, this would explain how Ariosto could have become familiar with the *Quinto libro* before 1514. Nor should we assume that Francesco could not have asked Agostini to show him the manuscript after March 1509, when he entered the League of Cambrai against Venice, for in October 1510 the Marquis of Mantua was appointed Gonfaloniere of the Church and captain of the Venetian forces.[27]

---

25 In August 1509 Francesco Gonzaga was captured by the Venetians. He spent almost a year in prison.

26 Dorigatti, 'Il manoscritto dell'*Orlando furioso* (1505–1515)', 21.

27 Besides, in his *Successi bellici* (1521), Agostini speaks warmly of 'Francesco gentil ch'è sempre desto, / marchese illustre di Mantoa leggiadra', despite the fact that he joined the anti-Venetian coalition in 1509 (*Li successi bellici seguiti nella Italia dal fatto darme di Gieredada del .M.CCCC.IX. fin al presente .M.CCCC.XXI.* [...] (Venice: Nicolò Zoppino and Vincenzo da Venetia, 1521), I 10,5–6).

In any case, it is unlikely that the whole of the *Quinto libro* was composed in the spring and summer of 1514. In the proem to canto V, Agostini talks about the sorrowful state of war-ravaged Italy:

> Le lamentevol voci, 'l grido, il pianto
> d'Italia afflitta, sconsolata, e mesta,
> il seguir la mia storia turba alquanto,
> per esser cosa a me troppo molesta;
> tal, che non come cigno al morir canto,
> ma come chi per duol languendo resta
> a pianger la sua iniqua, e dura sorte,
> non sperando uscir fuor se non per morte.
>
> (Agostini, *Quinto libro*, V 1)

Despite some evident Boiardan echoes, this proem represents a significant innovation with respect to the *Inamoramento de Orlando*.[28] Boiardo's Muse abandoned him every time the threat of real war loomed on the horizon. Agostini, whose *Quatro libro* ended with an allusion to some impending crisis (which may or may not have something to do with the Italian Wars, and which recalls the closing stanzas of Books II and III of Boiardo's poem), now continues writing despite the extreme suffering that surrounds him. This cannot but bring to mind Ariosto's narrator in the *Furioso*. It is unclear what calamity Agostini is referring to in this proem (which stands out from the other proems of the *Quinto libro*, where Agostini claims to be in a bucolic setting); but it should be noted that the period between March and October 1514 was relatively successful for Venice. In mid-March d'Alviano was granted permission to launch a counter-attack against the imperial army led by Cristoforo Frangipane. He managed to recover most of the Friuli region, after which 'the war became one of raids and skirmishes between detached units of the opposing forces'.[29] The catastrophe alluded to in the opening stanza of canto V must have happened earlier: it could be

---

28   According to Baruzzo, 'desta sospetto l'affinità con i [...] vv. 3–8 di Bo[iardo] II, XXXI, 49', the penultimate stanza of Book II (*Nicolò degli Agostini, continuatore del Boiardo*, 23). However, even if Agostini uses Boiardo in this proem, there is no reason to doubt that this outburst of despair was triggered by a real historical event.

29   Michael Mallett, *The Italian Wars, 1494–1559: War, State and Society in Early Modern Europe* (Harlow: Pearson, 2012), 124.

the creation of the League of Cambrai, the Battle of Agnadello (1509), or perhaps even the humiliating defeat suffered by the Venetian army near Vicenza on 7 October 1513.[30] Whatever it was, it must have been very distressing for Agostini, as he ends this canto with an allegory of a wolf beaten to death by sheep, which is followed by a warning to 'lupi furibondi' (V 69,1) that they will all suffer a similar fate and by the narrator's confession of unbearable pain ('Intendami chi sa, però ch'io parlo / per mitigar il duol c'ho nel cor tristo, / perch'io non posso hormai più tolerarlo, / ch'io potrebbe di morte far acquisto', V 70, 1–4).[31]

As for Agostini's alleged use of Valcieco's *Quinto libro*, most of the (not very many) similarities between the two *gionte* can be explained with reference to the *Inamoramento de Orlando* and to the *Quarto libro*. Arguing that Agostini draws on Valcieco 'per accelerare i propri tempi di composizione', Carocci notes that both Valcieco's and Agostini's poems feature 'alcuni personaggi boiardeschi pressoché assenti nel *Quarto libro*' and that some of Boiardo's characters who are completely absent from the *Quarto libro* but who have an important role in Valcieco feature prominently in Agostini's *Quinto libro*.[32] This, however, should not surprise us so much, considering that in his *Quarto libro* Agostini does not fulfil the 'prophecies' that Boiardo made in Book II of the *Inamoramento*, namely the destruction of Biserta and the deaths of Agramante and his barons. At the end of the *Quarto libro* Agostini tells his readers that he has decided not to narrate these events in the poem he is about to finish: 'La morte

---

30   In the closing stanzas of the final canto Agostini once again refers to the ongoing war ('giunto son al fin del quinto libro, / e di seguir il sexto hora non parmi / ch'io veggio l'Arno, 'l Ren, il Gange, 'l Tibro / correr di sangue human [...]', XV 48,3–6), but one could argue that here he imitates Boiardo. Or perhaps this stanza was written before the summer of 1514. At the very end of the canto he informs his readers that he will now leave the *locus amoenus* where his *Quinto libro* was born, but the reason for his departure is his desire to follow the lady who has set his heart aflame.

31   It is interesting to note that Ariosto uses the 'lupi' metaphor when talking about the rapacious Italian rulers and the foreign invaders in the proem to canto XV of the 1516 *Furioso*.

32   Carocci, 'Stampare in ottave. Il *Quinto libro de lo Inamoramento de Orlando*', 25. Carocci does not specify who these characters are, but it would seem that she meant Boiardo's African characters as well as Orlando.

de costor [i.e. the Saracens] non v'ò narrato / perché non si convien più oltra extendere' (*Quarto libro*, XI 75,1–2). It is true that here he does not explicitly promise to compose another sequel ('*al presente* qui lasciar vi voglio', 77,1), but he did so earlier: interrupting his narration of Angelica's adventures in the underwater kingdom in canto X, he tried to excite his readers' curiosity – among whom Francesco (who, as we saw above, is alluded to in the proem to this very canto) – by mentioning the 'Extrema maraviglia [...] / che nel presente dir non mi bisogna / perché *narrarlo in l'altro libro intendo*' (*Quarto libro*, X 18,1–3), that is the feats of two giants as well as 'battaglie et fatti grandi' (19,2). Hence there can be no doubt that Agostini intended to compose another continuation when he was finalising the *Quarto libro*,[33] and it is only natural that in his *Quinto libro* he should pick up the narrative thread of Agramante's war, bringing into the spotlight Agramante, Rodamonte, Sobrino and other African knights. If Valcieco, too, turned his attention to these characters this is because it was a natural choice for a continuator of the *Inamoramento de Orlando* and the *Quarto libro* to focus on this plotline.

Carocci also notes that the structure of the episode of the conquest of Biserta 'è assolutamente speculare nei due testi'.[34] Again, we must bear in mind that it was Boiardo who 'prophesied' that Orlando would burn down the capital of Agramante's North African empire ('Orlando la spianò con gran roina', *Inam.*, II i 19,4).[35] Therefore, it is not surprising at all that in both *gionte* Biserta is destroyed by Orlando. In Agostini's fifteen-canto poem, the conquest of Biserta is narrated in cantos VII–IX, while in Valcieco this episode is placed in the final part of the story (end of canto XVI-canto XVIII). Agostini's Orlando makes up his mind to put Biserta to fire and sword one month after Agramante's death and the defeat of the Saracens. He asks Charlemagne to grant him permission to sail to Africa

33   According to Carocci, 'originariamente (prima, cioè, dell'uscita dei due *Quinto libro*) il *Quarto libro* si proponeva come chiusura definitiva della storia di Boiardo: nel riprendere la narrazione, dunque, Agostini ritorna sui suoi passi, e riapre un racconto che aveva già dichiarato finito' (ibid., 24).

34   Ibid., 25.

35   All quotations from the *Inamoramento de Orlando* are taken from: Matteo Maria Boiardo, *L'Inamoramento de Orlando*, eds Antonia Tissoni Benvenuti and Cristina Montagnani (Milan-Naples: Ricciardi, 1999), 2 vols.

and obtains it. By contrast, Valcieco's Orlando sails to Africa immediately after the Christians' victory. Beside himself with fury and grief, he wants to avenge his friend Brandimarte – Agramante has chopped off his head, which makes one think of Brandimarte's death in the *Furioso*, where he is decapitated by Gradasso, his demise sending Orlando into a blind rage – and so he follows the fleeing African king to Biserta. Initially, things do not go well for Valcieco's Orlando: the Africans overpower him and tie him up with ropes (which recalls *Fur.*, XXXV 65–66 A, where the mad Orlando is captured and tied down). But the timely arrival of Rinaldo and Bradamante saves him, and eventually he decapitates Agramante in a one-to-one duel. Agostini's Orlando suffers no such humiliation. He has a hard time fighting Baricheo and Folgorante – the two terrifying giants alluded to in canto X of the *Quarto libro* (Agostini keeps his promise and narrates this 'extrema maraviglia' in his new sequel!) – but, as usual, he emerges victorious, at which point Angelica, who had persuaded the ruler of the underwater kingdom to send a fleet and two giants to Biserta, tells him that she has warm feelings for him. Conversely, in Valcieco's *gionta* Angelica is struck by lightning in canto IX and what was once her beautiful body is buried in the forest by the love-free and repentant Orlando. She is long dead and forgotten by the time Orlando and his friends cross the sea to wipe Biserta off the face of the earth.

There appears to be some overlap of vocabulary between the narrator's comments on the sack of Biserta in the two continuations:

Pur spero (benché 'l mio saper sia *poco*)
di pervenir al desïato fine,
e dar a li *auditor* solazzo, e gioco
narrando le spietate, e gran *ruine*,
che fecero i christiani in questo *loco*
a fronte con le gienti saracine
con tanta uccisïon, con tanto affanno,
che chi restò vincente hebbe più danno.
　　(Agostini, *Quinto libro*, VIII 2)[36]

Hora, *auditori* mei, tacìti un *poco*
e con silentio udìti la *rovina*
che vegio sfavillar già intorno el foco
de quella tera misera e meschina,
dico Biserta che arde in ogni *loco*,
crida la genre misera e meschina,
e tal gli è dentro senza alchuno erore
che porta pena per el peccatore.
　　(Valcieco, *Quinto libro*, XVII 2)

36　This stanza also recalls the proem to *Fur.*, XII A, which is devoted to the Battle of Ravenna (1512).

Intriguing as they are, these textual echoes are inconclusive. On the whole we do not have sufficient evidence to claim that Agostini's *Quinto libro* is indebted to Valcieco's in any significant way. Apart from some resemblances which are largely due to their common sources, the two *gionte* are very different in their content, in their treatment of the main Christian and Saracen protagonists and especially in their portrayal of love and chivalry, with Agostini being much closer to Boiardo.[37] In actual fact, there are more correspondences between Valcieco's *gionta* and the *Furioso* than between the two competing versions of the *Quinto libro*.[38]

Agostini almost certainly read Valcieco's poem soon after it had been published. Its publication must have spurred him on to dig out the manuscript of his own *Quinto libro*, revise and perhaps expand it,[39] and send

---

37   See Maria Pavlova, 'La concezione di cavalleria nei continuatori del Boiardo: Nicolò
      degli Agostini, Raffaele Valcieco e Ludovico Ariosto', in Cristina Zampese, ed., *Di
      donne e cavalier. Intorno al primo* Furioso (Milan: Biblioteca di Carte romanze, 2018),
      197–227.

38   To the above-mentioned possible points of contact between Valcieco's and Ariosto's
      poems we should add at least the figure of the lovelorn narrator driven to the verge of
      madness by his unrequited passion. At the beginning of his *Quinto libro* Valcieco states
      that he will sing of war, but several cantos later the narration switches to Orlando's
      desperate search for Angelica, with Valcieco explaining his change of mind by his
      own amorous suffering: 'se piglio in questa opera errore / incolpatine un sguardo e
      un dolce riso / qual sol m'induce a cometter tante onte / e pore el mio dolore adosso
      al conte' (Valcieco, *Quinto libro*, III 47,5–8). I cite from Raffaele Valcieco, *El Quinto
      e fine de tutti l Libri de lo Inamoramento de Orlando* (Milan: Nicolò da Gorgonzola,
      1518). As already mentioned in note 10, Paparelli believes that Valcieco's poem could
      be one of Ariosto's sources. He does not, however, carry out a systematic compara-
      tive analysis of the two poems. I hope to return to this complex question in a future
      study. For now suffice it to say that Valcieco composed his *gionta* in Urbino during
      the reign of Francesco Maria I della Rovere (who became Duke of Urbino in April
      1508), and that Ariosto did at least one reading of the *Furioso* in Urbino, in 1507,
      the year of the conversations of Castiglione's *Cortegiano* (see Michele Catalano, *Vita
      di Ludovico Ariosto ricostruita su nuovi documenti* (Geneva: Olschki, 1930–1931), 2
      vols: I, 293, 373).

39   We do not know of course what parts of the manuscript he revised and how heavy
      these revisions were. Carocci mentions that the gruesome duel between Mandricardo
      and Rodamonte in canto XIII of Agostini's *Quinto libro* resembles the duel between

it to the printer (Giorgio Rusconi, the same who had published Valcieco's *Quinto libro*), paying for all the expenses from his own pocket. He must have realised that he had no choice but to lay out the hefty sum requested by Rusconi if he wanted to reassert his primacy as Boiardo's continuator. As Carocci points out, the lack of illustrations and the fact that the cantos are not numbered suggest that the publication of Agostini's *Quinto libro* 'è avvenuta [...] nel modo più rapido e economico possibile'.[40] However, the proems to cantos I and V lead us to conclude that its composition took longer than the seven months between 1 March and 6 October 1514 and that Agostini embarked on this project much earlier than March 1514.[41]

Agostini did go on to become an exceptionally prolific poet. In 1520–1526 he published a plethora of works, ranging from *rifacimenti* of Arthurian romances and Ovid's *Metamorphoses*, to the third and final sequel to the *Inamoramento de Orlando* (the *Sesto libro*, 1521), to a rhymed account of the Italian Wars between 1509 and 1521. The colophon of the *editio princeps* of his *Primo libro dello inamoramento di messer Tristano e di madonna Isotta* bears the date 30 May 1515, meaning that it came out only seven and a half months after the *Quinto libro*. Although Agostini was a quick writer and it probably was not impossible for him to compose a relatively long poem in several months, the fact remains that the *Inamoramento de Orlando*

Orlando and Gradasso in canto XV of Valcieco's ('Stampare in ottave. Il *Quinto libro de lo Inamoramento de Orlando*', 25). Mandricardo first cuts off Rodamonte's right arm, then his left leg, then his remaining arm, and finally his head. Similarly, Valcieco's Orlando cuts off Gradasso's hand, then his leg and his head. It is possible that Agostini elaborates on the duel between Orlando and Gradasso in Valcieco, but it is equally possible that he composed this episode independently, considering that it is not uncommon for characters of chivalric poems to literally cut their adversaries into pieces.

40   Ibid., 23.

41   The printing itself must have taken some time, even if it is unlikely that the *Quinto libro* took as long as the 1516 *Furioso* (which took eight months). In 1514 the average rate for Giorgio de Rusconi's printing house was about one leaf per day (see Lucia Gasperoni, *Gli annali di Giorgio Rusconi, 1500–1522* (Manziana: Vecchiarelli, 2009), xli–xlvi). The *Quinto libro* contains twenty quires (A-V) and one six-folio gathering (X), which means that the process of printing probably took about a month or slightly less.

must have occupied a special place in his heart. If we compare the *Primo libro dello inamoramento di messer Tristano* to the *Quinto libro*, we will see that the former is not only about 25 per cent shorter than the latter but that it has a hurried and slapdash feel. The proem to its first canto is comprised of only three stanzas and makes no mention of a patron (instead Agostini invokes the Muses), and the last canto ends abruptly, with the envoi consisting of just two stanzas (the *Quinto libro*, by contrast, ends with an eleven-stanza conclusion). While the *Primo libro* is a rather tedious read, as we shall see, the *Quinto libro*, for all its blemishes, is at times a surprisingly engaging work.

Agostini and Ariosto

Starting from the first canto, Agostini's *Quinto libro* exhibits numerous similarities with the *Furioso*, some of them rather striking. It opens with Agramante sending Sobrino to Charlemagne to ask for a truce. In Paris, Sobrino meets Rugiero who tells him that he now believes in the Christian God. In the *Furioso*, too, Sobrino is the first Saracen to find out that Ruggiero has converted to Christianity, but whereas Agostini's Sobrino greets his former brother-in-arms, Ariosto's, who sees Ruggiero after the climactic combat on the Island of Lipadusa, prefers 'inanzi star tacito e muto / che porsi in aventura di fallire' (*Fur.*, XXXIX 195,3–4 A). In both Agostini and Ariosto, Sobrino is very good at hiding his true feelings. Upon laying his eyes on Rugiero, Agostini's Sobrino is overtaken with despair, but nevertheless puts on a friendly and relaxed face: 'come saggio nol mostrava fora, / anzi con faccia lieta d'huom prudente, / tenea segreto il duol che 'l cor li accora' (*Quinto libro*, I 27,2–4). This reminds us of the episode in which Ariosto's Sobrino tries to persuade the vanquished Agramante that there is still hope, 'ma nel suo cor forse el contrario teme' (*Fur.*, XXXVI 40,4 A).[42]

---

42   Sobrino of course is portrayed as an exceptionally wise man already in Boiardo (who borrows this character from the *Aspramonte* narratives). Still, the similarities between

The news of Rugiero's conversion shocks and saddens the Saracens. Atalante, Rugiero's adoptive father, loses his head and commits suicide by hanging himself upon a pine, with the narrator pointing out that the man who could predict Rugiero's baptism could not foresee his own end ('fu ben de lui, ma di sé mal instrutto, / ch'altro che solo dio non vede il tutto', *Quinto libro*, I 52,7–8). This is reminiscent of how Ariosto's narrator comments on the death of the astrologer Alpheo (*Fur.*, XVI 174–175 A). In the *Furioso* Atlante dies of sorrow, and his disembodied spirit stays in a tomb marked by a cypress (*Fur.*, XXXIII 62–70 A). In both poems, therefore, the old sorcerer's death is caused by unbearable grief and a tree guards his dead body.[43] Moreover, in neither poem does his adoptive son show any sign of distress at the news of his demise. Ariosto's Ruggiero does not shed a single tear, which does not surprise Marphisa and Bradamante, who are present when Atlante's voice speaks from his tomb. His counterpart in the *Quinto libro* finds out that Atalante has taken his own life during his wedding feast, to which in a gesture of goodwill Charlemagne has invited Agramante, Marsiglio and their barons. At a certain point, Agramante asks Baricondo to go and find Atalante, and when he returns and informs everyone of Atalante's suicide, Rugiero is profoundly shaken, but decides not to show his sadness (having converted, he is ashamed to feel sorry for his Saracen friends and family). His seeming callousness scandalises the Saracens, with Marsiglio voicing the general indignation ('"Come sei sì d'ingegno privo, e stolto", / diceva a lui mirando il re Marsiglio, / "che non ti duol di chi t'ha nutricato? / Ma tal merto ha chi serve a un cor ingrato"', *Quinto libro*, I 68,5–8).

The wedding feast in the first canto of the *Quinto libro* calls to mind both the Pentecostal banquet in the opening canto of the *Inamoramento de Orlando* and the nuptial festivities in the final canto of the *Furioso*. It may not be a coincidence that in both Agostini and Ariosto Rug(g)iero is accused of betrayal during his wedding. In the *Quinto libro* Marsiglio's

---

Agostini's and Ariosto's treatment of this character are interesting. On Boiardo's Sobrino see Marco Dorigatti, 'Sobrino ariostesco e misconosciuto', *Belfagor*, 65, n. 4 (2010), 401–414.

43   Conversely, Valcieco's Atalante is killed in battle.

words make Rugiero's blood boil, but out of respect for Charlemagne he tries to control his anger ('[...] e se non fusse qui l'Imperatore / [...] / forse ch'io ti farei parlar più honesto', *Quinto libro*, I 69,5–8). Agramante then says that he agrees with Marsiglio, adding that Rugiero's attitude is not in the least surprising considering that he has betrayed not only his king but also Macone. This provokes an angry outburst from Rugiero. The feast is now irredeemably ruined, and the Saracens return to their camp and prepare to fight. In the *Furioso*, the last day of the wedding celebrations is marred by the arrival of Rodomonte. Confronted by his former companion-in-arms, Ruggiero shows respect towards his new liege, replying to the accusation of betrayal only after Charlemagne has allowed him to do so ('e con licentia rispose di Carlo', *Fur.*, XL 79,2).

The correspondences between the opening canto of the *Quinto libro* and the *Furioso* do not end here. The episode in which Agramante and the Saracen nobles arrive in Paris (*Quinto libro*, I 53–56) resembles that in which Ruggiero and his Christian friends arrive in France in *Fur.*, XL 36–42: Charlemagne himself rides out to greet them, damsels throw flowers, there is music and an atmosphere of general jubilation. Furthermore, it is worth noting that in his catalogue of Saracen knights in the final part of the canto Agostini mentions together 'Alcidro [*sic*] e Manilardo' (96,5) and Ballinverzo and Farurante ('l'un Ballinverzo, e l'altro Farurante', 97,7). These characters are never paired in the *Inamoramento de Orlando*, but they are in the *Furioso*: 'Baliverzo et Farurante' (*Fur.*, XIV 75 A) and 'Alcirdo e Manilardo' (*Fur.*, XXI 71 A). The latter pair is propelled into the spotlight when Orlando encounters their squadrons in *Fur.* X 73–89 A. Ariosto's Alcirdo and Manilardo are brave (or reckless) enough to confront Orlando who kills the former and knocks the latter out of the saddle. Their counterparts in Agostini do not distinguish themselves in any particular way.

More similarities emerge in canto IV of the *Quinto libro*, where the Saracen army is defeated. Realising that the war is lost, Agramante wants to kill himself:

> Quando Agramante, il saracin pregiato,
> vide tutto 'l suo campo in rotta messo
> (che già da prima non l'haria pensato),
> per doglia *uccider* si voleva *ei stesso* [...]
> (Agostini, *Quinto libro*, IV 57,1–4)

This is precisely how Ariosto's Agramante reacts when he learns of the Sack of Biserta:

> Agramante che intanto havea deserta
> l'armata, e con Sobrin n'era fuggito,
> pianse da lungi e sospirò Biserta,
> veduto sì gran fiamma arder sul lito.
> Poi come più d'appresso hebbe novella certa
> come de la sua terra il caso era ito
> e d'*uccider se stesso* in pensier venne [...]
> (Ariosto, *Fur.*, XXXVI 36,1–7 A)[44]

Moved by Agramante's despair, Agostini's narrator tells his readers that a man sitting on the summit of *Fortuna*'s wheel is loved and honoured by everyone, but as soon as the wheel tosses him down, his so-called friends abandon him (*Quinto libro*, IV 60–63). This theme appears in the *Furioso* too, namely in the proem to XVII A (where the narrator says that rulers are surrounded by sycophants who run away in times of trouble) and when we learn how 'il misero Agramante extima e crede / ch'ognun gli porta amor [...] / perché non vede / mai visi se non finti, e mai non ode / fuor che adulatïon, menzogne e frode' (*Fur.*, XXXV 87,5–8).[45] In both Agostini and Ariosto Agramante's suicide is effectively prevented by Sobrino, but whereas Ariosto's Sobrino hastens to reassure his king that all is not lost (*Fur.*, XXXVI 37–40 A), Agostini's sarcastically thanks Macone for the Saracens' defeat, rebukes Agramante for not having heeded his advice and only then tries to console his 'figluol' [*sic*] and 'caro signore' by telling him that the Saracens who have lost their lives for him have met a glorious death: 'quanti oggi han per te la vita persa, / ogni lor piaga honor, non sangue, versa' (*Quinto libro*, IV 68,2–8). The first part of his speech is somewhat similar to Sobrino's speech at the military council in *Fur.*, XXXIV 49–64, in which the grey-haired Saracen chides Agramante for having listened to Rodomonte. Interestingly, while Agostini's Sobrino initially pretends to

---

44   Valcieco's Agramante, too, contemplates suicide (he thinks of going to a forest to be devoured by wild beasts), but he wants to punish Orlando first (Valcieco, *Quinto libro*, XVII 46–50).

45   Capodivacca, "'Forsi altro canterà con miglior plectio'", 80.

be glad that he correctly predicted the Saracens' defeat, Ariosto's is sad that his words are coming true ('Signor, nel cor mi pesa / ch'io sia del nostro mal stato propheta', *Fur.*, XXXIV 49,1–2 A).[46]

In both the *Quinto libro* and the *Furioso* Sobrino converts to Christianity: in the former poem he undergoes a deathbed conversion after his duel with Grifone (*Quinto libro*, IV 81–86); in the latter he turns to the Christian God after the duel on the Island of Lipadusa (*Fur.*, XXXIX 190–191 A) and enters the service of Charlemagne.[47] As for Agramante, as predicted by Boiardo, he pays with his life for his temerity. He is killed by Orlando in all three sequels. What distinguishes Agostini's and Ariosto's Agramante from the stereotypical losing Saracen in the chivalric tradition is his piety. When Agostini's Grifone sees Orlando and Agramante fighting and rather disrespectfully tells the latter to hurry up, Agramante replies that God's will cannot be thwarted: 'disse: "Cavalier saggio e preclaro, / contra quel che 'l ciel vol, non val riparo"' (*Quinto libro*, IV, 93,7–8). This recalls Agramante's reply to Brandimarte's advice to convert to Christianity and make peace with Orlando in canto XXXVII of the *Furioso*:

> Che a vincere habbia o perdere, o nel regno
> tornare antiquo o sempre starne in bando,
> in mente sua n'ha Dio fatto disegno,
> il qual né veder io posso, né Orlando.
> Sia quel che vuol, non potrà ad atto indegno
> di Re inchinarmi mai timore; e quando
> fussi certo morir, vuo' restar morto,
> prima ch'al sangue mio far sì gran torto.
> (Ariosto, *Fur.*, XXXVII 44 A)

Brandimarte's attempt to persuade Agramante to surrender corresponds to a similar episode in the *Quinto libro*: in canto VII Agostini's Rugiero interrupts the duel between Agramante and Orlando, urging his former

---

46   The speech of Agostini's Sobrino also bears a certain similarity to that of Valcieco's Sobrino at XVI 20–23. In particular, the stanza that starts with 'Dove è Rinaldo, dove è 'l conte Orlando' (Agostini, *Quinto libro*, IV 66) recalls the stanza starting with 'Dove se trova adesso Pinadoro' (Valcieco, *Quinto libro*, XVI 22).

47   Valcieco's Sobrino is killed by Rinaldo (*Quinto libro*, XVI 27–29).

lord not to seek death. Both Ariosto's Brandimarte and Agostini's Rugiero remind Agramante of the bond of friendship and affection that they once shared ('– Perché sempre v'ho *amato* et *amo* molto, / questo consiglio (gli dicea) vi dono', *Fur.*, XXXVII 39,1–2 A; '[...] con silentio ascolta 'l tuo Rugiero, / che sì solevi *amar* [...]', *Quinto libro*, VII 31,2–3). In both poems Agramante refuses to admit defeat, but while in Agostini his reply is underpinned by a resigned and melancholic fatalism, in Ariosto his first reaction is anger, and his resignation to God's will does not mean that he has lost hope of regaining his kingdom.

Agostini's Agramante is abandoned by some of his best knights. He thinks that Rodamonte is dead, but in reality, together with Gradasso and Feraguto (the trio is shortly followed by Mandricardo), Rodamonte has left the battlefield:

> Gradasso, e Rodamonte prestamente,
> con Feraguto 'l saracin soprano
> (vedendo perso al campo ogni *rimedio*)
> deliberorno *uscir di* tanto *tedio*.
> (Agostini, *Quinto libro*, IV 94,5–8)

By contrast, Ariosto's Agramante fights his final duel together with Sobrino and Gradasso. The latter withdrew from the war after having got hold of the horse Baiardo, but when *Fortuna* brings him to the island where Agramante and Sobrino have found refuge, he unhesitatingly offers his help:

> mi pare al tutto un ottimo *rimedio*
> haver pensato a farti *uscir di tedio.*
>
> Io pigliarò per amor tuo la impresa
> d'entrar col Conte a singular certame [...]
> (Ariosto, *Fur.*, XXXVI 48,7–8; 49,1–2 A)

Although the rhyme *tedio* : *rimedio* is fairly common in chivalric literature (it occurs six times in the *Inamoramento de Orlando* and ten times in the *Morgante*), Ariosto only uses it three times in the *Furioso* (VIII 55,4–6; XVIII 10,4–6; XXXVI 48,7–8 A) and just once in the rhyming couplet at the end of a stanza. What, however, makes the above-cited passages particularly interesting, is the fact that the expression 'uscir di tedio' is a *hapax* in the *Furioso* and that it occurs very rarely in Renaissance and medieval texts.[48] Thus, the episode of Gradasso's and Agramante's meeting may well be Ariosto's response to Agostini whose Gradasso leaves Agramante in the lurch. Or, if it is Agostini who is drawing on Ariosto, then one could say that in making Gradasso ride away from the battlefield he deliberately undermines the ideal of friendship that Ariosto celebrates in the conclusive part of Agramante's story.

After the death of Agostini's Agramante, the remnants of his army flee to the ships. Some are slaughtered by the Christians; some drown because the overcrowded ships capsize or sink; others manage to sail off but perish in the storm unleashed by Aeolus at the request of Neptune and other gods (*Quinto libro*, VII 43–59). This, of course, makes one think of the storm that catches Rugiero and seven African kings on their way back to Africa (*Fur.*, XXXVII 8–24 A), even if in Ariosto the storm is whipped up by *Fortuna*. In both sequels supernatural forces intervene in the war, mostly on behalf of the Christians. In the *Furioso* the Christian God helps his faithful by enabling Astolfo to transform stones into horses (*Fur.*, XXXIV 32–35 A) and branches into a fleet (*Fur.*, XXXV 36–39 A). The Saracens receive less help, if we do not count the arrival of the 'possente e grossa armata, / che per soccorso al re Branzardo dare / credo che da Sathan fusse mandata' (*Quinto libro*, VIII 34,4–6).

Further, there are remarkable similarities between Agostini's and Ariosto's descriptions of the capture of Biserta. Some of them may be easily explained by the fact that both poets were attentive readers of the *Inamoramento de Orlando*; others suggest a direct contact between the two continuations. Although Scardaffo's prowess during the conquest of Biserta (*Quinto libro*, IX 49 ff.) brings to mind Rodomonte's extraordinary feats in the battle of Paris (*Fur.*, XII 114–134; XIII 3–5 A) as well as Brandimarte's heroic assault on Biserta (*Fur.*, XXXVI 23–28 A), this does not necessarily

48   It features in Bernardo Giambullari's sequel to the *Ciriffo calvaneo* (first printed in September 1514) and in Gasparo Visconti's *Pasitea*. See Pavlova, 'La concezione di cavalleria nei continuatori del Boiardo', 222.

mean that one of the two poets is imitating the other.[49] In fact, both Agostini and Ariosto could be inspired by the description of Rodamonte trying to scale the walls of Paris in the penultimate canto of Boiardo's poem (*Inam.*, III viii 25–31). As mentioned earlier, the rampage of violence after the fall of Biserta is foretold by Boiardo. From the beginning of Book II we know that the city is doomed to destruction. And yet it is interesting that, in both Agostini and Ariosto, Christian soldiers not only kill and plunder but also rape Saracen women (*Quinto libro*, IX 12; *Fur.*, XXXVI 34 A): while in the chivalric tradition Christians sometimes embark on orgies of mass murder and looting, unlike their Saracen counterparts, they abstain from sexual violence. Another similarity worth noting is that in both poems Biserta is referred to as 'la città di Dite' (*Quinto libro*, IX 11,8; *Fur.*, XXXVI 33,4 A), an expression that is absent from the *Inamoramento de Orlando*.

While in Valcieco's *Quinto libro* the conquest of Biserta is the last act of Agramante's story, in Agostini and Ariosto it is not. In Agostini's *Quinto libro* Gano sends a letter to Rodamonte telling him that Biserta has been reduced to ashes. Vowing their revenge, Rodamonte, Gradasso and Feraguto decide to return to Paris, burn it down and capture Charlemagne. There is an obvious parallel between the episode of Rodamonte's attempt to avenge his dead liege in the *Quinto libro* and Rodomonte's duel with Ruggiero in the final canto of the *Furioso*. In both poems the Saracens are clad in black: 'di nero s'haveano vestiti / i tre guerrieri senza insegna alcuna' (*Quinto libro*, X 85,1–2); 'Era 'l padiglion sol d'un panno *nero*, / che convien a colui c'ha duol nel core / e ciascun d'i baron famoso e *altero* / vestito era di ner pel gran dolore' (*Quinto libro*, X 21,1–4); 'tutto coperto egli [Rodomonte] e il caval a *nero* / di gran persona e di sembiante *altero*' (*Fur.*, XL 75,7–8 A). Although in Agostini Rodamonte is accompanied by two friends, Gradasso and Feraguto remain in his shadow, their role being limited to providing moral support to Rodamonte, who blows his

---

Noting the resemblance between these episodes, Alhaique Pettinelli states that it 'fa sorgere il dubbio di una possibile interferenza tra il *Furioso* e il libro V dell'Agostini' (Alhaique Pettinelli, 'Tra il Boiardo e l'Ariosto', 264).

horn to challenge the Christians.[50] In both poems the themes of betrayal
and fidelity run through the respective episodes. Agostini's Rodamonte
accuses the Christians of having killed Agramante by treachery and stresses
his devotion to his dead friend ('ch'un *vero* amor non simulato, o finto, /
non pò per morte, o tempo, esser extinto', *Quinto libro*, XI 58,7–8).
Ariosto's Rodomonte challenges Ruggiero to a duel over his conversion
to Christianity, which for Rodomonte amounts to a betrayal. He wastes
no words proclaiming his own love for and loyalty to Agramante, but the
reader knows that, having withdrawn from the war following Doralice's
decision to stay with Mandricardo (Agramante had declared the dispute
settled, refusing to take Rodomonte's side), Rodomonte wanted to wait
until the war was lost and then help his king regain his kingdom, making
him regret that he had mistreated 'un *vero* amico' (*Fur.*, XXV 124,6 A).[51]

Agostini's Rodamonte is killed by Mandricardo who has in the mean-
while become a Christian. The story of Mandricardo's spiritual awaken-
ing bears many similarities to that of Ruggiero's conversion, even if, as
Gerardo Tocchini points out, 'Quello che l'Agostini concentra in poco
meno di un canto [*Quinto libro*, XII] viene disseminato nella trama di tutto
il *Furioso* dal consumato dissimulatore Ariosto'.[52] Seeking adventure as a
knight errant after the defeat of the Saracen army, Mandricardo encounters
Prudence who takes him under her wing – one thinks of Ruggiero's arrival
in the realm of Logistilla, an allegorical embodiment of reason (*Fur.*, IX
52–57 A) – and saves him from the personified abstractions of Anger and
Vainglory. She tells him to cross the sea of Jealousy in the boat captained
by Hope and her sisters Faith, Humility and Charity (Ruggiero too has
to cross a stretch of sea in the boat of one of Logistilla's servants, while

---

50   Unlike his counterpart in the *Furioso*, Agostini's Rodamonte conceals his true iden-
     tity and introduces himself as Zoroastro. Ariosto mentions Zoroaster the magician
     in an authorial digression on jealousy (*Fur.*, XXIX 5,6 A).

51   For a detailed analysis of Ariosto's Rodomonte and the ending of the *Furioso*, see
     Maria Pavlova, 'Rodomonte e Ruggiero. Una questione d'onore', *Rassegna europea
     di letteratura italiana*, 42 (2013), 135–177.

52   Gerardo Tocchini, 'Ancora sull'Ariosto e Alberti: il naufragio di Ruggiero', *Studi
     Italiani*, 19 (1998), 5–34: 26.

Andronica, Phronesia, Dicilla and Sophrosina, that is, the personified virtues of Strength, Prudence, Justice and Temperance, help him fight the forces of Alcina, *Fur.*, IX 31–45 A). Although warned about the trap of Lust, once on firm ground again, Mandricardo is lured away by Pleasure who leads him to a place, where he sees two nymphs. One of them goes away; the other one is joined by three ravishing damsels, 'Desianza, Vaghezza, et *Leggadria* [*sic*]' (*Quinto libro*, XII 41,8), at which point Mandricardo forgets about Prudence. Similarly, Ariosto's Ruggiero shakes off Astolfo's warning about Alcina when two beautiful damsels ('tal saria / Beltà s'havesse forma, et *Liggiadria*', *Fur.*, VI 69,7–8 A) rescue him from a swarm of hideous monsters.[53] Mandricardo comes back to his senses when he sees Prudence in a dream. She tells him to go to a hut, where a pious old man lives. He knocks on the door of an hermitage, and an hermit comes out and says that Christ appeared to him 'questa *notte in visione*, / e mi scoperse del tuo cor l'interno, / e del tuo venir qui poi la cagione' (*Quinto libro*, XII 63,4–6). He then gives him a sword, baptises him, and tells him to go to Paris and kill Rodamonte. Likewise, Ariosto's Ruggiero is initiated into the Christian faith by a hermit, 'el qual la *notte* inanzi havuto havea / in *visïon* da Dio, che con sua aita / Ruggiero al scoglio capitar devea' (*Fur.*, XXXVII 54, 2–4 A).

Parallels between the two characters are also discernible in the ways in which Mandricardo and Ruggiero dispose of their former companion-in-arms. Both Agostini and Ariosto stress the fact that the newly converted knight has an advantage. Mandricardo's armour is enchanted, and so is Ruggiero's helmet. Without that, the duel may have ended differently: ''l saracin superbo / [...] / gli die un colpo sì strano et acerbo, / che se non era la *incantata* maglia / non li valeva esser forte, e di gran nerbo' (*Quinto libro*, XIII 20,1–5); 'ferì il Pagan Ruggier quanto più puòte: / giovò l'elmo *incantato*; che senza esso / lui col cavallo havria in un colpo fesso' (*Fur.*, XL 94,6–8 A). Moreover, both Mandricardo and Ruggiero have enchanted swords that easily pierce their opponent's armour: the sword that the hermit had given Mandricardo 'ogni armatura come cera fosse / dissipa e taglia' (*Quinto libro*, XIII 10,3–4), 'divide ogni metallo, e maglia

---

53   To this we may add that Ruggiero fails to assimilate Logistilla's lessons, as is evident from the episode of his attempted rape of Angelica (*Fur.*, IX 100-X 1–9 A).

fina' (ibid., 49,4); against Ruggiero's Balisarda 'non osta incanto né fatura, / né finezza d'acciar né tempra eletta' (*Fur.*, XL 92,5–6 A). In both poems Rodamonte/Rodomonte loses much blood from countless cuts. This only increases his rage (see *Quinto libro*, XIII 11–12, 18–19; *Fur.*, XL 93, 101, 104–105 A), even if eventually his wounds weaken him ('Ma al pagan per il sangue che versava / a poco a poco già 'l valor mancava', *Quinto libro*, XIII 29,7–8; 'Di forza a Rodomonte una gran parte / la coscia e il fianco aperto haveano tolto', *Fur.*, XL 104,1–2 A). Both poets underscore the Christian warrior's agility and the Saracen's fury: 'Il pagan combattea con *più furore* / e Mandricardo con maggior *destrezza*' (*Quinto libro*, XIII 43,1–2); 'sua sorte o sua *destrezza*' (*Fur.*, XL, 100,1); 'Ruggier havea *destrezza*, havea grande arte' (ibid., 104,3 A); '[Rodomonte] a maggior rabbia, a *più furor* si mosse' (ibid., 93,5).

Finally, a comparison between Agostini's and Ariosto's treatment of Angelica's story reveals further significant points of contact.[54] As has been noted by Capodivacca and later Carocci, there is an undeniable resemblance between Agostini's Dardinello and Ariosto's Medoro. In both continuations the man who marries Angelica is a young Saracen of a delicate, sensuous, almost feminine handsomeness. Both of them win the most coveted damsel of the poem after a brush with death. Dardinello falls from his horse 'come fusse ucciso' (*Quinto libro*, IV 30,1) when Rinaldo knocks off his helmet, after which the repentant Rinaldo picks him up and takes him to a safe place, where he revives him with vinegar and rose water. Medoro is grievously wounded by one of Zerbino's men and left for dead. If Rinaldo is deeply moved by Dardinello's 'viso / [...] bello e delicato' (*Quinto libro*, IV 30,3–4), Zerbino too is overcome with pity when he sees the Saracen youth's 'bel volto' (*Fur.*, XVII 10,7 A). No less interesting is the fact that in both Agostini and Ariosto Dardinello fights with Rinaldo (Ariosto's Rinaldo ruthlessly kills Dardinello at *Fur.*, XVI 148–153 A). As already pointed out by Pio Rajna, in the *Inamoramento de Orlando* Boiardo tells his readers that Dardinello and Orlando have the same coat of arms and that one of them will pay dearly for this privilege (*Inam.*, II xxix 14), thus implying

---

54   See Capodivacca, '"Forsi altro canterà con miglior plectio"', 71–84; Carocci, 'Stampare in ottave', 26–29.

that Dardinello will be killed by Orlando.[55] However, in both Agostini and Ariosto it is Rinaldo who attacks him in the battle of Paris. Another point of contact between the respective stories of Agostini's and Ariosto's Rinaldo is the paladin's *disinnamoramento*. When Charlemagne blesses the union between Angelica and Dardinello, Agostini's Rinaldo rides into a forest, where he is attacked by Cupid and other allegorical entities, such as Disdain (Sdegno), Jealousy, Idleness and Lust, and then rescued by Reason and her sisters (*'sappi che 'l nome mio* detto *è* Ragione', *Quinto libro*, XIV 73,8). Similarly, upon finding out that Angelica has chosen Medoro, his counterpart in the *Furioso* takes leave of Charlemagne and rides into a forest, where an ugly monster – an allegorical representation of jealousy – assails him, and Disdain comes to his aid ('– *Sappi*, Rinaldo, *ch'el mio nome è* il Sdegno', *Fur.*, XXXVIII 61,7 A).

Who borrowed from whom?

The correspondences between Agostini's *Quinto libro* and the *Furioso* are too numerous to be attributed to coincidence. But which of the two sequels is indebted to the other? The truth is that we do not yet have a clear answer to this question. As we saw earlier, it is likely that Agostini started composing his *Quinto libro* before 1514. He could have given an early draft to Francesco Gonzaga, who, as we know from the authorial digressions in the *Quarto libro*, took a keen interest in Agostini's first continuation and probably encouraged him to compose the *Quinto libro*, which Agostini promised already in 1505. It is not impossible that Ariosto read an early version of Agostini's second sequel before 1514. Ariosto's debts to other authors are vast, and Agostini's *Quarto libro* is not only present in the 1516 *Furioso* but also, it would seem, in one of the additions integrated into the 1532 version, which may also contain a reminiscence of an episode from

---

55   Rajna, *Le fonti dell'Orlando furioso*, 249, note 3.

the *Quinto libro*.[56] Ariosto uses a bewildering mixture of sources, often combining them in surprising ways, artfully reworking them into new forms, creatively rewriting them whereby their original meaning is subverted. It would not be surprisingly if the *Quinto libro* were one of the sources that helped him bring to conclusion Boiardo's 'bela historia'.

But let us suppose for a moment that Agostini drew on Ariosto. If so, he must have been familiar not only with the ending the first *Furioso* (cantos XXXIII–XL, one-fifth of the poem), but also with a number of cantos from its first half/the middle part, namely cantos VI and IX as well as, with a high degree of probability, cantos XII, XIV, XVI, XVII, XXI. If this were the case, then Agostini must have either read a substantial part of the *Furioso* or he must have been present at several public readings of Ariosto's poem. Although the *Furioso* had some circulation prior to its publication in 1516, it would seem that Ariosto was somewhat reluctant to share the manuscript with the admirers of his Muse. As mentioned earlier, in 1512 he politely refused to send the manuscript to Francesco Gonzaga. He could have kept his promise and sent Francesco a clean copy later on (which Francesco could have shown to Agostini), but we do not if he ever did so. As for readings of the *Furioso* in courtly settings, it is unlikely that Ariosto would have felt comfortable reciting his poem in front of Agostini, another continuator of Boiardo and hence his rival.

---

56   To kill the *orca* whom Ruggiero had merely blinded with his magic shield, Orlando jumps into its mouth and wounds it from the inside so that it bleeds to death (*Fur.*, XI 37–45 C), which is how Rinaldo and Scardaffo kill a sea monster in the *Quarto libro*, III 45–53. Here, Ariosto is conflating several sources, his other model being Lucian, *A true story*, I 30 ff. Orlando's fight with the *orca* frightens Proteus and other sea deities who panic and flee (*Fur.*, XI 44–45,1–4 C). While, as Emilio Bigi suggests in his commentary to XI 44 (Ludovico Ariosto, *Orlando furioso*, ed. Emilio Bigi (Milan: Rusconi, 1982)), Ariosto seems to be inspired by a line from Pontano (*Urania*, IV 269: 'extimeatque imo Nereus stupefactus in antro'), it is worth pointing out that there is a very similar description of panicking sea creatures at the end of canto VII of Agostini's *Quinto libro*: 'temon toni, delphini, e ogni balena, / l'artene in pelo d'acqua errando pascono, / Ceici con Alcion di timor piena, / Aci con Galatea, Glauco, e *Proteo* / fuggon fra scogli via dal tempo reo' (55,4–8).

   And yet if it was Agostini who imitated Ariosto, this would shed
new light on the history of the composition and reception of the *Furioso*.
This would mean that the first full draft of the *Furioso* (culminating with
Ruggiero's wedding and Rodomonte's death) was ready by 1514 at the latest
and possibly earlier.[57] This would also mean that Ariosto's poem started
to exert its influence over Italian chivalric literature long before it first
appeared in print.

---

57   This is of course not completely impossible: from Ariosto's letter to Cardinal Ippolito
     we know that at least some of the stanzas devoted to Melissa's pavilion (*Fur.*, XL
     49–73 A) existed already as early as 1509 (see Dorigatti, 'Il manoscritto dell' *Orlando
     furioso* (1505–1515)', 12–13).

GIADA GUASSARDO

5   Ariosto's *Rime* and the 1516 *Furioso*: Cases of poetic memory

So far, Ludovico Ariosto's *Rime* have been the least studied part of his literary production. This may be explained by the fact that their aesthetic value has gone largely unrecognised, but also by the objective difficulties arising from their being an unfinished 'work in progress', which the poet never actually considered ready for publication.[1] However, one aspect of the *Rime* has received significant critical attention: scholars have highlighted numerous interconnections with the *Furioso*, such as the recurrence of common themes or even specific textual borrowings. And yet this perspective, too, has led to various misconceptions. An underlying shortcoming of existing scholarship is that it focuses on the third and final edition of the *Furioso* (1532): this leads to view the *Rime* merely as a source for poetic material

---

1   There are no authorised editions of the *Rime*. The only autograph, which was brought to my attention by Maria Finazzi (see here below), is codex Vb (Archivio Borromeo Isola Bella (ABIB), Scienze, lettere ed arti, Letteratura.Poesia), which contains *canzone* I. The most recent and as yet unpublished critical edition of the *Rime* was completed as a doctoral dissertation: Maria Finazzi, *Edizione critica delle rime del canzoniere di Ludovico Ariosto*, doctoral dissertation, University of Pavia, a. y. 2002–2003. Finazzi bases her edition (which is furnished with a genetic and evolutionary apparatus) on the text of Vr, editing only the poems present in the canzoniere. I use Finazzi's abbreviations when referring to the manuscript versions of the *Rime*. All quotations from the *Rime*, as well as the numbering of the poems, are from the most recently published edition: Ludovico Ariosto, *Rime*, ed. Stefano Bianchi (Milan: Rizzoli, 1992), which in turn is based on the text of Cesare Segre's 1954 edition. All quotations from the 1516 *Furioso* (henceforth referred to as A) are taken from Ludovico Ariosto, *Orlando furioso secondo la* princeps *del 1516*, ed. Marco Dorigatti (Florence: Olschki, 2006).

which Ariosto would later recycle in a new context.[2] In other words, there
is a widespread belief that the *Rime* precede the poem – even if only from
a conceptual point of view – as has been argued by Maria Cristina Cabani[3]
whose essay has the merit of providing the first general overview of the
issues under discussion.[4]

The picture changes, however, if we take as our term of comparison, not
the third version, but the first, which Ariosto started working on around
1505 and completed in late 1515 (several months before its publication in
April 1516). We should bear in mind that, by then, the greater part of the
Orlando narrative and its textual composition were already finalised. As to
the *Rime*, some of them (as a number of internal chronological indicators
prove) were also composed during that very same period. If one examines,
therefore, the cases of intertextuality between the 1516 *Furioso* and the *Rime*,
it becomes difficult to establish one specific direction of the borrowings or

2   In some cases this is what actually happens. If we turn our attention to the text of
     the 1532 *Furioso* – by which time Ariosto had probably put behind him his days as a
     lyric poet – we find that Ariosto borrows heavily from Capitolo XIII in Bradamante's
     monologue on her faithfulness to Ruggiero (*Fur.*, XLIV 61–66). These stanzas were
     added to the third edition of the poem: see Maria Cristina Cabani, 'Dalle *Rime*
     al *Furioso*', in Eadem, *Ariosto, i volgari e i latini suoi* (Lucca: Pacini Fazzi, 2016),
     93–139: 126.

3   See Cabani, 'Dalle *Rime* al *Furioso*'. Cabani's essay is a systematic compendium of
     recurrent motifs and thematic similarities between the *Furioso* and Ariosto's lyrics
     which are classified according to their metrical form (canzone, sonnet, madrigal,
     capitolo).

4   Studies on intertextuality in the *Furioso* are too many to list comprehensively. The most
     important studies on the presence of Petrarch and classical authors in Ariosto are:
     Maria Cristina Cabani, *Fra omaggio e parodia. Petrarca e petrarchismo nel «Furioso»*
     (Pisa: Nistri-Lischi, 1990); Stefano Jossa, *La fantasia e la memoria. Intertestualità
     ariostesche* (Naples: Liguori, 1996). As for Dante in Ariosto, see Cesare Segre, 'Un
     repertorio linguistico e stilistico dell'Ariosto: la *Commedia*', in Idem, *Esperienze
     ariostesche* (Pisa: Nistri-Lischi, 1966), 51–83; Luigi Blasucci, 'La "Commedia" come
     fonte linguistica e stilistica del "Furioso"', in Idem, *Studi su Dante e Ariosto* (Milan-
     Naples: Ricciardi, 1969), 121–161; and Carlo Ossola, 'Dantismi metrici nel "Furioso"',
     in Cesare Segre, ed., *Ludovico Ariosto. Lingua, stile e tradizione* (Milan: Feltrinelli,
     1976), 65–94.

to state with absolute certainty that the *Furioso* was the arrival point, when in fact the two works were cultivated, as it were, one alongside the other.

Moreover, it would be a mistake to assume that Ariosto conceived of the *Rime* as recycling material. There is in fact proof of the contrary, which indicates that they are a self-standing poetic experience. A large number of his poems remained for a long time on his desk and became a building block in his projects for a canzoniere (with a few rare exceptions: Ecloga I on the conspiracy of Don Giulio and Don Ferrante, for example, which was removed from circulation and 're-used' in the *Furioso* already in its 1516 version).[5] Indeed, thanks to Cesare Bozzetti's groundbreaking philological research, we know that Ariosto planned to organise his lyrics into a canzoniere, their order reflecting the sentimental autobiography of the lyrical subject. This project started in the mid-1520s and continued until

---

5   Written in the summer of 1506, Eclogue I (*Dove vai, Melibeo, dove sì ratto*) retraces, through an easily decipherable bucolic allegory, Don Giulio and Don Ferrante d'Este's conspiracy against Duke Alfonso I and Cardinal Ippolito. The tone of the work is not meant to be diplomatic and the text is full of heavy – and false – insinuations, such as the allusion to Giulio's presumed illegitimacy. It was therefore probably intended as propaganda in favour of Ippolito's version of the events. However, a few months after the failed *coup*, under pressure from his sister Isabella, Alfonso decided to show clemency to his half-brothers, sparing their lives and condemning them to life imprisonment. As a result, Ariosto's eclogue became an uncomfortable text and was turned into source material for the *Furioso*. Thus, the eclogue's incipit, with its description of a torrid bucolic landscape (Eclogue I, ll. 1–9), is reused in the description of Ruggiero's difficult, scorching journey to the abode of the wise Logistilla (see *Fur.*, VIII 20 A, where Ariosto also preserves the rhyme *molle : colle : bolle*). Moreover, celebrating Lucrezia Borgia in Melissa's prophecy, Ariosto copies almost word for word an encomiastic terzina from the eclogue (compare Eclogue I, ll. 253–255, and *Fur.*, XI 70,1–3 A: 'Qual il stagno al ariento, il rame al oro, / il campestre papavero a la rosa, / il scialbo salce al sempre verde alloro'). For a detailed examination of the 1506 conspiracy, see Riccardo Bacchelli, *La congiura di don Giulio d'Este e altri scritti ariosteschi* (Milan: Mondadori, 1958). For a discussion of a very different eclogue by Antonio Valtellino (the secretary of Niccolò da Correggio, who acted as mediator between Alfonso and don Giulio), see Carlo Dionisotti, 'Documenti letterari di una congiura estense', *Civiltà moderna*, 9 (1937), 327–340. Valtellino's eclogue was accompanied by a letter to Alfonso, which reminded the Duke of his duty towards his family, thus voicing the position of the opposing (and ultimately successful) party.

the last years of his life; an idea of its first stage has been preserved by MS Vaticano Rossiano 639 (Vr), whereas the posthumous *editio princeps* of the *Rime* (1546), and especially the Ferrarese manuscripts F1 and F2, shed light on a later stage in the development of his lyric poetry.[6] Eventually, the plan was dismissed, probably when Ariosto realised that his Petrarchism (both linguistic and macrotextual) fell below the standard set by Bembo, the author of the *Prose della volgar lingua* and a great innovator.[7] But as long as the project lasted, Ariosto did not think that the textual affinities with the *Furioso* rendered his *Rime* somehow unsuitable for publication. On the contrary, he seems to have wanted to 'put to the test' the success of certain specific effects in two different genres, lyric and narrative poetry.

In what follows, I shall try to trace the compositional pre-history of some of these lyrics, relating it to the compositional history of the 1516 *Furioso* (which has been explored by Marco Dorigatti).[8] My aim is to see how these mutual influences produce a cross-contamination between genres.

In this regard, the most interesting case (which I will be examining in some detail) is that of the capitoli ternari. This poetic form, which descended from the Latin elegy, occupied an important place in the fifteenth-century lyric tradition. At the time, the capitolo was a very rigid poetic form. Among its typical elements are the pastoral landscape, the lover's lament, the separation of the two lovers: these themes were mostly recycled without ever undergoing an actual development, and the narrative potential intrinsic to the ternary form was not fully developed.[9]

6   Cesare Bozzetti was the first scholar to study the text of Vr. See his 'Notizie sulle rime dell'Ariosto', in *Studi di filologia e critica offerti dagli allievi a Lanfranco Caretti* (Rome: Salerno, 1985), 83–118. See also Claudia Berra, ed., *Fra satire e rime ariostesche* (Milan: Cisalpino, 2000), for a literary analysis of the provisional canzoniere contained in this manuscript, its intertextuality, Petrarchism, echoes of classical poetry as well as of the poetry of the Po Valley courts.

7   The *editio princeps* of Bembo's *Prose della volgar lingua* was published in 1525, while his *Rime* date from 1530.

8   Marco Dorigatti, 'Il manoscritto dell'*Orlando furioso* (1505–1515)', in Gianni Venturi, ed., *L'uno e l'altro Ariosto in Corte e nelle Delizie* (Florence: Olschki, 2011) 1–44.

9   See Paola Vecchi Galli, 'Percorsi dell'elegia quattrocentesca in volgare', in Andrea Comboni and Alessandro Di Ricco, eds, *L'elegia nella tradizione poetica italiana*

Ariosto, who had a predilection for the capitolo,[10] succeeded in injecting it with originality and bestowed upon it a more dynamic character, as well as introducing elements of irony. The parallel composition of the *Furioso* arguably played an important role in these innovations, which will be further clarified by a comparison of the respective texts.

Capitolo XIV: Between ekphrasis and narrative language

Capitolo XIV (*Di sì calloso dosso e sì robusto*) is among the poems included by Ariosto in his canzoniere, but it is certainly much older, as testified by the *tradizione estravagante*.[11] At first glance, its meaning is obscure: the speaker mentions a 'gran peso' (l. 22) that oppresses him almost unbearably. This has been interpreted either as Ariosto's complaint about the burden of service at court, or the chains of his amorous servitude.[12] When he included it within the canzoniere, Ariosto probably hoped it would be read in one of these senses, more likely the latter. Originally, however, as Bozzetti has shown,[13] the capitolo was an ekphrasis of the *impresa di Ippolito* – a kneeling camel accompanied by the Spanish motto 'No suefro mas de lo que puedo' [I do

---

(Trento: Dipartimento di scienze filologiche e storiche, 2003), and Antonia Tissoni Benvenuti, 'La tradizione della terza rima e l'Ariosto', in Segre, ed., *Ludovico Ariosto: lingua, stile e tradizione*, 303–313.

10   Ariosto's predilection for the capitolo is evident from the fact that out of eighty-seven poems in the first draft of his canzoniere (this number has been established by Finazzi, who has examined Vr) twenty-five are capitoli. We may observe that there is a clear-cut stylistic separation between the seventeen capitoli included in the canzoniere and the eight capitoli *estravaganti*, which belong to an earlier phase and are strongly indebted to the stylistic conventions of courtly poetry. See at least Emilio Bigi, 'Vita e letteratura nella poesia giovanile dell'Ariosto', *Giornale storico della letteratura italiana*, 145 (1968), 1–37: 30–32.

11   Finazzi, *Edizione critica delle rime del canzoniere di Ludovico Ariosto*, 241–243.

12   Ariosto, *Rime*, 273–274.

13   Bozzetti, 'Notizie sulle rime dell'Ariosto', 96.

not bear more than I can].[14] Ariosto's original intention was therefore to adopt the voice of the *persona* of the emblem, that is the cardinal himself. This is proved by the fact that the exact translation of the motto recurs at various points throughout the text of capitolo XIV:

> che l'ha qual può patir; né può più inante (l. 6)
> c'ho fatto oltra il poter e a più non basto.[15] (l. 43)

Unfortunately, we do not know when exactly Ippolito first adopted this impresa. In his *Dialogo de l'imprese militari e amorose*, Paolo Giovio explains it by ascribing to it an amorous motivation, that is, 'volendo dire alla dama sua: non mi date più gravezza di tormenti di quel che posso sopportare'.[16] If this were so, Ariosto the courtier would be paying homage to his lord's passion. And indeed Ippolito must have had no objections to Ariosto discussing his love life: we see this in the narrator's interventions in the *Furioso*, which address Ippolito assuming shared knowledge and experience, as well as in capitolo X, which, as will be shown later, reminds us of the *Furioso*'s authorial interventions.

What is particularly interesting about capitolo XIV are the textual contacts with the 1516 *Furioso*. If we look at the development of one of the similes,

> Non va legno da Gade ai liti eoi,
> che di quanto portar possa non abbia
> prescritti a punto li termini suoi.
>   Se stivato di merce anco di sabbia
> più si rigrava e più, si caccia al fondo,
> tal che né antenna non appar, né gabbia.
>   (cap. XIV, ll. 7–12)

---

14   This *impresa* was adopted in place of the earlier 'Nihil ultra vires', probably on account of the fashion for all things Spanish triggered by the arrival of Lucrezia Borgia at the court of Ferrara.

15   In an early version of the poem, preserved in a manuscript compiled in Ferrara and datable to the first decades of the sixteenth century (F 4 in Finazzi's critical edition), the last line (43) ends with a Spanish hemistich: 'e amàs no abasto', which further supports Bozzetti's interpretation.

16   Bozzetti, 'Notizie sulle rime dell'Ariosto', 96.

we observe a certain resemblance with geographical syntagms in the *Furioso*:

> Quella che da li Hesperii a i liti Eoi (*Fur.*, I 7,3 A)
> né ciò che da l'Atlante ai liti Rubri (*Fur.*, VIII 67,5 A)
> Ethÿòpe adusto (*Fur.*, XXXIV 12,4 A)

Moreover, the ship simile in the capitolo contains the following three rhyming words: *abbia* : *sabbia* : *gabbia*. Absent in the *Commedia*, this group appears twice in the *Furioso* (at III 70,1–6 A, in the instructions imparted by Melissa to Bradamante, and at XVI 14,1–6 A, in a simile that describes the Christian soldiers joining Charlemagne against Rodomonte). We may also note a great number of occurrences of two of these three rhyming words completed by a different third element.

Equally significant are the following mythological comparisons, which are symbols of endurance and at the same time geographical markers:

> Ahi lasso! non è Atlante sì defesso
> dal ciel, Ischia a Tifeo non è sì grave,
> non è sotto Etna Encelado sì oppresso
>   (cap. XIV, ll. 19–21)

The reader of the *Furioso* will remember that these geographical places feature in the poem's rich geographical vocabulary ('Typheo', XIV 23,4 A; 'Atlante', VIII 67,5 A – the same stanza has the rhymes *abbia* : *sabbia*; XII 99,6 A; XXX 70,4 A; XXX 72,2; XXXIV 31,6 A; XL 31,2 A).[17] A variety of other syntagms also sound familiar:

> Non è edificio né cosa altra al mondo (cap. XIV, l. 13)
> dove il più bel palazzo [...]
> vider che mai fusse veduto al mondo (*Fur.*, VII 8,7–8 A)

It is not, unfortunately, possible to exactly establish the direction of these borrowings. Nevertheless, the comparison is interesting as an example of

---

17   The mythological references derive from Ovid, *Metamorphoses*, IV 631 ff. and V 321 ff. On the geography of the *Furioso* the most important study is still Alexandre Doroszlaï, *Ptolémée et l'hippogriffe. La géographie de l'Arioste soumise à l'épreuve des cartes* (Alessandria: Edizioni dell'Orso, 1998).

the reciprocal influence between works belonging to different genres but written during the same period. Geographical expressions and a significant use of mythology are recurrent elements in chivalric poetry: by transferring these elements to his capitolo, Ariosto succeeds in giving it an element of vivacity – the ekphrasis which features Ippolito's impresa is indeed a succession of truly vivid images.

The character-narrator of capitolo XVI

Even more interesting is the intertwining of the lyric-elegiac code with the narrative code in capitolo XVI (*O vero o falso che la fama suone*). The poetic persona attempts to remedy his unhappiness in love by a drastic distancing from the object of his desires, and he decides to visit a battlefield – a place where he is certain to encounter suffering greater than his own. This remedy, however, is ineffectual, as he realises that the pain of the soldiers is soon silenced by death (and is therefore incomparably smaller than his agony). Irony suffuses the text thanks to a hyperbolic radicalisation of certain *topoi* of lyric and elegiac poetry. What had earlier been Petrarch's psychological investigation of the reciprocal effects of opposing principles[18] is here laid out in strictly medical terms. Moreover the 'cure' that the poet stands in need of is, paradoxically, war:

> Ché, s'un contrario all'altro è medicina,
> non so perché, da l'un pigliando forza,
> per l'altro la mia doglia non dechina. (ll. 22–24)

---

18   See Petrarch, *Rvf*, XLVIII 1–8: 'Se mai foco per foco non si spense, / né fiume fu già mai secco per pioggia, / ma sempre l'un per l'altro simil poggia, / et spesso l'un contrario l'altro accense, / Amor, tu che' pensier' nostri dispense, / al qual un'alma in duo corpi s'appoggia, / perché fai in lei con disusata foggia / men per molto voler le voglie intense?'. Reference edition: Francesco Petrarca, *Rerum vulgarium fragmenta*, ed. Rosanna Bettarini (Turin: Einaudi, 2005).

Reading in between the lines, we may interpret this capitolo as a reversal of the *dipartita*, a type of capitolo ternario that was extremely popular in the late fifteenth century, in which the unwilling poet-soldier is forced to go to war. The poetic persona of capitolo XVI acts in an opposite manner to this model: his decision to go to the battlefield is prompted by love and, most importantly, he does not engage in the fighting but only observes the horrors of war from afar. This is important as this links the capitolo's poetic persona to that of Ariosto's major works: this is a character exclusively devoted to love, unsuited to warfare, who tries to get involved in it only in a moment of acute sentimental despair – an 'imperfect' courtier, who uses irony to hide his shortcomings. One immediately thinks of the narrator-character in the *Furioso*.

We find many further similarities with the *Furioso*. First, the battle that is alluded to here is most probably the battle of Ravenna (11 April 1512, which should be taken as a *terminus post quem*),[19] in which the Estensi allied themselves with the French to fight against the Holy League of Pope Julius II, both sides suffering significant losses. The capitolo does not explicitly refer to Ravenna, but the description of the bloody battlefield, and the emphasis it places on the horrific violence of the French (which is historically documented), closely remind us of those passages in the *Furioso* in which Ariosto, ambiguously suspended between celebratory tones (this was Alfonso d'Este's greatest enterprise) and deploration, lingers over the high price of victory:

> Io venni dove le campagne rosse
> eran del sangue barbaro e latino,
> che fiera stella dianzi al furor mosse;
>   e vidi un morto e l'altro sì vicino,
> che, senza premer lor, quasi il terreno
> a molte miglia non dava il camino.
>   E da chi alberga tra Garonna e 'l Reno
> vidi uscir crudeltà, che ne devria
> tutto il mondo d'orror rimaner pieno.
>   (cap. XVI, ll. 37–45)

> nuotaranno i destrier sin alla pancia
> nel sangue humano, e i campi di Romagna
> veranno a sepelire il popul manco
> Tedesco, Hispano, Greco, Itàlo e Franco.
> [...]
>   (*Fur.*, III 55,5–8 A)

---

19   It is less likely to have been the battle of Marignano. See Michele Catalano, *Vita di Ludovico Ariosto ricostruita su nuovi documenti* (Genève: Olschki, 1930–1931), 2 vols: I, 342.

The references to Ravenna that we see in the *Furioso* (in the passage cited above, and especially in the proem to canto XII)[20] were presumably 'spur-of-the-moment' additions that were inserted soon after the event.[21] It is more difficult to establish an absolute dating for the capitolo. Nevertheless, we can safely say that its composition pre-dates the project of the canzoniere (as is attested by the *tradizione estravagante*);[22] in other words, this text too was written in the years when Ariosto was composing the first *Furioso*, and perhaps not long after the event it recounts.

Verbs in the first person abound in the capitolo, giving it the feel of a narrative chronicle and highlighting the personal experience of the poet: 'io venni / [...] / e vidi [...]' (ll. 37–40); 'io notai [...]' (l. 52). This is consistent with how the narrator of the *Furioso* states that he was present at a tragic event during the war between the Cambrai League and Venice, namely the capture of the young Ercole Cantelmo on 30 November 1509 ('un Hercol vidi e uno Alexandro, indutti [...]', *Fur.*, XXXIII 6,3 A),[23] or how he laments that he did not witness the capture of fifteen Venetian galleys by Ippolito, at the battle of Polesella on 22 December of the same year ('Nol vide io già [...]', *Fur.*, XXXVI 3,1 A; 'Absente ero io [...]', *Fur.*, XXXVI 4,1 A). This is one of the many ways in which Ariosto achieves that autobiographical touch that characterises the narrator of the *Furioso* vis-à-vis the tradition of the chivalric poem. Moreover, this step forward in terms of historical consistency allows the poet to establish a direct dialogue – and, for that matter, a politically and morally marked dialogue – with his Este interlocutor.[24]

---

20   *Fur.*, XII 1–10 A. Further information may be found in Catalano, *Vita di Ludovico Ariosto*, I, 341–344; Mario Santoro, *L'anello di Angelica. Nuovi saggi ariosteschi* (Naples: Federico & Ardia 1983), 36–37; Giovanna Scianatico, 'Le "moderne cose". Storia contemporanea nel *Furioso*', in Tina Matarrese and Cristina Montagnani, eds, *Il Principe e la storia* (Novara: Interlinea, 2005), 223–238: 232–233.

21   Dorigatti, 'Il manoscritto dell'*Orlando furioso* (1505–1515)', 19–21.

22   Finazzi, *Edizione critica delle rime del canzoniere di Ludovico Ariosto*, 284.

23   That Ariosto was present is confirmed by the epicede written on his death by his brother Gabriele (Catalano, *Vita di Ludovico Ariosto*, I, 317).

24   Riccardo Bruscagli, 'Ariosto morale dal *Furioso* del '16 alle *Satire*', in Idem, *Studi cavallereschi* (Florence: Società Editrice Fiorentina, 2003), 112–113.

The use of narrative devices that are typical of the *Furioso* prevents the narrative voice in capitolo XVI from becoming an expression of a stylised repertoire. These insertions also seem to serve an ironic purpose: they create friction between a realistically dramatic background and the hyperbolic excess of the lover's suffering (we should be wary, in this case, of crediting Ariosto's lyric with historical value).[25]

Numerous other correspondences can be listed, most significantly the rhymes *strazio* : *spazio* : *sazio* (capitolo XVI, ll. 47–51, and *Fur.*, VI 19,1–6 A, where the rhyming words appear in a different order) and *camino* : *vicino* (a pair of rhyming words that we frequently see in the *Furioso* and that Ariosto uses in ll. 40–42 of the capitolo).[26] We may also note that lines 28–29 ('[...] – Dove gioisce / felice alcuno in riso, in festa, in gioco') echo *Fur.*, XXIII 67,3–4 A ('non stette l'altra poi senza altrotanti / risi, feste, gioir, giuochi suavi').

Moreover, it is worth pointing out that the capitolo contains numerous references to magic. In fact, throughout the *Rime* Ariosto often fuses the figure of the beloved with that of the sorceress, who charms the heart of the poet and performs actual atmospheric miracles, which cannot but bring to mind the *maraviglia* in the *Furioso*.[27] In capitolo XVI, in particular, we find a reference to the 'maghe [...] di Tessaglia' (67),[28] the only women capable of extinguishing the flame of his love. Poised between medicine and magic is the rare word 'impiastro', which appears twice in the first *Furioso*:

---

25 The capitolo has often been interpreted as autobiographical, leading to the conclusion that Ariosto actually went to Ravenna on the day after the battle (this is not, however, supported by any documentation). This is, for instance, Catalano's opinion (*Vita di Ludovico Ariosto*, I, 342). Giuseppe Fatini, instead, alerts us to the risks of such an interpretation (Fatini, 'Le "Rime" di Ludovico Ariosto', *Giornale storico della letteratura italiana*, Suppl. 25 (1934), 1–251).

26 The pairing was already in Dante, *Inf.*, XXV 28–30.

27 A detailed overview of the variations on the type of the sorceress, both in the poem and in the capitoli, may be found in Rinaldo Rinaldi, 'Maghe e silenzi fra i capitoli e il *Furioso*', in Berra, ed., *Fra satire e rime ariostesche*, 311–354: 315–325.

28 This is probably a reference to the witch Erichto in Lucan's *Pharsalia* (Rinaldi, 'Maghe e silenzi fra i capitoli e il *Furioso*', 319).

[...] poi ch'Amor ferimmi, mai non cesso
a nuovi *impiastri* le mie piaghe aprire (cap. XVI, ll. 11–12)

ma la benigna Maga la conforta
e presto pon l'*impiastro* ove il duol punge (*Fur.*, VII 46,5–6 A)[29]

Questa è la cruda e venenata piaga
a cui non val liquor, non val *impiastro* (*Fur.*, XXIX 5,1–2 A)

It is also worth commenting on the opening of the capitolo. Ariosto com-
pares his own situation to that of a wounded bear, whose clumsy attempts
to alleviate the pain do nothing but increase his suffering:

O vero o falso che la fama suone
[first version: *O vera o falsa* che la fama suone],[30]
io odo dir che l'orso ciò che truova,
quando è ferito, in la piaga si pone (cap. XVI, ll. 1–3)

While this type of 'didactic' opening is common in the courtly capitolo,[31]
Ariosto's rhetorical construction once again recalls the narrator-character
in the *Furioso*. The beginning of the cruel story of the island of Ebuda may
be taken as a term of comparison:

Narran l'antique historie, *o vere o false* (*Fur.*, VIII 52,1 A)
O vera o falsa che fusse la cosa
di Proteo, ch'io non so ch'io me ne dica (*Fur.*, VIII 58,1–2 A)

Capitolo XVI, therefore, proves to be another example of stylistic experi-
mentation in genre hybridisation.

---

29   This ottava had already been eliminated in 1521.
30   The first version is preserved in Vr and in the miscellaneous manuscripts (Finazzi,
      Edizione critica delle rime del canzoniere di Ludovico Ariosto, 284).
31   See, for example, Antonio Tebaldeo, *Rime*, eds Tania Basile and Jean-Jacques
      Marchand (Modena: Panini, 1989–1992), 5 vols: I, 342. II 1, *Rime della vulgata*,
      cap. 271, ll. 1–3: 'Egli è pur ver che al fugir presto e leve / dei giorni ogni gran sdegno
      riman morto, / e l'ira al tempo è come al sol la nieve!'.

The reinvention of elegy: Capitolo XII

Capitolo XII (*O lieta piaggia, o solitaria valle*) has come down to us in two authorial versions: the first comprises forty-nine verses (XII*bis* in the modern edition) and is part of the *tradizione estravagante* in numerous early miscellanies; the second one, which comprises 109 lines, is found only in some of the principal manuscripts. The latter was actually an adaptation of the former so that it could be included in the canzoniere, which means that it probably postdates the first *Furioso*; the former, on the other hand, is probably a youthful effort.[32]

If we examine the first version more closely, we see that its subject-matter, the poet's lament about the ingratitude of the beloved lady, which is expressed amid a pastoral landscape, inscribes it within a typical late fifteenth-century framework. At least one scholar has compared XII*bis* to a youthful capitolo by Bembo (*Fiume, che del mio pianto habondi et cresci*),[33] which is of a similar length (forty-one lines) and whose subject-matter and language are remarkably similar.[34] Therefore, the origin of Ariosto's capitolo is on the whole clear.

In the case of this text, too, the points of contact with the *Furioso* may be interpreted as borrowings from the capitolo, which form a subset of the much larger set of borrowings from the lyric tradition, and predominantly from Petrarch. Here below are some examples:

> o *culto monticel* che mi *difendi*
> *l'ardente sol* con le tue ombrose spalle (cap. XII*bis*, ll. 2–3)

32 Bozzetti, 'Notizie sulle rime dell'Ariosto', 96.
33 Tissoni Benvenuti, 'La tradizione della terza rima e l'Ariosto', 307. Bembo's capitolo can be found in Pietro Bembo, *Rime*, ed. Andrea Donnini (Rome: Salerno, 2008), capitolo 192, 438–441.
34 In addition to the general similarity of the situation (in the opening invocation to the various elements of nature), we may compare the following syntagms: 'gelate e lucid'onde' (Bembo, 192, l. 2) and 'gelid'onde' (Ariosto, XII*bis*, l. 9) and the rhyme *fronde* : *onde*. Also part of the 'courtly' lexicon of XII*bis* are 'fioretti' (l. 5, in XII modified to 'fiorite [fronde]') and '[aure] suavi' (l. 15, in XII modified to 'tepide aure').

un *culto monticel* dal destro lato
le *difende* il *calor* del mezo giorno (*Fur.*, II 34,6 A)

o fresco e chiaro *rivo* che discendi
nel *bel pratello* fra *fioretti* e fronde (cap. XII*bis*, ll. 4–5)

Giunse ad un *rivo* che parea crystallo,
ne le cui sponde un *bel pratel fioria* (*Fur.*, XXI 100,5–6 A)

By reusing segments of the capitolo in the *Furioso*, Ariosto leaves behind the closed antinarrative form of the *disperata pastorale*, and instead he develops his phenomenology of love within a dynamic context. Furthermore, the transition from the first to the third person means that the lyric contents become the object of an analytical detachment that is powerfully stamped by irony.

This can be clearly seen in his description of physiological reactions to emotions:

Ma in dubio stommi che l'acerbe e molte   *Non son, non sono io quel* che paro in viso
pene amorose sì m'abbino afflitto,   (*Fur.*, XXI 128,1 A)
che le prime sembianze mi sian tolte.
   Io son quel che solea [...]   Oh incurabil piaga che nel petto
                  (cap. XII*bis*, ll. 28–31)   d'un amator sì facile s'imprime [...]
                                                          e lo tra' fuor de le sembianze prime!
                                                               (*Fur.*, XXIX 6,1–6 A)

The quotation from *Fur.*, XXI 128,1 A is part of Orlando's monologue in the madness scene; and indeed, this episode is a magisterial example of Ariosto's rewriting of lyrical stereotypes.[35] They include the motif of the lovers' names cut into tree bark (an elegiac *topos* derived from Propertius),[36] which appears in the poem in two specularly connected passages: the love

---

35   For Ariosto's reuse of Petrarch in this episode, see Cabani, *Fra omaggio e parodia. Petrarca e petrarchismo nel «Furioso»*, 225; Cabani, 'Dalle *Rime* al *Furioso*', 127–128.

36   Propertius, I.XVIII, 29–30: 'A quotiens teneras resonant mea verba sub umbras, / scribitur et vestris 'Cynthia' corticibus!'. This is a recurrent theme in courtly poetry; we find it, for example, in Niccolò da Correggio (Gaia Gentili, 'Il capitolo in terza rima di Niccolò da Correggio', in Comboni, and Di Ricco, eds, *L'elegia nella tradizione poetica italiana*, 115–146), Boiardo, Sannazaro (Ariosto, *Orlando furioso secondo l'*editio princeps *del 1516*, eds Tina Matarrese and Marco Praloran (Turin: Einaudi, 2016), 2 vols: I, 561).

idyll of Angelica and Medoro (*Fur.*, XVII A) and the moment when their love is epiphanically revealed to Orlando (*Fur.*, XXI A). Orlando's point of view is used to create a further filter against a purely subjective exposition of the theme, allowing the reader to savour all the scene's irony (which also derives from the mocking proliferation of the lovers' names within the space of the *locus amoenus*, before the very eyes of a disoriented Orlando):

> Son io quel che solea, *dovunque dritto*
> *arbor vedeva, o tufo alcun men duro,*
> lasciarvi di Madonna il nome *scritto*. (cap. XII*bis*, ll. 31–33)

Fra piacer tanti, *ovunque un arbor dritto*
vedesse ombrar un fonte, o un rivo puro
v'havea spillo, o coltel subito fitto,
così se v'era *alcun sasso men duro*,
et era intorno a mille luochi *scritto*
et così in casa in altri tanti il muro
Angelica et Medor, in vari modi
legati insieme di diversi nodi
(*Fur.*, XVII 36 A)

Volgendosi egli intorno, *vide scritti*
molti *arbuscelli* in su l'ombrosa riva,
e fu, tosto che v'hebbe gli occhi fitti
certo ch'era di man de la sua diva.
(*Fur.*, XXI 102,1–4 A)

Haveva in su l'entrata il luoco adorno
coi piedi storti hedere e viti erranti.
Quivi soleano al più cocente giorno
stare abbracciati i dui felici amanti:
v'havean li nomi lor dentro e d'intorno,
piu ch'in nessun de' luochi circonstanti,
con carbone, con lapide, con gesso
scritto, e con punte di coltelli impresso.
(*Fur.*, XXI 106 A)

If we now examine capitolo XII, we see that the initial material (of XII*bis*) has been expanded so as to acquire narrative consistency. Ariosto did so with a view to inserting it in **Vr**, which is itself articulated as a 'narrative' plot.[37] This change may have been spurred on by the writing of the *Furioso*. It is not, of course, possible to compare the plot of a canzoniere to that of a chivalric poem; nevertheless, the structuring of the lyric voice in capitolo XII owes something to the complex (and in their turn narratively grounded) monologues of the *Furioso*, from Orlando down to Rodomonte:

---

37   Bozzetti, 'Notizie sulle rime dell'Ariosto', 92–93.

– A chi (misera!) mai creder più deggio?   D'ingrata e di crudel dar nota allora
Ognuno (ahi lassa!) è perfido e *crudele*,   io vi potea; d'ingrata e di *crudele*,
poi che crudele e perfido l'huom veggio   ma di più, dar di perfida posso ora.
ch'io tenni il più constante e il più *fedele*.   Or queste siano l'ultime *querele*
Qual crudeltà, qual fu perfidia peggio,   ch'io ne faccia ad altrui: non men secreto
qual più degna di pianto e di *querele*,   vi serò ch'io vi sia stato *fedele*.
di questa fatta mai, qual fu men degna   (cap. XII, ll. 100–105)
donzella mai di me che lo sostegna?
                    (*Fur.*, XXX 33 A)

Another minor but not insignificant revision in the final version of capitolo
XII is the substitution of the syntagm 'cavi sassi' (l. 27) for 'concavi antri' in
XII*bis*. Both derive from classical literature, but the first is employed also
in the *Furioso*, where it appears in scenes depicting amorous desperation.[38]

Love and courtly service: Capitolo X

Capitolo X (*Del bel numero vostro avrete un manco*), which, surprisingly, has
escaped critical attention, is important for a number of different reasons.
First of all, it is a document (among the very few that remain) that sheds
light on the relationship between Ariosto and Ippolito in the years when the
poet was working on the first *Furioso*. Secondly, it is one of Ariosto's lyrics
in which he most successfully reworks and re-imagines elegiac themes.[39]

The occasion for its composition was an event that took place in 1514:
Ariosto, who was accompanying the cardinal to Rome, was forced by a

38   Capitolo XII, ll. 26–27: '[...] e mi risposero più volte / li cavi sassi alle parole attenti';
      Fur., XXII 4,5–6 A: '[...] e risonar facea / li cavi sassi e l'alte selve [...]' (Orlando's
      madness); *Fur.*, XXV 117,1–4 A: 'Eccho, per la pietà che gli n'havea, / da' cavi sassi
      rispondea sovente' (Rodomonte's lament).
39   Also deriving from the late fifteenth-century repertoire is the series of comparisons
      that constitute the imaginary epitaph of the poet, which closes the capitolo: '– Né
      senza morte talpe da la terra, / né mai pesce da l'acqua si disgiunge, / né poté ancor
      chi questo marmo serra / da la sua bella donna viver lunge' (94–97). Cf. Niccolò da
      Correggio, *Rime*, 35, ll. 5–6: 'Che senza alito in aqua viva il pesce / e talpa in terra [...]'.

sudden illness to stop at the Furlo Pass (near Fossombrone).[40] This episode inevitably recalls another much more famous refusal, that of 1517, when Ariosto declined to follow Ippolito to Hungary, marking his definitive break with the cardinal (which is recalled in the first *Satira*). Here, however, we are in an earlier phase of their relationship. The addressee is Ippolito himself, and the capitolo reflects what could still be termed a happy understanding between him and Ariosto.[41]

Throughout the capitolo, the lyric voice maintains a tone of bland confidentiality. If, on the one hand, he is sorry about the forced interruption of his journey, on the other, he wishes (ll. 10–18) that the fever had come at a more opportune moment, and had prevented his setting out in the first place, thus sparing him the pain of separation from his beloved lady. From here he develops a set of hyperbolic digressions. As occurred in the capitolo XVI, certain conceits typical of elegy are picked up and revised through the lens of irony. We find, for example, the theme of the paradoxical 'healthfulness' of illness. (cap. X, ll. 19–24: 'Non fu mai sanità che sì giovasse / a peregrino infermo [...] come giovato a me il contrario avria, / un languir dolce [...]'); we also find (and this extends throughout the second half of the capitolo) the image of the poet's own death, which is a common pathetic climax in the tradition of this genre.

It may surprise us that Ariosto should address his lord in what appears to be a disrespectful tone; but Ariosto is here actually quoting Tibullus I.III. The basic narrative situation is the same – Tibullus, addressing Messalla, laments that he cannot continue his journey because he is ill. Ariosto's imitation is evident in the specificity of the geographical connotation, and even in the lexical choices:

> Del bel numero vostro *avrete un manco,*
> signor: ché qui rest'io dove Apenino
> d'alta percossa aperto mostra il fianco
> (cap. X, ll. 1–3)

---

40 There are no other documents providing information about Ariosto's journey, but its dating is convincingly established by Catalano, *Vita di Ludovico Ariosto*, I, 374–375.

41 Fatini points out the 'intonazione fra burlesca e bonaria, che ricorda quella delle *Satire*' (Fatini, 'Le "Rime" di Ludovico Ariosto', 176–177).

Ibitis Aegaeas *sine me*, Messalla, per undas,
  o utinam memores ipse cohorsque mei.
Me tenet ignotis aegrum Phaeacia terris,
  abstineas avidas, Mors, modo, nigra, manus.
              (Tibullus, I.III, 1–4)

In the rest of the capitolo Ariosto, still following Tibullus, hopes to ward off the fear of dying in a foreign land. The classical hypotext, which has so far received the briefest of scholarly nods,[42] is essential: through this borrowing, Ippolito emerges as a modern Messalla, patron of the arts and poetry. The ultimate aim of the capitolo is therefore that of homage.

Moreover, Ariosto is especially attentive to the manner in which he portrays not just his lord, but also himself: namely, he paints himself as a poet in the act of offering his art. In the passage quoted below, 'un inno di mille versi' is the grateful recompense he offers the god who will save him from death; similarly, in the proem to the *Furioso* (where Ippolito is once again addressed), Ariosto offers his poetry as the only gift he is able to give:

Ah! *chi serà nel ciel* che mi difenda
da questa insidïosa [Morte], *a cui per voto*
un inno poi di mille versi renda?
              (cap. X, ll. 55–57)

Piacciavi, generosa Herculea prole,
ornamento e splendor del secol nostro,
Hippolyto, aggradir questo *che vuole*
e darvi sol può l'humil servo vostro.
Quel ch'io vi debbio posso di parole

---

42 Ariosto, capitolo X, ll. 55–57: 'Ché, se qui moro, non ho chi mi pianga: / qui sorelle non ho, non ho qui matre / che sopra il corpo gridi e 'l capel franga,' and Tibullus, I.III, 5–7: 'Abstineas, Mors atra, precor: non hic mihi mater / quae legat in maestos ossa perusta sinus, / non soror [...]'. Segre notes the derivation from Tibullus of the invocation of Death (Ariosto, *Opere minori*, 187), but does not comment on the analogy of the two incipits, which is the fundamental point. On the motif of warding off death, see Cristina Zampese ('Presenze intertestuali nelle *Rime* dell'Ariosto', in Berra, ed., *Fra satire e rime ariostesche*, 457–478: 458–460), who notices the possible mediation of Pontano.

> pagare in parte, e d'*opera d'inchiostro*;
> né che poco io vi dia da imputar sono,
> che *quanto io posso dar tutto vi dono.*
> (*Fur.*, I 3 A)

He identifies himself, therefore, with his poetry.

Another important element in this self-representation is love. Intertextual relationships with the *Furioso* again help illustrate this point. The invocation of the gods at ll. 55–57 of the capitolo triggers the literary memory of *Fur.*, XXXII 1,1 A: 'Chi salirà per me, madonna, in cielo / a riportarne il mio perduto ingegno?'. In the second passage, Ariosto compares his personal experience of love to the madness of Orlando. In the capitolo, too, he is the servant of Love, with the latter represented as a cruel Lord ('né lascia entrar pietà ne la sua corte', l. 45).

In the last analysis, Ariosto portrays himself in the capitolo as a servant at two different courts: the court of Love and that of Ippolito, which are, therefore, equated as two lights (a symbol that clearly reveals its distance from the later, and by then stereotyped, image of the 'ungrateful' Ippolito):[43]

> Ché, s'ero per restar privo de l'una
> mia luce, almen non devea l'altra tôrmi
> la sempre aversa a' miei desir Fortuna.
> (cap. X, ll. 13–15)

The contrast between duty and love is inscribed in the logic of the court; in the *Furioso*,[44] it is often associated with the character of Ruggiero, who is continually torn between his devotion to Agramante and his love for Bradamante. Ariosto's own case is an ironic counterpoint to this: indeed,

---

43 With regard to this capitolo, similar conclusions have been reached by Marco Dorigatti, "'Donno Hippolyto da Este'. Il vero volto del dedicatario del *Furioso*', in Cristina Zampese, ed., *Di donne e cavallier. Intorno al primo* Furioso (Milan: Ledizioni, 2018), 17–48: 31–34.

44 See Hans Honnacker, 'Il κόσμος morale illustrato nei prologhi dell'*Orlando furioso* di Ludovico Ariosto nelle edizioni del 1516 e del 1521: la *Weltanschauung* ariostesca fra Orazio ed Erasmo', *Schifanoia*, 22–23 (2002), 33–56: 37–40.

he claims that his illness prevents him from serving both his beloved and his lord. Therefore, in capitolo X, too, as in capitolo XVI, we detect a 'failure' of lyric *topoi*, which goes hand in hand with a greater biographical definition of the poetic voice, which is here primarily subjected to the dictates of poetry and love.

Tra sé volve Ruggiero e fa discorso,
se *restar* deve o il suo signor *seguire*.
Gli pon l'amor de la sua donna un morso
per non lasciarlo in Aphrica più gire:
lo volta e gira, et a contrario corso
lo *sprona*, e lo minaccia di *punire*,
s'el patto e il giuramento non tien saldo,
che fatto havea col paladin Rinaldo.
(*Fur.*, XXXVI 66 A)[45]

Restomi qui, né, quel ch'Amor vorrebbe,
posso a Madonna sodisfar, né a voi
l'obligo sciôr che la mia fé vi debbe.
(cap. X, ll. 7–9)

né [Amore] per *spronar* o caricar d'antenna
si può fuggir, o con cavallo o nave
(cap. X, ll. 37–38)

Tal fallo poi di *punizion* sì grave
punisce [...]
(cap. X, ll. 40–41)

The capitolo also shares similarities with the first meeting between Angelica and Medoro, which develops through a lexical repertoire poised between the real and the metaphoric, uniting under the rubric of 'infermità' the opposite choices of obedience and love:

Quando Angelica vide il giovinetto
languir ferito, assai vicino a morte,
che del suo Re che giacea senza tetto,
più che del proprio mal, si dolea forte,
insolita pietade in mezo il petto
si sentì entrar per disusate porte
(*Fur.*, XVII 20,1–6 A)

de l'inobedïenza or mi tormenta
con così gravi e sì pensosi affanni,
che questa febre è il minor mal che senta. (cap. X, ll. 49–51)
onde forse pietà, ch'ascosa langue

45   See also the proem to canto XXXIV (1–7) A.

> nel freddo petto, si riscaldi e faccia
> d'*insolito calor* arderle il sangue.
>
> (cap. X, ll. 69–71)

Ippolito, however, had two good reasons for not bearing the poet a grudge: the assurance that he was in any case one of the 'due luci', but also his own similar love sickness. Ariosto places emphasis on this point, trusting in the fact that Ippolito himself 'n'ha fatto experimento' (*Fur.*, XXI 112,3 A) – something that, judging also by capitolo XIV, must have indeed been true:

> Ma mi fido ch'a voi, che de la fiera
> punta d'Amor chiara noticia avete,
> debbia la colpa mia parer ligiera.
>   Vostre imprese così tutte sian liete,
> come è ben ver ch'ella talor v'ha punto,
> né sano forse ancora oggi ne sète.
>
> (cap. X, ll. 28–33)[46]

It is evident that the bond between Ariosto and the cardinal was nurtured by intellectual affinities and a shared code of love. Capitolo X, therefore, perfectly represents the spirit in which Ariosto wrote and dedicated the *Furioso* to his lord: it was a text that had already undergone several cycles of revisions which followed Ariosto's falling in love with Alessandra;[47] it was conceived as a courtly *fatica*[48] that was itself shot through with reflections on the poet's role and on his relationship with his lord. The bitter tone of the *Satire* is still some way off, and the capitolo still subscribes to a typically courtly vision – albeit one subtly tinged with irony.

By examining the available chronological data and (where possible) the different versions in which the *Rime* have been transmitted, further research may highlight the relationships between the ongoing composition of the *Furioso* and their conception and reworking. Such an approach

---

46   For the theme of Love's sting see also *Fur.*, XXVI 23,7–8 A; XXVII 4,1 A; XXXIII 15,1–2 A.
47   Dorigatti, 'Il manoscritto dell'*Orlando furioso* (1505–1515)', 36–37.
48   Bruscagli, 'Ariosto morale dal *Furioso* del '16 alle *Satire*', 113.

will not affect the primacy of Ariosto's chivalric poem, but rather confirm its status as his foremost poetic undertaking. The experiment of permeability between genres which Ariosto carried out – successfully – in the *Furioso* by bringing the lyric/elegiac code into the narrative form, radiates onto the lyrics, which feature themes and attitudes (i.e. irony, or a rational 'humanistic' viewpoint) similar to those of the *Furioso*.

The *Rime* show that Ariosto tried to develop the narrative possibilities of shorter compositions. Although it is probably legitimate to view them as an unsuccessful project, they nonetheless deserve special attention as examples of what was a unique idea of lyric style.

6 I frammenti autografi dell'*Orlando furioso*: un'ipotesi per lo "scrittoio" di Ariosto

Nella sua celebre edizione dei *Frammenti autografi dell'Orlando furioso*, Santorre Debenedetti ha cercato di riconoscere le varie fasi elaborative del testo ariostesco con l'obiettivo di giungere a tracciare una distinzione dei fogli in brutta e buona copia. Una distinzione corretta è in effetti un obiettivo necessario: fondamentale per lo studio della lingua dei frammenti, la quale muta notevolmente se Ariosto compone di primo getto o se invece trascrive; e importante anche per condurre un'analisi della strutturazione degli episodi, come noto destinati a essere introdotti nel poema nella sua edizione definitiva del 1532.

Il lavoro di Debenedetti è stato recentemente ripubblicato da Segre, che lo ha corredato di una *Premessa* nella quale descrive l'opera come un'edizione genetica che «anticipa di qualche decennio la critica genetica francese».[1] Un tale tipo di analisi delle varianti – aggiunge Segre – in Italia non ebbe séguito per motivi esterni: ossia perché le leggi contro gli ebrei condannarono all'oblio il lavoro di Debenedetti, di fatto sottraendo il termine di confronto alla celebre recensione continiana *Come lavorava l'Ariosto*, poi considerata l'atto di fondazione della critica delle varianti. È vero che Debenedetti, nella sua eccelsa edizione dei frammenti, riesce volta a volta a cogliere il «momento germinativo»[2] della fantasia di Ariosto, come afferma splendidamente Segre; eppure, esaminando l'edizione debenedettiana se ne possono isolare alcuni aspetti degni di ulteriore riflessione. In

---

1   CESARE SEGRE, *Premessa*, in LUDOVICO ARIOSTO, *I frammenti autografi dell'*Orlando furioso, a cura di Santorre Debenedetti, Roma, Edizioni di Storia e Letteratura, 2010, pp. V–X: IX.

2   Ivi, p. VIII.

particolare, a una lettura approfondita del materiale, sorge il sospetto che Debenedetti abbia classificato i fogli con eccessiva rigidità, talvolta trascurando alcuni microfenomeni che sembrano contraddire la possibilità di tracciare confini sicuri tra una fase e l'altra della scrittura.

Di seguito esaminerò alcuni manoscritti relativi alla giunta di Olimpia proprio per mostrare che è possibile rintracciare una stratigrafia della scrittura anche là dove Debenedetti identifica un unico stadio elaborativo. Alcuni ingranaggi del racconto sono infatti messi a punto da Ariosto mentre opera in un regime a metà tra la trascrizione di versi già pronti e la composizione di nuovi: in uno stato "intermedio", che esemplifica un procedimento di scrittura cui è sottesa una dialettica mai spenta tra sistemazione e invenzione. Questi ingranaggi si contrappongono alla caratterizzazione della scrittura di Ariosto che Debenedetti propone implicitamente nell'ordinamento delle carte da lui stabilito, quella di una poesia che balzerebbe da un primo stadio a un secondo stadio migliore e più completo del primo, e così via. Una caratterizzazione nella quale si avverte almeno un residuo dell'influsso crociano o per lo meno di una stagione genericamente crociana (ed è doveroso dichiarare che la possibilità di elaborare qualche ipotesi migliorativa rispetto al lavoro di Debenedetti si deve – credo – alle scelte ispirate in lui da questo orientamento teleologico assai più che a un suo difetto di perizia nell'analisi del materiale).[3]

Non si può che iniziare rammentando un dato acquisito dalla filologia ariostesca, ossia che Ariosto scriveva direttamente in versi: Debenedetti (nell'introduzione ai *Frammenti autografi*) e poi in particolare Contini (nel saggio-recensione del 1937, *Come lavorava l'Ariosto*) hanno descritto la naturalezza prodigiosa con cui la scrittura sgorgava dalla sua penna già formata

---

3   Aggiungo che i manoscritti offrono una via diretta per esplorare l'*inventio* di Ariosto sotto ogni profilo, formale e tematico, e sono ovviamente il punto di partenza da cui provare a ricostruire la diacronia della composizione delle grandi giunte all'ultimo *Furioso*. Per queste analisi, oltre che per la discussione particolareggiata del caso qui in esame, mi permetto di rinviare al mio libro *L'ultimo Ariosto. Dalle* Satire *ai Frammenti autografi*, Pisa, Edizioni della Normale, 2017, pp. 347 e sgg. (nel volume si trova anche un'appendice fotografica, dove sono riprodotte le carte esaminate, le quali sono consultabili anche online all'indirizzo <http://www.bibliotecaitaliana. it>, sezione «Collezioni speciali»).

ritmicamente. Preparando l'edizione dei frammenti autografi, Debenedetti classificò i fogli in «mala copia», «mala copia con correzioni», «buona copia», «buona copia con correzioni» e «copia definitiva». Questa classificazione era il risultato di un esame accurato dei testi e delle correzioni. Il rigore della distinzione rifletteva almeno in parte – come si è detto – un teleologismo di impronta latamente crociana (rammento, per inciso, che la prima edizione del *Furioso* a cura di Debenedetti era uscita nel 1928 per la collana *Scrittori d'Italia*, e Laterza, probabilmente anche in ossequio alle idee di Croce, in quel caso non aveva permesso che il testo presentasse un apparato con le varianti delle tre edizioni del poema curate da Ariosto, com'era invece nelle intenzioni di Debenedetti). Comunque l'esistenza di una «copia definitiva» fu confermata dalla bibliografia testuale, in particolare da Conor Fahy (che identificò nella «copia definitiva» dell'episodio di Olimpia proprio la redazione consegnata in tipografia).[4] Solo il paleografo Aldo Cerlini, in un articolo uscito nel 1944, mise in discussione un aspetto del lavoro di Debenedetti, ossia proprio la distinzione, tanto puntigliosamente scandita, tra brutta e buona copia. Per Cerlini, che elaborò ipotesi interpretative a tratti molto discutibili, questa distinzione agli occhi di Ariosto non sarebbe mai esistita (se non alla fine dell'*iter* elaborativo, allorché consegnava le pagine migliori al tipografo).[5] A sua volta Debenedetti rispose a Cerlini con una recensione durissima, nella quale diede grande rilievo a un dato che paradossalmente non emerge con altrettanta nettezza nel suo lavoro sulle carte ariostesche, un dato fondamentale per il discorso che ci si accinge a svolgere: l'esistenza di fasi elaborative "intermedie", dallo statuto difficilmente definibile, attraverso le quali Ariosto passa per approdare a un testo compiuto.[6]

---

4   CONOR FAHY, *L'«Orlando furioso» del 1532. Profilo di una edizione*, Milano, Pubblicazioni della Università Cattolica del Sacro Cuore, 1989, pp. 132–138. Per quanto riguarda le due carte Borromeo della Biblioteca Ambrosiana di Milano (ms. M) cfr. ARIOSTO, *I frammenti autografi*, cit., pp. XVIII e XXII.

5   ALDO CERLINI, *Scrittura e punteggiatura negli autografi dell'Ariosto*, «Cultura neolatina», 4–5, 1944–1945, pp. 37–60.

6   SANTORRE DEBENEDETTI, recensione a Cerlini, op. cit., «Giornale storico della letteratura italiana», 124, 1947, pp. 100–103: 101: «Quanto ai frammenti autografi, [C.] vien fuori con questa bella ipotesi: che delle aggiunte alla terza edizione sarebbero

Negli autografi dell'episodio di Olimpia si trova un fenomeno che può essere istruttivo riguardo a come Ariosto concepisse e gestisse i diversi gradi di elaborazione del testo. In merito propongo un'interpretazione che si discosta dalla posizione di Debenedetti. Dichiaro subito, infatti, che propendo per un lavoro scrittorio stratificato nel cui quadro non è del tutto esatto affermare che l'Ariosto "superasse" definitivamente i fogli sui quali aveva steso gli abbozzi. Anzi, il caso che analizzerò fa pensare che egli potesse tornarvi per registrare alcuni segmenti scritti nel frattempo su un altro più ordinato supporto, che contenesse un disegno narrativo nel frattempo divenuto più maturo. Ritengo dunque verosimile che Ariosto lavorasse con i fogli, a vari livelli di elaborazione, riuniti l'uno accanto all'altro, quasi che persino nel momento della revisione e trascrizione finale egli avesse bisogno di avere sotto gli occhi tutte le stesure del medesimo episodio, anche quelle iniziali più disordinate.

Una conseguenza di questo procedimento, da indicare sin d'ora, è che non tutte le varianti sugli abbozzi saranno allora designabili come modifiche avvenute nel corso di quella stesura: alcune di esse potrebbero essere modifiche che l'autore è tornato ad apportare dopo un certo tempo. La congettura di uno stacco temporale ha un valore non trascurabile, perché rende possibile ipotizzare che alcune varianti si leghino a questioni di struttura compositiva e ideologia quand'anche appaiano sui fogli di «mala copia». In sintesi, ciò che emergerà attraverso l'analisi è la possibilità che Ariosto tornasse sugli abbozzi, e per conformarli a quanto nel frattempo

---

soltanto esistite due copie, cioè quella in *brutta*, più e più volte ricorretta, e quella destinata al tipografo. Il poeta infatti avrebbe proceduto alla redazione per iscritto "soltanto dopo che nella memoria il testo era allo stato definitivo o quasi". Ma a sostegno di questa tesi si portano delle considerazioni di ben poco peso, mentre basta uno sguardo anche superficiale ai frammenti per farcela respingere. Infatti la lezione di quel foglio che noi consideravamo in *mala copia*, contenente la seconda parte dell'episodio di Olimpia, è così distante da quella della copia definitiva (fac. II–IV), che non si può negare l'esistenza d'una copia intermedia, data la fedeltà sostanziale del poeta nel copiare in bella. Non parliamo poi delle st. 43, 44, 71 del C. XI, e 1 del C. XII, che, col loro evidentissimo carattere di abbozzi, non solo postulano la necessità di almeno una copia intermedia, ma indicano che neanche l'Ariosto poteva sottrarsi alla necessità di fissare sulla carta le immagini via via balenategli alla mente».

aveva disposto e ordinato, magari anche sulla medesima «buona copia definitiva» (a sua volta segnata da modifiche che potrebbero suggerire guizzi di un lavoro potenzialmente ancora *in fieri*). Insomma, si può forse attenuare il "teleologismo" di un vettore che unisca il primo foglio a uno più progredito e sostenere l'idea di una sedimentazione della scrittura che, materialmente, avviene anche in senso "orizzontale".

Vediamo dunque il caso in esame, tratto – come si diceva – dagli autografi che trasmettono l'episodio di Olimpia (la prima delle quattro grandi giunte, comprendente le nuove ottave IX 8–94; X 1–34; XI 21–80). Ariosto scrive sempre cinque stanze per pagina, dove sono incolonnate, e Debenedetti segnala le interpolazioni di ottave negli abbozzi, qualora vi siano. In F, c. 1r («mala copia» di ottave del canto IX) l'ottava 11 è "aggiunta" a destra, una disposizione spaziale che si può vedere chiaramente, oltre che dal manoscritto, dalla stessa edizione critica di Debenedetti[7] e anche dalla nostra riproduzione qui sotto; forse, dato l'aspetto alquanto pulito, è stata scritta in un altro foglio e poi copiata qui con un segno di rappicco che la collega al punto in cui doveva inserirsi. A rimarcarlo è il fatto alquanto strano che nella «copia definitiva» (M, c. 1v) l'ottava è pure incastonata in alto a destra, nella colonna in genere destinata ai rifacimenti (è la sesta ottava che appare sul foglio, contravvenendo alla prassi ariostesca di cinque stanze per pagina).[8]

Questa precarietà – protratta dunque anche in M – può corrispondere a uno stato di indecisione dell'autore riguardo all'immissione dell'ottava. Infatti, vi è un motivo per cui Ariosto poteva avere l'esigenza di espungerla: al v. 7 si nomina «Ebuda», che è anche in IX 12,2–3: «[...] l'isola giace / nomata Ebuda» (formulazione portata dalla variante rispetto a una lezione

---

7   ARIOSTO, *I frammenti autografi*, cit., p. 5.

8   M, c. 1v. Per la riproduzione di questa pagina, dove l'ottava appare sempre aggiunta nella colonna destra, cfr. ARIOSTO, *I frammenti autografi*, cit., p. 34. Il foglio, custodito presso la Biblioteca Ambrosiana di Milano, SP33, n. 3, è riprodotto da ultimo in *Orlando furioso 500 anni. Cosa vedeva Ariosto quando chiudeva gli occhi*, Catalogo della mostra (Ferrara, 25 settembre 2016 – 29 gennaio 2017), a cura di Guido Beltramini e Adolfo Tura, Ferrara, Fondazione Ferrara Arte, 2016, p. 185 (scheda a cura di Tina Matarrese).

originale che metteva a fuoco l'isola in maniera ancora indeterminata e
introduttiva: «un scoglio iace, / o vogliamo dir isola [...]»);[9] e vi è un
motivo sostanziale per mantenerla, ossia che la «donzella» sul battello
ottiene da Orlando la promessa di distruggere Ebuda come "pedaggio"
per traghettarlo, e in particolare gli chiede di unirsi al «re d'Ibernia»,
personaggio che sarebbe entrato in scena, con il nome di Oberto, in XI
59. La menzione di Ebuda e di Oberto è importante strategicamente, per
il gioco d'incastro tra i vari motivi del nuovo episodio (nonché tra esso e
quello preesistente di Angelica legata al sasso, che risulterà dislocato nel
canto X).

Fur., IX 11 (F, c. 1*r*)[10]
Sì che s'havete, cavallier, desire
di por per me ne l'altra ripa i passi,
promettetemi, prima che finire
quest'altro mese prossimo si lassi,
ch'al re di Ibernia v'andarete a unire,
appresso al qual la bella armata fassi
per distrugger quella isola di Hebuda,
che di quante il mar cinge è la più cruda.

Fur., IX 12
Voi dovete saper ch'oltra l'Irlanda,   l'isola giace,
Fra molt*i* [*spscr.* e] che vi sono, *un scoglio iace*,   *La qual per legge o ria costuma manda*
O vogliamo dir isola, che manda   Nomata Hebuda, che per legge manda
Rubando intorno il suo popul rapace;
e quante donne può pigliar, vivanda
tutte destina a un animal vorace
che viene ogni dì al lito, e sempre nuova
donna o donzella, onde si pasca, truova;

---

9   Ma l'isola era già comparsa in *Fur.*, VIII 51,3-5: «Nel mar di tramontana inver l'occaso, /
     oltre l'Irlanda una isola si corca, / Ebuda nominata; [...]».
10   Le ottave trascritte da ARIOSTO, *I frammenti autografi*, cit., sono riprodotte
     rispettando la più importante convenzione grafica adottata da Debenedetti per
     indicare le fasi redazionali (il corsivo è riservato a parole e ottave 'superate' nel testo
     a stampa). Parimenti, delle ottave originali è riprodotta (approssimativamente) anche
     la distribuzione spaziale nelle carte.

Intanto, si può supporre che l'ottava 11, poiché "sospesa" anche nella «copia definitiva», sia stata da Ariosto interpolata negli abbozzi in un momento di poco anteriore o al più contemporaneo a quello della trascrizione di tali abbozzi in copia definitiva, dove essa manterrebbe la sua precarietà per l'indecisione che ho indicato. Escluderei invece che Ariosto si fosse dimenticato di copiare l'ottava e che di conseguenza l'abbia recuperata trascrivendola in modo avventizio: credo infatti che l'ottava sia stata aggiunta, già sugli abbozzi, solo in un secondo tempo.

Il punto su cui riflettere è la figura di Oberto, re di Irlanda («Ibernia» in IX 11,5). Debenedetti sostiene che in una successiva ottava che compare sul manoscritto della «mala copia», la IX 92 (F, c. 4*v*), il cenno all'«Hibernia» presupponga il primo riferimento a Oberto, poiché la possibilità che il paladino «mett[a] il piede» in Irlanda sarebbe legata alla proposta di allearsi a lui, fattagli dalla «donzella».[11]

> *Fur.*, IX 92 e 93,1–4 (F, cc. 4*v* e 5*r*)
> Tanto desire il paladino preme
> di saper se la donna ivi si trova,
> *Che sola* più che tutto il mondo insieme   Ch'ama assai
> *Ama, né* senza lei viver gli giova;   Né un'hora
> Che s'in Hibernia mette il piede, teme
> Di non dar tempo a qualche cosa nova,
> Sì che habbia poi da dire invano: Ahi lasso!
> *Per* che al venir [*spscr.* mio] non affrettai più il passo.
>
> Né scala in Inghelterra né in Irlanda
> Mai lasciò far, né sul contrario lito.
> Ma lasciamolo andar dove lo manda
> Il nudo arcer che l'ha nel cor ferito.

Quindi IX 92 implicherebbe IX 11; e l'interpolazione di quest'ultima sarebbe avvenuta nell'unità temporale della composizione dell'abbozzo, ossia nell'unità di lavoro, scrittorio e correttorio, che fa capo alla «mala copia». In realtà, è probabile che IX 11 sia indipendente da IX 92. Come mostra

---

11   ARIOSTO, *I frammenti autografi*, cit., p. XXIX: «[...] l'accenno all'Irlanda (st. 92) dice ben chiaro che ormai l'incoronato signore era nella storia».

bene la ripresa del motivo geografico in IX 93,1 («Né [...] in Inghelterra né in Irlanda»), Inghilterra e Irlanda costituiscono una sorta di endiadi per dire 'le ultime terre abitate verso nord', secondo la credenza degli antichi: dopo queste estreme terre di confine, cioè in Scozia, si troverebbe Ebuda. Uno stesso valore puramente geografico hanno i numerosi altri riferimenti all'Irlanda presenti nelle ottave dei canti che narrano le vicende di Ebuda. Li elenco di seguito:

> *Fur.*, VIII 51,3–5 C (= già *Fur.*, VIII 51,3–4 A)[12]
> Nel mar di tramontana invêr l'occaso,
> oltre l'Irlanda una isola si corca,
> Ebuda nominata [...]

> *Fur.*, X 75,6–8 C
> che di Scozia e d'Irlanda e d'Inghilterra
> e de l'isole intorno eran le schiere
> che quivi alzate avean tante bandiere:

> *Fur.*, X 91,7–8 e 92,1 C (= già *Fur.*, IX 79,7–8 e 80,1 A)
> Quindi Ruggier, poi che di banda in banda
> vide gl'Inglesi, andò verso l'Irlanda.
> E vide Ibernia fabulosa [...]

> *Fur.*, XI 77,7–8 e 78,1–4 C
> Con loro andò in Irlanda il paladino;
> che fu per gire in Francia il suo camino.
> A pena un giorno si fermò in Irlanda;
> non valser preghi a far che più vi stesse:
> Amor, che dietro alla sua donna il manda,
> di fermarvisi più non gli concesse.

Già in VIII 51,3–5 è presente il cenno «oltre l'Irlanda» (e ricordo che in IX 12, dove è di nuovo presentata l'isola di Ebuda, l'Irlanda è menzionata in modo pressoché identico, sempre al fine di localizzare Ebuda: «ch'oltra

---

12   Significativamente, il riferimento è presente sin da *Fur.*, VIII 51,3–4 A, dove però l'isola non ha ancora un nome: «Oltra la Irlanda e più verso l'occaso / e tramontana, una isola si corca».

l'Irlanda»). Ariosto ha in mente proprio questo passo del canto VIII quando aggiunge l'ottava IX 11, dove non a caso scrive «quella isola d'Ebuda», usando il dimostrativo. Forse in seguito, con *ductus* diverso (come si vede dal ms.), ritocca IX 12,2, mutando «un scoglio» nell'elemento, già annunciato, «l'isola», nel contempo sanando l'incontro tra articolo e *s-* implicata.[13] Poi, in X 75 le isole sono riunite nel *topos* della parata degli eserciti, a ulteriore conferma della loro contiguità. Passando a X 91–92, cioè a ottave relative alla più antica vicenda di Ruggiero che si avvia a liberare Angelica, si nota ancora che l'Irlanda serve a localizzare Ebuda, e compare anche nella variante «Ibernia»: il concetto è che l'Irlanda va oltrepassata per raggiungere l'isola. Infine, in XI 77–78 è ribadita la necessità di toccare l'Irlanda e magari anche di sostarvi per compiere il viaggio di ritorno, cioè per recarsi da Ebuda in Francia: la breve sosta riprende il dettaglio della fretta espresso in IX 92. Pertanto IX 91,7–8 e 92,1–6: «Il vento intanto le gonfiate vele / spinge alla via dell'isola crudele. // Tanto desire il paladino preme / di saper se la donna ivi si truova [...] / che s'in Ibernia mette il piede, teme / di non dar tempo a qualche cosa nuova» si può intendere: "teme di imbattersi in qualche nuovo avvenimento che lo distragga dall'impresa di Ebuda". È esattamente quanto era accaduto con la sosta in Olanda, dov'era stato spinto da una tempesta (IX 17): infatti proprio quella sosta aveva imposto a Orlando di interrompere la sua ricerca di Angelica, per altro costringendolo a un ritardo che gli sarebbe stato fatale, come sanno bene i lettori: al suo posto, a salvare l'amata dall'orca, sarebbe intervenuto Ruggiero, mentre a lui non sarebbe rimasto che compiere l'impresa a favore di Olimpia.[14]

13 Per inciso, sempre come effetto prodotto dall'interpolazione dell'ottava, è degno di nota il mutamento di IX 10,4, dove «ne l'altra ripa» diviene «oltre il fiume» per evitare la ripetizione («ne l'altra ripa» è in IX 11,2). Del resto, «in l'altra ripa», poi corretto con la variante marginale «nel», era – e resta – anche in IX 9,4.

14 Per il rapporto tra i due salvataggi, quello di Ruggiero e quello di Orlando, e per come Ariosto lo ha calibrato nel passaggio da *Fur.* B a C, cfr. SIMONE ALBONICO, *Lettura del canto X dell'*Orlando furioso, «Giornale storico della letteratura italiana», 189, 2012, pp. 1–22, poi in *Lettura dell'«Orlando furioso»*, diretta da Guido Baldassarri e Marco Praloran, I, a cura di Gabriele Bucchi e Franco Tomasi, Firenze, SISMEL-Edizioni del Galluzzo, 2016, pp. 296–314: 298–299.

A riprova dell'indecisione che circonda l'ottava 11, si può ritenere che la ripetizione che essa creerebbe intorno alla menzione di Ebuda e dell'Irlanda sia estranea all'eleganza ariostesca e difficilmente ammissibile nell'ottica di una composizione fluida e pressoché consequenziale delle ottave. Ancor più difficile da accettare sarebbe nell'ottica della revisione, durante la quale Ariosto avrebbe forse mirato al diradamento dei toponimi ripetuti.

Dunque si deve credere che l'idea di introdurre nella storia il personaggio di Oberto si precisi solo tardi, dopo che Ariosto ebbe scritto su qualche altro supporto – che non ci è pervenuto in «mala copia» – il segmento del canto XI in cui egli figura. Del resto, le ottave di Oberto (XI 59 e sgg.) non presuppongono alcuna premessa o menzione precedente del re d'Irlanda.[15]

Che questi versi della «mala copia» appartengano a un disegno dell'episodio ancora acerbo (anche per quanto riguarda elementi centrali) è naturalmente intuito da Debenedetti.[16] Non però l'eventualità che Ariosto potesse tornare sugli abbozzi, e per introdurvi ciò che nel frattempo aveva disposto altrove (o che valutava di aggiungere alla «copia definitiva»). Non è immediatamente perspicuo il senso di questo ritorno sui vecchi fogli, ma si può ipotizzare che Ariosto in tal modo assecondasse un'istanza ordinatrice. Se la brutta copia non veniva superata e tanto meno accantonata, si

---

15   Queste le ottave di Oberto (*Fur.*, XI 59,5–8 e 60 C): «Or mentre / ch'a questo è intento, Oberto sopraviene, / Oberto il re d'Ibernia, ch'avea inteso / che 'l marin mostro era sul lito steso; // e che nuotando un cavallier era ito / a porgli in gola un'ancora assai grave; / e che l'avea così tirato al lito, / come si suol tirar contr'acqua nave. / Oberto, per veder se riferito / colui da chi l'ha inteso, il vero gli have, / se ne vien quivi; e la sua gente intanto / arde e distrugge Ebuda in ogni canto».

16   Cfr. quanto scritto da Debenedetti sull'elaborazione dell'idea dell'archibugio: «La redazione cancellata della st. 28 del c. XI, che dava l'abominoso ordigno, oltreché a Cimosco, ai suoi schioppettieri, mostra che quando già il poeta *metteva in pulito* questi versi era lontano dal pensare alla gran scena ove Orlando, ucciso il re frisone e dirigendosi con la nave all'Isola del pianto, getta nel profondo l'ordigno» (ARIOSTO, *I frammenti autografi*, cit., p. XXIX). E inoltre cfr.: «L'Ariosto non aveva *costume* d'abbozzare l'intero episodio, ma fattosene un largo disegno (forse nella memoria), lavorava poi a colorirlo pezzo per pezzo: ogni gruppo di ottave via via che nasceva da quelle primissime stesure di cui dà un'immagine viva il foglio di Proteo, era novamente trascritto per le successive revisioni» (*ibidem*).

deve ridimensionare l'idea di un procedimento teleologico della scrittura ariostesca, quel balzo sicuro da un primo foglio a uno più maturo.

Più in generale, il caso esaminato permette forse di comprendere che i frammenti autografi del poema ariostesco serbano ancora spazi d'indagine. Contini, nella sua storica analisi, ha privilegiato la fase finale della levigatura, illuminando l'arte del «levare» di Ariosto e le sue riscritture tese verso l'indeterminato. Riuscendo nel compromesso di unire Croce e la critica degli scartafacci, Contini ha scorto negli autografi alcune delle leggi fondamentali della scrittura ariostesca. Non a caso, più tardi, Blasucci avrebbe mostrato magistralmente che l'ottava ariostesca è governata da procedimenti espressivi non lontani da quella tensione a trasfigurare liricamente la realtà: ad esempio il ritmo unitario e armonioso, capace di dominare una materia varia e imprevedibile.[17] Questa storia di intuizioni critiche prestigiose ha fatto seguito al lavoro di riordino delle carte svolto da Debenedetti, che è stato non meno acuto e pionieristico: eppure, la dimensione spontanea e "caotica" della scrittura ariostesca, quella che tanto a lungo, con ripensamenti e incertezze, accompagna il demiurgo fino alla fase finale della "poesia" è rimasta a tutt'oggi relativamente inesplorata, e forse può schiudere ancora molti segreti del *Furioso*.

---

17   Luigi Blasucci, *Osservazioni sulla struttura metrica del* Furioso *(con una nota sull'enumerazione)*, «Giornale storico della letteratura italiana», 139, 1962, pp. 170–218, ora in Idem, *Sulla struttura metrica del* Furioso *e altri studi ariosteschi*, Firenze, Sismel-Edizioni del Galluzzo, 2014, pp. 3–44.

PART II

Interpretation

STEFANO JOSSA

7 L'*Orlando furioso* nel suo contesto editoriale

Introduzione

Siamo abituati a leggere l'*Orlando furioso* come un poema cavalleresco, il cui orizzonte d'attese si colloca nell'ambito dei lettori di poemi cavallereschi. Ma siamo sicuri che lo leggessero così anche l'autore stesso e i suoi contemporanei? Siamo sicuri, cioè, che l'orizzonte di attese del poema fosse definito dalla cornice del genere anziché da altri parametri, interni o esterni al genere stesso?[1] Per cercare una risposta a questa domanda mi sono chiesto come venisse presentato l'*Orlando furioso* ai suoi primi lettori da parte di chi lo offriva al pubblico, cioè il suo editore e venditore.

Formulata in termini più attenti al dato materiale e più sensibili al dettato dei *cultural studies*, la domanda di partenza potrebbe essere la seguente: cosa c'era sulle bancarelle (o in vetrina) accanto all'*Orlando furioso* subito dopo la sua pubblicazione? La domanda non può che avere una risposta indiziaria, perché non abbiamo testimonianze di alcun tipo, né scritte né visive, al riguardo. Eppure ragioni geografiche, politiche, culturali ed editoriali possono aiutare.

L'*Orlando furioso* fu stampato da un editore, Giovanni Mazocco (Mazzocchi) dal Bondeno, che fino a quel momento aveva dato alle stampe solo undici titoli, che spaziano dalla medicina alla grammatica, dalla materia cavalleresca alla geografia, dalla teologia alla paremiografia, tra latino,

---

1 L'orizzonte di attese definisce le aspettative di un lettore rispetto a un testo sulla base delle sue conoscenze pregresse dello spazio letterario in cui il testo si colloca, secondo la teorizzazione di Hans Robert Jauss, *Perché la storia della letteratura?* (1967), trad. it. di Alberto Varvaro, Napoli, Guida, 2001, pp. 41–44 e 51–57.

greco e volgare, cultura scientifica e cultura letteraria, interessi locali e ambizioni sovramunicipali [Tavola 7.1]. Questa lista di titoli costituiva a tutti gli effetti, per dirla in termini moderni, la collana (o serie, o collezione) entro cui veniva a situarsi l'*Orlando furioso* di fronte al suo pubblico al momento della stampa, fornendo un primo sintomo delle coordinate culturali entro le quali si collocava l'orizzonte di attese dei lettori suoi contemporanei. Nessuno si è preoccupato finora, a quanto mi risulta, di collocare il poema ariostesco nel suo contesto editoriale,[2] ma è molto probabile che la prima stampa del *Furioso* sia finita accanto agli altri libri pubblicati da Mazocco sulle bancarelle o in vetrina in occasione della prima presentazione sul mercato. Non possiamo sapere, sulla base dei dati attualmente a disposizione, se i primi compratori dell'*Orlando furioso* acquistassero anche testi di grammatica, medicina, filosofia, religione o poesia, ma certamente l'offerta accomunava il poema ariostesco a questo tipo di testi. E quasi certamente i primi compratori non erano interessati solo alla letteratura cavalleresca.

L'editore e la sua attività: tra progetto umanistico e radicamento municipale

Giovanni Mazocco era in realtà un libraio che solo da sette anni aveva cominciato a fare l'editore, grazie all'ingresso in una società formata da Ludovico Bonaccioli, Pontico Virunio, Andrea e Antonio Baldi; da soli tre

---

2   Ho avuto la fortuna, tuttavia, grazie alla cortesia dell'autore, di leggere un contributo ancora inedito di DENNIS LOONEY, *Giovanni Mazzocchi, Publisher of the First Edition of Orlando Furioso in 1516*, che ricostruisce la produzione di Mazzocchi in termini di storia del libro, collocandola nel suo ambiente culturale e definendone la politica editoriale. Quando questo testo era ormai in bozze, è comparso anche l'interessantissimo contributo di BRIAN RICHARDSON, *The 1516 Edition of Ariosto's* Orlando furioso: *The Opening*, «Modern Language Review», CXIII, 1, 2018, pp. 80–106.

anni era diventato anche tipografo, valendosi probabilmente del materiale lasciato da Pontico Virunio.[3] Ludovico Bonaccioli è personaggio di primo piano nella Ferrara del tempo: amico e forse allievo del grande medico vicentino Niccolò da Lonigo (Leoniceno), fu il ginecologo di Lucrezia Borgia dal 1502 fino alla morte (1519) e si trovò con Giovanni Manardi al capezzale di Ludovico Ariosto nel 1533.[4] Pontico Virunio (Ludovico da Ponte) è anch'egli personaggio tutt'altro che secondario nello scenario culturale dell'Italia settentrionale di fine Quattrocento e inizio Cinquecento, essendo stato alla corte degli Este, dei Visconti e degli Sforza, incaricato da Ludovico il Moro di accompagnare Antonio Visconti, l'ambasciatore sforzesco, da Milano a Ferrara per scortare di lì di nuovo a Milano la promessa sposa Beatrice d'Este.[5] Lo scenario è quello della cultura umanistica quattrocentesca, tra interessi medici, culto dei classici, missioni diplomatiche e mercato librario. È probabile, dunque, che l'impresa editoriale di Mazocco avesse un preciso progetto culturale, al di là e forse persino al di sopra degli immediati obiettivi economici. Del resto, a quel tempo stampatore, editore e libraio

3   Su Mazocco e la sua attività si vedano JANE E. EVERSON, *Bibliografia del «Mambriano» di Francesco Cieco da Ferrara*, Alessandria, Edizioni dell'Orso, 1994, pp. 66–67; ANGELA NUOVO, *Il commercio librario a Ferrara tra XV e XVI secolo. La bottega di Domenico Sivieri*, Firenze, Olschki, 1998, pp. 93–100 (*Giovanni Mazzocchi da Bondeno, «librarius et mercator»*); ELEONORA AZZINI, *Mazzocchi, Giovanni (Giovanni Mazzocco di Bondeno)*, in *Dizionario biografico degli italiani*, LXXII, 2008, <http://www.treccani.it/enciclopedia/giovanni-mazzocchi_(Dizionario-Biografico)>; DANIELE BIANCARDI, *Giovanni Mazzocchi, cartolaio, libraio ed editore di Bondeno a Ferrara e Mirandola (a Roma e a Venezia?)*, in *Quattrocento bondenese. Religiosità stampa arte cultura*, «Analecta pomposiana», 39, 2014, pp. 121–155: <http://comunebondenofe.it/images/museo_archeologico/Giovanni%20Mazzocchi%20dal%20Bonden.pdf>.

4   Cfr. GIORGIO STABILE, *Bonaccioli, Ludovico*, in *Dizionario biografico degli italiani*, XI, 1969: <http://www.treccani.it/enciclopedia/ludovico-bonaccioli_(Dizionario-Biografico)>.

5   Cfr. ROBERTO RICCIARDI, *Da Ponte, Ludovico (Ponticus Virunius)*, ivi, XXXII, 1986, <http://www.treccani.it/enciclopedia/ludovico-da-ponte_(Dizionario-Biografico)>. Sul suo ruolo di mediatore culturale cfr. ora ALESSANDRA TRAMONTANA, *Pontico Virunio tra storia, mito e letteratura*, Messina, Centro Internazionale di Studi Umanistici, 2017.

s'incontravano spesso nella stessa persona, così come autore, agente e distributore erano a loro volta la stessa persona. Sensibile alla destinazione commerciale dell'editoria fin dalla sua prima comparsa pubblica, una lettera del 5 gennaio 1498, in cui si rivolge ad Aldo Manuzio «pensando al tuo utile, che reputo non indifferente quando le tue edizioni siano più vendute» (*tuae utilitati consulam, quam non minimam existimo si quae imprimenda curasti a pluribus emantur*),[6] Ariosto è probabilmente tra i primi autori dell'età moderna a costruire un legame organico tra produzione e circolazione del libro, in quel corto circuito tra scrittore, editore e venditore che diventerà fondante dell'età della stampa. Più avanti, a ridosso della pubblicazione del suo poema, in una lettera del 17 settembre 1515, scritta per conto di Ippolito d'Este a Francesco II Gonzaga, Ariosto chiedeva di poter far arrivare a Ferrara ben mille risme di carta senza pagare le tasse per il passaggio nel territorio mantovano;[7] e in una lettera del 7 maggio 1516 Ippolito Calandra raccontava a Federico Gonzaga che lo stesso Ariosto si era presentato a Mantova con una cassa piena di copie del *Furioso* appena stampato:[8] l'autore diventava così anche editore e libraio. Allo stesso modo lo stampatore diventato editore era un protagonista attivo della politica culturale cittadina, oltre che l'effettivo bottegaio che rivendeva il prodotto.

L'*Orlando furioso* si dovette vendere infatti prima di tutto a Ferrara nel negozio di Mazocco in via dei Sabbioni nella contrada di San Romano (ora via Mazzini). Qui, sulle bancarelle o in vetrina, l'*Orlando furioso* si trovava certamente accanto agli altri libri pubblicati da Mazocco. Vediamo dunque meglio di che libri si tratta. L'esordio di Mazocco nel 1509 prevede quattro titoli: la grammatica greca di Manuel Crisolora, edita da Guarino Guarini e commentata da Pontico Virunio,[9] l'edizione di due libri

---

6   LUDOVICO ARIOSTO, *Lettere*, a cura di Angelo Stella, Milano, Mondadori, 1965, p. 3.

7   Cfr. MICHELE CATALANO, *Vita di Ludovico Ariosto ricostruita su nuovi documenti*, Genève, Olschki, 1930–1931, 2 voll.: II, pp. 150–151 (n. 259); ARIOSTO, *Lettere*, p. 30.

8   CATALANO, *Vita*, II, pp. 157–158 (n. 272).

9   Sul libro cfr. ANTONIO ROLLO, *Gli Erotemata tra Crisolora e Guarino*, Messina, Università degli Studi di Messina – Centro Interdipartimentale di studi umanistici, 2012. Gli *erotemata* sono una grammatica greca costruita col genere umanistico delle domande e risposte.

di Niccolò Leoniceno (una confutazione degli errori di Plinio il Vecchio in materia di medicina e la traduzione di Galeno)[10] e un poema cavalleresco, o romanzo (un «libro d'arme e d'amore»), il *Mambriano* di Francesco detto il Cieco da Ferrara.[11] I primi tre erano riedizioni: gli *Erotemata Guarini* erano apparsi a Reggio Emilia presso Benedetto Mangio (Dolcibelli) di Carpi nel 1501 (dopo la *princeps* parmense del 1481), col coinvolgimento, fra gli altri, dello stesso Pontico Virunio; la critica del Leoniceno a Plinio era stata stampata a Ferrara presso Lorenzo Rossi da Valenza e Andrea da Castronovo nel 1492 e la traduzione di Galeno da parte del Leoniceno era stata edita a Venezia «per Jacobum Pentium de Leucho» nel 1508;[12]

---

10 Entrambi sono ora disponibili online: <https://books.google.it/books?id=PRcWb Pp3BEsC&printsec=frontcover&hl=it#v=onepage&q&f=false> e <https://books. google.it/books?id=SyFVAAAAcAAJ&printsec=frontcover&dq=leoniceni+in+ libros+galeni&hl=it&sa=X&ved=0ahUKEwjhtoWqtpDWAhWHlxoKHd_nAq QQ6AEIKTAA#v=onepage&q=leoniceni%20in%20libros%20galeni&f=false>. Sull'autore cfr. PAOLO PELLEGRINI, *Niccolò da Lonigo (Niccolò Leoniceno)*, in *Dizionario biografico degli italiani*, LXXVIII, 2013, <http://www.treccani.it/enci-clopedia/niccolo-da-lonigo_(Dizionario-Biografico)>. Sulla sua cultura libraria è sempre fondamentale, comunque, DANIELA MUGNAI CARRARA, *La biblioteca di Nicolò Leoniceno. Tra Aristotele e Galeno: cultura e libri di un medico umanista*, Firenze, Olschki, 1991. Sull'importanza dell'intreccio tra cultura medica e cultura umanistica a Ferrara tra Quattro e Cinquecento cfr. anche FRANCO BACCHELLI, *Antonio Musa Brasavola archiatra di Ercole II duca di Ferrara*, «Micrologus: natura, scienze e società medievali», XVI, 2008, pp. 327–346.

11 Sul *Mambriano* vanno visti preliminarmente gli studi di EVERSON, *Bibliografia del «Mambriano»*; EADEM, *Il Mambriano di Francesco Cieco da Ferrara fra tradizione cavalleresca e mondo estense*, in *L'uno e l'altro Ariosto in Corte e nelle Delizie*, a cura di Gianni Venturi, Firenze, Olschki, 2011, pp. 153–173; ed ELISA MARTINI, *Un romanzo di crisi. Il* Mambriano *del Cieco da Ferrara*, Firenze, Edizioni Scientifiche Fiorentine, 2016.

12 Le notizie provengono dal catalogo opac.sbn.it. Sul Dolcibelli cfr. ALFONSO GARUTI, *Dolcibelli, Benedetto*, in *Dizionario biografico degli italiani*, XL, 1991: <http://www. treccani.it/enciclopedia/benedetto-dolcibelli_(Dizionario-Biografico)>. Più in generale, sull'attività editoriale a Ferrara è comunque ancora valido GIROLAMO BARUFFALDI, *Della tipografia ferrarese dall'anno 1471 al 1500. Saggio letterario-bibliografico*, Ferrara, Rinaldi, 1777 (su Lorenzo Rossi, pp. 73 ss.). La prima edizione e quella del 1501 degli *Erotemata Guarini* si possono ora consultare online:

ma non si può certo negare che si tratta di un esordio impegnativo, prima di tutto per la presenza del greco, che era meno facile da stampare perché richiedeva un tipografo di formazione umanistica, ma anche per un progetto che potremmo modernamente chiamare d'incontro tra le due culture, visto che la cultura umanistica, rappresentata dalla grammatica greca del Crisolora, si accompagnava alla cultura scientifica, rappresentata dai commenti a classici della medicina come Plinio e Galeno, cui si aggiungeva infine un poema cavalleresco potenzialmente popolare come il *Mambriano*. Il patrono dell'impresa editoriale fu del resto all'inizio il Bonaccioli, interessato al greco per leggere i testi scientifici nella lingua originale: a lui si deve infatti la lettera prefatoria del commento del Leoniceno a Galeno.[13] Si tratta tuttavia anche di un esordio fortemente locale, rivolto soprattutto a un mercato universitario, visto che i libri di Guarino e di Leoniceno, professori allo studio di Ferrara, avevano un'ovvia destinazione scolastica, sia per studenti sia per studiosi:[14] gli *Erotemata* del Crisolora sono preceduti infatti da una lettera del letterato ferrarese Giovanni Maria Tricelio *studiosis* (agli studiosi), mentre il commento di Guarino è a sua volta preceduto da una lettera di uno degli editori e sodale di Mazocco, Pontico Virunio, ad Antonio Visconti, *vicecomes* di Ludovico il Moro a Ferrara, che si conclude con un catalogo di autori greci.[15] Operazione umanistica, dunque, nell'alveo della lunga durata della lezione di Poliziano, che del resto era il destinatario della prima edizione del testo di Leoniceno su Plinio.[16] La presentazione del *Mambriano* come poema non rifinito, invece, sembra quasi preludere

---

<urn:nbn:de:bvb:12-bsb00066455-7> e <https://books.google.it/books?id=5gdd AAAAcAAJ&printsec=frontcover&hl=it#v=onepage&q&f=false>.

13   *Ludovicus Bonaciolus emerito philosopho ac medico Nicolao Leoniceno*, c. Iv (non numerata).

14   Sul valore della lezione di Guarino nell'ambiente culturale ferrarese tra Quattro e Cinquecento cfr. il sempre fondamentale saggio di EUGENIO GARIN, *Guarino Veronese e la cultura a Ferrara*, in IDEM, *Ritratti di umanisti*, Firenze, Sansoni, 1967, pp. 69–106.

15   *Ioannes Maria Tricaelius studiosis*, 3 cc. non numerate; *Ponticus Virunius Magnifico Antonio Vicecomiti Lod. Sfor.*, cc. 1r–10v.

16   «Angelo Politiano dedicatum», si legge sul frontespizio; e alle cc. Aiir-A iiir compare la lettera del Poliziano al Leoniceno datata 3 gennaio 1491.

alla pubblicazione di un poema più compiuto, dedicato al cardinal Ippolito e ampiamente riformato rispetto a quello del Cieco: un poema, forse e possibilmente, più in linea col progetto editoriale di chi affidava anche al romanzo cavalleresco una dimensione di politica culturale cittadina.[17]

Ermetismo umanistico

A partire dall'anno successivo Mazocco assume un ruolo editoriale più rilevante, proponendosi come editore oltre che stampatore. Nel 1510 uscivano infatti un'altra grammatica greca, le *Institutiones universae* di Costantino Lascaris, e il dizionario bilingue greco-latino, latino-greco di Giovanni Crastone.[18] La grammatica greca del Lascaris è preceduta da una lettera dedicatoria dello stesso Mazocco *bonis ac studiosis* (alle persone bendisposte verso gli studi), che definisce chiaramente il suo pubblico ideale:[19] si tratta

17 Se è vero che, come scrive Eliseo Conosciuto (Eliseus Cognitus) nella lettera dedicatoria, lo stesso autore del *Mambriano* stava pensando di riscriverne il principio in modo da onorare il cardinale, è possibile che il poema dovesse essere ancora allineato agli indirizzi della politica editoriale del suo stampatore. Cfr. anche EVERSON, *Bibliografia del «Mambriano»*, pp. 58–59 (dove si rilegge la lettera dedicatoria del Conosciuto).

18 Sono entrambi ora disponibili online: <https://books.google.it/books?id=UnQ KYVRTtaIC&printsec=frontcover&hl=it#v=onepage&q&f=false> e <https:// books.google.it/books?id=TCwM2v69RIYC&printsec=frontcover&hl=it#v=o nepage&q&f=false>. Le *Institutiones* del Lascaris si trovano anche nella collezione digitale della Bayerische Staatsbibliothek: <http://reader.digitale-sammlungen.de/ resolve/display/bsb11217196.html>.

19 *Ioannes Maciochus bonis, ac studiosis*, cc. non numerate. La lettera è presente nell'esemplare posseduto dalla British Library e in quello della Staats- und Stadtbibliothek di Augusta digitalizzato per la Bayerische Staatsbibliothek, ma non in quello posseduto dalla Biblioteca Nazionale Centrale di Roma e digitalizzato da google books. La collazione degli esemplari, per definire cronologia interna, tecniche di stampa e mobilità dei testi, è sicuramente necessaria, ma esula, naturalmente, dagli scopi del presente saggio.

della prima dichiarazione di Mazocco da editore, tanto più rilevante quanto
più, per ora, è proprio come editore anziché come umanista che Mazocco
si rivolge ai suoi destinatari (diversamente da quanto faceva, per citare solo
l'esempio più famoso, Aldo Manuzio). Mazocco espone infatti tutti i pro-
blemi della stampa, che spesso non corrisponde alle aspettative dell'editore,
a volte per la negligenza dei torchiatori, altre volte per l'insipienza del
compositore del testo. Potrebbe essere persino un segnale di un comune
sentire e un comune modo di pensare del gruppo che si radunava intorno
a lui il fatto che Mazocco denunci che «multa[que] praeter spem, atque
expectationem solent occurrere», la cui traduzione volgare non sarebbe
troppo lontana dal «contrari ai voti poi furo i successi» con cui si apre lo
scenario narrativo dell'*Orlando furioso*.[20] La successiva dedica al Bonaccioli
conferma il sodalizio tra il medico e lo stampatore-libraio che era stato il
punto di partenza dell'impresa editoriale e che definisce il perimetro degli
interessi culturali del gruppo.[21]

Più interessante è però uno sguardo all'indice del libro (Figura 7.1),
che contiene, oltre alla grammatica greca del Lascaris, la *Tabula Cebetis
Thebani*, l'*Ave Maria* e il *Salve Regina*, l'esposizione dell'alfabeto greco
da parte del letterato ferrarese Giovan Battista Pisone, la Δίκη Φωνηέντων
(*Iudicium vocalium* o *Il giudizio delle vocali*) di Luciano di Samosata nella
traduzione latina di Celio Calcagnini (con dedica a Tommaso Fusco vescovo
cimeliense e al cardinal Ippolito d'Este), il *Padre nostro* (o *Oratio dominica*),
il *Credo* (o simbolo degli Apostoli), l'inizio del *Vangelo di Giovanni*, il 50°
salmo, i *Carmina aurea* pitagorici (con l'attribuzione a Filolao di Crotone
e la dismissione della falsa attribuzione a Pitagora) e il Ποίημα νουθετικόν
(*Poema admonitorium*) ascritto a Focilide di Mileto. Tutti i testi sono
stampati sia in greco sia in latino, ad eccezione dell'esposizione di Pisone,
che è in latino, e del *Giudizio delle vocali* di Luciano, che compare nella
traduzione del Calcagnini: si tratta di una vera e propria summa del sapere
umanistico, tra interessi grammaticali, classici greci, testi religiosi e curio-
sità ermetiche. Il libro è infatti, come ha segnalato Stefano Benedetti, una

---

20   Cfr. LUDOVICO ARIOSTO, *Orlando furioso*, I 9,5.

21   [Giovanni Mazzocchi], *Clariss. ac Praecellenti Philosopho et naturae consulto Ludovico
        Bonaciolo Ferrariae. Physico Ducali*, Idibus Iulii. M.D.X., cc. Av-A iir.

ristampa dell'edizione aldina degli *Erotemata* del Lascaris (1494–1495), che conteneva già quasi tutte le addizioni (ad eccezione di alcune particolarmente significative, come vedremo), ad uso soprattutto degli adolescenti, secondo un programma di pedagogia cristiana che univa studio grammaticale e lezione morale.[22]

Ma la Ferrara del 1510 è diversa dalla Venezia di Beroaldo e di Aldo. Il fatto che questi testi non siano annunciati nel frontespizio e risultino praticamente nascosti all'interno di un altro testo (come già nell'aldina, tuttavia) suggerisce l'ipotesi che si trattasse di testi comunque iniziatici, destinati soprattutto a una circolazione interna a uno specifico gruppo intellettuale, quello ferrarese che si raccoglieva intorno all'impresa editoriale che faceva capo a Mazocco, appunto. Sintomatica è l'aggiunta, infatti, rispetto al testo dell'aldina, non solo dello scritto grammaticale di Pisone, ma anche e soprattutto di un salmo controverso quale il *Miserere*, che era stato l'oggetto dell'ultima predica di Savonarola nel 1498, più due opere greche dal sapore decisamente ermetico: i *Carmina aurea* e il dialogo lucianeo. La raccolta si propone quindi come un vero e proprio itinerario di pellegrinaggio intellettuale e spirituale. Basta dare uno sguardo introduttivo ai testi presentati: la tavola di Cebete appartiene al genere del dialogo narrativo di tradizione gnostico-socratica e propone un'allegoria della vita umana come viaggio in cerca della felicità attraverso la descrizione di una tavola dipinta dalla forte carica simbolica.[23] Il giudizio delle vocali di Luciano, nel quale il Sigma querela il Tau per i suoi continui furti davanti al tribunale delle vocali, fa parte di quei testi che si classificano come encomi paradossali, esercizi oratori e declamazioni sofistiche, che erano spesso visti con diffidenza o sospetto.[24] I *Carmina aurea* pitagorici sono un testo precettistico rivolto

---

22 STEFANO BENEDETTI, *Itinerari di Cebete. Tradizione e ricezione della* Tabula *in Italia dal XV al XVIII secolo*, Roma, Bulzoni, 2001, pp. 80–81 e 202–211, dove si esplora la fortuna della *Tabula* in area ferrarese.

23 Sulla fortuna *rinascimentale del* testo cfr. *ivi*, pp. 275–320.

24 Sull'argomento in generale cfr. CRISTINA FIGORILLI, *Meglio ignorante che dotto. L'elogio paradossale in prosa nel Cinquecento*, Napoli, Liguori, 2008. Più specificamente, sulla diffusione di Luciano nella cultura europea tra Quattro e Cinquecento cfr. CHRISTOPHER ROBINSON, *Lucian and His Influence in Europe*, London, Duckworth, 1979; EMILIO MATTIOLI, *Luciano e l'umanesimo*, Napoli, Istituto Italiano per gli

all'osservanza degli obblighi religiosi e al rispetto dei doveri naturali, già presenti nell'orizzonte neoplatonico e ficiniano.[25] Il poemetto gnomico pseudo-focilideo è infine un esempio di sintesi tra sapienza pitagorica, filosofie cinico-stoiche e spiritualità cristiana. L'associazione tra la *Tabula Cebetis* e Luciano costituiva del resto un dittico progettuale di tipo pitagorico nella tradizione umanistica, con conseguenze rilevanti anche per

---

Studi Storici, 1980; e DAVID MARSH, *Lucian and the Latins*, Ann Arbor, University of Michigan Press, 1998. I rapporti di Ariosto con Luciano sono ancora in gran parte da studiare, ma spunti decisivi sono venuti dagli studi di MARSH, *Lucian and the Latins*, cit., pp. 92–100; PETER V. MARINELLI, *Ariosto and Boiardo. The Origins of* Orlando Furioso, Columbia (Missouri), University of Missouri Press, 1987, cap. 7, *The Laughter of Lucian: Astolfo as Christian Menippus*, pp. 166–195; LETIZIA PANIZZA, *Vernacular Lucian in Renaissance Italy: Translations and Transformations*, in *Lucian of Samosata Vivus et Redivivus*, eds Christopher Ligota and Letizia Panizza, London-Turin, The Warburg Institute and Nino Aragno Editore, 2007, pp. 71–114; MARIANTONIETTA ACOCELLA, *Cassio da Narni tra Ariosto e Luciano*, in *Boiardo, Ariosto e i libri di battaglia*, a cura di Andrea Canova e Paola Vecchi Galli, Novara, Interlinea, 2007, pp. 287–324; LETIZIA PANIZZA, *Ariosto and Lucian of Samosata: Partners in Ambivalence, together with St John*, in *Chivalry, Academy, and Cultural Dialogues: The Italian Contribution to European Culture: Essays in Honour of Jane E. Everson*, eds Stefano Jossa and Giuliana Pieri, Cambridge, Legenda, 2016, pp. 17–31. Altri elementi si attendono ora da LUCIA DELL'AIA, *L'antico incantatore. Ariosto e Plutarco*, Roma, Carocci, 2017; e MARINA RICCUCCI, *L'ippogrifo e la* Storia Vera *di Luciano: Ariosto neologista*, in Il Furioso *del 1516 tra rottura e continuità / Le* Roland furieux *de 1516 entre rupture et continuité*, Colloque international 17–19 mars 2016, Université de Toulouse, Jean Jaurès, a cura di Alessandra Villa, Toulouse, Presses de l'Université, 2018, pp. 107–120. Forse potrà essere più di una semplice curiosità erudita il fatto che nello stesso anno della pubblicazione del primo *Furioso*, il 1516, comparisse a Roma presso Giacomo Mazzocchi (la cui relazione con Giovanni resta tutta da approfondire) la traduzione di Pierio Valeriano del dialogo di Luciano sulle cortigiane (dove alla fine compare una menzione di Cebete Tebano): *Lucianus. De aulicorum erumnis. Pierio Valeriano interprete*, Romae, Ia. Mazochius, idib. Martijs. 1516.

25   Cfr. SEBASTIANO GENTILE, *Sulle prime traduzioni dal greco di Marsilio Ficino*, «Rinascimento», seconda s., XL, 1990, pp. 57–104; e IDEM, *Il ritorno di Platone, dei platonici e del "corpus" ermetico. Filosofia, teologia e astrologia nell'opera di Marsilio Ficino*, in CESARE VASOLI, *Le filosofie del Rinascimento*, a cura di Paolo Costantino Pissavino, Milano, Bruno Mondadori, 2002, pp. 193–228: 200.

il gruppo ferrarese.[26] Né andrà sottovalutata la presenza del salmo con cui Savonarola aveva identificato il suo lascito spirituale più profondo.[27] Tensioni ermetiche ed esoteriche sono perciò sicuramente presenti nel gruppo ferrarese che fa da sfondo alla pubblicazione dell'*Orlando furioso*. Certamente estraneo, per ora, a tentazioni riformate, l'ambiente intellettuale ferrarese, tra la corte e l'università, si rivela comunque attentissimo al dibattito religioso coevo, di cui si dovranno presto ricostruire per bene coordinate e tematiche in una prospettiva ferrarese: fin d'ora si può dire, però, che l'immersione dell'ambiente intorno all'autore dell'*Orlando furioso* in questa cultura non dovrà essere sottostimata nella ricostruzione e nell'interpretazione del poema ariostesco, soprattutto al momento della sua genesi e certamente fino alla pubblicazione del primo *Furioso*.[28]

---

26 Sulla presenza della *Tabula* nell'esperienza e nella lezione del Calcagnini, cfr. BENEDETTI, *Itinerari di Cebete*, pp. 280–284. Sulle potenzialità eterodosse della fruizione di Luciano cfr. Letizia Panizza, *La ricezione di Luciano da Samosata nel Rinascimento italiano: coripheus atheorum o filosofo morale?*, in *Source antiques de l'irréligion moderne. Le relais italien*, a cura di Didier Foucault e Jean-Pierre Cavaillé, Toulouse, Université de Toulouse-LeMirail, 2001, pp. 119–137, e EADEM, *Removable Eyes, Speaking Lamps and a Philosopher Cock*, in *Il Rinascimento italiano di fronte alla Riforma. Letteratura ed Arte*, a cura di Chrysa Damianaki, Paolo Procaccioli e Angelo Romano, Manziana, Vecchiarelli, 2005, pp. 61–88.

27 Il commento circolava a stampa in latino e volgare fin dal 1499. Cfr. GIROLAMO SAVONAROLA, *Expositio in psalmum «Miserere mei, deus»*, in *Operette spirituali*, a cura di Mario Ferrara, Roma, Belardetti, 1970, 2 voll.: II, pp. 195–234.

28 I contatti dell'Ariosto con i protagonisti del dibattito religioso coevo restano tutti da indagare, ma vanno certamente dalla sua frequentazione dell'*establishment* culturale ferrarese, tra Alberto Pio, Celio Calcagnini e Bonaventura Pistofilo, fino alle conversazioni con personaggi eclettici come Federico Fregoso, che potrebbe essere stato tra quei lettori che, secondo Giovan Battista Giraldi Cinzio, gli suggerivano modifiche, se è vero quello che Ariosto racconta a proposito della perplessità dell'amico di fronte alla battaglia di Lipadusa in *Orlando furioso*, XLII 20. Cfr. GIOVAN BATTISTA GIRALDI CINZIO, *Discorsi intorno al comporre rivisti dall'autore nell'esemplare ferrarese Cl. I 90*, a cura di Susanna Villari, Messina, Centro Interdipartimentale di Studi Umanistici, 2002, p. 198. Di Celio Calcagnini è stata di recente pubblicata la biblioteca, che potrà costituire un utile strumento per ripensare la formazione culturale e gli interessi filosofici anche dell'Ariosto: ANTONELLA GHIGNOLI, «*Chartacea supellex*». *L'inventario dei libri di Celio Calcagnini*, Roma, Istituto storico italiano

Se si ritorna, come ha proposto Gennaro Savarese in un saggio fondamentale del 1984, alla prima uscita pubblica di Ariosto, la già ricordata lettera ad Aldo Manuzio del 5 gennaio 1498, che conteneva una richiesta di invio di testi ficiniani e platonici in relazione all'attività di esposizione del *Timeo* platonico da parte di Sebastiano dell'Aquila, un altro dei grandi medici umanisti a Ferrara, e dell'arrivo in città, per il tramite di Alberto Pio, della collezione ermetico-neoplatonica curata dallo stesso Ficino ed edita da Aldo,[29] la cultura dell'Ariosto dovrà essere considerata un po' più umanistica

per il Medio Evo, 2016. Su Federico Fregoso cfr. GUILLAUME ALONGE, *Condottiero cardinale eretico. Federico Fregoso nella crisi politica e religiosa del Cinquecento*, Roma, Istituto Nazionale di Studi sul Rinascimento – Edizioni di Storia e Letteratura, 2017. Sul ruolo di Alberto Pio come mediatore nella diffusione del dissenso religioso nell'area veneto-padana cfr. FRANCO BACCHELLI, *Appunti sulla formazione culturale e religiosa di Alberto Pio*, in *Alberto III e Rodolfo Pio da Carpi collezionisti e mecenati*, Atti del seminario internazionale di studi, Carpi, 22 e 23 novembre 2002, Comune di Carpi – Museo Civico, Soprintendenza Beni Storici e Artistici di Modena e Reggio Emilia, a cura di Manuela Rossi, Tavagnacco (Udine), Arti Grafiche Friulane, 2004, pp. 162–176. Sulla cultura religiosa a Ferrara negli anni della genesi del poema ariostesco cfr. anche GABRIELLA ZARRI, *La religione di Lucrezia Borgia*, Roma, Roma nel Rinascimento, 2006.

29   Cfr. GENNARO SAVARESE, *Il progetto del poema tra Marsilio Ficino e «adescatrici galliche»*, in IDEM, *Il* Furioso *e la cultura del Rinascimento*, Roma, Bulzoni, 1984, pp. 15–37. Il volume giunto a Ferrara è certamente la collezione ermetico-neoplatonica del Ficino presso Aldo, contenente testi di Giamblico, Proclo, Porfirio, Sinesio, Psello, Teofrasto, Prisciano, Alcino, Speusippo e Pitagora, oltre che dello stesso Ficino: *Index eorum, quæ hoc in libro habentur. Iamblichus de mysteriis Aegyptiorum. Chaldæorum. Assyriorum. Proclus in Platonicum alcibiadem de anima, atque dæmone. Proclus de sacrificio & magia. Porphyrius de diuinis atque dæmonibus. Synesius Platonicus de somniis. Psellus de dæmonibus. Expositio Prisciani & Marsilii in Theophrastum de sensu, phantasia. & intellectu. Alcinoi Platonici [...] liber de doctrina Platonis. Speusippi Platonis discipuli liber de platonis difinitionibus. Pythagoræ philosophi aurea uerba. Symbola Pithagoræ philosophi. Xenocratis [...] liber de morte. Marsilii ficini liber de uoluptate*, Venezia, Aldo, 1497. Fu ristampato a Venezia dagli eredi di Aldo e Andrea Torresano proprio nell'anno della pubblicazione del *Furioso*, il 1516. Sul platonismo a Ferrara è sempre decisivo il saggio di EUGENIO GARIN, *Motivi della cultura filosofica ferrarese nel Rinascimento* (1956), in IDEM, *La cultura filosofica del Rinascimento italiano. Ricerche e documenti*, Firenze, Sansoni, 1961, pp. 402–431; mentre sul platonismo ariostesco il miglior contributo si trova nel lavoro di MARINELLI, *Ariosto and Boiardo*. Si muove nella stessa direzione di «confrontare il poema con le tensioni

e un po' meno cavalleresca di quello che di solito si pensa: invece di essere una specie di Don Chisciotte *ante litteram*, immerso solo nella lettura dei romanzi cavallereschi, come più di tutti ci ha invitato a pensare Pio Rajna,[30] con ottimi epigoni nell'ambiente felicemente pedissequo delle lettere italiane, Ariosto era probabilmente un gentiluomo di corte di formazione umanistica, curioso verso le novità della cultura più recente, soprattutto di area fiorentina, interessato alla filologia e alla filosofia, sulla scia delle lezioni di Poliziano, da un lato, e Ficino, dall'altro. Di qui a farne, come ha voluto Franco Picchio in due interessantissime, ma purtroppo spesso esagerate e senz'altro sovrabbondanti monografie, uno scrittore esoterico, pieno di sensi occulti e messaggi riposti,[31] il passo è lungo e non lo condivido; ma certo che Ariosto non fosse solo un poeta di «fole» è ormai abbastanza evidente e dovrebbe presto diventare acquisizione condivisa. Lo stereotipo troppo divulgato a livello scolastico e giornalistico del poeta della fantasia, dell'invenzione e dell'evasione, andrà ormai definitivamente abbandonato, a favore dell'ipotesi di uno scrittore intellettualmente impegnato, attento ai dibattiti culturali e religiosi contemporanei, disponibile verso curiosità ermetiche e discorsi esoterici.

Il testo successivo, il dizionario di greco del Crastone, era invece l'impresa editoriale più ambiziosa fino a quel momento, cui certamente Mazocco affidava gran parte del successo della casa editrice. Anche qui dal paratesto emergono due dati significativi: da un lato, il dialogo tra la tipografia umanistica cittadina e il convento carmelitano di San Paolo; dall'altro, la

---

spirituali che investirono l'intera società, non soltanto romana, ma italiana ed europea, negli anni che precedettero l'azione pubblica di Lutero e la frattura della *republica christanorum*», il recente, notevole contributo di CHIARA CASSIANI, *I mostri nel «Furioso» del 1516: valenze simboliche e narrative*, in *Il Furioso del 1516 tra rottura e continuità*, pp. 137–155.

30   Cfr. PIO RAJNA, *Le fonti dell'Orlando furioso*, a cura e con presentazione di Francesco Mazzoni, ristampa della seconda edizione 1900 accresciuta d'inediti, Firenze, Sansoni, 1975.

31   FRANCO PICCHIO, *Ariosto e Bacco. I codici del Sacro nell'«Orlando furioso»*, Torino, Paravia, 1999; IDEM, *Ariosto e Bacco due. Apocalisse e nuova religione nel* Furioso, Cosenza, Pellegrini, 2007. Molto più puntuale è la contestualizzazione della genesi del poema ariostesco da parte di MARINELLI, *Ariosto and Boiardo*, in part. cap. 4, *Neoplatonist Art: Ariosto, His Contemporaries, and His Friends*, pp. 103–124.

fondazione dell'orizzonte d'attese dei lettori e la guida della loro ricezione. La lettera dedicatoria è rivolta a Padre Niccolò Signorello (Signorelli) Priore Carmelitano di Ferrara ed è a firma dello stesso Mazocco;[32] la lettera in coda all'opera è pure di Mazocco ed è rivolta al lettore (*lectori*), a conferma dell'interesse, da parte dell'editore, a costruire, con un progetto coerente e costante, il suo pubblico ideale, i propri lettori e la loro ricezione.

Due anni dopo, nel 1512, Mazocco dava alle stampe un'opera geografica in greco, il *De situ orbis* di Dionigi il Periegeta con la traduzione latina di Prisciano attribuita a Quinto Remmio Palemone e i marginalia di Celio Calcagnini.[33] Questa volta, tuttavia, l'editore si esponeva personalmente come umanista, firmando la lettera di dedica *literatis omnibus* e rivendicava anche (erroneamente) l'attribuzione a Remmio anziché Prisciano: segno, comunque, di una militanza intellettuale e filologica che conferma la presenza di un cenacolo umanistico anziché una pura e semplice impresa commerciale.

I primi sette titoli di Mazocco, usciti nel giro di quattro anni, manifestano dunque un progetto editoriale particolarmente attento al mercato umanistico locale, perché Leoniceno e Calcagnini erano due degli intellettuali di punta all'Università e a Corte, mentre la presenza di ben quattro testi su sette in greco rivela un obiettivo didattico, rivolto probabilmente al mercato universitario, che doveva garantire un minimo più o meno stabile di vendite. L'interesse per il greco è comunque un interesse che modernamente potremmo chiamare scientifico, visto che il greco si configura come strumento di accesso a un sapere logico, matematico, astrologico e geometrico che al tempo era considerato assolutamente greco, appunto. Tra i protagonisti di questa fase dell'attività editoriale di Mazocco va infine riconosciuto anche il ruolo di primo piano svolto dall'aquinate Giovanni Maria Tricelio (o Tricaglio), che è l'autore della lettera di dedica ai lettori negli *Erotemata* di Guarino, l'autore del primo dei due epigrammi sulla

---

32   Nicolò Signorelli figura anche tra gli interlocutori del dialogo di Francesco Calori
       sulle lodi della Vergine, *Mariegraphia*, stampata a Ferrara da Lorenzo de' Rossi negli
       anni '90 del Quattrocento. Cfr. ALESSANDRA CHIAPPINI, *Fermenti umanistici e
       stampa in una biblioteca ferrarese del secolo XV*, «La Bibliofilia», LXXXV, 3, 1983,
       pp. 299–320: 319.

33   La si legge online: <http://reader.digitale-sammlungen.de/de/fs1/object/display/
       bsb11217114_00103.html>.

pagina finale del *Mambriano*, l'autore della lettera al lettore in fine del volume del Lascaris e il curatore del dizionario del Crastone, alla fine del quale si legge anche uno scambio epistolare tra Torquato Tricelio e Angelo Fanucci da Lucca (*Sacerdos Lucensis*), che fa così il suo ingresso nell'officina editoriale, divenendone presenza importante nella fase immediatamente successiva.[34] Si trattò insomma di un lavoro di gruppo, rivolto al radicamento sul territorio e allo sviluppo della discussione.

Dalla curiosità umanistica alla pericolosità religiosa

Dal 1513, tuttavia, Mazocco cominciò probabilmente a lavorare da solo, dando alle stampe due testi d'ispirazione religiosa: l'*Exposition ingeniosa et accomodata a nostri tempi del xiiii, xv et xvii Psalmo. Facta per il Sacro Theologo Frate Andrea Ferrarese, de l'ordine de S. Augustino*, e le *Prediche deuotissime et piene de diuini mysterii del venerando et sacro theologo frate Hieronymo Sauonarola da Ferrara*. Sono due testi ferraresi, ancora una volta, perché gli autori erano entrambi di Ferrara e come tali venivano proposti ai lettori, ma sono anche due testi pericolosi, ai confini con l'eterodossia, visto che il frate agostiniano Andrea Bauria (Baura) sarebbe stato presto accusato di essere luterano e Savonarola era stato scomunicato nel 1497.[35]

---

34 Del Fanucci non andrà sottovalutata, fra l'altro, la provenienza lucchese, alla luce soprattutto degli studi di SIMONETTA ADORNI-BRACCESI, *Una città infetta. La Repubblica di Lucca nella crisi religiosa del Cinquecento*, Firenze, Olschki, 1994.

35 Sul Bauria o Baura cfr. FRANCO GAETA, *Baura, Andrea*, in *Dizionario biografico degli italiani*, VII, 1970: <http://www.treccani.it/enciclopedia/andrea-baura_(Dizionario-Biografico)>; OTTAVIA NICCOLI, *Profeti e popolo nell'Italia del Rinascimento* (1987), Roma-Bari, Laterza, 2007, cap. 4, *La predicazione apocalittica: da Andrea Baura a Zaccheria da Fivizzano*, pp. 123–160; e ZARRI, *La religione di Lucrezia Borgia*, pp. 81–83. Sul savonarolismo ferrarese si potrà partire dai saggi raccolti a cura di Gigliola Fragnito e Mario Miegge, *Savonarola da Ferrara all'Europa*. Atti del Convegno internazionale (Ferrara, 30 marzo-3 aprile 1998), Firenze, Sismel – Edizioni del Galluzzo, 2001, da integrare almeno con ZARRI, *La religione di Lucrezia Borgia*, pp. 135–142; TAMAR HERZIG, *Savonarola's Women. Visions and Reform in Renaissance Italy*, Chicago, University of Chicago Press, 2008, in particolare il cap. 3,

Entrambi gli autori, inoltre, vengono presentati come «teologi», a marcare
il nuovo orizzonte dell'editore, che sceglie ora la divulgazione in volgare di
argomenti sacri dopo aver promosso la conoscenza del greco e la lettura di
testi soprattutto scientifici. Le scelte editoriali di Mazocco, quindi, benché
dettate sempre dalla difesa dell'orizzonte municipale e della sua autono-
mia, cominciano a configurarsi come meno istituzionalmente ortodosse
e potenzialmente portatrici di spiriti critici nei confronti della Chiesa di
Roma: più che un'apertura verso orizzonti eterodossi, vista anche l'altezza
cronologica, l'operazione si configurava come parte di quell'ansia di riforma
all'interno della Chiesa che si proponeva soprattutto di rivendicare esigenze
di moralizzazione, di fecondazione delle imprese pastorali e di definizione
dei bisogni dottrinali.

Il testo di Bauria, dedicato a Lucrezia Borgia, è infatti espressione di
quell'ambizione a riformare la Chiesa di Roma attraverso la critica siste-
matica alla sua politica e alla sua morale che si era diffusa tra la fine del
secolo precedente e l'apertura del secolo in corso: con toni profetici l'autore
allude a un pontefice eletto «secondo la humana volonta et non secondo
dio, il quale sera sevissimo persecutore de iusti, per il cui epsa chiesa sera
tanto conquassata che poco meno che la fede non se perdera».[36] Più diretto
ancora era l'attacco alla politica romana nella *Defensione contro gli adversarii
de Frate Hieronymo Savonarola prenuntiatore delle instanti calamitade, et
renovatione della chiesa. Francesco Caloro clerico Ferrarese*, che compare alla
fine delle *Prediche devotissime*: qui Savonarola è presentato come riformatore
anziché eretico, sulla scia dell'intervento a suo favore di Giovan Francesco
Pico della Mirandola, che sarà in seguito pubblicato proprio da Mazocco.[37]
Preceduta da una lettera di dedica del medico ferrarese Giovanni Brasavola a
Isabella d'Aragona, regina di Napoli, e seguita da tre sonetti, due anonimi e

---

     The Prophet's Following in His Own Town: Savonarolism in Ferrara, pp. 67–96; e
     LUIGI LAZZERINI, *Teologia del* Miserere. *Da Savonarola al* Beneficio di Cristo
     1490–1543, Torino, Rosenberg & Sellier, 2013. Le *Prediche devotissime* si trovano ora
     online alla pagina <http://reader.digitale-sammlungen.de/de/fs1/object/display/
     bsb10149224_00481.html>.

36   *Exposition ingeniosa et accomodata a nostri tempi del xiiii, xv et xvii Psalmo. Facta per
     il Sacro Theologo Frate Andrea Ferrarese, de l'ordine de S. Augustino*, c. D iir.

37   Cfr. GIOVAN FRANCESCO PICO, *Hieronymi Savonarolae defensio, auctore Ioanne
     Francisco Pico Mirandulano*, Florentiae, per Laurentium de Morgianis, 1497.

uno di Angelo Fanucci, l'edizione delle *Prediche* (raccolte dal frate domenicano e notaio fiorentino Lorenzo Violi) puntava a riabilitare Savonarola come gloria ferrarese e grande riformatore. Il sonetto del Fanucci, col suo invito al lettore a conoscere i pericoli del mondo e la varietà della fortuna, potrebbe tuttavia essere letto, *a posteriori*, anche come incoraggiamento a leggere l'*Orlando furioso*:

> O bon lector', che la tua mente offendi,
> In questo fragil', cieco, et falso mondo
> Ascolta ben l'auctor', alto, et profondo,
> Gusta ii [*sic*] gran secreti, e' poi repraehendi.
>
> Non vedi l'universo? Hor non compraehendi
> Gli stati, le fortune, mira a tondo?
> Qual moesto, qual deserto, & qual iucondo,
> In l'excelso doctor', dicto gia intendi.
>
> Adunque lauda la fatal doctrina
> Del servo di Iesu, tanto soprano,
> Credi a' praecepti sui a' cui te inclina
>
> Con puro cor', che ti faran lontano,
> Da l'impero infernal', et sua ruina
> O bona disciplina, al vulgo insano.[38]

L'anno successivo Mazocco dava alle stampe gli *Adagia* di Erasmo e gli inni di Ludovico Pittorio, *In coelestes proceres hymnorum epitaphiorumque liber*: due libri non facili, ancora una volta, perché Erasmo era già al centro di controversie e Pittorio era un seguace di Savonarola. La diffusione erasmiana a Ferrara è certamente legata, ancora una volta, al nome di Calcagnini,

---

38 *Ange. Fanuccius Lucensis ad Lectorem.* «Mondo cieco» compare in *Orlando furioso*, XXXI 96,8 (anche se l'espressione era ormai sedimentata nella tradizione poetica italiana, visto che «mondo cieco» si trova ad esempio già in Dante, *Inf.*, XXVII 25, e Petrarca, *Rvf*, 248, 4, fino a ripercuotersi ampiamente sul petrarchismo cinquecentesco, con esempi in Michelangelo, Giovan Battista Strozzi, Laura Terracina, ecc.; e «cieco mondo» compare in Dante, *Inf.*, IV 13, e Petrarca, *Rvf*, 28, 8; «lo mondo è cieco» in Dante, *Purg.*, XVI 66; «el mondo è cieco» in Michelangelo, *Rime*, 109, 11, e 295, 5; ecc.). «O mondo cieco, falso e tenebroso» è nella sacra rappresentazione medievale nota come *La commedia dell'anima*; ecc.

che notoriamente con Erasmo dialogava a distanza, ma non andrà sot-
tovalutata la presenza di un distico di quell'Angelo Fanucci da Lucca che
abbiamo già visto presente nel dizionario del Crastone e nella celebrazione
di Savonarola.[39] Il libro di Pittorio è preceduto a sua volta da una lettera
di Lilio Gregorio Giraldi all'autore del 13 dicembre 1512 con l'intento di
difenderlo dalle accuse degli Aristarchi e dei Prisciani che potessero conside-
rarlo poco ortodosso: a tal fine il Giraldi convocava addirittura l'autorità
del Poliziano, che avrebbe detto che i testi di Pittorio erano perfettamente
cristiani.[40] Tutti segnali, insomma, di notevole consapevolezza progettuale
e forte militanza religiosa.

Lo stesso anno dell'*Orlando furioso*, infine, ma qualche mese dopo,
uscivano anche le *Prediche sopra Ezechiel* dello stesso Savonarola (già apparse
a Bologna, «per Benedetto Di Hector, 1515 a di II di maggio»). Umori
savonaroliani a tutto campo caratterizzano dunque il contesto editoriale
del poema ariostesco, ben al di là della comune appartenenza ferrarese:
quanto ciò sia penetrato nel poema è difficile definirlo, per ora, ma una
riconsiderazione dell'esperienza della sorella suor Virginia e delle nipoti
suor Prudenza e suor Domitilla, che furono monache presso il monastero
domenicano di santa Caterina, e una rilettura dei passi di ispirazione e mili-
tanza religiosa del poema potranno probabilmente risultare più produttivi
di quanto finora si sia pensato.[41] Già Emilio Bigi, del resto, riconosceva nella

39   Sulla circolazione di Erasmo nell'ambiente ferrarese cfr. SILVANA SEIDEL MENCHI,
      Erasmo in Italia (1520–1580), Torino, Bollati Boringhieri, 1987, pp. 95–99 (sul ruolo
      del Calcagnini) e 360 (sull'edizione degli *Adagia*).

40   Sul Pittorio cfr. GIANCARLO ANDENNA, *Pittorio, Ludovico*, in *Dizionario biografico
      degli italiani*, LXXXIV, 2015: <http://www.treccani.it/enciclopedia/ludovico-pitto-
      rio_(Dizionario-Biografico)>. Il libro è online: <http://reader.digitale-sammlungen.
      de/de/fs1/object/display/bsb10203360_00005.html>.

41   Per tutta la questione della religione dell'Ariosto cfr. GIGLIOLA FRAGNITO, *Intorno
      alla «religione» dell'Ariosto: i dubbi del Bembo e le credenze eretical del fratello
      Galasso*, «Lettere Italiane», 34, 1992, pp. 208–239 (poi in EADEM, *Cinquecento
      italiano. Religione, cultura e potere dal Rinascimento alla Controriforma*, Bologna, Il
      Mulino, 2011, pp. 289–323), cui hanno fatto seguito i sondaggi testuali e contestuali
      di GIANLUCA GENOVESE, *Il Silenzio, tra icona e figura morale*, in *Silenzio*. Atti
      del Terzo Colloquio internazionale di Letteratura italiana, a cura di Silvia Zoppi
      Garampi, Roma, Salerno Editrice, 2012, pp. 145–165 (ora in IDEM, *Le vie dell'Ariosto*,
      Napoli, Guida, 2017, pp. 97–118), e STEFANO JOSSA, *'A difesa di sua santa fede': il*

sua *Introduzione* all'*Orlando furioso* da lui commentato che «come forse non tutti sanno, la religione ha nel *Furioso* un posto relativamente ampio, ben più ampio, in ogni caso, che nell'*Innamorato* o nella continuazione dell'Agostini o nel *Mambriano*», al punto da legittimare approfondimenti in questa direzione.[42] Ipotizzare un coinvolgimento, sia pure indiretto e parziale, di Ariosto in orientamenti religiosi sempre più consapevolmente segnati da una critica al magistero della Chiesa romana e rivolti a orizzonti riformati, in cui la lezione di Lutero gioca ancora una parte importante, quando si pensi anche alla più tarda menzione, dal sapore quasi apologetico, del monaco agostiniano di Sassonia nella *Satira VI*,[43] potrà essere quindi una pista critica per studi futuri; dando per scontato, naturalmente, che un eventuale coinvolgimento non poteva assolutamente implicare, a quell'altezza cronologica, una frattura con la Chiesa di Roma, ma mirava piuttosto ad agire al suo interno, a stimolarne l'azione pastorale, a guidare pazientemente dottrine e comportamenti dei fedeli.[44]

---

poema cristiano dell'Ariosto (Orlando furioso, *XXXIV 54–67*), in *Chivalry, Academy and Cultural Dialogues*, pp. 32–42. Sono utili anche, da un punto di vista più legato al conflitto tra Cristiani e Pagani, JO ANN CAVALLO, *The World Beyond Europe in the Romance Epics of Boiardo and Ariosto*, Toronto, University of Toronto Press, 2013; PIA SCHWARZ LAUSTEN, *Saraceni e Turchi nell'*Orlando furioso *di Ariosto*, in *Studi di Italianistica nordica: Atti del X Convegno degli italianisti scandinavi, Università d'Islanda – Università di Bergen (Reykjavik 13–15 giugno 2013)*, a cura di Marco Cargiulo, Margareth Hagen, Stefano Rosatti, Roma, Aracne Editrice, 2014, pp. 261–286; e MARIA PAVLOVA, *Ariosto*, in *Christian-Muslim Relations. A Bibliographical History*, eds David Thomas and Barbara Roggema, Leiden, Brill, 2009-, VI: *Western Europe (1500–1600)*, eds David Thomas and John Chesworth (2014), pp. 469–483.

42   EMILIO BIGI, *Introduzione*, in LUDOVICO ARIOSTO, *Orlando furioso*, Milano, Rusconi, 1980, 2 voll.: I, pp. 7–70: 31.

43   «Se Nicoletto o fra Martin fan segno / d'infedele o d'eretico, ne accuso / il saper troppo, e men con lor mi sdegno: / perché, salendo lo intelletto in suso / per veder Dio, non de' parerci strano / se talor cade giù cieco e confuso» (*Satira VI*, vv. 43–48). Erano anni in cui Francesco Guicciardini poteva ancora dire che, se non fosse stato per opportunistiche ragioni di carriera, avrebbe «amato Martino Luther quanto [se] medesimo» (*Ricordi*, 28: cfr. FRANCESCO GUICCIARDINI, *Ricordi*, introduzione e commento di Carlo Varotti, Roma, Carocci, 2013, pp. 85–86).

44   Finora l'unica ipotesi di lavoro a me nota in questa direzione viene da THOMAS F. MAYER, *Ariosto Anticlerical: Epic Poetry and the Clergy in Early Cinquecento Italy*, in *Anticlericalism in Late Medieval and Early Modern Europe*, eds Peter A. Dykema

Un Ariosto disponibile a intercettare i grandi temi del dibattito religioso contemporaneo, come la giustificazione per sola fede o la teoria della predestinazione, attraversa un po' tutto il poema fin dalla prima edizione, condensandosi in luoghi topici come la preghiera di Carlo Magno (XII AB; XIV C) o il viaggio di Astolfo sulla luna (XXXI AB; XXIV C). La salvezza per sola grazia, che esclude ogni possibilità di riconoscimento del valore delle opere ai fini del riscatto umano, sembra un filo rosso che avvicina il poema a tentazioni riformate.[45] In occasione della grande battaglia intorno a Parigi, Carlo Magno prega Dio per chiedergli d'intervenire a favore dei Cristiani perché non si diffonda l'opinione che sia imbelle e privo di cura nei confronti dei suoi seguaci, ma anche perché sa che senza il suo aiuto nulla può giungere a buon fine:

> So che i meriti nostri atti non sono
> a satisfare al debito d'un'oncia;
> né devemo sperar da te perdono,
> se riguardiamo a nostra vita sconcia:
> ma se vi aggiugni di tua grazia il dono,
> nostra ragion fia ragguagliata e concia;
> né del tuo aiuto disperar possiamo,
> qualor di tua pietà ci ricordiamo.
>
> (*Fur.*, XIV 72)

---

and Heiko A. Oberman, Leiden, Brill, 1993, pp. 283–297. Potrà essere utile il confronto, sia pure con le ovvie cautele dovute alle differenze di ambienti e cronologie, con le esperienze più o meno contemporanee di Michelangelo e Aretino: cfr. AMBRA MORONCINI, *Michelangelo's Poetry and Iconography in the Heart of the Reformation*, London, Routledge, 2017, e MARCO FAINI, *Pietro Aretino, St. John the Baptist and the Rewriting of the Psalms*, in *Rewriting, Rewritings in Early Modern Italian Literature*, eds Irene Fantappiè, Helmut Pfeiffer, Tobias Roth, Berlin-New York, De Gruyter, 2017, pp. 225–251.

45   Lo ha segnalato a più riprese GIGLIOLA FRAGNITO: prima in *Intorno alla «religione» dell'Ariosto*, p. 320; poi in *«Vanissimus et spurcissimus homo»: Ariosto all'esame dei censori*, in *Dalla bibliografia alla storia. Studi in onore di Ugo Rozzo*, a cura di Rudj Gorian, Udine, Forum, 2010, pp. 115–137; infine in *«Per lungo e dubbioso sentero»: l'itinerario spirituale di Vittoria Colonna*, in *Al crocevia della storia. Poesia, religione e politica in Vittoria Colonna*, a cura di Maria Serena Sapegno, Roma, Viella, 2016, pp. 177–213: 202.

Di fronte al Senapo che lo adora come novello Messia per aver liberato il suo paese dalle Arpie, Astolfo ribadisce che le opere sono possibili solo grazie all'intervento divino, che è ciò che va lodato, piuttosto che l'azione umana:

> Rispose Astolfo: – Né l'angel di Dio,
> né son Messia novel, né dal cielo vegno;
> ma son mortale e peccatore anch'io,
> di tanta grazia a me concessa indegno.
> Io farò ogn'opra acciò che 'l mostro rio,
> per morte o fuga, io ti levi del regno.
> S'io il fo, me non, ma Dio ne loda solo,
> che per tuo aiuto qui mi drizzò il volo.
>
> (*Fur.*, XXXIII 117)

E San Giovanni sulla luna ricorderà ad Astolfo che la grazia è più importante dei meriti:

> Né a tuo saper, né a tua virtù vorrei
> ch'esser qui giunto attribuissi, o figlio;
> che né il tuo corno, né il cavallo alato
> ti valea, se da Dio non t'era dato.
>
> (*Fur.*, XXXIV 56,5–8)

Vale la pena ricordare come proprio il commento di Savonarola al salmo 50, cioè quel salmo che il gruppo ferrarese riunito intorno a Mazocco aveva inserito all'interno della grammatica greca del Lascaris, sarebbe presto diventato uno dei riferimenti imprescindibili della giustificazione per sola fede, come ben si accorse Lutero: «non ex meritis eorum, non ex operibus eorum salvati sunt, ne quis gloriari possit, sed quoniam ita placitum est coram te».[46] Temi come l'interpretazione di *Giovanni* 21:22 e la discussione sul peccato originale entrano a loro volta nel poema in maniera apparentemente

---

46 Savonarola, *Expositio*, p. 200. Sull'appropriazione luterana del commento savonaroliano cfr. Francesca Spadini, *Introduzione*, in Nikolaus Lenau, *Savonarola*, a cura di Francesca Spadini, Firenze, Edizioni del Galluzzo per la Fondazione Ezio Franceschini, 2008, pp. xi–lxx: xliv.

casuale e soltanto cursoria, ma sono profondamente radicati negli orizzonti delle discussioni umanistiche e della spiritualità savonaroliana.[47] Più che procedere «per sentito dire», Ariosto sembra pienamente consapevole della necessità di coinvolgere il lettore, convocandolo *in fabula* attraverso l'inserimento nel poema di argomenti e temi che sapeva d'interesse attualissimo. Senza perciò rinunciare alla sua individualità artistica, alla sua cifra stilistica e al suo metodo poetico, che stanno nell'equilibrio tra *labor limae* e *serio ludere*.[48]

L'ambiente culturale in cui il poema ariostesco s'inseriva e l'orizzonte d'attese dei suoi lettori era dunque tutt'altro che quello dei lettori di Andrea da Barberino, Pulci e Boiardo, come spesso ancora si pensa. Non si deve certo fare l'errore di ritenere che i lettori cercassero nell'*Orlando furioso* le stesse cose che chiedevano agli altri libri prodotti da Mazocco, ma la loro cultura era probabilmente più complessa e meno prevedibile di quella dei lettori di romanzi cavallereschi come noi ce li siamo immaginati per secoli: una cultura umanistica, imbevuta di classici greci, disponibile al confronto e alla polemica, aperta alle istanze più controverse del dibattito religioso del tempo. Ariosto era certamente interessato a quei dibattiti, se non parte di essi in prima persona.

---

47 Cfr. *Orlando furioso*, XXXIV 58 e 60, su cui JOSSA, *'A difesa di sua santa fede'*, pp. 36 e 39, rispettivamente. Per il tema del peccato originale il *background* ariostesco andrà ora ricostruito con l'ausilio degli ottimi studi di GIANLUCA BRIGUGLIA, *Stato d'innocenza. Adamo, Eva e la filosofia politica medievale*, Roma, Carocci, 2017, e STEPHEN GREENBLATT, *Ascesa e caduta di Adamo ed Eva*, trad. it. di Roberta Zuppet, Milano, Rizzoli, 2017.

48 Sulla compresenza di tensione armonica e carica trasgressiva nell'*Orlando furioso* cfr. ALBERTO CASADEI, *Ariosto. I metodi e i mondi possibili*, Venezia, Marsilio, 2016. Sull'ironia ariostesca, storicamente contestualizzata e poeticamente individuata, cfr. GIUSEPPE SANGIRARDI, *Trame e genealogie dell'ironia ariostesca*, «Italian Studies», 69, 2, 2014, pp. 189–203; CHRISTIAN RIVOLETTI, *Ariosto e l'ironia della finzione. La ricezione letteraria e figurativa dell'*Orlando Furioso *in Francia, Germania e Italia*, Venezia, Marsilio, 2014; e STEFANO JOSSA, *Ironia*, in *Lessico critico dell'*Orlando furioso, a cura di Annalisa Izzo, Roma, Carocci, 2016, pp. 177–197.

Ispirarsi a Boiardo, continuandolo, scriveva Dionisotti,[49] non era affatto scelta scontata per l'Ariosto a quell'altezza cronologica: a Boiardo, infatti, l'Ariosto s'ispirò probabilmente molto meno di quello che di solito si pensa, perché continuarne la materia in un altro contesto culturale significava non tanto adattarlo quanto appropriarsene, per usare due dei termini più di moda nella critica anglosassone su riuso, rifacimento e intertestualità. L'ansia di Ariosto, se c'era, andava tutta verso i maestri umanisti anziché verso la tradizione cavalleresca: l'*Orlando furioso* segna allora, per ritornare alla proposta critica di Jauss, uno spostamento decisivo nell'orizzonte d'attese dei suoi lettori, che coglieranno in un poema che si propone come romanzo cavalleresco anche i segnali di un'appartenenza culturale e di una militanza intellettuale che alla tradizione dei romanzi cavallereschi erano fino ad allora sostanzialmente estranee.

Tavola 7.1. Elenco dei libri pubblicati da Giovanni Mazocco dal Bondeno. Fonte: <http://edit16.iccu.sbn.it/>.

1. CHRYSOLORAS, MANUEL, *Erotemata Guarini cum multis additamentis, et cum commentariis latinis* (Impressum Ferrariae: per me Ioannem Mazochum, 1509 die XIII Martii).
2. LEONICENO, NICCOLÒ, *Nicolai Leoniceni Vincentini De Plinii, & plurium aliorum medicorum in medicina erroribus opus primum Angelo Politiano dedicatum. Eiusdem Nicolai Epistola ad Hermolaum Barbarum in primi operis defensionem* (Impressum Ferrariae: per Ioannem Maciochium, 1509 quarto. Cale. Maii).
3. LEONICENO, NICCOLÒ, *Nicolai Leoniceni Vicentini In libros Galeni e Graeca in Latinam linguam a se translatos praefatio communis. Eiusdem in artem medicinalem Galeni clarissimi medici praefatio ad illustrissimum principe* (Impressum Ferrariae: per Ioannem Macciochium Bondenum, V Nonas Octobris 1509).

---

49 CARLO DIONISOTTI, *Fortuna del Boiardo nel Cinquecento*, in *Scritti di storia della letteratura italiana*, a cura di Tania Basile, Vincenzo Fera and Susanna Villari, Roma, Edizioni di Storia e Letteratura, 2008–2009, 4 voll.: I, pp. 381–400.

4. FRANCESCO CIECO: DA FERRARA, *Libro darme e damore nomato Mambriano composto per Francisco Cieco da Ferrara* (Impressum Ferrariae: per Ioannem Macciocchum Bondenum, die XX Octob. 1509).

5. LASCARIS, CONSTANTINUS, *Constantini Lascaris Institutiones uniuersae cum plurimis auctariis nuperrime impressae tanta diligentia, et rerum copia, quanta numquam alias* (Ferrariae: per Ioannem Maciochium Bondenum, 1510 tertio Calendas Sextilis).

6. CRASTONE, GIOVANNI, *Dictionum Graecarum thesaurus copiosus quantum nunquam antea. Annotationesque innumerae, tum ad rem Graecam, tum Latinam pertinentes, ceu flosculi toto opere interspersi. Quantum dictiones quaedam mutatu accentu differant autore Cyrillo* (Ferrariae: per Ioannem Maciochium Bondenum, ad quintum Calendas Octobris 1510).

7. DIONYSIUS: PERIEGETES, *Dionysii Afri De situ orbis opus studiosis necessarium, quo gentes, populi, urbes, maria, flumina explicantur Græce scriptum. Idem in Latinitatem a Rhemnio grammatico translatum, falso hactenus Prisciano adscriptum* (Ferrariae: Ioannes Maciochus Bondenus imprimebat, die XVIII Decembris 1512).

8. BAURIA, ANDREA, *Exposition ingeniosa et accommodata a nostri tempi del XIIII XV et XVII psalmo* (Ferrariae: per Ioannem Maciochium, 1513).

9. SAVONAROLA, GIROLAMO, *Prediche deuotissime et piene de diuini mysterii del venerando et sacro theologo frate Hieronymo Sauonarola da Ferrara. Defensione del predetto contra li calumniatori* (Impressum Ferrariae: per Ioannem Maciochium Bondenum, ad sextum Idus Augusti 1513).

10. ERASMUS: ROTERODAMUS, *Erasmi Rotherodami Prouerbiorum chiliades tres, et totidem centuriae, additis quibusdam rebus optimis nouiter excussae plurimisque in locis diligentissime castigatae* (Impressum accuratissime Ferrariae: per Ioannem Machiochum Bondenum, 1514 ad idus Martii).

11. PITTORIO, LODOVICO, *Lodouici Bigi Pictorii Ferrariensis In coelestes proceres hymnorum fpitaphiorumque* [sic] *liber. Eiusdem epigrammaton libelli duo* (Ferrariae: Ioannes Maciochus Bondenus imprimebat, IIII Kl. Iunii 1514).

12. ARIOSTO, LUDOVICO, *Orlando furioso de Ludouico Ariosto da Ferrara* (Impresso in Ferrara: per maestro Giouanni Mazocco dal Bondeno adi XXII. de aprile, 1516).

13. SAVONAROLA, GIROLAMO, *Prediche di frate Hieronymo da Ferrara sopra Ezechiel* (Stampato in Ferrara: per magistro Ioanne Mazzocho dal Bondeno, 1516 adi X di septembrio).

14. SILVESTRI, GUIDO POSTUMO, *Guidi Posthumi Siluestris Pisaurensis medici Epicaedium in matrem* (Ferrariae: per Ioannem Maziochium Bondenum, 1517 die XXX April).

15. LIBANIUS, *Libaniou Sophistou Meletai Logoi te kai ekphraseis* (Ferrariae: Ioannes Macciocchius Bondenus imprimebat, IIII mense Augusti 1517).

16. SILVESTRI, GUIDO POSTUMO, *Guidi Posthumi Siluestris Pisaurensis medici Ad Laedam elegia* [Ferrara: Giovanni Mazzocchi di Bondeno, 1517?].

17. PICO DELLA MIRANDOLA, GIOVANNI FRANCESCO, *Ioannis Francisci Pici Mirandulae domini, et Concordiae comitis Liber de veris calamitatum causis nostrorum temporum* (In oppido Mirandulae: exscripsit Ioannes Mazochius Bundenius, V Idus Augusti 1519).

18. PICO DELLA MIRANDOLA, GIOVANNI FRANCESCO, *Ioannis Francisci Pici Mirandulae domini, et Concordiae comitis, Examen vanitatis doctrinae gentium, & ueritatis christianae disciplinae, distinctum in libros sex* (Impressit Mirandulae: Ioannes Maciochius Bundenius, 1520).

19. PICO DELLA MIRANDOLA, GIOVANNI FRANCESCO, *Ioannis Francisci Pici Mirandulae domini, et Concordiae comitis, Examen vanitatis doctrinae gentium, et veritatis christianae disciplinae, distinctum in libros sex* (Impressit Mirandulae: Ioannes Maciochius Bundenius, 1520).

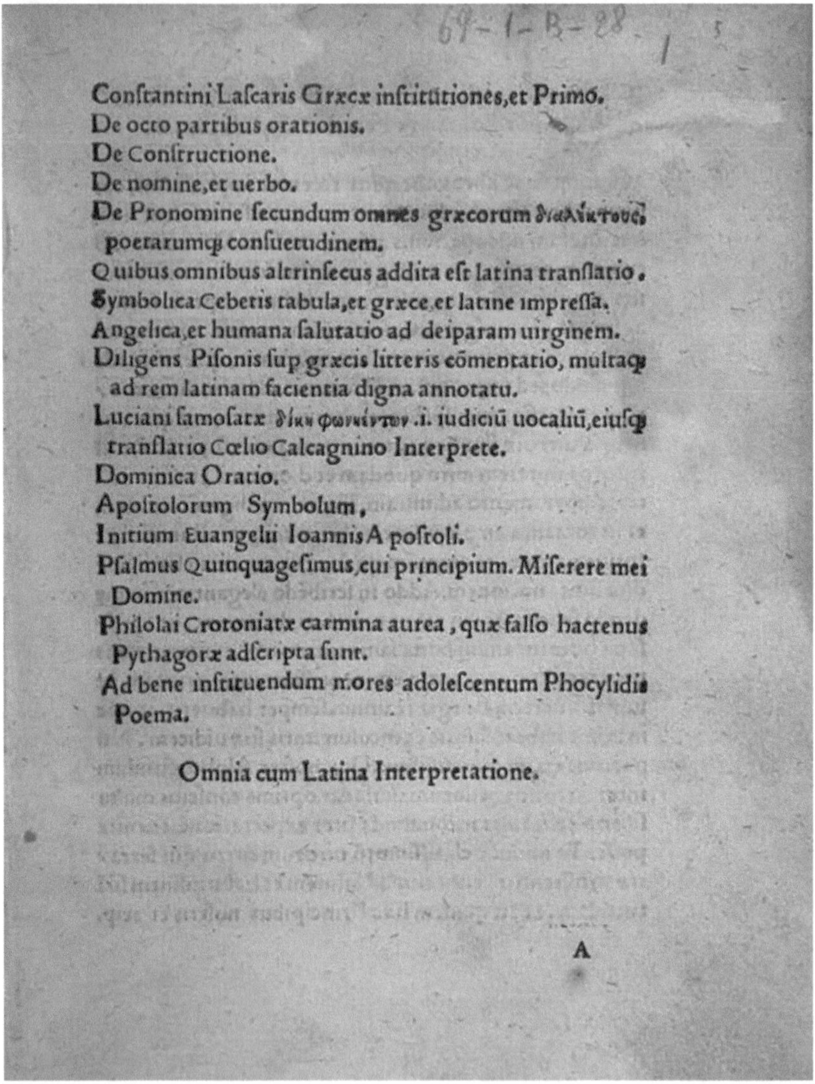
Conſtantini Laſcaris Græcæ inſtitutiones, et Primo.
De octo partibus orationis.
De Conſtructione.
De nomine, et uerbo.
De Pronomine ſecundum omnes græcorum διαλέκτους, poetarumq; conſuetudinem.
Quibus omnibus altrinſecus addita eſt latina tranſlatio.
Symbolica Cebetis tabula, et græce et latine impreſſa.
Angelica, et humana ſalutatio ad deiparam uirginem.
Diligens Piſonis ſup græcis litteris cōmentario, multaq; ad rem latinam facientia digna annotatu.
Luciani ſamoſatæ δίκη φωνηέντων .i. iudiciū uocaliū, eiuſq; tranſlatio Cœlio Calcagnino Interprete.
Dominica Oratio.
Apoſtolorum Symbolum.
Initium Euangelii Ioannis Apoſtoli.
Pſalmus Quinquageſimus, cui principium. Miſerere mei Domine.
Philolai Crotoniatæ carmina aurea, quæ falſo hactenus Pythagoræ adſcripta ſunt.
Ad bene inſtituendum mores adoleſcentum Phocylidis Poema.

Omnia cum Latina Interpretatione.

A

Figura 7.1. Indice delle *Institutiones uniuersae* di Costantino Lascaris (Ferrara, Giovanni Mazzocchi di Bondeno, 1510). Fonte: <https://books.google.it/books?id=UnQKYVRTtaIC&printsec=frontcover&hl=it#v=onepage&q&f=true>.

8   Trasgressione, travestimento e metamorfosi nel *Furioso*: intorno alla storia di Ricciardetto e Fiordispina*

Lo studio delle fonti dell'*Orlando Furioso*, avviato nell'insostituibile libro di Pio Rajna,[1] è un oggetto d'inchiesta tuttora inesausto e insieme piuttosto complesso. Qui non entrerò in merito a riflessioni teoriche;[2] effettuerò una ricognizione, senza pretesa di esaustività, su alcuni testi della letteratura italiana medievale e rinascimentale che stanno a monte della storia ariostesca di Ricciardetto e Fiordispina (*Fur.*, XXV 22–70), e svolgono in chiave per lo più gioiosa i temi della trasgressione, del travestimento e della metamorfosi. Al termine "fonte" preferirò quelli di "intertesto" e "intertestualità",

---

*   Riprendo in questa sede un lavoro abbozzato nel 2009 per una sessione della *Lectura Ariosti* organizzata dalle Università di Padova e Losanna, quando era stato mio compito presentare il canto XXV, per cui cfr. ora FRANCA STROLOGO, *Canto XXV*, in *Lettura dell'«Orlando furioso»*, diretta da Guido Baldassarri e Marco Praloran, Firenze, SISMEL-Edizioni del Galluzzo, 2016-, 2 voll.: II, in preparazione. Fra questo e quell'intervento vi saranno di necessità alcuni punti di contatto; ma allora avevo potuto soffermarmi solo tangenzialmente sulla storia di Ricciardetto e Fiordispina, che sarà al centro del presente contributo. Le citazioni ariostesche sono tratte da LUDOVICO ARIOSTO, *Orlando Furioso secondo l'edizione del 1532 con le varianti delle edizioni del 1516 e del 1521*, a cura di Santorre Debenedetti e Cesare Segre, Bologna, Commissione per i testi di lingua, 1960.

1   PIO RAJNA, *Le fonti dell'Orlando furioso. Ristampa della seconda edizione del 1900 accresciuta d'inediti*, a cura di Francesco Mazzoni, Firenze, Sansoni, 1975; del canto XXV si legge alle pp. 364–376.

2   In materia si vedano almeno i recenti contributi di MARIA CRISTINA CABANI, *Riflessioni sull'intertestualità nel* Furioso, in *Lettura dell'«Orlando Furioso»*, cit., I, pp. 35–58, e EADEM, *Intertestualità*, in *Lessico critico dell'*Orlando furioso, a cura di Annalisa Izzo, Roma, Carocci editore, 2016, pp. 153–176.

secondo l'uso ormai invalso negli studi critici di area italiana, per segna-
lare rapporti diretti e/o indiretti fra due o più testi appartenenti ad autori
diversi; rapporti che possono essere letti nei modi più vari, sia nelle analogie,
sia nelle divergenze. Le forme dell'intertestualità ariostesca nel *Furioso* in
effetti sono molteplici e vanno dall'allusione, alla citazione, alla riscrittura
in chiave ironica o parodica, al rovesciamento ideologico e altro ancora:
tanto che la maniera con cui Ariosto rielabora e ricontestualizza i mate-
riali che la tradizione e la contemporaneità gli offrono sembra sfuggire a
qualsiasi tentativo di definizione univoca.

Aspetti di forma e contenuto nella "novella" di Ricciardetto e Fiordispina

La storia di Ricciardetto e Fiordispina si sviluppa sull'arco di quarantanove
ottave; negli studi critici, per la sua ampiezza e per certi suoi caratteri, ad
esempio per la compiutezza della trama, è stata designata come "novella".[3]

---

3   Sull'argomento cfr. innanzi tutto GIUSEPPE DALLA PALMA, *Le strutture nar-
    rative dell'*Orlando Furioso, Firenze, Olschki, 1984, p. 139 e sgg., e ANTONIO
    FRANCESCHETTI, *La novella nei poemi del Boiardo e dell'Ariosto*, in *La novella
    italiana*. Atti del convegno di Caprarola (19–24 settembre 1988), a cura di Stefano
    Bianchi, Roma, Salerno Editrice, 1989, 2 voll.: II, pp. 805–840: 814 e sgg. Si vedano
    inoltre: ROBERTO BIGAZZI, *Le novelle del* Furioso, in *Riscrittura intertestualità
    transcodificazione. Personaggi e scenari*. Atti del Seminario di studi (Pisa, febbraio-
    maggio 1993), a cura di Emanuella Scarano e Donatella Diamanti, Pisa, Tipografia
    Editrice Pisana, 1994, pp. 47–57; GIUSEPPE SANGIRARDI, *Ludovico Ariosto*, Firenze,
    Le Monnier, 2006, pp. 126–129, e IDEM, *Les nouvelles du* Roland Furieux, in *Nouvelle
    et roman: les dynamiques d'une interaction du Moyen Âge au Romantisme (Italie,
    France, Allemagne)*, a cura di Patrizia De Capitani, «Cahiers d'études italiennes»,
    10, 2009, pp. 115–128: 116; e infine ANNALISA IZZO, *I narratori del* Furioso. *La nar-
    razione di secondo grado in Ludovico Ariosto*, in *Ludovico Ariosto: nuove prospettive e
    ricerche in corso*, a cura di Lina Bolzoni e Maria Cristina Cabani, «Italianistica», 3,
    2008, pp. 77–86.

È narrata dallo stesso Ricciardetto a Ruggiero nel corso di un viaggio not-turno[4] e si presenta come il principale anello di raccordo del poema ario-stesco con la storia con cui terminava l'*Innamorato*:[5] «Accadde a questi dì, che pei vicini / boschi passando la sorella mia [...]» (*Fur.*, XXV 26,1–2). Vagando per l'appunto in un bosco, nelle scene finali dell'*Innamorato*, Bradamante era scesa da cavallo e, addormentatasi, era stata scorta durante una battuta di caccia da Fiordespina, la figlia del re saraceno Marsilio;

4   Come si dirà a un certo momento, nella chiusa: «Così a Ruggier narrava Ricciardetto, / e la notturna via facea men grave» (*Fur.*, XXV 71,1–2). Tale annotazione induce a collocare la storia di Ricciardetto e Fiordispina nell'ambito di quella che Michelangelo Picone, nei suoi lavori sul *Decameron*, ha definito come la tipologia dei *racconti "in itinere"*, narrati per alleviare la fatica di un viaggio; tipologia derivata dalla tradizione orientale del *Libro delle delizie* del medico ebreo Yosef ibn Zabara, vissuto a Barcellona nella seconda metà del XII secolo. Vedi MICHELANGELO PICONE, *Il* Decameron *come macrotesto: il problema della cornice*, in *Lectura Boccacci Turicensis. Introduzione al* Decameron, a cura di Michelangelo Picone e Margherita Mesirca, Firenze, Cesati, 2004, pp. 9–33: 26 e sgg. Il più tipico esempio al riguardo, nella tradizione italiana, è dato dalla novella centrale del *Decameron*, la cinquantunesima, quella di Madonna Oretta e del cavaliere suo accompagnatore, che tuttavia si era rivelato un pessimo narratore, al contrario del Ricciardetto di Ariosto, affabulatore alquanto abile; al riguardo si veda ancora MICHELANGELO PICONE, *La novella-cornice di Madonna Oretta (VI.1)*, in IDEM, *Boccaccio e la codificazione della novella*, Ravenna, Longo, 2008, pp. 257–268, in particolare a p. 259. Ai rapporti fra la novella di Madonna Oretta e i versi succitati del canto XXV del *Furioso* ha fatto specifico riferimento GONARIA FLORIS, nel suo *Amore e metamorfosi nel XXV del* Furioso, in *Metamorfosi mostri e labirinti*. Atti del Seminario di Cagliari (22–24 gennaio 1990), a cura di Giovanna Cerina *et al.*, Roma, Bulzoni, 1991, pp. 185–205: 187 e sgg.

5   Sull'argomento rinvio a RICCARDO BRUSCAGLI, *Invenzione e ricominciamento nel canto I dell'*Orlando furioso, in IDEM, *Studi cavallereschi*, cit., pp. 55–73, p. 69 e sgg.; e IDEM, *"Ventura" e "inchiesta" fra Boiardo e Ariosto*, in *Ludovico Ariosto: lingua, stile e tradizione*. Atti del Congresso organizzato dai comuni di Reggio Emilia e Ferrara (12–16 ottobre 1974), a cura di Cesare Segre, Milano, Feltrinelli, 1976, pp. 107–136, ora in IDEM, *Stagioni della civiltà estense*, Pisa, Nistri-Lischi, 1983, pp. 87–126, in particolare alle pp. 98–99. Del medesimo studioso, sul personaggio di Ruggiero, segnalo inoltre IDEM, *Ruggiero's Story: The Making of a Dynastic Hero*, in *Romance and History: Imagining Time from the Medieval to the Early Modern Period*, ed. Jon Whitman, Cambridge, Cambridge University Press, 2015, pp. 151–167.

Fiordespina, avendo scambiato Bradamante per un uomo, se n'era innamorata a prima vista. Così si era concluso il canto IX e ultimo del libro III del poema di Boiardo:

> [...] Però vi lascio in questo vano amore
> di Fiordespina ardente a poco a poco.
> Un'altra fiata, se mi fia concesso,
> raconterovi el tutto per espresso.
>
> *(Inn.*, III ix 26,5–8)[6]

Boiardo affidava in tal modo ai continuatori un'eredità ricchissima, ma non facile da gestire. Lo dimostra il caso di Nicolò degli Agostini, che nella prima "gionta" o *Quarto libro* (Venezia, Giorgio Rusconi, 1506?) si era trovato a svolgere la trama dell'amore impossibile di una donna saracena per una donna cristiana e, neutralizzandone la componente più scabrosa, l'aveva subito interrotta: la passione di Fiordespina infatti si era spenta, nel giro di pochissime ottave, con l'apparire di Ruggiero, nel momento in cui la fanciulla si era resa conto che Bradamante non era un uomo.[7] Questa scelta può risultare deludente, in confronto a quello che farà di lì a poco Ariosto nel *Furioso*; ma lo stesso Ariosto avrebbe deciso di rinunciare temporaneamente, all'inizio del suo poema, a quell'ultimo, intricato filo narrativo rimasto in sospeso nell'*Innamorato*, rinviandone la prosecuzione a un momento per vari aspetti più opportuno. Con il canto XXV, Ariosto

---

6   Le citazioni sono tratte da MATTEO MARIA BOIARDO, *Opere. L'*Inamoramento *de Orlando*, a cura di Antonia Tissoni Benvenuti e Cristina Montagnani, Milano-Napoli Ricciardi, 1999, 2 voll. (sigla *Inn.*); ora vedi anche MATTEO MARIA BOIARDO, *Orlando innamorato. Inamoramento de Orlando*, a cura di Andrea Canova, Milano, BUR-Rizzoli, 2011, 2 voll.

7   Si veda ELISABETTA BARUZZO, *Nicolò degli Agostini, continuatore del Boiardo*, Pisa, Giardini, 1983, in particolare alle pp. 30–31. Fra gli interventi più recenti intorno alle varie continuazioni del poema boiardesco – quelle di Nicolò degli Agostini, Raffaele Valcieco, Pierfrancesco de' Conti da Camerino – segnalo CRISTINA MONTAGNANI, *L'incantesimo del sequel*, in *Boiardo, Ariosto e i libri di battaglia. Atti del convegno di Scandiano-Reggio Emilia-Bologna (3–6 ottobre 2005)*, a cura di Andrea Canova e Paola Vecchi Galli, Novara, Interlinea, 2007, pp. 41–56.

riesce a trovare il rimedio per quel «vano amore» (*Inn.*, III ix 26,5), che nel *Furioso* perdura anche quando Fiordispina si rende conto dell'identità femminile di Bradamante; Ariosto deve forzare, tuttavia, la tradizione delle storie carolinge e fare di Ricciardetto il gemello di Bradamante.[8] Grazie a questa trovata, che offre una via di uscita più unica che rara di fronte a un'*impasse* pressoché insormontabile, la storia di Ricciardetto e Fiordispina diventa, credo, una delle più notevoli dell'intero poema; d'altronde Ariosto qui più che altrove sembra ammiccare a Boiardo, come chiamandolo a un confronto poetico.

Riassumo la vicenda sottesa al canto XXV. Bradamante, dopo l'incontro nella selva con Fiordispina, viene ospitata per un giorno e una notte nel castello di Marsilio, e le due fanciulle condividono insieme il letto, l'una dormendo, l'altra sospirando e tormentandosi. La notte seguente Ricciardetto, venuto a sapere da Bradamante dell'accaduto, escogita un piano: indossa le armi e cavalca il destriero della sorella, e sul fare del giorno arriva da Fiordispina. Questa, ingannata dalla straordinaria somiglianza fra Bradamante e Ricciardetto, accoglie l'ospite con gioia, gli toglie l'armatura, lo ricopre di abiti femminili, organizza un banchetto in suo onore e, sopraggiunta la sera, lo invita nelle sue stanze. Ricciardetto, fingendosi Bradamante, le racconta la favola di una sua metamorfosi magica da femmina in maschio e le si mostra; Fiordispina gli crede. Prendono così avvio gli amori fra i due giovani, che però finiscono ben presto, quando il segreto viene scoperto da Marsilio: Ricciardetto rischia di perdere la vita, e perde per sempre Fiordispina.

È interessante notare che Ariosto racchiude questa storia in una, anzi in due narrazioni di secondo grado, in due diversi luoghi del poema. La stessa vicenda infatti, prima di essere narrata da Ricciardetto a Ruggiero nel canto XXV, era stata già brevemente narrata nel canto XXII da un'anonima

---

8 Ben diverso è il caso della somiglianza di Bradamante con Rinaldo di cui si dice nell'*Innamorato* (cfr. II vi 57,1–4), come anche il caso di Bradamante scambiata per Rinaldo da Mambriano (cfr. *Mambriano*, VI 50–52). Si veda al riguardo RAJNA, *Le fonti dell'Orlando furioso*, cit., p. 369, nota.

donna allo stesso Ruggiero e a Bradamante, riunitisi dopo la distruzione
del palazzo d'Atlante:

> – Gentil signor (disse ella), intenderai
> che queste guancie son sì lacrimose
> per la pietà ch'a un giovinetto porto,
> ch'in un castel qui presso oggi fia morto.
>
> Amando una gentil giovane e bella,
> che di Marsilio re di Spagna è figlia,
> sotto un vel bianco e in feminil gonella,
> finta la voce e il volger de le ciglia,
> egli ogni notte si giacea con quella,
> senza darne sospetto alla famiglia:
> ma sì secreto alcuno esser non puote,
> ch'al lungo andar non sia chi 'l vegga e note.
>
> Se n'accorse uno, e ne parlò con dui;
> gli dui con altri, insin ch'al re fu detto.
> Venne un fedel del re l'altr'ieri a nui,
> che questi amanti fe' pigliar nel letto;
> e ne la rocca gli ha fatto ambedui
> divisamente chiudere in distretto:
> né credo per tutto oggi ch'abbia spazio
> il gioven, che non mora in pena e in strazio.
>
> Fuggita me ne son per non vedere
> tal crudeltà; che vivo l'arderanno [...]. –
>   (*Fur.*, XXII 38,5–8 – 41,1–2)

Ruggiero allora aveva deciso di soccorrere lo sventurato amante; e si era
mosso verso il territorio in possesso di Marsilio, dove giunge, appunto, in
corrispondenza del canto XXV.

La prolessi del canto XXII è innanzi tutto un elemento creatore di
suspence, funzionale a dare risalto alla più ampia narrazione che segue. Ma
soprattutto anche per la sua collocazione strategica la storia di Ricciardetto
e Fiordispina, scandita in due tempi, subito prima e subito dopo l'episodio
centrale della pazzia di Orlando nei canti XXIII e XXIV, potrebbe essere
interpretata come una delle numerose rifrazioni, nel poema, del grande

tema della follia amorosa, con la riflessione sulle nefaste conseguenze che tanto spesso l'irresistibile «impeto d'amore» (*Fur.*, XXV 1,2) nell'universo ariostesco porta con sé:[9] perché questa non è tanto o non soltanto la storia spensierata di un amore libertino,[10] quanto la vicenda dolorosa di due amanti costretti infine a dividersi. E non a caso Ricciardetto, all'atto di cominciare la narrazione della sua avventura con Fiordispina, vi pone in calce un amaro commento, che ne preannuncia il senso: «gioia al principio e al fin martire» (*Fur.*, XXV 25,4). Inoltre, il fatto che Ariosto non colleghi la fine dell'*Innamorato* e l'inizio del *Furioso*, ma prosegua la storia di Bradamante e Fiordespina molto più avanti, fra i canti XXII e XXV, per giunta nei modi di un racconto indiretto, può essere letto in funzione della volontà di rivendicare al proprio poema la sua distanza rispetto all'altro, la sua diversità e la sua autonomia.[11] Un'autonomia, com'è noto, che però non esclude un fittissimo, fecondo dialogo con altri autori, con altri testi, anche con altri generi letterari.

9 Come ha spiegato Georges Güntert: «occorre respingere una distinzione troppo netta tra il furore di Orlando e l'errare degli altri: tra di essi v'è soltanto una differenza d'intensità nelle manifestazioni esterne, mentre la motivazione di fondo rimane identica: le passioni, fonti di vita, sono esse stesse la causa di questi smarrimenti», per cui vedi GEORGES GÜNTERT, *Strategie narrative e discorsive nel* Furioso: *le prefigurazioni dei primi canti, i ritratti femminili e il centro tematico del poema*, «Esperienze letterarie», XXX, 3–4, 2005, pp. 51–80: 70; si vedano poi, nello stesso studio, le osservazioni sull'episodio degli amori di Ricciardetto e Fiordispina e sulla sua collocazione all'interno della struttura del *Furioso*, a p. 74 e sgg.

10 Poiché quello di Ricciardetto si mostra pur sempre, per lo meno in partenza, come un amore tutto sensuale e terreno, che non conosce i freni di una morale, negli studi critici la storia di Ricciardetto e Fiordispina è stata anche interpretata nei termini di cui sopra; si veda ad esempio ATTILIO MOMIGLIANO, *Saggio su l'Orlando Furioso*, Bari, Laterza, 1967, che parla della «perplessità voluttuosa della giovinetta» e della «concretezza cinica del libertino» (pp. 212–213).

11 In materia rinvio a CESARE SEGRE, *L'Orlando Furioso*, in *Manuale di letteratura italiana: storia per generi e problemi*, a cura di Franco Brioschi e Costanzo Di Girolamo, Torino, Bollati Boringhieri, 1993–1996, 4 voll.: II, *Dal Cinquecento alla metà del Settecento*, pp. 323–355: 323–328.

«Io non credo che fabula si conte, / che più di questa istoria
bella fosse»: la metamorfosi nella letteratura canterina
(*Reina d'Oriente, Bella Camilla*)

All'interno della "novella" di Ricciardetto e Fiordispina c'è un brano – una
sorta di "novella nella novella" – in cui Ricciardetto, fingendo di essere
Bradamante, narra a Fiordispina la supposta storia di un'avvenuta meta-
morfosi: «[...] io cominciai: "Non vi maravigliate, / madonna, se sì tosto a
voi ritorno [...]"» (*Fur.*, XXV 58,5–6 sgg.). Si tratta di un brano abilmente
strutturato dal punto di vista retorico, con una *captatio benevolentiae* ini-
ziale in cui la pseudo-Bradamante lusinga Fiordispina sostenendo di averla
sempre amata; con un racconto fortemente fantasioso al centro; e con una
peroratio finale che è un invito all'amore e alle gioie dei sensi. Cito alcuni
versi della parte centrale, in cui Ricciardetto, nelle vesti di Bradamante,
narra a Fiordispina di avere ottenuto in premio da una ninfa, da lei salvata,
la realizzazione di un desiderio:

> [...] Ebbile a pena mia domanda esposta,
> ch'un'altra volta la vidi attuffata;
> né fece al mio parlare altra risposta,
> che di spruzzar vêr me l'acqua incantata:
> la qual non prima al viso mi s'accosta,
> ch'io (non so come) son tutta mutata.
> Io 'l veggo, io 'l sento, e a pena vero parmi:
> sento in maschio, di femina, mutarmi [...].
> (*Fur.*, XXV 64)

Il brano contiene in nuce temi, motivi e immagini – su tutti, la meta-
morfosi – che si riverberano nell'intero canto. L'ho analizzato altrove;[12]
qui basterà ricordare che Ariosto, in questa "novella nella novella", riela-
bora l'antico motivo letterario del cambio di sesso, rivisitando le fonti più
disparate, dalle *Metamorfosi* ovidiane – Nettuno e Ceni (XII 198–203),
Diana e Atteone (III 138–252) – a vari testi della letteratura alta e bassa,

---

12   Vedi nota 1.

non ultimo i prodotti della letteratura canterina, come la *Reina d'Oriente*
del fiorentino Antonio Pucci (c. 1310–1388) e la *Bella Camilla* di Pietro o
Piero da Siena (c. 1343–1421).[13]

Non mi soffermerò che brevemente sulla *Bella Camilla*, anche perché
questo cantare, verosimilmente ispirato dalla *Reina d'Oriente*, registra nel
complesso una prossimità minore rispetto al canto ariostesco che non la
stessa *Reina d'Oriente*. Basterà ricordare che al centro della *Bella Camilla*
sono i temi della trasgressione, del travestimento e della metamorfosi che
caratterizzano la storia di Ricciardetto e Fiordispina. Camilla è figlia del
re Amideo di Valenza; questi, perduta la moglie e reso pazzo dal dolore,
vorrebbe sposarla; per scampare all'incesto, Camilla fugge per il mondo
indossando abiti maschili, sotto il nome di Amadio; nel corso delle sue
peregrinazioni suscita spesso, con la sua straordinaria bellezza, i desideri
delle donne; suscita in particolare l'amore della principessa Cambragia. Alla
fine, dopo innumerevoli avventure e disavventure, Dio la ricompensa, in
risposta alle sue accorate preghiere, trasformandola in un uomo: Camilla,
divenuta Amadio, potrà quindi sposare Cambragia e regnare felice insieme
a lei. Non è da escludere che alcune scene di questo cantare abbiano ispirato,
più che la vicenda ariostesca, la storia della Bradamante e della Fiordespina
di Boiardo: ad esempio, una fanciulla chiamata Babellina s'innamora di
Camilla/Amadio, vedendolo dormire sull'erba vicino a una fonte (*Bella
Camilla*, II 31 e sgg.), come succede con Fiordespina e Bradamante; e il bacio

---

13   Le fonti italiane ed europee della *Bella Camilla* sono state studiate da MARIA
      BENDINELLI PREDELLI, nel suo *Il* Cantare di Camilla *fra tradizione europea e cultura
      toscana*, in EADEM, *Cantari e dintorni*, Roma, Euroma, 1999, pp. 129–158; le fonti della
      Reina d'Oriente sono state analizzate in un recente intervento di RENZO RABBONI,
      Il cambiamento di sesso nella Reina d'Oriente *d'Antonio Pucci*, in *Il cantare italiano fra
      folklore e letteratura*. Atti del Convegno internazionale di Zurigo (Landesmuseum,
      23–25 giugno 2005), a cura di Michelangelo Picone e Luisa Rubini, Firenze, Olschki,
      2007, pp. 209–234, ora in IDEM, *Generi e contaminazioni. Studi sui cantari, l'egloga
      volgare e la lirica d'imitazione petrarchesca*, Roma, Aracne, 2013, pp. 79–136. Per la
      diffusione nella tradizione dotta e popolare, scritta e orale, del motivo dello *iuvenis
      femina* che è anche alla base della storia di Ricciardetto e Fiordispina, si veda CARLO
      DONÀ, *Cantari, fiabe e filologi*, in *Il cantare italiano fra folklore e letteratura*, cit.,
      pp. 147–170: 152–153.

che Fiordespina immagina di dare a Bradamante addormentata, come tutta
la scena di caccia alla fine dell'*Innamorato*, somigliano alla scena di caccia in
cui Cambragia, invaghitasi a sua volta di Camilla/Amadio, giura di baciarlo
e riesce nell'intento (*Bella Camilla*, IV 50–57).[14] Ma un'analisi dei rapporti
fra la *Bella Camilla*[15] e l'ultimo canto dell'*Innamorato*, insieme, s'intende,
al canto XXV del *Furioso*, potrebbe essere l'argomento di uno studio a sé.

Al centro del cantare pucciano è invece la vicenda della figlia della
Reina d'Oriente, che, su suggerimento dell'astuta dama Berta, viene allevata
ed educata come se fosse un maschio, e viene poi fatta sposare, per motivi
politici, con la figlia dell'imperatore di Roma. Le due fanciulle mantengono
il segreto, ma quando la frode rischia di essere scoperta, la figlia della Reina
d'Oriente, rifugiatasi in una selva, pronuncia un'accorata preghiera e viene
finalmente trasformata in un uomo, ossia in un re: «lo re puose mano a suo
natura / com'ebbe inteso l'angiol prestamente, / e ritrovossi sì fatta misura
[...]» (*Reina d'Oriente*, III 34,1–3). Alcuni luoghi del cantare pucciano
possono aver fornito suggerimenti al canto XXV del *Furioso*, in partico-
lare per la favola sulla metamorfosi narrata da Ricciardetto a Fiordispina.
Fra questi è il brano della confessione della propria identità femminile da
parte della figlia della Reina d'Oriente alla moglie, che, dopo il banchetto
nuziale, l'aspetta nella stanza da letto:

> E 'l re piangendo disse con gran duolo:
>
> «Tu sè figliuola peggio maritata
> che nïun'altra che nel mondo sia,
> ed ïo son quella che t'ò inganata,
> come udirai, contro alla voglia mia»;
> e tutta la novela ebe contata
> piangendo fortemente tutta via,

---

14   Lo suggeriva RAJNA, per cui cfr. *Le fonti*, cit., p. 368; lo ha di recente ricordato GIULIO
      FERRONI, nel suo *Da Bradamante a Ricciardetto. Interferenze sessuali e scambi di sesso*,
      in *La parola ritrovata: fonti e analisi letteraria*, a cura di Costanzo Di Girolamo e
      Ivano Paccagnella, Palermo, Sellerio, 1982, pp. 137–159: 139, nota.

15   Ora disponibile in una nuova edizione: Cantare di Camilla *di Pietro Canterino
      da Siena. Storia della tradizione e testi*, a cura di Roberto Galbiati, Roma, Storia e
      Letteratura, 2015.

dicendo: «Come tu femina sono,
e, degna di morir, chegio perdono».

Apresso disse ciò che donna Berta
l'avea insegnato, colla mente grieve,
e la fanciulla, per esser più certa,
– che non credeva al suo detto di leve –
tutta dal capo al piè l'ebbe scoperta,
che parea pure una massa di neve;
e po' le disse, quando ben l'*adocchia*:
«Non pianger più, ch'i' sarò tuo *sirocchia*».
(*Reina d'Oriente*, III 13,8 – 15)[16]

Entrambi i racconti, quello di Ricciardetto a Fiordispina e quello della figlia
della Reina d'Oriente alla sua sposa, vengono narrati dopo un banchetto,
nello spazio chiuso della camera da letto; ma Ricciardetto è un uomo che si
finge donna, mentre la figlia della Reina d'Oriente è una donna che si finge
uomo; inoltre il racconto della figlia della Reina d'Oriente è una confessione
sofferta, mentre quello di Ricciardetto è una favola leggera e giocosa. E se nel
canto ariostesco c'è una rivestizione di Ricciardetto in abiti femminili, nel
cantare c'è una svestizione, che deve comprovare la veridicità del racconto
della figlia della Reina d'Oriente, in quanto la sposa, almeno sulle prime, non
si mostra affatto convinta, al contrario di Fiordispina, che ascolta stupita
ma pur sempre credula l'impossibile racconto di Ricciardetto. Entrambe
le rivelazioni hanno conseguenze importanti per la trama; ma le due fan-
ciulle del cantare decidono di mantenersi vergini (cfr. *Reina d'Oriente*, III
15,7–8 e 16,1–2), mentre al racconto di Ricciardetto a Fiordispina segue
un «amoroso assalto» (*Fur.*, XXV 68,2 e sgg.); l'«amorosa danza», nella
Reina d'Oriente (III 41,7), potrà invece avvenire solo nel finale.

Ariosto sembra cioè operare un divertito capovolgimento dei contenuti
della *Reina d'Oriente*. Che la *Reina d'Oriente* sia effettivamente stata un
testo di riferimento per il canto ariostesco, non è del resto cosa sicura; ma

---

16   Faccio riferimento ad ANTONIO PUCCI, *Cantari della Reina d'Oriente*, a cura di
      Attilio Motta e William Robins, Bologna, Commissione per i testi di lingua, 2007,
      e precisamente al testo di V (Roma, Biblioteca Apostolica Vaticana, Borgiano
      latino 384).

si può almeno notare, come possibile aggancio, che la rima difficile *adoc-chia*: *sirocchia* nel distico finale della stanza della *Reina d'Oriente* già citata («e po' le disse, quando ben l'*adocchia*: / "Non pianger più, ch'i' sarò tuo *sirocchia*"», III 15,7- 8) ricorre anche nel canto XXV del *Furioso*, in corrispondenza dell'ottava, modulata sul tema dello scambio di sesso, con cui Ricciardetto rievoca gli inizi dell'amore di Fiordispina per Bradamante:

> – E quando ritrovò la mia *sirocchia*
> tutta coperta d'arme, eccetto il viso,
> ch'avea la spada in luogo di conocchia,
> le fu vedere un cavalliero aviso.
> La faccia e le viril fattezze *adocchia*
> tanto, che se ne sente il cor conquiso [...]. –
> (*Fur.*, XXV 28,1–6)[17]

Al di là di una possibile comunanza tematica fra il canto XXV del *Furioso* e la *Reina d'Oriente*, e al di là di possibili riprese, è degna di attenzione la formula di apertura della narrazione a Ruggiero da parte di Ricciardetto: «Io non credo che fabula si conte, / che più di questa istoria bella fosse» (*Fur.*, XXV 27,5–6). Essa ricalca le formule d'esordio con cui i poeti canterini usavano attirare l'attenzione del pubblico, come avviene anche nel

---

17   La rima *adocchia* : *serocchia* è dantesca (*Purg.*, IV 109, 111), come pure la serie *conoc-chia* : *serocchia* : *adocchia* (*Purg.*, XXI 26, 28, 30). Ma nel *Furioso* le occorrenze del vocabolo "sirocchia" risultano rare: due sono nello stesso canto XXV (28,1 e 40,6), una è nel canto XLIV (86,5), dove il vocabolo si trova ancora in posizione di rima, nella serie *adocchia* : *pannocchia* : *sirocchia* (vv. 1, 3, 5); "sirocchie" al plurale, infine, è nel canto XLVI (7,2). Nel *Furioso* si preferisce in genere il vocabolo "sorella", che registra quarantatré occorrenze. Nella discussione al convegno, avviata da Annalisa Perrotta e Luca Degl'Innocenti, si è riflettuto sul fatto che, se Ariosto impiega il vocabolo "sirocchia" invece di "sorella" per la prima volta nel suo poema nel canto XXV, forse lo fa proprio perché di recente aveva letto o riletto il cantare pucciano. Aggiungo che il vocabolo "sirocchia" è anche usato, proprio in relazione al *topos* agiografico della castità matrimoniale di cui sopra, nella *Vita di Malco monaco* di Domenico Cavalca, per cui cfr. *Cinque vite di eremiti dalle* Vite dei Santi Padri, a cura di Carlo Delcorno, Venezia, Marsilio, 1992, pp. 187–194: 191; cfr. inoltre la relativa segnalazione nel *Glossario* dell'ed. Motta-Robins dei *Cantari della Reina d'Oriente*, cit., pp. 181–200: 198.

cantare pucciano: «Per Dio, signori, vi piaccia ascoltare, / Però ch'io credo che alla vostra vita / Sì bella historia non arete udita» (*Reina d'Oriente*, I 2,6–8). Al contempo questa formula riecheggia anche e soprattutto la «bela historia» dell'esordio del poema di Boiardo (*Inn.*, I i 1,4), con il quale l'autore del *Furioso* sembra lanciarsi in una vera e propria gara di bravura.

La gemellarità bisessuale e la *Calandra*

L'idea dei due gemelli, maschio e femmina, era «nell'aria», com'è stato detto, negli ambienti teatrali di quegli anni (così Giulio Ferroni,[18] che in alcuni suoi lavori ha trattato il sistema comico della gemellarità, il luogo dell'androgino e dell'ermafrodito, e i rapporti del canto ariostesco, nelle sue linee generali, con la commedia italiana cinquecentesca).

È noto che già nel 1486 erano stati rappresentati per la prima volta a Ferrara i *Menaechmi* plautini, ovvero i *Menechini*, nel volgarizzamento attribuito a Battista Guarino, e che questa fu una delle commedie in assoluto più rappresentate per tutta la seconda metà del Quattrocento e oltre; è noto poi che negli stessi anni in cui Ariosto lavorava al *Furioso*, precisamente nel febbraio del 1513, era stata rappresentata alla corte d'Urbino la *Calandra* (o *Calandria*) di Bernardo Dovizi da Bibbiena, commedia basata, come già i *Menechini*, sul motivo della gemellarità, ma in questo caso della gemellarità bisessuale. La *Calandra* aveva avuto un successo notevole, ed era stata riproposta anche a Roma nel dicembre del 1514 e poi nel gennaio del 1515; altre rappresentazioni si erano susseguite in altre città d'Italia.

La fortuna della *Calandra* e della commedia italiana del Cinquecento è legata, come si sa, alla felice riscoperta di autori latini quali Plauto e

---

18 GIULIO FERRONI, *Da Bradamante a Ricciardetto*, cit., p. 144. Sul tema del comico gemellare si vedano anche: IDEM, *Tecniche del raddoppiamento nella commedia del Cinquecento* e *Il sistema comico della gemellarità*, in IDEM, *Il testo e la scena. Saggi sul teatro del Cinquecento*, Roma, Bulzoni, 1980, pp. 43–64 e 65–84; e sull'interpretazione della *Calandra*: IDEM, *I due gemelli greci a Roma*, in ivi, pp. 85–98.

Terenzio, e alla valorizzazione delle novelle di Boccaccio: il *Decameron* diventa una sorta di serbatoio al quale attingere per le trame teatrali e altro ancora, anche a livello di proverbi, motti e sentenze, che dalle pagine del *Centonovelle* passano spesso e volentieri attraverso le battute dei personaggi sulle scene teatrali. La stessa *Calandra* è un'opera esemplare al riguardo, per i rapporti stretti che intrattiene tanto con i *Menechini*, quanto con il *Decameron*.[19]

Al centro della *Calandra* è un personaggio di boccacciana memoria, Calandro appunto, il marito sciocco e beffato; mentre la burla ordita ai suoi danni coinvolge in modi vari e imprevedibili una coppia di gemelli, Lidio e Santilla, che, come quelli plautini, sono stati separati nell'infanzia e che per volere del caso si ritrovano nella stessa città (qui, Roma). Ora, venendo ai possibili rapporti con il canto ariostesco, andrà osservato che Lidio, come Ricciardetto, si traveste da donna per incontrarsi clandestinamente con l'amata, Fulvia, moglie di Calandro; Santilla, come Bradamante, è solita vestirsi da uomo, ma proprio per questo incorre in spiacevoli complicazioni, quando il mercante fiorentino Perillo, che l'ha salvata e l'ha cresciuta, credendola quel che non è, vorrebbe darla in sposa a sua figlia.

In apertura della *Calandra* si anticipa, come di consueto, l'argomento della commedia:

> Demetrio, cittadino di Modon, ebbe uno figliolo maschio detto Lidio e una femina chiamata Santilla, *amendua* d'*un parto* nati, tanto di forma e di presenzia *simili* che, dove il vestire la *differenzia* non facea, non era chi l'uno dall'altro *cognoscere* potessi. (*Argomento*, § I, p. 65)[20]

---

19   Fra i primi ad avere analizzato le fonti della *Calandra*, dedicando un breve spazio anche ai suoi rapporti con il canto XXV del *Furioso*, è stato RICHARD WENDRINER nel suo *Die Quellen von Bernardo Dovizis* Calandria, in *Abhandlungen Herrn Prof. Dr. Adolf Tobler zur Feier seiner fünfundzwanzigjährigen Thätigkeit als ordentlicher Professor an der Universität Berlin von dankbaren Schülern in Ehrerbietung dargebracht*, Halle, Niemeyer, 1895, pp. 168–179, in particolare alle pp. 170–171.

20   Questa e le citazioni seguenti sono tratte da *La Calandra. Commedia elegantissima per messer Bernardo Dovizi da Bibbiena*, a cura di Giorgio Padoan, Padova, Antenore, 1985.

Il medesimo concetto è ripetuto subito dopo, al principio dell'Atto primo, Scena prima, nel monologo del servo Fessenio:

> perché, *amendue* d'*un parto* nati, di volto, di persona, di parlare, di modi tanto *simili* gli fé Natura, che [...] non essa matre, non la propria nutrice sapea *discernere* qual fusse Lidio o qual fusse Santilla. (*La Calandra*, Atto primo, Scena prima, p. 67)

Lo stesso Ricciardetto, prima di cominciare la sua narrazione, si era presentato a Ruggiero con parole analoghe: «né 'l padre né i fratelli né chi a *un parto* / ci produsse *ambi, scernere* ci sanno» (*Fur.*, XXV 23,3–4). Aveva anche precisato che solo la chioma «ci solea far già *differenza* molta» (*Fur.*, XXV 23,8); e aveva concluso, quando un eremita aveva dovuto tagliare i capelli di Bradamante per medicarle una ferita: «alcun segno tra noi non restò più / di *differenza*, fuor che 'l sesso e 'l nome» (*Fur.*, XXV 24,5–6).

Fra i due passi succitati della *Calandra* e i versi ariosteschi sono sicure corrispondenze: il sintagma "un parto", che ricorre in tutti e tre i brani; i vocaboli "amendua" e "amendue" nella *Calandra* e "ambi" nel *Furioso*, ad indicare i gemelli; il concetto reiterato nella *Calandra* di somiglianza ovvero d'identità fra i due gemelli, cui si accosta, per contro, il concetto della "differenza" (il vestire, nella *Calandra*; i capelli corti o lunghi, nel *Furioso*); infine, l'idea dell'impossibilità di 'cognoscere' o 'discernere', nella commedia del Bibbiena, e di "scernere", nel poema di Ariosto, per cui neppure i parenti più stretti, siano essi la madre, la nutrice, il padre o i fratelli, sono in grado di distinguere i due gemelli.

Simili scelte lessicali possono risultare pressoché obbligate in testi centrati sul motivo della gemellarità e degli equivoci che da essa devono scaturire: non dissimile, infatti, è l'inizio dei *Menechini*.[21] Eppure, mettendo

---

21   «Udite: Plauto in una comedia / descrive d'un che fu siracusano [...]; / nacqueli de la moglie in fin de pria / due figli maschi, come noi legiano: / in un portato volse i‹l› loro distino, / l'un detto Sosio e l'altro Menichino. / Tra lor non sendo alcuna differenza / la madre che gli aveva parturiti / talvolta ne perdea la conoscenza, / tanto di propria effige erano uniti» (*I Menechini*. *Volgarizzamento attribuito a Battista Guarino, prima redazione, Argumento*, vv. 1–2 e 5–12). Cito da *I Menechini di Plauto. Volgarizzamenti rinascimentali*, a cura di Maria Luisa Uberti, Ravenna, Longo, 1985, pp. 73–128: 75.

a confronto la *Calandra* e il *Furioso*, la presenza dei medesimi vocaboli e concetti nel breve spazio di poche righe, e rispettivamente di pochi versi, mi sembra indicativa di un rapporto di parentela, specie se si consideri la convergenza fra i temi di fondo della commedia del Bibbiena e il canto ariostesco, e i dati – vi tornerò in seguito – che il contesto storico-letterario ci fornisce.

A titolo d'esempio, ci si potrà soffermare su una scena della *Calandra*, quella del lamento d'amore di Fulvia. Fulvia si strugge in quanto, a causa di una serie di circostanze che hanno tenuto Livio lontano da lei per un certo tempo, crede di non essere più amata:

> Ahi, cieli avversi! Certo, or cognosco lui spietato e me misera. Ahi, quanto è trista la fortuna della donna! e come è male appagato lo amore di molte nelli amanti! Ahi, trist'a me! che troppo amai. Lassa! che ad altri tanto mi diedi che non sono più mia [...]. (*Calandra*, Atto terzo, Scena quinta, p. 127)

Questo lamento non presenta propriamente forti affinità sul piano lessicale e sintattico con quello di Fiordispina nel *Furioso*, che ricorda piuttosto quello di Ifi a Iside nelle *Metamorfosi* ovidiane (IX 726–763), e che è modulato, fra echi danteschi e petrarcheschi, su una serie di esempi desunti dalla storia e dalla letteratura antica:

> [...] Se pur volevi, Amor, darmi tormento
> che t'increscesse il mio felice stato,
> d'alcun martir dovevi star contento,
> che fosse ancor negli altri amanti usato.
> Né tra gli uomini mai né tra l'armento,
> che femina ami femina ho trovato:
> non par la donna all'altre donne bella,
> né a cervie cervia, né all'agnelle agnella.
>
> In terra, in aria, in mar, sola son io,
> che patisco da te sì duro scempio;
> e questo hai fatto acciò che l'error mio
> sia ne l'imperio tuo l'ultimo esempio.
> La moglie del re Nino ebbe disio,
> il figlio amando, scelerato et empio,
> e Mirra il padre, e la Cretense il toro:

> ma gli è più folle il mio, ch'alcun dei loro [...].
>
> (*Fur.*, XXV 35–36)[22]

Ma con il canto ariostesco, il lamento di Fulvia presenta affinità sul piano tematico, imperniato com'è, anch'esso, sul duplice tema del travestimento e dello scambio di sesso:

> E perché non mi è lecito da omo vestirmi una sol volta e trovar lui, come esso, da donna vestito, spesso è venuto a trovar me? [...]. Se io da lui vo, vedrà le mie lacrime, sentirà e' mie lamenti, udirà i mie preghi [...]: e come sarà mai sì crudele che a pietà di me non si mova? [...] Or da omo a vestir mi vo. (*Calandra*, Atto terzo, Scena quinta, pp. 127–128)

Fulvia dunque decide di travestirsi da maschio per recarsi a casa di Livio; qui però trova inaspettatamente suo marito Calandro, invaghitosi dello stesso Livio travestito da femmina. Similmente Ricciardetto, travestito da femmina anche lui come Livio, nella scena del banchetto che Fiordispina allestisce per celebrare il ritorno di quella che crede Bradamante, suscita gli sguardi bramosi dei cavalieri che lo ammirano, avendolo scambiato per una fanciulla. Tutta la *Calandra* è ricca di scene di travestimenti e scambi di sesso; nel canto ariostesco, più denso e stringente, l'espediente del travestimento, con il conseguente scambio di sesso, si concentra propriamente sul solo Ricciardetto nel momento in cui si traveste da Bradamante per conquistare Fiordispina e finge, quando le racconta la favola della sua metamorfosi, di essere diventato, o meglio diventata, un uomo per amore di lei.

---

22   Sul piano delle riprese lessicali e sintattiche, infatti, il lamento di Fulvia nella *Calandra* registra forti affinità con il *Decameron*. Cito ad esempio alcuni brani che il Bibbiena ha evidentemente ricalcato da Boccaccio: «Ahi, quanto è misera la fortuna delle donne, e come è male impiegato l'amore di molte nei mariti!» (*Decameron*, III 6 33); «[M]'hai fatta [...] troppo più tua divenir che io non son mia» (*Decameron*, VII 7 23). Queste e le successive citazioni sono tratte da GIOVANNI BOCCACCIO, *Decameron. Edizione critica secondo l'autografo hamiltoniano*, a cura di Vittore Branca, Firenze, Presso l'Accademia della Crusca, 1976. Il parallelismo fra i brani della *Calandra* e del *Decameron* è stato già indicato da WENDRINER, *Die Quellen*, cit., p. 176, e da PADOAN, nella *Introduzione* alla sua edizione della *Calandra*, cit., pp. 1–34: 21.

E ancora, per quel che concerne la convergenza di alcune immagini: Fiordispina, nella notte passata con Bradamante, aveva sognato che l'amica si era trasmutata in maschio, ma, svegliatasi e toccatala con mano, aveva dovuto constatare il contrario («Si desta; e nel destar mette la mano, / e ritrova pur sempre il sogno vano», *Fur.*, XXV 43,7–8); in compenso, nella notte che passa con Ricciardetto, quando lo tocca con mano per sincerarsi, adesso, dell'avvenuta metamorfosi, Fiordispina finalmente vedrà il proprio sogno farsi realtà («[...] ella istessa / trovò con man la veritade espressa», *Fur.*, XXV 65,7–8).

Nella *Calandra* Fulvia, una volta fallito il tentativo di incontrare Livio a casa sua, lo aspetta a casa propria, ma per via delle macchinazioni di un falso negromante si vede arrivare – la situazione per Fulvia è estremamente frustrante, anche se per il pubblico, invece, è carica di comicità – un Livio in versione tutta femminile, nelle vesti e anche nel corpo, cioè Santilla; Fulvia, avendolo toccato con mano, si dispera:

> Tutto l'ho maneggiato e tocco: [...] per me, privo si trova di quel che più si brama.
> (*Calandra*, Atto quinto, Scena seconda, p. 153)

Il negromante riesce a tranquillizzarla, promettendole in cambio di soldi e favori un nuovo incontro con un Livio tornato, ma in realtà sempre stato maschio:

> Non solo il vedrai, ma con mano il toccherai. (*Calandra*, Atto quinto, Scena seconda, p. 154)

Da qui in avanti varie volte, nella *Calandra*, si parla – lo fa ad esempio Fessenio, riflettendo sulla credulità di Fulvia accecata, come Fiordispina, dalla potenza dell'amore – di mani che toccano e trovano o non trovano quello che desiderano; e forse proprio dalla *Calandra* è derivata la mano di Fiordispina che tocca a due riprese prima Bradamante, poi Ricciardetto; ma il gesto del toccare con mano, già di ascendenza biblica (San Tommaso), per verificare la veridicità di un evento incredibile, e nel nostro caso per verificare l'identità sessuale della persona, è topico, e si ritrova anche in altri testi costruiti sul tema del cambio e dello scambio di sesso; lo abbiamo visto, ad esempio, nella *Reina d'Oriente* (cfr. i versi già citati sul re che «[...]

puose mano a suo natura», III 34,1); oppure, per restare nell'ambito della
commedia cinquecentesca, si può osservare, a riprova della sua diffusione,
che il medesimo gesto è nel *Formicone*, Atto primo, Scena quinta, dove il
servo Formicone vuole palpare per strada la comare allo scopo di sincerarsi
se sia maschio o femmina (non entro naturalmente nei dettagli; ricordo solo
che il *Formicone*, una commedia di Publio Filippo Mantovano ispirata a un
racconto delle *Metamorfosi* di Apuleio, era stata rappresentata a Mantova
nel 1503, dunque pochi anni prima rispetto alla *Calandra* e al *Furioso*).[23]

Di questo tipo, insomma, è la prossimità fra la commedia del Bibbiena
e il canto ariostesco: una prossimità fatta, ancora una volta, non tanto di
puntuali rapporti di fonte e ripresa, quanto di analogie fra temi, motivi,
immagini, pur con forti scarti nei significati. Se al centro della *Calandra* è il
gusto divertito per la beffa, gli equivoci, gli scambi di sesso e di persona fino
all'agnizione finale, in cui i due gemelli si ritrovano e si riconoscono, e in
cui l'unità si ricompone, diverso è il senso che Ariosto conferisce alla storia
di Ricciardetto e Fiordispina: una storia in cui, al di là della celebrazione
dell'Amore, dell'Ingegno, della Fortuna – come nella *Calandra*, come tanto
spesso nel *Decameron* – domina nel finale, con la divisione fra gli amanti,
il senso amaro della sofferenza; come dirà in conclusione Ricciardetto,
ribadendo le sue parole iniziali, già citate, sulla gioia che l'amore sembra
promettere prima di diventare martirio:

> […] Voi che mi liberaste da quei suoi
> che ne la piazza avean le fiamme accese,
> comprendere oggimai potete il resto;
> ma Dio sa ben con che dolor ne resto.
> (*Fur.*, XXV 70,5–8)

Nella storia della critica letteraria si è giustamente parlato – lo ha fatto
Guido Davico Bonino – di «una sorta di tacito dialogo» fra il Bibbiena e
Ariosto nella fondazione della commedia italiana cinquecentesca.[24] Forse

---

23   Il parallelismo fra la *Calandra* e il *Formicone* è stato segnalato dallo stesso PADOAN
     nella *Introduzione* alla *Calandra*, cit., p. 16.
24   GUIDO DAVICO BONINO, *Introduzione* a *La commedia del Cinquecento*, Torino,
     Einaudi, 1977–1978, 3 voll.: I, pp. VII–LXXIX: XXXIII. Il concetto è stato ricordato

questo dialogo ha coinvolto anche il *Furioso*: temi, motivi e immagini diffusi nel repertorio teatrale di quegli anni, come si è visto, sembrano effettivamente trascorrere nel canto XXV più che in qualsiasi altro canto del poema e da qui ritornare a loro volta sulle scene. È probabile che fra la *Calandra* e il canto XXV del *Furioso* vi siano rapporti diretti, che cioè uno dei due autori abbia letto o sentito recitare il testo dell'altro; ma non è dato stabilire con sicurezza chi fra i due autori eventualmente abbia avuto la precedenza. Sappiamo ad esempio che il Bibbiena dal 1504 in poi fu a Roma, e a Roma Ariosto si recò a varie riprese per missioni diplomatiche presso Giulio II e poi Leone X: nel 1503, fra il 1504 e il 1509, come anche fra il 1509 e il 1516;[25] e varie testimonianze sembrano attestare che il Bibbiena e Ariosto non solo si conoscevano di persona, ma che erano in rapporti relativamente stretti.[26] Così il Bibbiena, quando lavorava alla *Calandra*, aveva forse potuto leggere o ascoltare – come Isabella d'Este, come Pietro Bembo, ma non solo – brani del poema ariostesco, che erano circolati prima

---

da FLORIS, che pure si è soffermata sui rapporti fra il canto XXV del *Furioso* e la *Calandra*, in *Amore e metamorfosi*, cit., pp. 204–205.

25 Per ragguagli si veda MICHELE CATALANO, *Vita di Ludovico Ariosto*, Genève, Olschki, 1930–1931, 2 voll.: I, pp. 310–313 e 352–387.

26 Nella sua opera, Ariosto menziona il Bibbiena fra i nemici dell'avarizia nel canto XXVI del *Furioso* (4,5–8) e lo ricorda ancora nei *Cinque canti* (II 52,1–2). Lo elogia anche nella canzone *Anima eletta* (vv. 163–169), ma nella *Satira terza* (vv. 181–183), come, più velatamente, nella *Satira settima* (vv. 40–42), sembra alludere all'opposto alla scarsa liberalità del cardinale nei suoi confronti; lo stesso nella lettera a Benedetto Fantino del 7 aprile 1513. Per maggiori informazioni sulla questione del beneficio della chiesa di Sant'Agata, che potrebbe avere incrinato le relazioni fra i due, si veda CATALANO, *Vita di Ludovico Ariosto*, cit., I, pp. 357–367. IDA CAMPEGGIANI, che ringrazio per le sue cortesi indicazioni, è tornata di recente sul tema dei rapporti fra Ariosto e il Bibbiena nel suo *Una nuova datazione per i* Cinque canti, «Storie e linguaggi», II, 1, 2016, pp. 71–94, in particolare alle pp. 78–82; della stessa studiosa si veda anche EADEM, *Persone e significati nascosti nella* Satira terza *di Ariosto*, in *Latenza. Preterizioni, reticenze e silenzi del testo*. Atti del XLIII Convegno Interuniversitario (Bressanone, 9–12 luglio 2015), a cura di Alvaro Barbieri ed Elisa Gregori, Padova, Esedra, 2016, pp. 131–144, e ora EADEM, *L'ultimo Ariosto. Dalle* Satire *ai* Frammenti *autografi*, Pisa, Edizioni della Normale, 2017.

della pubblicazione a stampa nel 1516;[27] o forse all'opposto Ariosto aveva avuto modo di leggere o anche soltanto di sentir parlare della *Calandra* prima di redigere il suo canto XXV. Non abbiamo informazioni certe al riguardo, ma quest'ultima ipotesi, anche semplicemente considerando le date della prima rappresentazione della commedia e della prima edizione del poema, a tre anni di distanza l'una dall'altra, rimane la più economica.

Se l'idea della gemellarità bisessuale, che gli aveva permesso di risolvere in modo brillante il problema dell'amore fatalmente non corrisposto della Fiordespina di Boiardo, era venuta ad Ariosto dalla *Calandra*, allora la concezione e la stesura del canto XXV potrebbero essere cronologicamente collocati verso il 1513 o in un periodo immediatamente successivo.[28] Ma si tratta di un problema delicatissimo. Del resto, per la stessa idea Ariosto poteva anche guardare alla tradizione della letteratura cavalleresca di materia carolingia che aveva alle spalle, alle storie d'Aspramonte e in particolare all'*Aspramonte* di Andrea da Barberino, dov'è narrata la vicenda di Riccieri di Risa, ucciso a tradimento dal fratello Beltramo, e di sua moglie Galiziella, incinta, e mandata al rogo; ma secondo alcune versioni, come precisava lo stesso Andrea, Galiziella sarebbe stata risparmiata e avrebbe portato a termine la gravidanza, dando alla luce due gemelli, un maschio e una femmina:

> E ancora si dice che in quello fuoco fu gettata Galiziella; alcuno dice che Almonte vi fece gittare un'altra femina, e segretamente mandò Galiziella in Africa in su una nave e fella menare in prigione. Alcuno altro à detto di lei che ella ebbe uno figliuolo maschio e una femmina. (*L'Aspramonte*, Libro I, cap. XLIIII, p. 43)[29]

---

27   Al riguardo rinvio a MARCO DORIGATTI, *Il manoscritto dell'*Orlando Furioso *(1505– 1515)*, in *L'uno e l'altro Ariosto: in Corte e nelle Delizie*, a cura di Gianni Venturi, Firenze, Olschki, 2011, pp. 1–44, in cui si ripercorrono con dovizia d'informazioni le fasi del lavoro ariostesco alla composizione del poema, e in cui si menzionano testimonianze che attestano non solo l'usanza di recitare a corte brani del *Furioso* in occasione di intrattenimenti preprandiali, ma anche l'esistenza di una "bozzatura" letta pubblicamente prima della stampa (pp. 34–35). Del medesimo studioso è poi d'obbligo il rimando a *Orlando furioso secondo la princeps del 1516*, edizione critica a cura di Marco Dorigatti, con la collaborazione di Gerarda Stimato, Firenze, Olschki, 2006.

28   Lo ha osservato con cautela Marco Dorigatti, al convegno, nel corso della discussione.

29   L'edizione di riferimento è ANDREA DA BARBERINO, L'Aspramonte. *Romanzo cavalleresco inedito*, a cura di Marco Boni, Bologna, Antiquaria Palmaverde, 1951.

Boiardo nell'*Innamorato* (III v 32 e sgg.), pur facendo narrare da Ruggiero
a Bradamante la storia degli avi secondo quella che sembra la versione di
Andrea, aveva ignorato il dettaglio del parto gemellare; ma Ariosto non
se ne sarebbe dimenticato. Infatti nello stesso canto XXV compare l'altra
gemella del *Furioso*, l'altra amazzone: Marfisa, che tuttavia non ha ancora
incontrato, né riconosciuto Ruggiero (Marfisa fa la sua prima apparizione,
in incognito, ad inizio di canto, mentre riposa insieme ad altri cavalieri su
un prato, nelle vesti di una donna «di viso bello», *Fur.*, XXV 4,4; e poi
ritorna in fine di canto, nelle vesti di un guerriero «ch'avea d'oro fregiata
l'armatura, / e per insegna in campo verde il raro / e bello augel che più
d'un secol dura», *Fur.*, XXV 97,4–6).

L'idea della gemellarità bisessuale insomma era presente nel mondo
teatrale del tempo; ma era anche già presente nelle pagine dei romanzi
cavallereschi, e la mobilissima fantasia di Ariosto poteva attingere a suo
piacimento un po' ovunque.

Travestimento e scambio di sesso nel *Decameron*: Alessandro e la figlia del re d'Inghilterra

Nell'ampio mosaico delle fonti della storia di Ricciardetto e Fiordispina già
descritto da Rajna, e poi rivisitato e arricchito da altri studiosi,[30] la Terza
novella della Seconda giornata del *Decameron*, quella di Alessandro e della
figlia del re d'Inghilterra, potrebbe costituire un tassello ancora mancante
che ora vorrei aggiungere.

Nella seconda giornata del *Decameron* si ragiona della fortuna e delle
peripezie che si concludono con un lieto fine.[31] È il caso di Alessandro,

---

30   Fra questi ricordo almeno GIUSEPPE SANGIRARDI, *La presenza del* Decameron
*nell'*Orlando Furioso, in «Rivista di letteratura italiana», X, 1–2, 1992, pp. 25–67.

31   Intorno alla seconda giornata del *Decameron* nel suo complesso, con cenni alla terza
novella, si vedano FRANCO FIDO, *Il pentagramma della Fortuna e i mercanti nelle prime
cinque novelle della seconda giornata*, in IDEM, *Il regime delle simmetrie imperfette*.

nipote di tre gentiluomini di Firenze, divenuti poveri per la loro prodiga-
lità.[32] Alessandro lavora per loro in Inghilterra, come usuraio; ma quando la
situazione economica della famiglia precipita, anche a causa di una guerra
fra il sovrano inglese e il proprio figlio primogenito, Alessandro deve rien-
trare in Italia. Per strada incontra un giovane abate inglese, diretto a Roma
con la sua scorta, e si unisce a quella compagnia.

La novella boccacciana, che è anche una rivisitazione parodica delle
storie di sante camuffate da monaco ampiamente diffuse nella letteratura
agiografica medievale,[33] è chiaramente basata sui temi della trasgressione, del

---

Studi sul Decameron, Milano, Franco Angeli, 1988, pp. 65–72; MONICA BARDI, *Il
volto enigmatico della fortuna: seconda giornata*, in *Prospettive sul* Decameron, a cura
di Giorgio Barberi Squarotti, Torino, Tirrenia Stampatori, 1989, pp. 25–38; SERGIO
ZATTI, *Il mercante sulla ruota: la seconda giornata*, in *Lectura Boccacci Turicensis*,
cit., pp. 79–98. Menziono inoltre alcuni fra gli articoli più recenti: FRANCESCO
CIABATTONI, Decameron 2: *Filomena's Rule between Fortune and Human Agency*,
«Annali d'Italianistica», 31, 2013, pp. 173–196; ANTONELLA CAPOZZOLI, *Il*
Decameron, *la Fortuna e i mercatanti della Seconda Giornata*, «Misure critiche»,
II, 1, 2013–2014, pp. 231–248; ILARIA TUFANO, *Boccaccio e la letteratura religiosa: la
Prima e la Seconda Giornata del* Decameron, «Critica del testo», 3, 2013, pp. 185–207.

32   Sono relativamente poco numerose le pagine critiche dedicate specificamente a
questa novella decameroniana. Ne indico alcune: GUIDO PUGLIESE, Decameron
II, 3: un caso di contingenza testuale, «Esperienze letterarie», V, 4, 1980, pp. 29–41;
GIUSEPPE MAZZOTTA, *The World at Play in Boccaccio's* Decameron, Princeton,
NJ, Princeton University Press, 1986, pp. 83–86; e ancora TUFANO, *Boccaccio e la
letteratura religiosa*, cit., pp. 196–199, con osservazioni recentemente riproposte e
sviluppate in EADEM, *Sante travestite nel* Decameron, in *I cantieri dell'italianistica.
Ricerca, didattica e organizzazione agli inizi del XXI secolo*. Atti del XVIII congresso
dell'Adi (Padova, 10–13 settembre 2014), a cura di Guido Baldassarri *et al.*, Roma,
Adi editore, 2016, pp. 1–6 (il contributo si legge in versione elettronica fra le pub-
blicazioni sul sito dell'Adi, per cui vedi <http://www.italianisti.it>).

33   Le leggende fiorite nella tradizione bizantina intorno ad alcune donne travestite
da monaco sono circolate, in area italiana, nelle *Vite dei Santi Padri*: in materia
rinvio a DOMENICO CAVALCA, *Vite dei Santi Padri*, edizione critica a cura di Carlo
Delcorno, Firenze, Edizioni del Galluzzo, 2009, 2 voll., in particolare II, *Quarta parte*,
pp. 1229–1569, dove si narrano storie come quella di Eufrosina (IV 40), Pelagia (IV
46), Teodora (IV 79). Ringrazio Carlo Delcorno per i suoi consigli. Sulla leggenda
greca di santa Eugenia, diffusa in varie traduzioni latine e in particolare nella *Legenda
aurea*, ha scritto invece, con riferimento alla novella decameroniana di Alessandro

travestimento e dello scambio di sesso. Quando vede Alessandro, bellissimo, l'abate, come Fiordispina con Bradamante, s'innamora di lui sull'istante: «il quale meravigliosamente nella prima vista gli piacque quanto mai alcuna altra cosa gli fosse piaciuta» (*Decameron*, II 3 20). E come Fiordispina innamorata di Bradamante, anche l'abate è in preda a desideri che gli tolgono il sonno: «[l]'abate [...] non dormiva, anzi alli suoi novi disii fieramente pensava» (*Decameron*, II 3 28); riesce tuttavia ad approfittare del fatto che Alessandro si trovi costretto, per mancanza di spazio, a dividere con lui la stanza, e allora gli si dichiara: il giovane abate è in realtà una donna, in fuga, che viaggia sotto mentite spoglie. Si tratta di un colpo di scena, perché Alessandro fino a quel momento ha creduto, come anche i lettori, che l'abate fosse un uomo invaghitosi di un altro uomo. Anche qui vi sono mani che toccano e che trovano quello che non ci si aspetterebbe:

> L'abate, postagli la mano sopra il petto, lo 'ncominciò a toccare; (*Decameron*, II 3 30)

> e prestamente di dosso una camiscia, ch'avea, cacciatasi, presa la mano d'Allessandro, e quella sopra il petto si pose, dicendo: «Alessandro, caccia via il tuo sciocco pensiero, e, cercando qui, conosci quello che io nascondo». (*Decameron*, II 3 31)

Un altro colpo di scena si ha quando Alessandro, giunto a Roma, viene a sapere che la donna-abate è di sangue reale. I due amanti si uniscono in matrimonio, in presenza del Papa, in una scena in cui si sottolinea il motivo della rivestizione di entrambi in ricchi abiti degni della loro posizione sociale, e in particolare la rivestizione dell'abate-donna in abiti femminili:[34]

> E il giorno posto da lui essendo venuto, davanti a tutti i cardinali e dimolti altri valenti uomini, li quali invitati a una grandissima festa da lui apparecchiata eran venuti, fece venire la donna realmente vestita, la quale tanto bella e sì piacevol parea

---

e della figlia del re d'Inghilterra, RUGGERO STEFANINI, per cui vedi *La leggenda di Santa Eugenia e la novella d'Alessandro (Dec. II, 3)*, «Romance Philology», 33, 1980, pp. 338–410. Più in generale, si veda EVELYNE PATLAGEAN, *L'histoire de la femme déguisée en moine et l'évolution de la sainteté féminine à Byzance*, «Studi medievali», XVII, 2, 1976, pp. 597–624.

34   Vedi sull'argomento ELISSA WEAVER, *Dietro il vestito: la semiotica del vestire nel Decameron*, in *La novella italiana*, cit., II, pp. 701–710, cui rinvio anche per la bibliografia pregressa.

che meritatamente da tutti era commendata, e simigliantemente Alessandro splen-
didamente vestito, in apparenza non miga giovane che a usura avesse prestato, ma
piu tosto reale, e da' due cavalieri molto onorato; e quivi da capo fece solennemente
le sponsalizie celebrare, e appresso, le nozze belle e magnifiche fatte, con la sua bene-
dizione gli licenziò. (*Decameron*, II 3 44)

Volendo individuare l'indizio concreto di un possibile rapporto diretto fra
il canto ariostesco e la novella decameroniana, ci si potrebbe volgere a quei
versi in cui Ricciardetto, in qualità di scaltro affabulatore, terminata la sua
"novella nella novella", offre a Fiordispina i suoi servigi: «e qual nell'altro
sesso, in questo ancora / ho le mie voglie ad *ubbidirvi preste*» (*Fur.*, XXV
65,3–4). Sono parole vicine a quelle con cui, per due volte, il narratore
della novella decameroniana aveva descritto la disponibilità di Alessandro,
del tutto ingenuo e sincero in quel caso, nei confronti della figlia del re
d'Inghilterra: «e sé a ogni suo servigio, quantunque poco potesse, offerse»
(*Decameron*, II 3 21–22), e soprattutto «e sé a ogni suo *comandamento*
disse esser *presto*» (*Decameron*, II 3 23), con quel «presto» che, a fine
frase, sembra saldarsi alle voglie «preste», a fine verso, di Ricciardetto,
ben disposto anche lui ad ubbidire ai comandi che gli verranno impartiti
dalla donna amata.

Dopo le nozze, Alessandro e la principessa torneranno in Inghilterra;
Alessandro, da usuraio che era, sarà fatto cavaliere e posto a capo della contea
di Cornovaglia; riuscirà a mettere fine alla guerra fra padre e figlio, e con
l'aiuto del suocero conquisterà la Scozia, diventandone re:

il quale egli poco appresso con grandissimo onore fé cavaliere e donogli la contea di
Cornovaglia. Il quale fu da tanto e tanto seppe fare, che egli paceficò il figliuolo col
padre: di che seguì gran bene all'isola, e egli n'acquistò l'amore e la grazia di tutti i
paesani [...]. Il conte poi con la sua donna gloriosamente visse; e, secondo che alcuni
voglion dire, tra col suo senno e valore e l'aiuto del suocero egli conquistò poi la
Scozia e funne re coronato. (*Decameron*, II 3 47–48)

È un lieto fine a tutti gli effetti, d'impronta fiabesca, con il giovane eroe di
umili origini che sposa la principessa e conquista un regno. Ma un simile
lieto fine evidentemente non conveniva ad Ariosto: rispetto alla storia di
Alessandro e della figlia del re d'Inghilterra, nella storia di Ricciardetto e
Fiordispina risalta per contrasto, di nuovo, il finale triste.

Conclusioni

Il finale triste, con la definitiva separazione degli amanti, differenzia la "novella" di Ricciardetto a Ruggiero sia rispetto alla "novella nella novella" di Ricciardetto a Fiordispina, che, segnando l'inizio degli amori fra i due giovani, aveva assicurato una conclusione transitoriamente lieta alla vicenda, sia rispetto agli intertesti sui quali mi sono soffermata. Non so se in questa scelta ariostesca vi siano esigenze di *varietas* o ragioni più profonde: basti pensare, naturalmente, all'amore votato allo scacco di Orlando per Angelica, e in particolare alle parole di San Giovanni sull' «incesto amore / d'una pagana» che era tanto dispiaciuto al Dio cristiano (cfr. *Fur.*, XXXIV 64,5–6 e sgg.). Un finale lieto, almeno entro i confini testuali del *Furioso*, sarà invece garantito, com'è noto, alla storia d'amore fra Bradamante e Ruggiero, i fondatori della dinastia estense: sostanzialmente l'unico caso, nel poema, in cui una cristiana e un saraceno – ma di origini cristiane e convertito – possano unirsi in matrimonio.

Il XXV si presenta, da un punto di vista tematico, come il canto delle due coppie di gemelli (Bradamante e Ricciardetto, Ruggiero e Marfisa), dei raddoppiamenti, dei travestimenti e dei riflessi ingannatori; il canto in cui Ariosto accoglie nel poema suggestioni dal genere teatrale, con uno sguardo ai temi della trasgressione, del travestimento e del cambio o dello scambio di sesso, privilegiati nel repertorio della Ferrara del tempo e delle corti rinascimentali italiane; insieme, accoglie suggestioni dal genere novellistico, con aperture sia sul *Decameron* di Boccaccio sia sulla novella in versi della letteratura canterina, su testi come la *Reina d'Oriente* o la *Bella Camilla*. Credo che ulteriori escursioni nell'ambito della letteratura canterina (l'esempio forse più noto è quello di *Madonna Lionessa* dello stesso Antonio Pucci, in cui l'eroina si traveste da Salomone) e nella ricca tradizione della novellistica (italiana, ma anche occidentale e orientale, con eventuale riferimento al *Libro dei sette savi* e alle *Mille e una notte*), oltre che della commedia cinquecentesca (penso fra l'altro agli *Ingannati*, composti dall'Accademia degli Intronati di Siena ormai nel 1531) potranno magari rivelare altri parallelismi con la storia di Ricciardetto e Fiordispina. Intanto, fra tutti, Ariosto sembra ammiccare specialmente a Boiardo, come ingaggiando con lui, mentre rilancia il finale del suo poema, una splendida competizione poetica.

9 Ruggiero: un trovatello, ma di famiglia illustre*

In questo intervento, vorrei proporre alcune considerazioni sull'impiego ariostesco della figura di Ruggiero in relazione all'orizzonte encomiastico del *Furioso*. Si è soliti porre l'accento sull'audacia del poeta ferrarese nella caratterizzazione di questo personaggio, anche sulla base del confronto con il precedente di Boiardo. Si tratta di una valutazione supportata da solide ragioni. Essa, però, non deve indurre a trascurare i fondamentali legami fra il personaggio di Ruggiero e la tradizionale ideologia aristocratica. Per sottolineare tale dato, proporrò un confronto su un particolare aspetto con la biografia machiavelliana di Castruccio Castracani.

Aporie di un eroe fondatore

Uno degli episodi più celebri del *Furioso*, quello di Astolfo sulla luna (canti XXXIV–XXXV), getta una luce ambigua sull'efficacia del ruolo di Ruggiero in chiave encomiastica.[1] In particolare, il discorso di San Giovanni

---

* Questo articolo deriva da un estratto dalla mia Tesi di Perfezionamento, intitolata *Alla prova della realtà. L'eroe nella poesia epico-cavalleresca del Rinascimento* e discussa presso la Scuola Normale Superiore di Pisa il 23 giugno 2014 (supervisori: Lina Bolzoni, Jean-Louis Fournel; revisore esterno: Marco Dorigatti): cfr. in particolare il paragrafo *Il fascino dell'eroe fondatore, tra continuità e rupture*, pp. 52–64 (all'interno del capitolo I: *L'eroe come fondatore. L'Orlando furioso tra prospettiva genealogica e allusioni imperiali*). Ho potuto rielaborare la mia tesi beneficiando di una borsa post-dottorale presso l'Università di Friburgo (Svizzera) nel periodo febbraio-aprile 2015 (supervisore: Uberto Motta). Ringrazio anche Maria Cristina Cabani e Francesco Ferretti per la lettura del dattiloscritto della tesi.

1 Fra i più recenti contributi sull'episodio lunare e sulle sue fonti, cfr. FABIO DELLA SCHIAVA, *Nella biblioteca umanistica di Ariosto: un nuovo* somnium *per* Furioso

Evangelista (cfr. XXXV 18–30, specialmente 24–28) insinua gravi dubbi
sulle "verità" tramandate dagli scrittori. Indirettamente, sembra quindi invi-
tare allo scetticismo verso quella stessa genealogia estense così ampiamente
illustrata ed esaltata nel *Furioso*. Tuttavia, appare condivisibile l'opinione
di quanti ritengono non sia il caso di annettere eccessiva importanza
all'episodio lunare sul piano ideologico. Ci troviamo nell'ambito di un
genere ben preciso, quello della letteratura paradossale. Pertanto, come
osserva Sergio Zatti, «la dissacrazione resta circoscritta al punto di vista
lunare, ovvero al suo carattere, per definizione relativo e provvisorio, di
momento "carnevalesco"».[2] Il medesimo studioso, però, nota che «ciò
non toglie che sia vero pure il contrario, ovvero che la ragione può dire
le sue verità proprio perché esiliata in un altrove e soltanto nella forma
straniante del paradosso. Ariosto mostra la natura equivoca della verità
letteraria, verità sempre compromessa con l'"errore", sempre condizionata
dalla contingenza storica che ne relativizza la pretesa di proporsi come
Parola assoluta».[3] In definitiva, nonostante la specificità "paradossale"
e "carnevalesca" dell'episodio lunare, ancorata a modelli della tradizione
come Luciano ed Alberti, resta il fatto che il lettore sarà facilmente por-
tato a pensare che gli insegnamenti demistificanti di San Giovanni si pos-
sono applicare anche alle celebrazioni genealogico-encomiastiche che da
Ruggiero conducono agli Estensi. È un rischio che probabilmente Ippolito
ed Alfonso avrebbero preferito evitare e che sembra comunque rivelare una
certa arditezza in Ariosto.

Ad essere problematica, però, è la caratterizzazione stessa del perso-
naggio di Ruggiero. È stato più volte sottolineato che, per gran parte del

---

XXXIV–XXXV?, «Aevum», XC, 3, 2016, pp. 547–556; Lucia Dell'Aia, *L'antico
incantatore. Ariosto e Plutarco*, Roma, Carocci, 2017, pp. 71–112.

2   Cfr. Sergio Zatti, *Poesia, verità e potere: Furioso XXXV, Furioso XXXVII, Liberata
IV*, in *Les années trente du XVIᵉ siècle italien*, Actes du Colloque international (Paris,
3–5 juin 2004), réunis et présentés par Danielle Boillet et Michel Plaisance, Paris,
Centre Interuniversitaire de Recherche sur la Renaissance Italienne (CIRRI), 2007,
pp. 273–283: 278.

3   *Ibidem.*

poema, il suo comportamento non risulta molto esemplare.[4] A differenza di Bradamante, che è costantemente dedita alla *quête* dell'amato, Ruggiero appare assai meno ansioso di riunirsi alla sua futura sposa. Si fa invece tentare più volte dalla lussuria e spesso sembra mosso da "mera curiosità turistica". Ariosto non risparmia l'ironia: il caso più clamoroso è quando Ruggiero, subito dopo essersi liberato dalla colpevole passione per Alcina e aver faticosamente raggiunto la rocca di Logistilla (ossia la Ragione), risprofonda nel vizio tentando affannosamente di stuprare Angelica (X 113–115, XI 7–8). Solo verso la conclusione del poema Ruggiero pare acquistare veramente la dignità che si conviene ad un eroe della sua importanza. Sobrino lo dichiara eroe di valore pari a Rinaldo e Orlando, quando lo propone come sfidante di Rinaldo per il duello decisivo che dovrebbe porre fine alla guerra tra Mori e Cristiani (XXXVIII 61–64). Ruggiero acquista un'aura da autentico eroe carolingio nella guerra tra i Greci e i Bulgari, in cui assume la guida di questi ultimi (XLIV 84–98). Infine, la sua raggiunta maturità è sancita dalle nozze con Bradamante e dal duello finale con Rodomonte, che si richiama a quello tra Enea e Turno (XLVI 71–140).[5] È un po' poco, come già pensavano i letterati cinquecenteschi. È eloquente un'osservazione contenuta nell'*Apologia in difesa della «Gerusalemme liberata»* (1585) di Torquato Tasso, che evidenzia la «scandalosa» inversione di ruoli fra Ruggiero e Bradamante:

> Ruggiero è amato più che amante, e Bradamante ama più che non è amata, e segue Ruggiero, e cerca di trarlo di prigione, e fa tutti quegli uffici e quelle operazioni che

---

4   Per approfondimenti, cfr. FRANCESCO SBERLATI, *Magnanimi guerrieri. Modelli epici nel* Furioso, in *Boiardo, Ariosto e i libri di battaglia*, Atti del convegno (Scandiano-Reggio Emilia-Bologna, 3–6 ottobre 2005), a cura di Andrea Canova e Paola Vecchi Galli, Novara, Interlinea, 2007, pp. 453–473: 453–464.

5   La valutazione della figura di Ruggiero in tale episodio conclusivo è stata anche di recente oggetto di discussione: cfr. MARIA PAVLOVA, *Rodomonte e Ruggiero. Una questione d'onore*, «Rassegna europea di letteratura italiana», 42, 2013, pp. 135–177. Sul medesimo episodio, si veda MATTEO RESIDORI, *Punitions exemplaires et rétributions perverses dans le* Roland furieux *de l'Arioste*, in *Scénographies de la punition dans la culture italienne moderne et contemporaine*, éds Philippe Audegean et Valeria Giannetti, Paris, Presses de la Sorbonne Nouvelle, 2014, pp. 23–41: 25–28.

parrebbono più tosto convenevoli a cavaliero per acquistar l'amore della sua donna, quantunque ella fosse guerriera; là dove Ruggiero non fa cosa alcuna per guadagnarsi quello di Bradamante, ma quasi pare che la disprezzi e ne faccia poca stima: il che non sarebbe peraventura tanto sconvenevole, se il poeta non fingesse che da questo amore e da questo matrimonio dovessero derivare i principi d'Este.[6]

Ariosto, in effetti, attribuisce il ruolo di "amante elegiaco" a Bradamante anziché a Ruggiero.[7] La singolarità della soluzione ariostesca risalta ancor più considerando che in Boiardo, invece, era Ruggiero il personaggio più attivo nella storia d'amore, mentre Bradamante – da autentica virago – appariva aliena da eccessivi slanci. Altri giudizi cinquecenteschi su Ruggiero, tuttavia, sono ben più indulgenti, come si ricava da questo passo dell'*Allegoria sopra il Furioso* (1584) di Giuseppe Bonomone:

> Ruggiero è l'idea d'un ottimo cavaliero, poiché il furor di Amore non è bastante a trasportarlo fuor de' termini ed impedirlo che non soddisfaccia alla fede ed al sacramento di cui si trovava legato con Agramante per ragion di milizia. In lui si scopre una gran gentilezza e grandezza d'animo, mentre che, per non essere scortese verso Leone Augusto, vuol con l'arme levare a sé la sua Bradamante e guadagnarla ad altri e più tosto morire, che in lui si scopra minimo segno di scortesia e di viltà. E se bene è occupato dalle comuni imperfezioni appresso d'Alcina, come anche Enea appresso Didone, nondimeno si risveglia dal sonno de' vizi.[8]

---

6   TORQUATO TASSO, *Apologia in difesa della «Gerusalemme liberata»*, in IDEM, *Scritti sull'arte poetica*, a cura di Ettore Mazzali, Milano-Napoli-Torino, Einaudi-Ricciardi, 1977, 2 voll.: I, p. 75.

7   Per approfondimenti, cfr. FRANCESCO FERRETTI, *Bradamante elegiaca. Costruzione del personaggio ed intersezione di generi nell'*Orlando furioso, «Italianistica», XXXVII, 3, 2008, pp. 63–75. Vedi anche: KLAUS W. HEMPFER, *Petrarchismo e romanzo: realizzazione e rifunzionalizzazione del discorso petrarchistico nell'*Orlando Furioso, in IDEM, *Testi e contesti. Saggi post-ermeneutici sul Cinquecento*, Napoli, Liguori, 1998, pp. 227–269: 247–251; RICCARDO BRUSCAGLI, *Ruggiero's Story: the Making of a Dynastic Hero*, in *Romance and History. Imagining Time from the Medieval to the Early Modern Period*, ed. Jon Whitman, Cambridge, Cambridge University Press, 2015, pp. 151–167: 164.

8   *Allegoria di Gioseffo Bonomone sopra il Furioso*, in *Orlando furioso di M. Lodovico Ariosto, delle annotazioni de' più celebri autori che sopra esso hanno scritto [...] adornato*, Venezia, Orlandini, 1730, [c. C3*v*].

L'apologia del Bonomone punta molto sul carattere "in divenire" della *Bildung* di Ruggiero: ciò che conta veramente è che alla fine l'eroe "si risveglia dal sonno de' vizi".[9] Bonomone sfrutta i precedenti in ambito epico, tentando di equiparare gli errori di Ruggiero al «traviamento passionale» di Enea per Didone. Naturalmente, non si tratta di un paragone convincente: è difficile vedere molto in comune fra l'intenso dramma che si consuma fra Didone ed Enea e le spensierate avventure di Ruggiero, descritte con leggerezza e ironia da Ariosto.

Due trovatelli a confronto: Ruggiero e Castruccio Castracani

Se da una parte, come abbiamo visto, alcuni aspetti del poema sembrano allungare qualche ombra riguardo all'esemplarità di Ruggiero e alla credibilità del rapporto genealogico fra lui e la famiglia estense, dall'altra parte va notato che i tratti fondamentali della vicenda di Ruggiero si conformano a livello profondo alla più tradizionale tipologia dell'eroe fondatore e sono funzionali all'esaltazione in chiave encomiastica della famiglia estense.[10]

---

9   Il carattere di 'storia di formazione' della vicenda di Ruggiero nel *Furioso* è spesso evidenziato dagli studiosi moderni: per una rassegna delle loro osservazioni al riguardo, si veda FRANCO DI BELLA, *Orlando Furioso: il lettore, l'ironia, la corte*, Macerata, Simple, 2016, pp. 429–430. Si è perfino affermato che, grazie alla rappresentazione di tale percorso di raffinamento interiore, quella fra Ruggiero e Bradamante appare essere la prima storia d'amore della letteratura italiana dotata di evoluzione psicologica e di crescendo emozionale: cfr. RICCARDO BRUSCAGLI, *Ruggiero's Story*, cit., pp. 164–166.

10   Sulla questione dell'adesione di Ariosto all'ideologia del potere estense, cfr. ROGER BAILLET, *Le monde poétique de l'Arioste: essai d'interprétation du Roland furieux*, Lyon, Éditions l'Hermès, 1977, pp. 141–183; Idem, *L'Arioste et les princes d'Este: poésie et politique*, in *Le pouvoir et la plume: incitation, contrôle et répression dans l'Italie du XVI siècle*, Paris, Centre Interuniversitaire de Recherche sur la Renaissance Italienne (CIRRI), 1982, pp. 85–95; ALBERT RUSSELL ASCOLI, *Ariosto's Bitter Harmony. Crisis and Evasion in the Italian Renaissance*, Princeton, NJ, Princeton University Press, 1987, pp. 260 sgg.; ALBERTO CASADEI, *Tra cronaca ed encomio: varianti di assettamento*, in

Ariosto non inventa questi tratti, bensì li eredita da Boiardo. Tuttavia, non bisogna minimizzare la portata della sua operazione, perché la libera scelta ariostesca di continuare la trama lasciata in sospeso da Boiardo implica l'adesione del poeta al progetto celebrativo proposto dallo Scandianese. Anzi, uno dei motivi principali (forse *il* principale) che hanno indotto Ariosto a scrivere una «giunta» all'*Inamoramento* sembra essere stato appunto il proposito di riprendere il tema encomiastico di Ruggiero, che in effetti nel *Furioso* possiede un rilievo e uno sviluppo assai maggiori rispetto alle precedenti continuazioni del poema boiardesco (quelle di Niccolò degli Agostini e di Raffaele Valcieco).[11]

IDEM, *La strategia delle varianti. Le correzioni storiche del terzo* Furioso, Lucca, Maria Pacini Fazzi, 1988, pp. 21–31; PAUL LARIVAILLE, *Poeta, principe, pubblico dall'*Orlando innamorato *all'*Orlando furioso, in *La corte di Ferrara e il suo mecenatismo (1441–1598)*: atti del convegno internazionale (1987), a cura di Marianne Pade, Lene Waage Petersen, Daniela Quarta, Modena, Panini, 1990, pp. 9–32; HANS HONNACKER, *L'origine troiana della casa d'Este fornita nell'*Orlando furioso *di Ludovico Ariosto, nelle edizioni del 1516 e del 1521: una genealogia fra leggenda e storia*, «Schifanoia», XVII–XVIII, 1997–1998, pp. 125–133; GONARIA FLORIS, *La storia illustrata del primo* Furioso: *intrecci politici e testuali fra le genealogie estensi di Ariosto e di Equicola*, in *Regards sur la Renaissance italienne: mélanges de littérature offerts à Paul Larivaille*, éd. Marie-Françoise Piéjus, Nanterre, Publications de l'Université de Paris X, 1998, pp. 167–180; STEFANO JOSSA, *Ariosto, Alfonso I e la rappresentazione del potere. Nota sull'ideologia del* Furioso, «Filologia e critica», XXVIII, 1, 2003, pp. 114–124; GIUSEPPE SANGIRARDI, *Ludovico Ariosto*, Firenze, Le Monnier, 2006, *passim*. Più in generale, per i rapporti del *Furioso* con il presente storico-politico, si veda ALBERTO CASADEI, *Storia*, in *Lessico critico dell'*Orlando furioso, a cura di Annalisa Izzo, Roma, Carocci, 2016, pp. 387–403, e la bibliografia ivi citata.

11 Cfr. MARCO DORIGATTI, *Rugiero and the Dynastic Theme from Boiardo to Ariosto*, in *Italy in Crisis: 1494*, eds Jane Everson and Diego Zancani, Oxford, Legenda, 2000, pp. 92–128: 92–93, 109, 124. Vedi anche CORRADO BOLOGNA, Orlando Furioso *di Ludovico Ariosto*, in *Letteratura italiana. Le opere*, vol. II, *Dal Cinquecento al Settecento*, Torino, Einaudi, 1993, pp. 219–352: 250–256; ALBERTO CASADEI, *Una premessa necessaria: a proposito dell'*Obizzeide, in IDEM, *Il percorso del* Furioso. *Ricerche intorno alle redazioni del 1516 e del 1521*, Bologna, il Mulino, 1993, pp. 23–60. Sulla priorità nell'elaborazione della figura di Rugiero fra Boiardo e suo zio Tito Vespasiano Strozzi, autore del poema encomiastico *Borsias*, cfr. ANTONIA TISSONI BENVENUTI, *Il mondo cavalleresco e la corte estense*, in *I libri di* Orlando Innamorato, Modena,

Secondo la classica analisi proposta dal filosofo e psicanalista Otto Rank, allievo di Freud influenzato anche da Jung,[12] l'eroe è spesso un trovatello, figlio però di genitori di alto lignaggio. Egli è abbandonato dai suoi a causa di un grave pericolo e viene salvato da animali o da gente umile (tipicamente, pastori). Crescendo, scopre l'identità dei suoi genitori e, da una parte, ottiene vendetta, dall'altra, ottiene il riconoscimento della sua identità e del suo rango, cogliendo infine gloria ed onori. Non è difficile scorgere in questo schema notevoli affinità con le vite di esemplari eroi fondatori quali Mosè e Romolo; ma si pensi anche ad Edipo. Sono significative le corrispondenze fra tale modello e la storia di Ruggiero. Quest'ultimo è un trovatello, ma può vantare genitori illustri quali Ruggiero di Risa e Galaciella. Allevato dal mago Atlante in foreste sperdute, «tra bestie orrende e varie», Ruggiero si riaffaccia alfine sul palcoscenico della Storia: partecipa infatti al conflitto tra Cristiani e Saraceni, facendosi onore grazie alla propria eccezionale virtù guerriera. Il suo ruolo di fondatore della dinastia estense viene sancito dalla conversione al cristianesimo e dal passaggio al servizio di Carlo Magno. Sarà proprio Carlo Magno ad attribuire agli Estensi il loro feudo, come ricompensa per il fedele operato di Ruggiero, Bradamante e loro figlio, omonimo del padre.

Il punto fondamentale sta nel fatto che Ruggiero è un trovatello e, al tempo stesso, appartiene ad una nobilissima famiglia. Proprio questi due elementi vengono messi in particolare risalto dai miti di fondazione. La condizione di trovatello o di orfano fin dalla più tenera età permette di conferire il dovuto spicco al ruolo "fondativo" dell'eroe. Egli è un *self-made man*, dà avvio a qualcosa di importante semplicemente avvalendosi della propria 'virtù' e sfruttando l'occasione favorevole: l'apporto esterno è ridotto

---

Panini, 1987, pp. 13–33: 30–32; EADEM, *Introduzione*, in MATTEO MARIA BOIARDO, *L'Inamoramento de Orlando*, edizione critica a cura di Antonia Tissoni Benvenuti e Cristina Montagnani, introduzione e commento di Antonia Tissoni Benvenuti, Milano-Napoli, Ricciardi, 1999, 2 voll.: I, pp. XIV–XV; RICCARDO BRUSCAGLI, *Ruggiero's Story*, cit., pp. 152–156.

12   Cfr. OTTO RANK, *Der Mythus von der Geburt des Helden. Versuch einer psychologischen Mythendeutung*, Wien-Leipzig, Franz Deuticke, 1909 (traduzione italiana: *Il mito della nascita dell'eroe. Un'interpretazione psicologica del mito*, Milano, SugarCo, 1987).

al minimo. Al tempo stesso, i miti fondativi rivelano tutto il loro carattere "conservatore" sottolineando la nobilissima ascendenza dell'eroe (magari per lungo tempo sconosciuta all'eroe stesso). I meriti dell'eroe fondatore non sono ridimensionati dall'aver potuto fruire di una posizione privilegiata, ossia del sostegno di una famiglia d'origine ricca e potente. Egli non è però di sangue vile, bensì discende da una casata illustre.

Mi sembra istruttivo il confronto con un altro autore dell'epoca, ossia Machiavelli. Il Segretario fiorentino non esita a demistificare le presunte origini divine degli eroi fondatori sul tipo di Romolo, spiegandole in senso evemeristico. Dichiara infatti che «tutti [coloro che hanno in questo mondo operato grandissime cose] o ei sono stati esposti alle fiere, o egli hanno avuto sì vil padre che, vergognatisi di quello, si sono fatti figliuoli di Giove o di qualche altro Dio».[13] Nella *Vita di Castruccio Castracani*, l'approccio di Machiavelli è assai differente da quello del precedente biografo del condottiero lucchese, Niccolò Tegrimi. Quest'ultimo si era sforzato di nobilitare le origini del Castracani, enfatizzando il suo legame con il prestigioso casato degli Antelminelli. Non stupisce che, in accordo con tale prospettiva, Tegrimi si preoccupasse di rappresentare Castruccio come un severo moralista, uomo di lettere, padre pio e coscienzioso, degno emulo degli antichi Catone e Cicerone. Machiavelli, invece, senza farsi scrupolo di

---

13 Cfr. NICCOLÒ MACHIAVELLI, *La vita di Castruccio Castracani da Lucca*, in IDEM, *Tutte le opere storiche, politiche e letterarie*, a cura di Alessandro Capata, con un saggio di Nino Borsellino, Roma, Newton Compton, 1998, p. 451. In un fortunato libro di ROBERTO BIZZOCCHI (*Genealogie incredibili. Scritti di storia nell'Europa moderna*, Bologna, il Mulino, 2009), troviamo numerosissime testimonianze su come in età moderna, in modo "incredibile" per la mentalità d'oggi, si desse comunemente credito a genealogie che istituivano legami fra famiglie nobili coeve e nomi illustri della più remota antichità. Si veda anche ELENA FINI, *Il mito delle origini: narrazioni genealogiche e legittimazione del potere nelle dinastie rinascimentali*, tesi di dottorato, Università di Firenze, Istituto di Studi Umanistici, 2006. Inoltre, con riferimento specifico agli Estensi: ROBERTO BIZZOCCHI, *Tra Ferrara e Firenze: culture genealogico-nobiliari a confronto*, in *L'arme e gli amori: Ariosto, Tasso and Guarini in Late Renaissance Florence*, Acts of an International Conference (Florence, Villa I Tatti, June 27–29, 2001), eds Massimiliano Rossi and Fiorella Gioffredi Superbi, Firenze, Olschki, 2004, 2 voll.: I, pp. 3–15.

alterare la realtà storica, fa di Castruccio un umile trovatello, adottato dal canonico Antonio Castracani e da sua sorella Dianora. Grazie al proprio talento, Castruccio diventa patriarca dell'illustre casata lucchese dei Guinigi, con cui non ha vincoli di sangue. Prima di morire, infatti, Francesco de' Guinigi stabilisce che al giovane Castruccio – di cui ha imparato ad apprezzare le notevoli qualità – siano affidate l'amministrazione delle proprietà di famiglia e la tutela del proprio figlio primogenito.[14]

Del resto, anche nel *Principe* – sebbene affermi che «la sua efferata crudeltà e inumanità con infinite sceleratezze non consentono ch'e' sia in fra gli eccellentissimi uomini celebrato» – Machiavelli non nasconde le sue simpatie per un personaggio come Agatocle di Siracusa, uomo «non solo di privata ma d'infima e abietta fortuna», in quanto figlio di un vasaio.[15] Machiavelli sembra trovare un profondo motivo di ammirazione nelle umili origini di Agatocle, poiché egli seppe ottenere e conservare il potere di Siracusa pressoché unicamente grazie alle proprie doti: infatti, «chi considerassi [...] le azioni e vita di costui, non vedrà cose, o poche, le quali possa attribuire alla fortuna».

In conclusione, sia nel caso del Ruggiero di Boiardo e Ariosto sia in quello del Castruccio di Machiavelli, la condizione di trovatello si rivela funzionale a celebrare le virtù dell'eroe fondatore. È però sintomatico il contrasto a livello genealogico. Boiardo e Ariosto celebrano un eroe che è comunque di nobilissime origini. Il repubblicano Machiavelli, invece, si guarda bene dal concedere illustri ascendenze a Castruccio.

---

14   Interessanti notazioni sull'aspetto genealogico nella vita di Castruccio Castracani si leggono in JEFFREY T. SCHNAPP, *Machiavellian Foundlings: Castruccio Castracani and the Aphorism*, «Renaissance Quarterly», XLV, 4, 1992, pp. 653–676. Vedi anche il recentissimo CATHERINE H. ZUCKERT, *Machiavelli's Politics*, Chicago and London, University of Chicago Press, 2017, pp. 335–363, e la bibliografia ivi citata.

15   Cfr. NICCOLÒ MACHIAVELLI, *Il Principe*, cap. VIII. Sulla figura di Agatocle nel *Principe*, si vedano le osservazioni contenute in VICTORIA KAHN, *Virtù and the Example of Agathocles in Machiavelli's* Prince, «Representations», 13, 1986, pp. 63–83.

10   Dall'errore all'utopia: incontri con l'utopia nell'*Orlando furioso*

Anzitutto, una precisazione che riguarda il titolo di questo articolo, il cui percorso intende muovere dall'Ariosto capace di alterare qualsiasi tipo di realtà, descrivere la condizione dell'uomo che è destinato a compiere errori e a persistere nell'errore in una ricerca della verità e del senso dell'esistenza. Quindi, partendo dalle due linee tematiche dell'errore e del rapporto tra errore e pazzia, lo studio punterà sulla modernità della concezione dei rapporti sociali e umani nel poema dell'Ariosto, esplorato tenendo conto soprattutto delle prospettive utopiche.

L'utopia, tema quantomai attuale a cinquecento anni dalla pubblicazione del trattato di Tommaso Moro, unisce la concezione dell'errore e dell'errare con il tema della follia, che verrà studiato nelle sue varianti: sogno, mondi ultraterreni, realtà alternativa.

Spazi dell'errare e dell'errore

Il primo punto di riferimento è costituito dal tema dell'errore e dell'errare, che parla del modo in cui viene concepito il mondo. E questo è il tema di partenza: il percorso umano, guidato dalla ricerca, attraverso gli errori, del senso dell'esistenza, risulta alla fine l'itinerario interno nel profondo della coscienza umana. In tal senso, che cosa è l'errore: una sconfitta, una cattiva scelta o una vittoria? L'errore è una necessità? Dove porta l'errore? Che ruolo viene è assegnato al protagonista che non è più l'eroe-modello in un mondo in cui c'è posto per una libera scelta? Se Ariosto pone tali domande, la risposta la trova sprofondando nel tema della *indignitas hominis* trattato in diversi aspetti e forme.[1]

Lo stesso termine *errare* ha un significato polisemico e con le nozioni ad esso associate, diversamente concepite da grandi autori, da Dante e Petrarca a Machiavelli, indica lo stato del perdersi o della colpa, ma anche della perdita e della dimenticanza. Permette di parlare della libertà di vagare senza fine, dello sviamento e dell'allontanamento dal vero e della ricerca del senso delle cose.

Le dimensioni dell'*errare* ariostesco si presentano in quattro sensi principali:

1. Dal punto di vista narratologico, l'azione principale è costituita dal percorso-cammino che porta alla meta desiderata – come nei romanzi dei cavalieri erranti che si muovono in cerca dell'avventura. Nel poema di Ariosto tale meta è un fine immaginario, e i punti da cui si parte e a cui si arriva abbracciano, oltre allo spazio fisico, anche la sfera psichica. Rispetto alla categoria dell'impossibilità della realizzazione del desiderio, chiaramente espressa nel progetto narrativo, si tratta dello spazio di una prova intellettuale della comprensione dell'inevitabilità degli eventi e di un tentativo di fuggire dal *fatum*.

2. In tale tentativo di fuga, essenziale pare l'equilibrio tra il modo di agire e il modo di ragionare. L'errore nel *Furioso* ha, per principio, carattere intellettuale ed è il risultato della falsa immagine del mondo. Compreso in questa categoria è l'errore che definiamo come errore di comportamento.

3. L'errore di comportamento porta alla successiva e fondamentale dimensione – si tratta dell'identificazione dell'errore con l'imprigionamento amoroso. In questa categoria è presente la consapevolezza del potere dell'ingegno umano, ma anche la consapevolezza delle scarse possibilità

---

1   All'interpretazione dell'opera di Ludovico Ariosto dalla prospettiva socio-antropologica ed alla questione dell'errare sono dedicati due capitoli della monografia di cui sono autrice: cfr. ANNA KLIMKIEWICZ, *Od błędu do utopii. Śladami* Orlanda Szalonego, Kraków, Wydawnictwo Uniwersytetu Jagiellońskiego, 2009, pp. 23–68 e 77–112.

del suo pieno utilizzo. Tale motivo si presenta nel poema in diversi aspetti che lo riconducono alla dimensione psicologizzante. Si tratterà, quindi, dell'errore di ragionamento.

4. Infine vi è l'errore identificabile con l'errare del poeta[2] concepito come stimolo creativo e che mette in rapporto la figura del narratore-autore con il protagonista.

Nell'*Orlando furioso* l'errore costituisce una delle categorie fondamentali: tale convinzione nasce da diversi espedienti narrativi che portano all'identificazione di errore con l'esperienza amorosa, all'identificazione di errore col tradimento, e all'identificazione di errore con la cattiva scelta. La semantica dell'errore è determinata nel canto primo del poema e poi, col procedere della narrazione, subisce varie trasformazioni.

Rapporto tra l'errore e la follia

Come in precedenza, cominciamo dalle definizioni. L'etimologia del termine *follia* ci rinvia a *vacuus follis* nel significato di *fatuus, stultus, insanus*. È proprio questa è una caratteristica che determina il vano, la mancanza e il difetto, la natura di ciò che è privo di ragione.[3] Chi è privo di ragione non ha identità, non ha memoria, né senso di appartenenza alla società. È un individuo "altro" che esiste al di fuori della norma convenzionale della società. La reazione della società di fronte a tale stato è doppia, ma definitiva: rifiuto o accettazione nata dalla meraviglia o ammirazione. Diversi sono i modi della percezione della pazzia, vista come stato anomalo dietro cui si celano le più alte capacità psichiche, come malattia, oppure come una condizione indegna, che richiede una controreazione, una punizione.

---

2   In modo simile, anche Tasso identificherà la sua vita con l'opera letteraria: cfr. Torquato Tasso, *Gerusalemme liberata*, I 4,2–3.

3   Ottorino Pianigiani, *Vocabolario etimologico della lingua italiana*, Roma-Milano, Società editrice Dante Alighieri di Albrighi, Segati e C., 1907, I, p. 576.

Per gli antichi, la follia, era una forza positiva di *catharsis*, se radicata nel
"furor divino", ma anche negativa, se trattata in categorie razionali e per-
cepita come un problema sociale, nel qual caso veniva punita con l'esilio.[4]
Così lo status del folle, come precisava Michel Foucault, si unisce al motivo
della navigazione, in cui il folle è gettato nelle acque marine e purificato
in un incontrollato percorso fra le onde.[5] Desta paura la nave piena di
folli – simbolo dell'inquieta epoca del medioevo che esprime la catastrofe
dell'universo – macropazzia del mondo e micropazzia dell'uomo che con-
duce verso la visione in cui Erasmo dirà: «e feci la stoltizia saggia e la pazzia
ragionevole».[6] E proprio nel contesto dell'*Encomium moriae*, scherzoso
trattato dedicato a Tommaso Moro, cognome che in greco contrasta gran-
demente con l'intelletto del lord inglese, si inserisce il ragionamento sulla
natura dell'uomo, in cui nessuna «cosa umana» è deformata, ma sempre
percepita nella sua prima, pura forma. Essere pazzo è uno stato misero?
Errare ed illudersi, ignorare le cose, negligere il proprio dovere è una cosa
malvagia? Eh no – dice Erasmo – questo vuol dire, semplicemente, essere
uomo – tutti siamo uguali nella nostra limitata natura, da cui cerchiamo
di fuggire, ma invano – tale è il *sensus communis* della ragione. E anche se
i semplici pazzi saranno guariti con la potenza della follia totale, la Morìa
di Erasmo si vanta di essere l'unica forza a tenerci in vita: se gli uomini non
fossero pazzi, si priverebbero con ciò stesso del diritto di esistere. In tale
contesto la pazzia si fa specchio del mondo e, capovolgendo la realtà, riflette
la vera immagine dell'universo. Lo specchio in cui si riflette Erasmo mostra
il volto umano nella sua forma anonima: tutti siamo accomunati dalla stessa
percezione, dallo stesso errare e dallo stesso errore e, infine, dalla comune
identità e dal comune destino. Con l'*Encomium*, la follia si mette al centro
della ragione e diventa *amabilis error*, errore nato dal piacere e dal desiderio.

4   Roy Porter, *A Social History of Madness. The World through the Eyes of the Insane*,
    London, Weidenfeld & Nicolson, 1987, p. 30.
5   Michel Foucault, *Histoire de la folie à l'âge classique*, Paris, Éditions Gallimard,
    1972, pp. 21–22.
6   Erasmo da Rotterdam, *Lettera a Martin Dorp* [1515], in *Opus epistolarum
    Des. Erasmi Roterodami*, ed. P. S. Allen, Oxford, Oxford University Press, 1910, II,
    pp. 90–114.

L'apocrifa Morìa creata da Erasmo *de facto* smaschera la follia umana e mostra la falsità della nostra esistenza. Si fa quindi necessaria la lezione della tolleranza e l'esercizio della ragione che permettono di riconoscere la pazzia e le sue manifestazioni. La guarigione dalla follia sarà possibile soltanto grazie alla conoscenza di se stessi: «non conosco me stesso» dirà il pazzo Elck, l'*Everyman* di Pieter Bruegel il Vecchio, e l'attributo di chi desidera guarire sarà ogni strumento che rifletta un'immagine speculare, della concentrazione e dell'ingrandimento, tanto che lo stesso pazzo si farà accompagnare dal cieco.[7]

Per Ariosto, il problema è più complesso. Anche se la prima causa della pazzia è l'errore amoroso, essa è solo un pretesto per descrivere l'esistenza umana e la complessità del mondo, al centro del quale sta un uomo, un uomo solitario. Per comprendere cos'è la pazzia per l'autore del *Furioso* si leggano le prime ottave del canto XXIV, «Chi mette il piè su l'amorosa pania», in cui – nel contesto della pazzia – si apre la strada verso l'*ingenium*, la capacità e la forza di creare:

> Chi mette il piè su l'amorosa pania,
> cerchi ritrarlo, e non v'inveschi l'ale;
> che *non è in somma amor, se non insania,*
> a giudizio de' savi universale:
> e se ben come Orlando ognun non *smania,*
> suo furor mostra a qualch'*altro segnale.*
> E quale è *di pazzia segno più espresso*
> che, *per altri voler, perder se stesso?*
>
> Vari gli effetti son, ma *la pazzia*
> è tutt'*una* però che li fa uscire.
>   (*Fur.,* XXIV 1-2,1-2)[8]

La pazzia, quel *perder se stesso* (XXIV 1,8), significa l'impossibilità della valutazione e la perdita dell'individualità la quale, così come l'errore, è una

---

7   A titolo di esempio, si veda l'incisione di Pieter Bruegel il Vecchio, *Elck, ovvero il Nessuno,* del 1558, al British Museum di Londra.

8   Le citazioni del poema ariostesco sono tratte da LUDOVICO ARIOSTO, *Orlando furioso,* a cura di Lanfranco Caretti, Torino, Einaudi, 1966.

condizione *sine qua non*. In questo caso la pazzia-errore non ha significato negativo; essa non nasce dal peccato, dalla colpa, o mancanza di ragione, si tratta invece di smascheramento dell'essenza della realtà e di coscienza del vero. Queste ottave sono ironiche: Ariosto sottolinea che lo stesso amore che fa impazzire conferisce la capacità di vedere attraverso (e malgrado) il buio, concetto che è racchiuso nella metafora ariostesca della selva e della via:

> Gli è come una *gran selva*, ove la *via*
> *conviene a forza*, a chi vi va, *fallire*:
> chi su, chi giù, chi qua, chi là travia.
> Per concludere in somma, io vi vo' dire:
> a chi in amor s'invecchia, oltr'ogni pena,
> si convengono i ceppi e la catena.
> (*Fur.*, XXIV 2,3–8)

Da tale contesto emergerà la figura di Orlando pazzo, punito per il suo errore e quello della società, che nell'episodio della follia sarà l'unico protagonista della scena e, alla maniera umanistica, proprio come *Everyman*, vivrà il dramma universale, in cui l'uomo – di fronte ad una irrazionale forza dell'inconscio – resta nudo ed indifeso.

Dall'errore e la pazzia all'utopia

Ariosto legge il destino umano nella figura della *reversio* e del paradosso – così proietta l'immagine dei mondi coesistenti, irreale e reale, divisi e al tempo stesso accomunati dal limite specifico dell'illusione e dell'immaginazione. A causa di ciò, gli errori rimangono nascosti, non percepiti e l'uomo si chiude nel falso mondo dei desideri e delle speranze e vi rimane fin quando non appare l'unica possibilità di uscirne e di passare ad un altro mondo, lo stesso falso mondo della pazzia. L'errare e la pazzia sono stati transitori – è un tempo sospeso, durante il quale la ragione rimane inerte e nella mente si scaricano le forze all'uomo ignote. Nel *Furioso* il mondo della pazzia non è visto dall'interno – tramite gli occhi di Orlando, la sua follia viene vista anche da altri. Il protagonista, privo di autocontrollo, non ha capacità di uscire da quello stato «indegno» contando sulle proprie forze; serve l'aiuto di forze esterne. Tale ruolo è affidato ad Astolfo, capace di usare mezzi soprannaturali e di spostarsi negli spazi "altri" dei mondi ideali: la liberazione di Orlando nasce dalla fede nell'unione tra il mondo reale e quello ideale. E nel poema di Ariosto la realtà "altra" non assume forme fantastiche, ma ha la forza di liberare dall'errore.

Fino a che punto la concezione di Ariosto esprime la nostalgia di un mondo migliore e si dirige verso il mondo dell'utopia, se ci è permesso usare qui il calembour apparso giustamente nell'anno in cui usciva la prima edizione del *Furioso*?

Ricerca di altri mondi

La narrazione di altri mondi si richiama al modello in cui viene creato un mondo alternativo a quello esistente, un mondo che permette di abbandonare la propria esistenza reale. Il progetto che aveva davanti agli occhi colui che era destinato a diventare lord cancelliere, ossia Tommaso Moro, permetteva di individuare e discutere quei quesiti e quei contenuti problematici per le date società. Ariosto si cimenterà nel progetto moriano così come si misurerà con ogni modello letterario (di Luciano, Dante o Alberti), unendolo alla sua, originale visione.

Due sono i principali luoghi ariosteschi di carattere utopico: l'isola di Alcina e la Luna di Astolfo. Cominciando dal primo, vale la pena richiamare le osservazioni sul significato metaforico del *topos* dell'isola che «nella tradizione utopica letteraria è una metafora strutturale per designare l'*altrove*: una metafora che sottolinea le componenti bipolari di un problema. L'isola infatti è un espediente necessario per la costruzione del concetto di *lieu autre*, dell'*ou-topos*, nel doppio senso di *ou-topos*, non luogo, e *eu-topos*, luogo della felicità».[9] Vi è presente il concetto dell'isola come

---

9 Vita Fortunati, *L'ambiguo immaginario dell'isola nella tradizione letteraria utopica*, in *Il fascino inquieto dell'utopia. Percorsi storici e letterari in onore di Marialuisa*

spazio incantato, come cerchio magico che seduce e protegge, in cui regnano armonia e serenità, e in tal senso l'isola rielabora il *topos* del giardino. Un esempio rappresentativo della dualità del *topos* si trova nell'episodio di Alcina, allorché Ruggiero «cavalcando l'ippogrifo alato, dall'alto vede l'isola che gli appare come un luogo di meravigliose delizie, ma, una volta approdato, deve affrontare pericolose prove: la fascinazione dell'isola beata si trasforma in un incantesimo che attrae e seduce, spingendo gli incauti visitatori verso la morte».[10]

A Ruggiero è affidato «un compito tutt'altro che utopico»: egli è destinato a sposare Bradamante ed a fondare la casa estense, ma in questa prospettiva «sperimenta i territori ed incontra i personaggi dell'utopia dal cui fascino rimane anzi sedotto e di cui cade vittima», vittima temporanea. Qui, la storia ispirata dall'incanto e dall'illusorietà dell'utopico, «regno effeminato e molle» (VII 48,3) e della sua «regina» (VII 44,5), trova interpretazioni in chiave allegorica del neoplatonismo cristiano così come l'episodio lunare, che possiamo considerare una variante o una «coppia alternativa» del luogo di delizie di Alcina.[11]

L'isola di Alcina – *locus* bifronte, tanto *amoenus* quanto *horridus* – è «il luogo dell'oltranza nella localizzazione, nella bellezza, e nel mistero», in cui «l'incanto si unisce all'inganno», luogo che «mostra la vera natura della maga», sua regina. L'isola di Alcina è un luogo di errore, ma al tempo stesso di smascheramento dell'errore, spazio in cui si compiono scelte sbagliate, ma necessarie per un disvelamento degli inganni del sentimento e dei sensi che trova un riscontro nel mondo della Luna, altro *locus* bifronte del poema ariostesco.[12] I due luoghi sono corrispettivi nel senso geografico e rimangono in un rapporto che, se non è simmetrico, è certamente quello intellettuale o dell'oltranza. Essi sono legati dai seguenti fattori:

    Bignami, a cura di Lidia De Michelis, Giuliana Iannaccaro e Alessandro Vescovi, Milano, Mondadori, 2014, p. 52.

10   *Ibidem*.

11   Cfr. Mauro Sarnelli, *La* fabula *dell'utopia (e l'utopia della* fabula*): Alcina e la sua isola, dall'Ariosto al Brusantino,* in *Pellegrinaggi e peregrinazioni. Percorsi di lettura,* a cura di Giuseppe Serpillo, Cosenza, Pellegrini Editore, 2011, pp. 288–289.

12   Ivi, pp. 291–292.

- la suggestione di «spazio altro» e topica dell'oltranza topica della realtà in contrasto con quella dell'irrealtà;
- la localizzazione: l'isolamento in entrambi i casi;
- la distanza dalla terraferma vinta con l'uso dello stesso mezzo di trasporto: l'ippogrifo;
- la presenza dello stesso protagonista: Astolfo;
- la presenza dell'errore/peccato/male, e il suo disvelamento;
- lo smascheramento degli inganni di Alcina *versus* il disvelamento lunare della stoltizia umana;
- il disvelamento dell'errore di Ruggiero (errore individuale) *versus* il disvelamento dell'errore umano-sociale (errore collettivo);
- la tecnica dello specchio;
- il carattere allegorico di entrambi gli episodi.

Per una corrispettività dei modelli vale la pena osservare il gioco con il luogo creato da Tommaso Moro, fertile e protettivo, che ha la forma di una luna (interpretata come un grembo materno) e si caratterizza per la regolarità geometrica, simbolo del potere patriarcale. Ma, la Luna di Ariosto è una sfera, un corpo celeste che può essere quasi toccato con mano.

L'episodio della Luna rinvia alla poetica onirica di Leon Battista Alberti delle *Intercoenales*,[13] e per un'analisi degli aspetti utopici dell'*Orlando furioso*, racchiusi nel gioco fra ciò che è anonimo e dimenticato e ciò che dura nella memoria umana, si farà ricorso alla tematica del sogno. Il sogno è un processo iniziatico. Caratteristico è il modo in cui i personaggi abbandonano il mondo reale e si trasferiscono nella zona dell'oltranza, costituita dal mondo del sogno nel caso di Alberti e dal corpo celeste nel caso di Ariosto, dove il punto simbolico che segna l'uscita dalla realtà è rappresentato dalla vetta dell'alta montagna, o *cloacaria prudentia*: da tali posti vengono trasportati i protagonisti albertiani ed i loro trasferimenti

---

13 LEON BATTISTA ALBERTI, *Intercenali inedite*, a cura di Eugenio Garin, Firenze, Sansoni, 1965. I trattati albertiani, scoperti da Garin in un manoscritto della biblioteca del convento di San Domenico a Pistoia, furono pubblicati per la prima volta su «Rinascimento», II, IV (1964), pp. 125–258. In quanto diretta fonte ariostesca ci interessano particolarmente i dialoghi *Fatum et Fortuna* e *Somnium*.

avvengono a loro insaputa, mentre sognano. Ad Astolfo, invece, che per tutta la durata del viaggio lunare rimane cosciente, la possibilità di abbandonare la realtà per attraversare gli spazi cosmici è data da due elementi naturali: il fuoco e l'aria.

La Luna – simbolo del paradiso – risulta un'immagine rovesciata della Terra, in cui si ritrova ciò che manca sul nostro globo, e la mancanza maggiore è quella della ragione. Ariosto ripete, con Erasmo, che il folle mondo terreno è destinato a rimanere folle, se ogni saggezza soggiorna altrove. Il legame fra questo episodio del *Furioso* e l'intercenale albertiana, per altro ben documentato, concerne in pratica il materiale lessicale e metaforico dei brani che si concentrano sulla descrizione del vallone lunare in cui si accumulano le cose dimenticate; tuttavia, l'intera parte finale del viaggio ultraterreno di Astolfo, con la descrizione del palazzo delle Parche che filano i destini umani – tra i quali il più bello è rappresentato dalla vita di Ippolito d'Este – contiene messaggi diversi da quelli che troviamo nel *Somnium* albertiano. Dal fiume dell'oblio si salvano in pochi, ma si salvano per sempre, e il tempio dell'immortalità è il simbolo della vittoria e della forza dei veri poeti che amaramente alludono alla contemporanea realtà sociale, la realtà delle corti in cui la libertà è concessa solo ai pazzi. La visione astratta e moralistica di Alberti, con il *Furioso* diventa storicamente aggiornata – qui, la realtà descritta è mostrata in prospettiva cortese. Ariosto, integrando la metafora albertiana con la visione di Dante, arriva a toccare i temi umanistico-rinascimentali più impegnativi: il senso e la vanità della vita terrena, la pazzia universale, il mito della gloria e della fama, la forza della poesia.

Che cosa è rimasto all'umanità e alla società umana? si chiede Ariosto, e nella sua risposta rievoca le idee di Erasmo e di Alberti: ci è rimasta soltanto la follia. Così, con ironia, ribalta la prospettiva che ben conosciamo: la stoltizia dei «lunatici» e la loro incostanza, come osservava Carlo Ossola, diventano *speculum ex negativo* della saggezza.[14] Tale rovesciamento risulta dalla dualità ideologica dell'epoca avida di scetticismo da un lato, e di utopia dall'altro. E questa utopia significava non sottomettersi allo stato delle cose, bensì lottare per migliorare il mondo, rendendolo così

---

14   Cfr. CARLO OSSOLA, *Métaphore et inventaire de la folie dans la littérature italienne du XVIe siècle*, in *Folie et déraison à la Renaissance. Colloque international tenu en novembre 1973*, Bruxelles, Éditions de l'Université de Bruxelles, 1976, p. 184.

come dovrebbe essere – il che vuol dire che il mondo deve essere cambiato e liberato. L'aspirazione alla libertà è un'aspirazione utopica, ma è proprio l'utopia che dà senso alla vita, perché, malgrado tutto, esige la fede nel fatto che la vita ha senso. Per questo, nel racconto di Ariosto, si rende necessaria la missione di Astolfo, il quale giungerà a comprendere che il suo mondo è un mondo falso e destinato a rimanere vano, se vi mancherà posto per una *quête* di ciò che è effimero e irraggiungibile. Il viaggio di Astolfo segna il culmine della sua esperienza ed ha carattere diverso dall'esperienza dei suoi predecessori letterari: il ruolo di Astolfo-pellegrino non è quello di ammirare la ragione che regola gli eventi umani, né quello di contemplare la grazia divina: Astolfo semplicemente constata l'assenza di saggezza sulla Terra e la presenza della ragione sulla Luna. Astolfo quindi non si trova di fronte ad una verità rivelata, bensì ad una verità paradossale, enunciata da San Giovanni, il cui discorso è una specie di visione sulla mancanza di logica nell'agire umano. Dall'altra parte, il fatto che Astolfo riesca a riacquistare la ragione di Orlando, oggetto della *quête*, non ha in sé nulla di definitivo: il cavaliere inglese è lungi dal portare a termine la propria inchiesta e chiaramente va incontro alla sconfitta: «ch'Astolfo lungo tempo saggio visse; / ma *ch'uno error che fece poi*, fu quello / ch'un'altra volta gli levò il cervello» (*Fur.*, XXXIV 86,6–8).

Partendo dalla convinzione filosofica che ogni cosa della Terra ha una sua corrispondenza nelle sfere più alte, Ariosto crea un doppio specchio secondo cui la Luna si riflette nella Terra e la Terra nella Luna e lo dichiara con le parole di San Giovanni:

> Tu déi saper che non si muove fronda
> là giù che segno qui non se ne faccia.
> Ogni effetto convien che corrisponda
> in terra e in ciel, ma con diversa faccia.
> Quel vecchio, la cui barba il petto inonda,
> veloce sì che mai nulla l'impaccia,
> gli effetti pari e la medesima opra
> che 'l Tempo fa là giù, fa qui di sopra.
> (*Fur.*, XXXV 18)

Tutto sommato, è la Terra che si rivela il mondo "altro" – è solo una questione di prospettiva. Sarà per questo che Ariosto va cercando il rimedio alla pazzia umana proprio sulla Luna?

PART III

Reception

11 Il *Furioso* spiritualizzato

Ditemi di gratia, qual utile o buon costume imparar si può dalle pazzie di un santo canonizato dalla Chiesa? Qual buon costume impareranno le donne da Angelica, Genevra, Doralice o Fiammetta? di maniera che raccontando l'Ariosto tante maniere di vitii, non è sorte di vitio che non s'insegni, rappresentandoci le persone vitiose, dandoci prima il veleno, che la teriaca, o il rimedio.[1]

Nel dialogo di Niccolò degli Oddi il poeta siciliano Filippo Paruta critica il *Furioso* perché induce al vizio con la sua moltitudine di esempi moralmente negativi. Riprendendo la nota immagine lucreziana della medicina amara nel vaso cosparso di miele con cui Torquato Tasso apre la *Gerusalemme liberata* (I 3), Paruta elogia il poeta sorrentino per l'esemplare significato allegorico celato sotto l'ornato della poesia, mentre critica Ariosto perché offre prima il veleno, ossia la finzione poetica, dell'antidoto, vale a dire il significato allegorico-morale. Come si vedrà, la critica mossa ad Ariosto per bocca di Paruta riecheggia significativamente quella di altri critici del *Furioso* nel tardo Cinquecento, ovvero in piena Controriforma. La pericolosa e deviante immoralità del *Furioso*, infatti, viene presa di mira da un prete siciliano, tale Vincenzo Marino, come la ragione che lo spinse a riscrivere il romanzo ariostesco in senso religioso, ovvero a spiritualizzarlo. La spiritualizzazione può essere così considerata parte di un progetto ideologico volto ad assimilare la produzione culturale e letteraria ad un rigido sistema di valori dogmatici. Eppure, il *Furioso spirituale* di Marino, pubblicato a Messina nel 1596, si fonda su un'ambigua dinamica di rifiuto e appropriazione, cosicché nello stesso momento in cui è sotto

---

[1] NICCOLÒ DEGLI ODDI, *Dialogo in difesa di Camillo Pellegrini. Contra gli Academici della Crusca*, Venezia, Guerra, 1587, c. D2*v*.

attacco, il suo implicito valore didattico-morale viene implicitamente riaffermato.

Com'è noto, la seconda metà del Cinquecento fu fortemente caratterizzata dagli sviluppi culturali della Controriforma conseguenti al Concilio di Trento, conclusosi nel 1563. Oltre a sancire l'inconciliabile rottura con il movimento protestante e riformare il credo cattolico in modo più strutturato ed intransigente, il Concilio di Trento contribuì in maniera significativa allo sviluppo della cultura e della letteratura in Italia tramite la promulgazione dell'*Indice dei libri proibiti* che ne seguì. Se l'impatto dell'*Indice paolino* del 1559 fu assai limitato a causa della sua eccessiva severità e rigidità, quello dell'*Indice tridentino* del 1564, che rimase in vigore fino all'*Indice clementino* del 1596, fu molto più profondo. Il radicale progetto di controllo culturale della Chiesa di Roma non poteva non includere la letteratura: mentre i principali oggetti di censura erano opere eretiche o traduzioni bibliche in volgare, l'attenzione dei censori non tardò ad estendersi alle opere letterarie. Ben noto è il caso del *Decameron* di Boccaccio, che fu posto all'*Indice* nel 1559 e di nuovo nel 1564.

Significativamente, nell'*Indice tridentino* le cento novelle non erano del tutto proibite: «Boccacii Decades, seu nouellae centum, quamdiu expurgatae ab iis, quibus rem Patres commiserunt, non prodierint».[2] Si stabiliva così che l'opera di Boccaccio potesse essere pubblicata previa espurgazione. Rispetto alla proibizione, l'espurgazione di un'opera considerata altrimenti nociva al lettore cristiano si configurava come un mezzo alternativo e più sottile di controllo culturale. Alla base dell'idea di espurgazione sta una visione del testo come di un corpo che deve essere purificato dai propri errori, ovvero da elementi percepiti come moralmente e religiosamente devianti: correggere tali errori era necessario in quanto il testo era considerato un potenziale quanto pericoloso veicolo di idee eretiche o eterodosse non in linea con i precetti cattolici. Esemplare il caso del *Decameron*, che fu 'rassettato' tre volte nel corso del Cinquecento: da un'équipe guidata da Vincenzo Borghini nel 1573, da Leonardo Salviati nel 1582 e da Luigi Groto

---

2   *Index des livres interdits*, vol. VIII, *Index de Rome 1557, 1559, 1564. Les premiers index romains et l'index du Concile de Trente*, édité par J.M. de Bujanda, Sherbrooke (Québec), Éditions de l'Université de Sherbrooke, 1990, p. 827.

nel 1588.[3] L'edizione di Salviati incontrò particolare successo, essendo pubblicata sei volte tra il 1582 e il 1599. Per quanto riguarda i criteri e i metodi dell'operazione espurgatoria, all'*Indice tridentino* erano premesse dieci *regulae*, ossia delle linee-guida introduttive valide anche per l'espurgazione, poi incluse anche nell'*Indice clementino*. Di queste dieci *regulae*, due sono particolarmente degne di nota: la *regula VII* che stabilisce la proibizione di opere contenenti materia lasciva o oscena, e la *regula IX* che concerne la superstizione, la magia e il libero arbitrio.[4] Come è stato recentemente sottolineato da Jennifer Helm, l'impatto di tali *regulae*, e massimamente della *regula VII*, fu profondo, non ultimo per il fatto che il concetto di oscenità e lascivia includeva non solo la materia erotica ma anche l'ambito morale.[5]

Parallela alla pratica dell'espurgazione, codificata e autorizzata dalle autorità ecclesiastiche, vi fu una produzione di riscritture in chiave religiosa di opere canoniche ad opera di singoli autori, produzione che ha il capostipite nel *Petrarca spirituale* di Girolamo Malipiero. La riscrittura di Malipero risale al 1537 e si basa su una decostruzione e risemantizzazione del Canzoniere petrarchesco, come rilevato da Amedeo Quondam.[6] Nella prospettiva spirituale, che assume un atteggiamento fortemente critico nei confronti della poesia dei contemporanei di Malipiero, i riferimenti specifici ad eventi o persone sono eliminati, e Laura, fulcro della poesia petrarchesca, è censurata e sostituita dalla Vergine Maria, suggerendo così che l'unico amore lodevole è quello divino, che dona la salvezza. La risemantizzazione

---

3 Sulle tre rassettature del *Decameron* rimando a GIUSEPPE CHIECCHI, LUCIANO TROISIO, *Il Decameron sequestrato. Le tre edizioni censurate nel Cinquecento*, Milano, Unicopli, 1584.

4 Per il testo delle *regulae* rimando a *Index des livres interdits*, VIII, cit., pp. 813–822, e vol. IX, *Index de Rome 1590, 1593, 1596. Avec étude des index de Parme 1580 et Munich 1582*, cit., pp. 920–924.

5 JENNIFER HELM, *Poetry and Censorship in Counter-Reformation Italy*, Leiden, Brill, 2015, pp. 94–95, 109, 138–144.

6 AMEDEO QUONDAM, *Il naso di Laura. Lingua e poesia lirica nella tradizione del classicismo*, Modena, Panini, 1991. Quondam dedica un lungo capitolo a Malipiero (*Riscrittura, citazione, parodia. Il "Petrarca spirituale" di Girolamo Malipiero*, pp. 203–262), precedentemente pubblicato in «Studi e problemi di critica testuale», 17, 1978, pp. 77–125.

del codice lirico petrarchesco è incastonata in una struttura citazionistica dove la citazione marca la distanza dal modello originale.

L'opera di Malipiero ebbe gran successo durante tutto il Cinquecento, tanto da diventare un modello per la riscrittura religiosa di altre opere classiche volgari. Oltre mezzo secolo dopo la sua prima edizione, nel 1594 fu pubblicato il *Decamerone spirituale* di Francesco Dionigi da Fano, personaggio misterioso, autore di opere prevalentemente religiose. Come si evince dal titolo, il *Decamerone spirituale* s'ispira a Malipiero e riscrive un classico volgare, in questo caso il *Decameron*, in una prospettiva religiosa. Nel rifacimento di Dionigi, le cento novelle diventano «cento famigliari ragionamenti detti in diece dì da dieci divoti Giovani sopra molte nobili materie Spirituali».[7] Come già in Boccaccio, anche la sua opera è dedicata alle donne, ma da una prospettiva completamente diversa. I «cento ragionamenti» sono infatti offerti alle donne come rimedio alla loro innata debolezza e al loro ozio: l'impianto didattico controriformistico si sovrappone completamente alla narrativa di Boccaccio, al punto che nel *Decamerone spirituale* le donne non figurano tra i novellieri ma solo come dedicatarie dell'opera, che pertanto può considerarsi quasi uno strumento di pedagogia femminile.[8]

Con le sue avventure di cavalieri erranti, innamoramenti e magie, anche l'*Orlando furioso* inevitabilmente attirò l'attenzione di censori e critici. Anche se, a differenza del *Decameron*, il romanzo ariostesco non fu mai messo all'*Indice*, le autorità ecclesiastiche guardavano con sospetto alla letteratura cavalleresca. Infatti l'*Orlando furioso* venne messo sotto processo dai censori in varie occasioni. Nel 1572 l'arcivescovo di Bologna Gabriele

---

7   Francesco Dionigi da Fano, *Decamerone spirituale*, Venezia, Varisco, 1594, c. a1*r*.

8   Sull'opera di Dionigi si veda in particolare Andrea Torre, *Il silenzio di Boccaccio. Note su una controparodia di fine Cinquecento*, «Levia Gravia», vol. XV–XV, a. 2013–2014, pp. 515–530. Sulle figura letterarie e la pedagogia femminili rimando a Francesco Sberlati, *Castissima donzella. Figure di donna tra letteratura e norma sociale (secoli XV–XVII)*, a cura di Laura Orsi, Bern-New York, Peter Lang, 2007. Nella parte dedicata alla pedagogia femminile al tempo della Controriforma, Sberlati sottolinea che mentre il ruolo della donna nella comunità veniva ristretto all'ambito familiare, la dimensione spirituale femminile veniva intensificata.

Paleotti portò il *Furioso* all'attenzione della Congregazione dell'Indice, ma senza conseguenze. Nello stesso periodo, il poema di Ariosto giunse all'attenzione del Maestro del Sacro Palazzo, Paolo Constabile, e di Damiano Rossi da Cento, entrambi incaricati di redigere liste aggiornate di libri proibiti; anche se il *Furioso* non fu poi incluso in tali liste, la circolazione del romanzo ariostesco fu ostacolata dal divieto imposto ai librai di acquisirne nuove copie.[9] L'ultimo e più rilevante tentativo censorio ebbe luogo in seguito della denuncia di un oratoriano, Tommaso Galletti, presentata al cardinale Antonio Sartori, membro del Sant'Uffizio, nel 1597. Pertanto, la Congregazione dell'Indice ordinò la revisione ed espurgazione di tutte le opere di Ariosto. Il già citato Galletti e l'inquisitore di Ferrara Giovan Battista Scarella produssero due distinte proposte di censura, che però non vennero mai applicate.[10] Nel 1609, infine, la Congregazione permise la stampa del romanzo ariostesco a Roma, scegliendo di adottare una politica più tollerante e meno rigida, dato che le opere da espurgare erano molte e il caso di Ariosto considerato meno urgente di altri.

La ricezione e la critica del poema ariostesco risentirono del nuovo clima controriformistico. Nel trattato *Pro lingua latina* del 1554 il calabrese Gabriele Barrio criticava l'opera di Ariosto in termini negativi associandola alla poesia di Petrarca: «Ludovicus Ariostus in suo Furioso, in suaque furia Petracham suum emulatus multa obscoenas scribit, et sacra profanis miscet».[11] Ariosto è accusato non solo di aver seguito il fallace modello petrarchesco, che celebra un amore profano e lascivo e pone una donna mortale al di sopra persino della Vergine Maria, ma anche di aver mischiato materie sacre e profane. In seguito Barrio riprese e rielaborò quanto espresso nel *Pro lingua latina*, significativamente ristampato nel 1571, in una censura

---

9 Cfr. GIGLIOLA FRAGNITO, «*Vanissimus et spurcissimus homo*»: *Ariosto all'esame dei censori*, in *Dalla bibliografia alla storia. Studi in onore di Ugo Rozzo*, Udine, Forum, 2010, pp. 108–111; HELM, *Poetry and Censorship in Counter-Reformation Italy*, cit., pp. 47–48.

10 Helm sottolinea che la censura di Scarella era più moderata di quella di Galletti (ivi, pp. 71–102, 124).

11 GABRIELE BARRIO, *Pro lingua latina libri tres [...]*, Roma, In aedibus populi Romani, 1571, c. DD3r. Su Ariosto si vedano le cc. DD3r-DD3v.

degli anni '70.[12] La critica di Barrio, che identifica in Petrarca l'originario modello negativo, segue le orme di Malipiero.

Non stupisce trovare un giudizio estremamente negativo nei confronti del *Furioso* nell'opera del gesuita Antonio Possevino nello stesso periodo in cui il *Furioso* era all'esame dei censori. La *Bibliotheca selecta*, pubblicata nel 1593, è un'enciclopedia bibliografica basata su severi criteri controriformistici. Nel capitolo XXV del primo libro, Possevino cita un «Ariosti poema»[13] tra altri titoli di opere cavalleresche, tra cui *Girone il Cortese* e l'*Amadigi*, affermando che tali opere, popolari nelle corti e tra i nobili, fanno parte di un progetto di Satana di corrompere le anime cristiane. Satana, sostiene Possevino, ha dato l'ispirazione a tali poeti, le cui opere non sono altro che un vero e proprio strumento del demonio: «plerisque igitur istis omnibus, ut suavius venena instuerent, dedit de spiritu suo diabolus, eloquentia et inventione fabularum ditans ingenia, quae tam miserae suppellectilis voluere esse officinae».[14] Possevino identifica dunque Satana come l'istigatore di opere quali il *Furioso* e rovescia il *topos* lucreziano paragonando la finzione poetica ad un veleno.[15]

La critica di stampo controriformista influenzò anche gli apparati illustrativi delle edizioni del poema, già oggetto di letture allegoriche e moralizzanti. Un'edizione in particolare merita attenzione poiché presenta Ariosto come esemplare autore cristiano. L'edizione Valvassori del 1553

---

12 Sull'attribuzione a Barrio della censura degli anni 1570 si veda MARIA ANTONIETTA PASSARELLI, *Petrarca scelestus auctor in una censura (non più anonima) di Gabriele Barri (ms. Vat. Lat. 6149, ff. 142r–150v)*, «Critica del testo», VI, 1, 2003, pp. 177–220, e HELM, *Poetry and Censorship in Counter-Reformation Italy*, cit., in particolare pp. 305–326. FRAGNITO, invece («*Vanissimus et spurcissimus homo*», cit., p. 126), cita l'autore come anonimo.

13 ANTONIO POSSEVINO, *Bibliotheca selecta [...]*, Roma, Ex typographica apostolica vaticana, 1593, c. K3r.

14 *Ibidem.*

15 Su Satana quale presunto autore di opere letterarie si veda HELM, *Poetry and Censorship in Counter-Reformation Italy*, cit., pp. 23–28. Quanto al riferimento lucreziano di Possevino cfr. VALENTINA PROSPERI, «*Di soavi licor gli orli del vaso*». *La fortuna di Lucrezio dall'Umanesimo alla Controriforma*, Torino, Nino Aragno, 2004, pp. 52–55.

include un'appendice in cui è espressa, tra varie considerazioni allegorico-morali, anche un'interpretazione del poema in senso religioso:

> Allegoricamente volse intendere il Poeta nostro, come l'anima umana dotata di tanta sapientia per gratia di Iesu Cristo libera cade nel vitio, e del tutto si fa serva del peccato, fidata ne le proprie forze non mai può risorgere: fin che per mero dono, e bontà non degna di rilevarla, e renderle la perduta libertà agiuto celeste, figurato per Astolfo.[16]

La pazzia di Orlando assurge così a simbolo del peccato e, di conseguenza, il ruolo di Astolfo a quello della provvidenza divina. Inoltre, la lettera al lettore che introduce il romanzo ariostesco e che è in seguito riproposta nell'edizione del 1566 invita a leggere il *Furioso* in senso religioso e selettivo:

> Ma, si come gli alberi fruttiferi spargono tuttavia le foglie d'intorno a i rami; cosi questi nostri favolosi Teologi ragionano della virtù, et di Dio ravolgendoli sempre nel velo di varie fintioni. Et si come da i fiori niuna cosa gli altri prendono eccetto l'odore; ma l'Api ne fanno trar' il mele ancora, noi parimente penetrando oltre la vaghezza delle fintioni potremo trarne profitto grandissimo. È ben vero, che se non vi si dicerne col giudicio intero, in scambio della virtù molte volte s'apprendono le passioni accecatrici dell'animo. Per la qual cosa lo studio de' Poeti dee assomigliarsi al lavoro delle medesime Api, le quali non colgono ugualmente tutti i frutti, né anco i colti divorano, ma quel solo gustando, che è atto a far' il mele, niente d'altro si curano. Cosi noi cogliendo quel solo, che ne dimostri argumento d'infallibile verità, tutto il rimanente trapasseremo.[17]

Giovanni Andrea Valvassori fa riferimento a due tradizionali concetti relativi all'arte poetica riprendendo la classica metafora delle api e, tramite il paragone dei poeti-teologi, la non meno tradizionale apologia della poesia come *poetica theologia*. Così facendo, Valvassori promuove una lettura selettiva del *Furioso* basata sulla differenziazione tra il messaggio utile e benefico all'animo e quello nocivo. La pericolosità del poema è metaforicamente ribadita anche dal rovesciamento di un'altra immagine tradizionale, quella lucreziana della medicina amara nel vaso cosparso di miele:

---

16 LUDOVICO ARIOSTO, *Orlando furioso [...]*, Venezia, Valvassori, 1553, c. Aa2r.
17 LUDOVICO ARIOSTO, *Orlando furioso [...]*, Venezia, Valvassori, 1566, c. *7v.

Et perché i pravi ragionamenti traviano le deboli menti, et le trasportano a pessima vita; guardiamoci con ogni diligenza, che tra la vaghezza delle loro fintioni incautamente non ammettiamo qualche male, come quelli, che occultamente inghiottiscono il veleno mescolato col mele.[18]

Come ha notato Maria Pia Ellero, «Valvassori inverte di segno la metafora, proprio mentre prospetta una lettura edificante del *Furioso*, e la ritocca con qualche colpetto di pollice, concentrandosi sulla superficie letterale e piatta della scrittura, dove il veleno è direttamente mescolato al miele».[19] Nel commento di Valvassori si possono ravvisare anche i meccanismi di quello che Valentina Prosperi ha definito codice dissimulatorio in riferimento alla ricezione cinquecentesca di Lucrezio. Secondo la studiosa, mentre l'impianto filosofico epicureo del poema di Lucrezio rendeva l'opera problematica, i meccanismi di auto-censura impiegati dagli ammiratori del poema, ovvero il codice dissimulatorio, favorirono la sua circolazione e disseminazione.[20] Promuovendo la sola scelta di un'interpretazione moralmente utile ed accettabile del *Furioso*, Valvassori prende le distanze da possibili critiche al poema, rifiutandone gli aspetti più problematici ma allo stesso tempo favorendo la sua circolazione.

Interessanti per quanto riguarda il tipo di riflessioni a cui invita il lettore sono anche alcune sue osservazioni sulla dibattuta valenza poetica del *Furioso*:

Né però qui si legge la moltitudine de' Dei, né la lor discordia; non gli adulteri, né gli scelerati lor congiungimenti, che non senza gran rossore si potrebbero dir' eziandio degli animali irragionevoli. Ma qui un solo Dio, eterno, giusto, et immutabile con perpetua providenza dispone, e governa le cose umane; qui si castigano i commessi peccati; e si guiderdonano i beni; qui è innalzato il legittimo Prencipe, e l'empio Tiranno è posto al fondo; qui si vede quanto siano brevi l'umane allegrezze, et infinite le miserie. Ed in brieve qui appariscono innanzo agli occhi le virtù tanto illustri, ed

---

18   Ivi, c. *8r.

19   MARIA PIA ELLERO, *Il lavoro delle api. La ricezione del* Furioso *nelle edizioni illustrate del secondo Cinquecento*, in «*Tra mille carte vive ancora*». *Ricezione del* Furioso *tra immagini e parole*, a cura di Lina Bolzoni, Serena Pezzini, Giovanna Rizzarelli, Lucca, Pacini Fazi, 2011, p. 209.

20   Cfr. PROSPERI, «*Di soavi licor gli orli del vaso*», cit., pp. 97–117.

in tal maniera fulminati vizi, che niuno Filosofo, non che altro Poeta meglio insegna o esprime quel, che per noi seguitar, e fuggir si debba in questa vita mortale.[21]

Ariosto, afferma Valvassori, è da considerarsi superiore ad altri autori di richiamo in quanto poeta cristiano: come poema cristiano, il *Furioso* svolge di conseguenza una funzione esemplare e didattica superiore a quella dei libri antichi. Significativamente, quest'interpretazione moralizzante caratterizza anche le allegorie preposte al romanzo ariostesco, come già notato da Javitch.[22] L'apparato illustrativo di Valvassori promuoveva così una selezione di passaggi ed episodi che potessero essere interpretati in una prospettiva cristiana ed edificante: il *Furioso* era presentato ai suoi lettori come un'opera esemplare in termini morali e religiosi. Una lettura selettiva del romanzo ariostesco che era anche una lettura religiosa.

Nella seconda metà del Cinquecento, dunque, la ricezione critica del *Furioso* passa da una fase caratterizzata da un atteggiamento di sospetto ad una di indagine e scrutinio critico, che si sviluppa soprattutto negli anni '70 e si conclude con una fase più propriamente censoria negli anni '90, allorché l'opera ariostesca rischia una pesante revisione ad opera delle autorità inquisitoriali. Non stupisce, pertanto, che anche l'*Orlando furioso*, la cui popolarità si mantenne viva durante tutto il secolo, fosse riscritto in senso religioso, ovvero spiritualizzato, come già Petrarca e il Boccaccio prima. Dopo il 1575, infatti, fu pubblicata una riscrittura spirituale che ebbe un discreto successo editoriale soprattutto nel Seicento. Le *Rime compassionevoli, pietose, e divote sopra la passione, morte, e resurrezione del nostro Signore Gesù Cristo composte [...] ad imitazione del primo canto dell'Ariosto* di Giulio Cesare Croce narrano l'episodio evangelico della morte e resurrezione di Gesù. Lo scrittore e cantastorie Croce era grande ammiratore del *Furioso*, a cui si rifanno molte delle sue opere destinate ad un pubblico perlopiù popolare.[23] Nelle *Rime compassionevoli* Croce sostituisce un

21 Ludovico Ariosto, *Orlando furioso [...]*, Venezia, Valvassori, 1566, c. *8r.

22 Daniel Javitch, *Proclaiming a Classic: The Canonization of* Orlando Furioso, Princeton, NJ, Princeton University Press, 1991, p. 38.

23 Cfr. Giulio Cesare Croce, *Stanze dell'Ariost tramudade per el dottor Partesanon da Francolin, in lingua gratiana [...]*, Venezia, Frezzaria al segno della Regina, 1594; Idem, *Diporto piacevole overo ridutto di recreatione nel quale si narra cento avvettimenti*

episodio evangelico alla narrazione romanzesca di Ariosto, il cui testo è
però costantemente evocato. Come osserva Nicola Catelli, la riscrittura
parodica di Croce si basa sulla rifunzionalizzazione dei meccanismi narrativi
ariosteschi in modo tale che i due testi, quello cavalleresco e quello sacro,
si rispecchino vicendevolmente.[24]

Nel 1589 viene pubblicato il *Primo canto del Furioso, traslatato in spiri-
tuale* di un certo Goro da Colcellalto, di cui non si hanno altre notizie.
L'operetta è preceduta da una lettera dell'editore, Francesco Dini da Colle,
ambulante cieco attivo a Firenze e specializzato nella produzione di stampe
popolari,[25] alla destinataria Maria Grifoni Usimbardi. Se dell'autore non
si sa altro, si sa però che la sua riscrittura circolava al di fuori dell'area
toscana, dato che fu riproposta da un ben noto cantimbanco dell'epoca,
ossia Cristoforo Scanello, a Napoli nel 1593.[26] Mentre nel testo di Goro ogni
ottava è introdotta dal verso iniziale di quella corrispondente ariostesca fino
a I 60, in quello di Scanello le citazioni del *Furioso* sono omesse. Inoltre,
per ragioni imprecisate, nel testo di Scanello sono omesse anche tre ottave,
corrispondenti a *Fur.*, I 78–80. Come già le opere di Croce e Dini, anche la
produzione di Scanello era rivolta ad un pubblico popolare. La riscrittura
di Goro (e Scanello) riprende il tema contemporaneo della lotta all'eresia
e si basa, come episodio centrale, su quello biblico del peccato originale,

---

     gratiosi occorsi a varie persone, conchiusi et accordati co' fini di cento stanze del Furioso,
     originariamente pubblicato solo come *Diporto piacevole*, Bologna, Giovan Battista
     Bellagamba, 1597; IDEM, *Ricercata gentilissima delle bellezze del Furioso. Del quale
     pigliando i capi di tutti i canti e aggiungendogli altri versi delle stanze di quello, a
     guisa di Centone, vi si vengono a scoprire i più notabili concetti, che in esso gentilis-
     simo poema si contengono*, Bologna, Bartolomeo Cochi, 1607; IDEM, *Lamento di
     Bradamante cavato dal libro dell'Ariosto al suo canto e tradotto in lingua bolognese*,
     Bologna, Bartolomeo Cochi, 1617.

24   NICOLA CATELLI, «*Parodiae Libertas*». *Sulla parodia italiana nel Cinquecento*,
     Milano, Franco Angeli, 2011, pp. 41–54

25   Su Dini si veda *ad vocem*, in *Dizionario dei tipografi e degli editori italiani. Il
     Cinquecento*, a cura di Marco Menato, Ennio Sandal, Giuseppina Zappella, Milano,
     Editrice Bibliografica, 1997, p. 379.

26   Scanello è ricordato da TRAIANO BOCCALINI, *De' Ragguagli di Parnaso centuria
     seconda*, Venezia, Guerigli, 1617, ragguaglio XVIII.

causa principale del decadimento morale del mondo, che si sovrappone all'incontro tra Sacripante e Angelica. La salvezza si può ottenere solo riunendo le forze cattoliche e riconquistando Gerusalemme. L'orizzonte ideologico del *Primo canto* goriano è dunque molto lontano dal mondo delle avventure dei cavalieri erranti di Ariosto, che implicitamente attacca. Infine, nel 1596 viene stampato a Messina *Il Furioso spirituale* di padre Vincenzo Marino, che si annuncia come una riscrittura dell'intero romanzo ariostesco anziché di una sola parte.

Un'altra opera merita menzione per quanto riguarda l'interpretazione spirituale del personaggio Orlando, vale a dire *Di Orlando santo vita, & morte con ventimilla christiani uccisi in Roncisvalle: cavata dal catalogo de' santi* di Giulio Cornelio Graziani. Come si evince dal titolo, l'opera di Graziani, pubblicata a Treviso nel 1597, non riscrive semplicemente il *Furioso* ma riprende la tradizione carolingia di Orlando come campione cristiano e santo della Chiesa, in chiara opposizione alla tradizione cavalleresca di Boiardo e Ariosto. Graziani, infatti, li accusa entrambi di essere « scrittor bugiardi» (*Orlando santo*, I 4), diffamatori del vero Orlando, che mai combatté o impazzì per una donna. La questione principale per Graziani riguarda la natura fittizia dei due poemi, le cui menzogne sovvertono la veridicità dell'esemplarità di Orlando quale campione della Chiesa («Orlando invito e santo», ivi, I 2). L'opera di Graziani non è quindi propriamente una riscrittura ariostesca ma si configura come un'operazione volta a ridefinire in senso spirituale l'intera tradizione del personaggio Orlando.[27]

Il *Furioso spirituale* di Vincenzo Marino è dunque l'unica opera che si pone come obiettivo la riscrittura totale dell'*Orlando furioso*. Essa inserisce personaggi ed episodi del *Furioso* all'interno di un discorso religioso solo apparentemente incompatibile con la poetica ariostesca: il sacerdote messinese Marino rifiuta il mondo di Orlando ma allo stesso tempo ne sfrutta immagini e frasi piegandole al servizio delle sue istanze ideologiche. La sua opera offre così un ulteriore tassello alla ricezione del *Furioso* nel Cinquecento e segnatamente in Sicilia.

---

27 Per un'analisi delle riscritture di Croce, Goro-Scanello e Graziani rapportate al *Furioso* cfr. ANDREA TORRE, *Orlando santo. Riusi di testi e immagini tra parodia e devozione*, in «*Tra mille carte vive ancora*», cit., pp. 255–279.

Il *Furioso spirituale* è diviso in tre libri, a loro volta divisi in canti. Purtroppo finora è stato possibile reperire solo il primo libro, diviso in tredici canti, e in effetti non si può essere certi dell'esistenza degli altri due, anche se il titolo dell'opera ne menziona tre: *Il Furioso spirituale distinto in tre libri, con i cinque suoi canti al fine*. Stando al titolo, la riscrittura doveva estendersi anche ai *Cinque canti*. Riguardo al recente ritrovamento di questa rara opera, che non compare nel catalogo online delle cinquecentine italiane, è opportuno sottolineare che il titolo figura in una lista di libri posseduti dal priore di un convento cremonese del Terzo ordine regolare di San Francesco, tale Jacopo Filippo Zucchello. Si tratta di una delle liste di libri posseduti dai religiosi dei conventi e dei monasteri italiani richieste dalla Congregazione dell'Indice dopo la pubblicazione dell'*Indice clementino* fino al 1603. La sua presenza in un convento francescano può essere considerata un indizio a favore dell'ipotesi che l'autore appartenesse allo stesso ordine dell'autore, e suggerisce una circolazione dell'opera in ambienti religiosi e conventuali. Anche di Vincenzo Marino poco si sa oltre a ciò che si può dedurre dalla sua opera, in cui si autodefinisce prete solitario della città di Messina. Oltre alla riscrittura del *Furioso*, risulta autore di *Rime volgari sopra li sette psalmi penitenziali*, pubblicato a Messina nel 1593 ma oggi perduto.[28]

L'opera di Marino si ispira esplicitamente a quelle di Malipiero e Dionigi. Anche se non è possibile stabilire con certezza se le conoscesse entrambe, è interessante notare che la scelta di indicare il titolo dell'opera riscritta (*Furioso spirituale*), piuttosto che il suo autore (come nel caso del *Petrarca spirituale*), richiami l'opera di Dionigi (*Decamerone spirituale*). La riscrittura di Marino è dedicata a Giovanni III Ventimiglia, marchese di

---

28   Sui pochi dati bibliografici del *Furioso spirituale* e l'ipotesi dell'appartenenza all'ordine francescano di Marino faccio riferimento a Carmen Puglisi, che per prima ha offerto un contributo critico, sebbene molto generico e a tratti superficiale, alla conoscenza della riscrittura di Marino: cfr. CARMEN PUGLISI, *Fra passione umana e divina: il Furioso spirituale di Vincenzo Marino*, in *In nobili civitate Messanae. Contributi alla storia dell'editoria e della circolazione del libro antico in Sicilia*. Atti del Convegno di Montalbano Elicona, 27–28 maggio 2011, a cura di Giuseppe Lipari, Messina, Centro interdipartimentale di Studi umanistici, 2013, pp. 287–300. Infine vale la pena accennare all'imminente pubblicazione di una monografia di Andrea Torre sulle riscritture religiose cinquecentesche, compreso il *Furioso spirituale*.

Geraci. Appartenente ad una nobile famiglia siciliana, questi era personaggio di spicco nel panorama politico e culturale dell'isola, come dimostra il fatto che per ben due volte (dal 1595 al 1598 e nel 1606) fu presidente del Regno di Sicilia e che diede sostegno a personaggi quali il Bitontino oltre che all'università di Messina.[29] Ma l'atto di mecenatismo forse più importante fu a favore di Torquato Tasso, che Ventimiglia peraltro non conobbe mai direttamente. Il contatto tra Tasso e il marchese, che ambiva alla celebrazione dinastica della propria casata, avvenne tramite Niccolò degli Oddi, che a Ventimiglia dedicò il *Dialogo in difesa di Camillo Pellegrini*. Insieme ai palermitani Bartolo Sirillo e Filippo Paruta, Ventimiglia figura anche tra gli interlocutori del dialogo, in cui «giudica il Furioso di tanto avanzare la Gierusalemme, che tra essi non cada comparatione niuna».[30] Anche se l'opera di degli Oddi si schiera a favore di Tasso, la scelta di Marino di dedicare la propria riscrittura del *Furioso* al marchese può essere stata influenzata dalla posizione pro-Ariosto che il suo personaggio assume nel dialogo.

Nella lettera dedicatoria Marino espone le ragioni che lo hanno spinto a riscrivere il romanzo ariostesco in veste spirituale. È la pericolosità del *Furioso* a rendere necessaria un'operazione di 'neutralizzazione' del potere devastante del poema, paragonato a Polifemo e a Golia:

> [il *Furioso*] mi pare, come quel gigante nostro ciclope monocolo, che rinchiude nell'antro il vertuoso Ulisse, con li compagni a morte, e così chiusi si li divora e magna; fuggendone via il Capitano solo; per dinotare che pochi sono quelli, i quali legendo un libro giganteo tale, che da lui devorati non muoiono, voglio dir che invaghiti dalle finte beltà non faccin mille peccati, e mille errori. Anzi mi parra come quell'altro gigante Golia, che con tante superstitioni e vani incanti va incantando e va

---

29   A Giovanni Ventimiglia dedicò una commedia Giovan Donato Lombardo, attore della commedia dell'arte, su cui si veda TERESA MEGALE, *ad vocem*, in *Dizionario biografico degli italiani*, Roma, Istituto della enciclopedia italiana, vol. LXV, 2005, pp. 513–514; e su Ventimiglia, invece, la voce di GRAZIA FALLICO, ivi, vol. LIII, 2000, pp. 306–309.

30   DEGLI ODDI, *Dialogo in difesa di Camillo Pellegrini*, cit., c. A5v. Il rapporto tra Tasso e Ventimiglia è ricostruito da Orazio Cancila nella sua monografia sulla famiglia Ventimiglia: cfr. ORAZIO CANCILA, *I Ventimiglia di Geraci (1258–1619)*, Palermo, Associazione Mediterranea, 2016, vol. II, pp. 372–381.

isprobando le nostre Israelite squadre, convince gli uomini Cristiani a dar l'inciampo nelle lascivie e vanità sue.[31]

Marino riconosce il carattere coinvolgente che caratterizza il *Furioso*, che cattura i suoi lettori e li spinge verso la lascivia e il peccato. La metafora di Polifemo dimostra anche che non tutti cadono vittima del fascino del racconto ariostesco: come Ulisse riesce a sfuggire al Ciclope, così alcuni lettori riescono a resistere al peccato. Il paragone col gigante filisteo Golia, inoltre, implica l'associazione del *Furioso* con l'eterodossia religiosa. Lo scopo di Marino è dunque opporsi a «tanto incentivo, a tanto fuoco».[32] Il suo intento è chiaro: neutralizzare i pericoli insiti nella lettura del romanzo ariostesco, che viene completamente rifiutato.

Il confronto con il *Furioso*, citato o menzionato assai raramente in corso dell'opera, viene dunque introdotto in senso negativo e si svolge sul piano dell'interpretazione piuttosto che su quello propriamente poetico. Marino riutilizza Ariosto a vari livelli: come oggetto d'opposizione, come fonte testuale, come fonte esegetica. Se da un lato la condanna del poema è incontrovertibile, dall'altro Marino inserisce episodi e personaggi ariosteschi all'interno di un discorso religioso dai toni di sermone, sostituendo l'impianto narrativo del *Furioso*. A differenza delle riscritture precedenti, dunque, la narrazione romanzesca non viene sostituita dalla narrazione di un singolo episodio o azione.

Coerentemente con il dichiarato rifiuto per l'opera ariostesca, infatti, Marino così introduce il suo poema:

> Non donne o cavalieri, non armi o amore
> non cortesie, n'audaci imprese io canto
> che vanno in preda al pazzo rio furore
> de la carne mortal, misera tanto.
> Ma canto donne e cavalier che fuore
> son da suo intrico in pregio tal tal' vanto
> ch'è forza a l'estro mio (se mi lo accenna
> l'alto signor) che gl'impenniam la penna.
>
> (*Furioso spirituale*, I 1)

---

31 Vincenzo Marino, *Il Furioso spirituale*, Messina, per Pietro Brea, 1596, cc. A3*r*-A3*v*.
32 Ivi, c. A3*v*.

Come già nelle riscritture di Croce, Goro e Scanello, gli eroi ariosteschi sono censurati in favore di eroi più adatti alla materia religiosa, ovvero personaggi evangelici e biblici. Di contro, tutti i personaggi ariosteschi sono pazzi in quanto vittime della dimensione carnale: l'intrico del *Furioso* si riflette sul piano morale, facendo del mondo cavalleresco il simbolo della dimensione profana e peccaminosa, che deve essere rifiutata. All'interno di un discorso dai toni fortemente predicatori e ricco di spunti biblici e patristici, l'eroe Orlando assurge a paradigma negativo a causa del suo folle amore per una donna, per di più pagana:

> Canto un nuovo duello, armi et amore,
> non canta\<t\>o già mai per altro colle.
> La bella sposa io canto per cui more
> Dio per amor, non come Orlando il folle,
> ma con più eccesso in su la croce in alto
> da far pietoso un cor fatto di smalto.
>
> (*Furioso spirituale*, I 74)

L'amore divino per la Chiesa, sposa di Cristo, è soggetto degno di essere cantato, non l'amore folle di Orlando per Angelica. Riprendendo la dichiarazione ariostesca circa la novità del soggetto, Marino descrive il proprio come «nuovo duello, armi et amore» rispetto al *Furioso*, con l'implicito intento di sostituirne l'impianto ideologico. Tuttavia, tale definizione del soggetto suggerisce che, come il *Furioso*, anche la sua riscrittura è un poema di armi e d'amore.

L'ambivalente posizione di Marino nei confronti del *Furioso* avviene anche in relazione all'eroe titolare, Orlando, che diventa simbolo della condizione umana divisa tra carne e spirito:

> La carne e spirto nostro son quel nodo
> d'Orlando e Rodomonte, i quali sonno
> costretti a lotta, in tal maniera e modo,
> che non si ponno spartir come vonno:
> è pazzo l'un di senno, l'altro è sodo,
> ma sono avvolti insieme il più che ponno
> con lor percossa grave e con gran pondo.
>
> La carne è pazza, è figliola de l'ira;
> lo spirto è saggio, ma luttando ogn'hora

> sopra 'l ponte mondan faran la gira,
> dopo ne caderan così elli ancora.
> Però non t'intricar, però ben mira
> la sua pazzia, e se lo intrico vadi fora
> che se in amor con lei ti vai intricando,
> farai lotta come fece Orlando.
>
> (*Furioso spirituale*, XI 46–47)

Marino paragona Orlando, l'eroe prigioniero dell' «amorosa pania» (*Fur.*, XXIV 1), a Rodomonte per il loro attaccamento al mondo terreno. Il riferimento è al canto XXIX del poema, in cui Rodomonte e il pazzo Orlando si scontrano sul ponte che il pagano ha fatto costruire per raggiungere il mausoleo di Isabella, scontro che termina con la caduta di entrambi nel fiume. L'episodio è quindi indicato al lettore come esemplare delle conseguenze che derivano dall'errore di cedere a debolezze umane come l'ira e, soprattutto, l'amore. Ma fare di Orlando il simbolo della battaglia tra carne e spirito, tra la dimensione mondana e quella divina, significa attribuire implicitamente una valenza positiva alla narrazione ariostesca, riconoscendola didatticamente valida. Un altro passo rivela una simile ambiguità: Orlando è indicato insieme a Marte come inferiore a Gesù, superiore a qualsiasi eroe per la sua natura eterna, sottintendendo così che il difetto principale di Orlando sia la sua mortalità (*Furioso spirituale*, V 18). Il protagonista del *Furioso* non è quindi ridotto a mero esempio di immoralità ma è funzionale al discorso religioso intavolato da Marino.

Il *Furioso* rimane come modello linguistico e poetico in rarissime occasioni oltre al proemio. Nel canto II Marino affronta l'argomento dell'amore divino e del peccato originale. L'istanza erotica, connessa a quella femminile, è infatti di centrale importanza all'interno di un discorso volto alla condanna della dimensione mondana. Se l'amore divino è superiore a quello profano e carnale, la dimensione erotica della narrazione ariostesca deve essere rimossa. Questo è particolarmente evidente nelle ottave dedicate alla descrizione della reazione di Eva dopo la cacciata dall'Eden:

> Si stette il giorno tutto a capo basso,
> dogliosa tutta 'n se, e tutta iscontente,
> la Donna, che ne va sì afflitto, e lasso,
> per lamentarsi, e così amaramente,

ch'avrebbe al caso suo spezzato un sasso,
una Tigre crudel fatta clemente,
sospirando parean gli occhi suoi fiume,
il petto, un Mongibel, ch'ogn'hor fà lume.

Dolor (dicea) crudel, ch'il cor tu m'ardi,
ch'il cor mi rodi intier con la tua lima,
che debbo far, se fra Leon, fra Pardi,
nanzi, che fatta ahimè, son gionta prima?
A pena ho visto in Dio li primi sguardi,
chi dei al Demon di me la *spoglia* prima:
e quando alzai la mano all'empia fronde,
mi viddi aimè cader tutta ne l'onde.

(Furioso spirituale, II 85–86)

È evidente che Marino si rifà al famoso lamento di Sacripante del primo canto del *Furioso*:

Pensoso più d'un'ora a capo basso
stette, Signore, il cavallier dolente;
poi cominciò con suono afflitto e lasso
a lamentarsi sì soavemente,
ch'avrebbe di pietà spezzato un sasso,
una tigre crudel fatta clemente.
Sospirando piangea, tal ch'un ruscello
parean le guance, e 'l petto un Mongibello.

– Pensier (dicea) che 'l cor m'agghiacci ed ardi,
e causi il duol che sempre il rode e lima,
che debbo far, poi ch'io son giunto tardi,
e ch'altri a corre il frutto è andato prima?
a pena avuto io n'ho parole e sguardi,
ed altri n'ha tutta la *spoglia* opima.
Se non ne tocca a me frutto né fiore,
perché affligger per lei mi vuo' più il core?

(Fur., I 40–41; corsivo aggiunto)

Sacripante, convinto che l'amata Angelica si fosse ormai data ad altri, piange per la presunta perdita di verginità della principessa del Catai. Il monologo del re di Circassia si conclude con la sua risoluzione di continuare ad amarla.

Marino utilizza il testo ariostesco in un contesto che esclude il significato
erotico-amoroso dell'originale ma mantiene quello del lamento dovuto
ad una perdita. Eva, infatti, piange per essere stata cacciata dal paradiso,
ovvero per la perdita della condizione edenica. All'interno dell'orizzonte
religioso di Marino, l'elemento della «spoglia», cioè del corpo femminile
oggetto del possesso maschile, si riferisce al corpo come un oggetto per sua
natura tendente al peccato. Il lamento di Sacripante viene ripreso anche in
un altro passo, dove Marino riscrive la famosa ottava della rosa (*Fur.*, I 42)
per sottolineare il valore della verginità:

> La verginella è simile a la rosa
> ch'in un giardin bel, ch'in una spina
> mentre sola e secura si riposa
> ogn'un la va adorando, ogn'un l'inchina
> ma se nel tocco si fa suspettosa
> o pur la mente in fatto tal declina
> ne greggia ne pastor ne bifulco o fera
> più la vorrà sì difettosa e nera?
>
> (*Furioso spirituale*, IV 46)

In entrambi i passi la dimensione erotica è soggetta a censura o allegoresi.
A differenza di Ariosto, nel cui testo la donna è amata solo da colui che
ne coglie la verginità, nella riscrittura di Marino il semplice pensiero
del desiderio sessuale («pur la mente in tal fatto declina») è sufficiente
per macchiarla indelebilmente («sì difettosa e nera») e renderla inde-
siderabile a chiunque. Come già nella riscrittura di Scanello, il lamento
di Sacripante è associato al peccato originale e alla caduta dal paradiso
terrestre.

Secondo l'impianto ideologico a cui il *Furioso* viene assimilato, le
disavventure di Orlando mostrano allegoricamente che anche il mondo è
privo di senno e che solo l'intervento divino lo può risanare:

> Il prete Yanni cieco e d'arpie afflitto,
> Orlando par amor sì inetto e matto,
> che l'un riceve la vista col vitto
> e l'altro savio dal baron vien fatto,
> ti segnano, lettor, ch'è derelitto
> di senno 'l mondo cieco, e sarà a fatto

di fame oppresso, se dal ciel non pigli
l'ampolla piena mia di consigli.

(*Furioso spirituale*, IV 94)

Orlando e il Prete Gianni diventano pertanto simboli della crisi morale
e del male che affligge mondo. Nel canto XXXIII del *Furioso*, all'ini-
zio del suo viaggio extramondano Astolfo incontra l'imperatore Senapo,
noto come Prete Gianni. In seguito al tentativo di conquista del para-
diso terrestre, Senapo era stato punito con la cecità e condannato ad
essere tormentato dalla fame fino all'arrivo di un cavaliere su un cavallo
alato. Cavalcando l'ippogrifo, Astolfo scaccia le arpie che insozzavano la
tavola del re con il corno magico di Logistilla e libera Senapo. Marino
accomuna Orlando e il prete Gianni per il fatto che entrambi vengono
puniti da Dio e salvati da Astolfo. La loro punizione divina rappresenta
la condizione di pazzia e cecità che tormenta il mondo, da cui solo un
intervento provvidenziale potrà salvare. Inoltre, non solo Marino inter-
preta i personaggi ariosteschi in senso allegorico e moralistico, come era
comune all'epoca, ma connette anche la sua interpretazione con la sua
stessa riscrittura, che viene paragonata all'ampolla del senno di Orlando
recuperata da Astolfo. Tuttavia, così facendo, Marino implicitamente
accetta la narrazione ariostesca, che si carica in questo caso di valenza
positiva, fino alla sovrapposizione della sua riscrittura al ritrovato senno
di Orlando. Il tema ariostesco della pazzia, centrale nel *Furioso*, è accettato
e riletto in chiave contemporanea, mentre personaggi ed episodi specifici
assumono un valore esemplare che s'integra nel discorso predicatorio
di Marino.

L'interpretazione allegorica in senso positivo del *Furioso* permette di
illustrare anche importanti dogmi religiosi:

Perché non si potea capire a punto
il suo parlar, n'il suo vedere alquanto,
se a noi scendeva in così alto assunto
ne la sua gloria incomprensibil tanto,
però fu necessario esser là giunto,
de la natura tua a pigliare il manto,
perché sia inteso in voci umili e piane,
senza distempro de le cose umane.

E Norandino Re de la Soria,
vestito d'una pelle a l'antro bieco
de l'orco, fra le mandrie sue non gìa
per liberar Lucina da quel speco?
E pur Grifon sotto la insegna ria
del vil Martano ancor non reca seco
il primo onore? In che Dio s'addita
che sotto l'arme altrui dà a noi la vita.

(*Furioso spirituale*, III 136–137)

Nelle ottave precedenti, Marino sviluppa il tema dell'incarnazione di Cristo, sceso sulla terra per salvare l'umanità. Si sofferma poi in particolare sulla natura divina e umana di Gesù, che si è fatto uomo («de la natura tua pigliare il manto») per rendere il suo messaggio comprensibile agli uomini. Riprendendo l'immagine del manto e dell'occultamento, Marino connette l'incarnazione di Gesù al tentativo di salvataggio di Lucina operato da Norandino e a Grifone costretto a vestire le armi di Martano per salvarsi la vita. Le vicende di Norandino e di Martano, narrate nel canto XXVII del *Furioso*, si intrecciano. Lucina, sposa del re di Damasco Norandino, è catturata da un orco cieco ma dotato un fiuto infallibile. Il mostro, che si ciba solo di uomini, tiene le donne prigioniere in una grotta. Norandino tenta dunque di salvarla con l'aiuto della compagna dell'orco, che gli dà delle pelli di animale per ingannare l'olfatto del marito. Così Norandino riesce a rivedere Lucina, anche se a trarla in salvo saranno poi Mandricardo e Gradasso. Innamorato della perfida Orrigille, Grifone viene ingannato da lei e dal suo amante Martano, spacciato per fratello di lei. Alla giostra organizzata da Norandino per festeggiare la fine della sua disavventura, Martano si copre di disonore fuggendo e Grifone ne esce vincitore. Esausto, Grifone si addormenta profondamente e Martano e Orrigille gli rubano l'armatura per poi presentare Martano come vincitore della giostra a re Norandino, che non aveva visto il volto del vero vincitore. Grifone dunque insegue i due traditori dovendo però vestire l'armatura di Martano; alla sua vista, Norandino lo scambia per il vile cavaliere e ordina che venga esposto al pubblico ludibrio. Sia Grifone che Norandino si sono trovati così nella condizione di dover celare la propria identità sotto mentite spoglie. Sebbene celate, però, le identità degli eroi ariosteschi sono invariate, come invariata è la natura divina di Gesù sotto le spoglie mortali. Le storie di Grifone e Norandino, ben presenti nella memoria del lettore, sono usate da Marino come elementi narrativi tramite cui spiegare e chiarire aspetti teologicamente complessi quali la natura umana e al tempo stesso divina di Gesù. Come storie che esprimono narrativamente concetti religiosi astratti, gli episodi dei personaggi ariosteschi sono quindi assimilabili a delle parabole.

Queste sono soltanto alcune riflessioni preliminari riguardo la riscrittura spirituale di un romanzo cavalleresco come l'*Orlando furioso*. Da queste prime osservazioni emerge un quadro culturale e letterario assai complesso in cui l'opera ariostesca svolge comunque un ruolo centrale. La ricezione di Ariosto al tempo della Controriforma pare ambivalente: da un lato, l'*Orlando furioso*, già radicato nella cultura popolare e nella memoria collettiva, era visto come un testo pericoloso per la morale cattolica; dall'altro, l'impresa di censurarlo o impedirne la diffusione rischiava di rivelarsi un infruttuoso sforzo immane. Il *Furioso spirituale* di Marino riflette questa ambiguità: se attacca frontalmente il mondo pazzo di Orlando e l'opera dell'Ariosto, Marino ne riprende personaggi e momenti narrativi attribuendo ad essi un valore esegetico slegato dal contesto da cui derivano. La sua operazione di riscrittura, come si è visto, si sviluppa in un contesto particolarmente fertile dal punto di vista della ricezione del poema e della rielaborazione dei classici in senso spirituale. Il valore didattico e morale del *Furioso* viene dunque rafforzato nel momento in cui le sue storie e i suoi personaggi penetrano altri generi e ideologie.

12   Mutare, imitare e tradurre «tutte le prime ottave dei canti del *Furioso*»

Ariosto «a sentenze ridicole et oscene»

Trattando dei moderni esempi di letteratura parodica in lingua toscana nel suo *Ragionamento dello Academico Aldeano sopra la poesia giocosa de' greci, de' latini, e de' toscani*, uscito a stampa a Venezia nel 1634, Nicola Villani osserva:

> Riferisce Pier Vittori che molti luoghi de' *Trionfi* del Petrarca erano stati mutati e tradotti a sentenze ridicole et oscene. Monsignor Della Casa fece il medesimo di tutte le prime ottave dei canti del *Furioso*. E altri pur l'hanno fatto di alcuni degli stessi canti, come altrove e nel volume della Carovana si può vedere. E 'l signor Giovan Battista Lalli ha pur fatto il simigliante di alcuni sonetti del Petrarca, tramutando i lor sentimenti non in turpi ed osceni ma, come ben si conviene alla modestia della sua musa, in piacevoli et urbani.[1]

Se è chiaro il rinvio alle *Rime del Petrarca mutate in stile e concetti burleschi* che Giovanni Battista Lalli aveva incluso tra le sue *Opere poetiche*

---

1   NICOLA VILLANI, *Ragionamento dello Academico Aldeano sopra la poesia giocosa de' greci, de' latini e de' toscani, con alcune poesie piacevoli del medesimo autore*, Venetia, appresso Gio. Pietro Pinelli, 1634, p. 70. Nella trascrizione dei testi antichi si adotta un criterio conservativo; si distingue *u* da *v*, si riduce alla sola *i* l'alternanza fra *i* e *j*, si introducono i segni diacritici e d'interpunzione, e si interviene sull'alternanza tra maiuscole e minuscole. Le citazioni dell'*Orlando furioso* (indicate con la sigla *Fur.*) sono tratte dall'edizione a cura di Cesare Segre, Milano, Mondadori, 1976.

del 1630,[2] più difficile è comprendere a quale riscrittura dei *Trionfi* si riferisca nello specifico Villani, che in proposito traduce quasi alla lettera un brano dei *Commentarii in primum librum Aristotelis de arte poetarum* di Pier Vettori, usciti a stampa nel 1560.[3] Prima della pubblicazione dei *Commentarii* vedono infatti la luce numerose e differenti riscritture di componimenti petrarcheschi, spesso associate proprio a travestimenti di passi ariosteschi, come indicato da Villani.[4] Forse già all'altezza degli anni Trenta, cioè all'indomani della pubblicazione dell'ultima redazione del *Furioso*, viene ad esempio pubblicato un *Lamento d'Olimpia, con un capitolo del Petrarca in lingua bergamascha*, opuscolo in cui la traduzione dialettale e grottesca di *Fur.*, X 23–27 è preceduta da una simile versione dei primi trenta versi del *Triumphus Cupidinis* I.[5] Della parodia petrarchesca

2   GIOVANNI BATTISTA LALLI, *Opere poetiche*, Milano, appresso Donato Fontana et Gioseffo Scaccabarozzo, 1630, pp. 221–234.

3   PIETRO VETTORI, *Commentarii in primum librum Aristotelis de arte poetarum, positis ante singulas declarationes Graecis vocibus auctoris, iisdemque ad verbum Latine expressis*, Florentiae, in officina Iuntarum, Bernardi filiorum, 1560, p. 23: «Nec defuerunt etiam superiore aetate ingeniosi viri, qui hoc in nostris poetis tentarint, locosque plures Petrarchae ex illis carminibus, quae triumphos vocavit, ita immutarint et ad obscenas turpesque sententias traduxerint».

4   GUGLIELMO GORNI, SILVIA LONGHI, *La parodia*, in *Letteratura italiana*, dir. Alberto Asor Rosa, vol. V, *Le questioni*, Torino, Einaudi, 1986, pp. 459–487: 466, segnalavano in proposito «una parodia tardo-quattrocentesca del *Trionfo d'Amore*, nella rozza forma di una processione di "cornuti"», e il volume «la *Caravana*, sorta di anticanzoniere contro Amore, in dialetto veneziano (edito a Venezia, presso Bordogna, nel 1573)»; nonostante, come si dirà più avanti, l'*editio princeps* del volume *La caravana* risalga al 1565, tale testo è comunque pubblicato successivamente alla stampa dei *Commentarii* di Vettori. Sulle traduzioni parodico-dialettali del *Triumphus Cupidinis* cfr. GIOVANNI PRESA, *Di alcune parodie tardo-quattrocentesche e cinquecentesche del* Trionfo d'Amore *del Petrarca*, «Commentari dell'Ateneo di Brescia», 1974, pp. 51–78; EDOARDO BARBIERI, *Il "Petrarca transmudat": parodia e fortuna popolare*, in *Il fondo petrarchesco della Biblioteca Trivulziana. Manoscritti ed edizioni a stampa, sec. XIV–XX*, a cura di Giancarlo Petrella, Milano, V&P, 2006, pp. 179–183.

5   *Il lamento d'Olimpia con un capitolo del Petrarcha in lingua bergamascha, con alcune stantie todesche con sonetti in lingua toscha, tradute et composte per Zane del Vechio*, [s.n.t.], cc. A1v-A2r (*Capitolo del Petrarcha*) e cc. A2r-v (*Lamento d'Olimpia*). Sulla possibilità di una datazione alta del testo cfr. DENNIS EVERARD RHODES, *Silent*

si conserva peraltro anche una versione in lingua, stampata in una silloge di *Rime diverse di molti eccel. auttori*, apparsa a Venezia intorno agli anni Cinquanta, in cui sono pubblicati ancora due capitoli ariosteschi (VIII e XIII) e una stanza anonima dedicata al *Lamento di Angelica vedendosi il padre Calafrone, il marito Medor morto, qual più li dol, o 'l padre o 'l marito*, che altro non è che un'ottava di Pietro Aretino già apparsa in appendice alla *Marfisa*.[6] È dunque evidente come, già prima della pubblicazione dei *Commentarii* di Vettori, fossero diffuse iniziative editoriali che associavano parodie di componimenti petrarcheschi e travestimenti di passi del *Furioso*.

Per quanto riguarda le riscritture ariostesche citate nel *Ragionamento dello Academico Aldeano*, se perdute risultano le stanze attribuite a Giovanni Della Casa, maggior successo arride al «volume della Carovana», ossia la raccolta di *Rime piasevoli di diversi auttori raccolte da Modesto Pino et intitolate La caravana*, considerata «the first print anthology of Venetian dialect poetry»,[7] pubblicata per la prima volta nel 1565 e ripetutamente ristampata tra XVI e XVII secolo. Il volume si apre con *Il primo canto di Urlando furioso nuovamente trasmutao*, ossia una traduzione in veneziano del canto incipitario del poema,[8] canto cui sono dedicate non solo altre

---

 Printers: Anonymous Printing at Venice in the Sixteenth Century, London, The British Library, 1995, p. 188.

6 *Rime diverse di molti eccel. auttori*, Venetia, Ad instantia di Alberto di Gratia detto il Thoscano, [s.d.], rispettivamente cc. A2r-A3v i capitoli ariosteschi, c. B2v la versione in lingua della parodia di *Triumphus Cupidinis* I (*incipit Lagrimando un humor dagli occhi stillo*), c. B4v la stanza del *Lamento di Angelica*, la quale era già apparsa in conclusione di PIETRO ARETINO, *Tre primi canti di Marfisa*, Vinegia, per Nicolò d'Aristotile detto Zoppino, 1535, c. G3r (cfr. ora IDEM, *Poemi cavallereschi*, a cura di Danilo Romei, Roma, Salerno, 1995, p. 155). In proposito cfr. anche una lettera del 1545 con cui Aretino invia al Pistoia questa stessa ottava presentata come «stanza fatta in materia di Bradamante, ch'essendo gravida piange sopra il padre e il marito, ch'ella si vede morti a i piedi»: IDEM, *Lettere. Libro III*, a cura di Paolo Procaccioli, Roma, Salerno, 1999, n. 525, pp. 415–416.

7 COURTNEY QUAINTANCE, *Textual Masculinity and the Exchange of Women in Renaissance Venice*, Toronto, University of Toronto Press, 2015, p. 122.

8 *Il primo canto di Urlando furioso nuovamente trasmutao*, in *Delle rime piasevoli di diversi auttori, nuouamente raccolte da m. Modesto Pino, et intitolate La caravana, parte prima*, Venetia, appresso Sigismondo Bordogna, 1565, cc. A3r-B4v.

riscritture dialettali cinquecentesche, dal *Primo canto de Orlando furioso in lingua venetiana* di Benedetto Clario (1555) al *Primo canto d'Orlando furioso* tradotto in lingua genovese da Vincenzo Dartona e pubblicato nella sua silloge di *Rime diverse in lingua genovese* (1583),[9] ma anche numerosi tentativi di riscrittura spirituale del poema, come il *Primo canto del Furioso traslatato in spirituale* da Goro da Colcelalto (1589), il *Primo canto dell'Ariosto tradotto in rime spirituali* da Cristoforo Scanello (1593), e il *Primo canto dell'Ariosto tradotto in spirituale* da Giulio Cesare Croce (1622),[10] cui sono attribuiti anche *Il primo canto del Ariosto in lingua bolognese* e *Il medesimo canto burlesco*.[11] Sempre lo stesso canto è inoltre sottoposto ad altre forme di adattamento, popolare come dotto, come testimoniano, da un lato, le riscritture in forma di ercolana[12] e, dall'altro, la versione latina pubblicata nel 1570 da Visito Maurizio da Montefiore col titolo *Rolandi Furiosi liber primus Latinitate donatus*.[13]

Nello stesso anno in cui esce la traduzione in esametri latini dell'intero primo canto del *Furioso*, Maurizio dà alle stampe anche un altro volumetto che raccoglie *Rolandi Furiosi cantus cuiusque principia Latinitate donata*,[14]

---

9   Per questa tradizione, anche per la bibliografia pregressa, si rinvia a LUCA D'ONGHIA, *Due paragrafi sulla prima fortuna dialettale del* Furioso, in « *Tra mille carte vive ancora*». *Ricezione del* Furioso *tra immagini e parole*, a cura di Lina Bolzoni, Serena Pezzini, Giovanna Rizzarelli, Lucca, Pacini Fazzi, 2010, pp. 281–298.

10   In proposito cfr. ANDREA TORRE, *Orlando santo. Riusi di testi e immagini tra parodia e devozione*, ivi, pp. 255–279.

11   I due testi sono ricordati fra le opere manoscritte negli *Indici delle opere di G. C. Croce dati dai fratelli Cocchi nel 1640*, pubblicati da OLINDO GUERRINI, *La vita e le opere di Giulio Cesare Croce*, Bologna, presso N. Zanichelli, 1879 (rist. Bologna, Forni, 1969), pp. 505–513: 511.

12   Cfr. *Il primo canto del Furioso ridotto nell'aria di santo Herculano, novamente venuto in luce*, [s.l.], ad instanza di Giulio Ferrarese, [s.d.]; e *Opera nova in canzon di Santo Herculano, qual tratta del primo canto di m. Ludovico Ariosto, con dui epittafii posti sopra la sua sepoltura dapoi la sua morte, et quatordeci stanze sopra un sonetto del Petrarca, cioè quello che dice "Pace non trovo, e non ho da far guerra"*, [s.n.t.].

13   VISITO MAURIZIO, *Rolandi Furiosi liber primus Latinitate donatus*, Auximi, per Astulfum de Grandis, 1570.

14   IDEM, *Rolandi Furiosi cantus cuiusque principia Latinitate donata*, Auximi, per Astulfum de Grandis, 1570.

ossia una traduzione delle sole ottave incipitarie di tutti i canti del poema, porzione testuale su cui insistono anche i *Moralia quaedam Ludovici Ariosti celeberrimi apud Italos poetae in versus heroicos Latinos conversa* di Volrad von Plessen, altro esercizio di riscrittura in latino teso a tradurre in massime morali alcune selezionatissime stanze proemiali (*Fur.*, IV 1; V 1–3; VI 1; XV 1; XVII 1; XVIII 1–2; XIX 1; XXI 1–2; XLIII 1–3; XXIII 1; XLIV 1; XXX 1; XXIX 1).[15] Tale marcato interesse per le prime ottave del *Furioso* caratterizza d'altronde la loro fortuna e ricezione in innumerevoli forme di letteratura popolare in volgare, dalle parodie ai centoni alle tramutazioni. Il cosiddetto *Furioso alla birresca*, ad esempio, testo riprodotto in appendice ad alcune stampe dell'*Orlandino* di Pietro Aretino ma recentemente ricondotto ad Adriano Concoli da Todi, non è che un'«audace parodia di alcune delle stanze dell'*Orlando furioso*»,[16] in particolare stanze incipitarie (*Fur.*, XXXI 1–2; II 1; XXXI 5). Un capovolgimento del significato originario caratterizza anche la riscrittura di *Fur.*, XXIV 1 (*Chi mette il piè su l'amorosa pania*), ottava trasformata in un inno all'amore in alcune stampine, in cui tale componimento segue un altro testo in otto stanze costruito utilizzando come primo e ultimo endecasillabo due versi ariosteschi tratti per lo più dai proemi del *Furioso*, versi poi ripresi in ordine inverso

---

15   Volrad von Plessen, *Moralia quaedam Ludovici Ariosti celeberrimi apud Italos poetae in versus heroicos Latinos conversa*, in Guy du Faur de Pibrac, *Praecepta ethica, sive regulae vitae*, Herbornae, Ex officina Christophori Corvini, 1588, pp. 27–34. Per un'analisi delle versioni latine ricordate si rinvia a Francesco Lucioli, *Ariosto Latine Redditus: Early-Modern Neo-Latin Rewritings of the* Orlando Furioso, in *Neo-Latin and the Vernaculars: Bilingual Interactions in the Early Modern Period*, eds Florian Schaffenrath, Alexander Winkler, Leiden e Boston, MA, Brill, 2018, pp. 113–129.

16   Alessandra Carlotta Pace, *I componimenti di Adriano Concoli da Todi. L'ombra di Ludovico Ariosto e di Pietro Aretino*, «Scaffale Aperto», 6, 2015, pp. 9–29: 13. Sulle edizioni dell'*Orlandino* contenenti il *Furioso alla birresca*, dopo il saggio di Alessandro Luzio, *L''Orlandino' di Pietro Aretino*, «Giornale di filologia romanza», VI, 1880, pp. 68–84 (ora riedito in Idem, *Saggi aretiniani*, a cura di Paolo Marini, Manziana, Vecchiarelli, 2010, pp. 65–89), cfr. anche Pietro Aretino, *Poemi cavallereschi*, cit., pp. 364–380.

nell'ottava successiva (*Fur.*, I 1,1–2; II 1,1–2; XXIV 83,1–2; VI 1,1–2).[17] Sul «principio di tutti i canti dell'Ariosto» si fonda anche un *Capitolo* di Giulio Cesare Croce pubblicato nella sua *Uccelliera d'amore* del 1606:[18] in questo caso, ognuna delle terzine che compongono il componimento, una sorta di lamento contro l'inarrestabile potere dell'amore, si apre con il primo verso di ogni canto del poema ariostesco; gli endecasillabi sono qui organizzati in successione, riportando dunque ordine all'interno della pratica del centone ariostesco, genere da Croce sperimentato ancora con la *Ricercata gentilissima delle bellezze del Furioso* e con il *Diporto piacevole*.[19]

17   Le stampine sono *Barzelletta de' falliti, dove si contiene molti belli et utili documenti, con alcune stanze dove s'imita et traduce l'Ariosto*, [s.n.t.], cc. A3*r*-A4*r* (i testi di questo opuscolo sono pubblicati da GIUSEPPINA FUMAGALLI, *La fortuna dell'*Orlando furioso *in Italia nel secolo XVI*, «Atti e memorie della Deputazione ferrarese di storia patria», XX, 2, 1912, pp. 135–497, appendice VII, pp. XXIII–XXV); *Guazzabuglio piacevole, dove si contiene "Le donne, i cavalier, l'arme, e gl'amori" et altre stanze de l'Ariosto artifitiosamente tramutate, et "Ne l'odorato e lucid'oriente", aggiuntovi un bellissimo bando d'amore, molte villanelle, napolitane e siciliane, et la canzonetta della parsonarella, con un bello enigma da indovinare, et la dichiaratione di come e quante devon essere le bellezze d'una donna, tutte cose onestissime et esemplari*, Stampata in Siena, alla Loggia del Papa, [s.d.], cc. A2*r*-A3*r*; BENEDETTO BELLINI, *Ottave bellissime* […], *con un testamento di m. Vincenzo Citaredo da Urbino, novamente poste in luce*, Venetia, In Frezzaria al segno della Regina, 1601, cc. B1*r*-B2*v* (le ottave di questa stampina sono state pubblicate da ERHARD LOMMATZSCH, *Beiträge zur älteren italienischen Volksdichtung: Untersuchungen und Texte*, I, Berlin, Akademie-Verlag, 1950–1963, pp. 127–129). Già in precedenza Bellini aveva applicato il medesimo meccanismo centonario ad altre quattro stanze ariostesche, non incipitarie (*Fur.*, I 40,1–2; VII 74,1–2; VIII 40,1–2; 76,1–2): BENEDETTO BELLINI, *Dell'imitationi del Petrarca e dell'Ariosto et altri bellissimi soggetti*, Bologna e Perugia, per gli eredi de Andrea Bresciano, 1594, cc. A3*v*-A4*v*.

18   GIULIO CESARE CROCE, *L'uccelliera d'amore, dove si vede quante sorti di uccelli v'inciampino ognhora dentro; e con quanto artificio siano tesi i lacci dalle sagaci uccellatrici di quelli, per tirarli sotto le reti loro; con un capitolo sopra detta uccelliera cavato dal principio di tutti i canti dell'Ariosto*, Bologna, presso gli Heredi di Gio. Rossi, 1606, pp. 11–16.

19   In proposito cfr. BRUNA BADINI, *Fortuna bolognese del* Furioso, in *Boiardo, Ariosto e i libri di battaglia*. Atti del convegno (Scandiano-Reggio Emilia-Bologna, 3–6 ottobre 2005), a cura di Andrea Canova, Paola Vecchi Galli, Novara, Interlinea, 2007, pp. 489–509; GIUSEPPE ALONZO, *Il "Diporto piacevole" di Giulio Cesare Croce.*

Numerose sono anche le tramutazioni di stanze incipitarie del
Furioso,[20] ossia componimenti in cui gli otto endecasillabi di un'ottava
proemiale vengono riassemblati come versi conclusivi di altrettante stanze
finalizzate ad offrire un commento al testo originale, secondo il modello
che Laura Terracina aveva esteso a tutte le prime ottave del poema ario-
stesco nel suo *Discorso sopra il principio di tutti i canti d'Orlando furio-
so*.[21] Un caso a sé è invece rappresentato dall'anonima *Tramutatione del*

Strategie di citazione dal "Furioso", «Parole Rubate / Purloined Letters», 7, 2013,
pp. 39–53.

20   Cfr. *Opera nova nella quale si contiene un bellissimo discorso sopra alcune stantie
dell'Ariosto, e quattro villanelle alla napolitana, con un dialogo amoroso et una stantia
che insegna a fuggir amore, cosa molto dilettevole e degna d'esser letta*, [s.l.], ad instan-
tia di Iulio Cesare napolitano, [s.d.], cc. A1v–A2v (*Fur.*, XIX 1); *Opera nova dove si
contiene un invito de alcuni pastori, con risposta de le ninfe con otto ottave tramutate
dell'Ariosto, con un dialogo del patrone e del Zani di nuovo date in luce*, [s.l.], Ad instantia
di Paolo Emilio Piemontese, [s.d.], cc. A2v–A4r (*Fur.*, XXIV 1); GIULIO CESARE
COLUMBELLI, *Ceciliane e villanelle nuovamente composte* [...], *con una nuova bella
imitatione dell'Ariosto dove dice "Cortese donne hebbe l'antica etade", ragionamento in
materia dell'amore che si porta alle donne*, [s.l.], Stampata ad instantia di Gio. Maria
Corseto libraro, 1592, cc. [A2v-A3v] (*Fur.*, XXVI 1).

21   Sulla tecnica della tramutazione, con riferimento al poema ariostesco, cfr. ROSA
CASAPULLO, *Contatti metrici fra Spagna e Italia: Laura Terracina e la tecnica della
glosa*, in *Atti del XXI Congresso Internazionale di Linguistica e Filologia Romanza*
(Università di Palermo, 18–24 settembre 1995), IV, a cura di Giovanni Ruffino,
Tübingen, Niemeyer, 1995, pp. 361–389. Sulle tramutazioni cfr. ancora EMMA SCOLES,
INES RAVASINI, *Intertestualità e interpretazione nel genere lirico della* glosa, in *Nunca
fue pena mayor. Estudios de literatura española en homenaje a Brian Dutton*, edi-
cion al cuidado de Ana Menéndez Collera, Victoriano Roncero Lopez, Cuenca,
Ediciones de la Universidad de Castilla-La Mancha, 1996, pp. 615–631; MARÍA LUISA
CERRÓN PUGA, *Ecos del cancionero español en el petrarquismo italiano. Tres glosas y
una respuesta*, in *Canzonieri iberici*, II, edición al cuidado de Patrizia Botta, Carmen
Parrilla García, José Ignacio Pérez Pascual, Noia-Toxosoutos-Padova, Università di
Padova-La Coruna-Universidade da Coruna, 2001, pp. 153–165; INES RAVASINI,
Las Stancias de Rugier *nuevamente glosadas de Alonso Nuñez de Reinoso: una glosa
ariostesca de origen italiano*, «Rivista di filologia e letterature ispaniche», VI, 2003,
pp. 65–86; MARÍA LUISA CERRÓN PUGA, *Glosas italianas: fortuna musical del género
lírico hispánico en el siglo de Palestrina*, ivi, XI, 2008, pp. 95–128. Per il *Discorso* si
rinvia ora alla recente edizione critica: LAURA TERRACINA, *Discorsi sopra le prime*

primo canto dell'Ariosto, pubblicata intorno alla metà del secolo, testo in cui la riscrittura non è finalizzata ad illustrare il significato della stanza ariostesca, bensì a riassumere, nei limiti del possibile, tutte le fila maggiori del poema, recuperando dunque la funzione originaria dell'ottava d'apertura quale proemio all'intera opera.[22] Curioso osservare che tra la fine del XVI e l'inizio del XVII secolo le stesse stanze anonime sono riprodotte nell'opuscolo dal titolo *Alcune ottave composte in dichiaratione di tutto l'Ariosto et la tramutatione di esse alla bergamascha fatta da Zan Capella*, in cui le ottave in questione sono alternate ad altrettante stanze dialettali che ne capovolgono in chiave burlesca il significato.[23] È questo un significativo esempio delle dinamiche di dialogo tra serio e faceto, tramutazione e parodia, che caratterizzano la circolazione popolare dell'*Orlando furioso*.

Il primo canto del poema ariostesco e le prime ottave di ciascun canto risultano dunque porzioni testuali particolarmente feconde dal punto di vista di quella che Klaus Hempfer ha definito la ricezione «produttiva» o «creativa» del *Furioso*, «che consiste nella produzione di un nuovo testo riguardo ai principi costitutivi di uno o più testi antecedenti. [...] In effetti non si tratta più di una ricezione nel vero senso della parola, ma di una nuova produzione».[24] Proprio tali parti dell'opera sono più

---

    *stanze de' canti d'*Orlando furioso, a cura di Routraud von Kulessa, Daria Perocco, Firenze, Franco Cesati Editore, 2017.

22   Il testo, conservato nell'*Opera nova nella quale se contiene la tramutatione del primo canto dell'Ariosto, cosa molto degna, composta da un valente auttore, et agiontovi un lamento de una donna con doi figlioli et il marito, li quali morirno tutti quattro, cosa molto compassionevole, con altre cose d'amore sì come legendo intenderete*, Venetia, ad instantia di Giulio Cesar Napol., [s.d.], è stato pubblicato da FRANCESCO FÒFFANO, *Ricerche letterarie*, Livorno, Tipografia di Raff. Giusti, 1897, pp. 337–340.

23   *Alcune ottave composte in dichiaratione di tutto l'Ariosto, et la tramutatione di esse alla bergamascha fatta da Zan Capella, aggiuntovi un contrasto, over un invito, che fa il padrone al Zani per condurlo alla guerra, et la risposta del Zani alla bergamascha, opera bella, degna di esser veduta*; dell'opuscolo si conoscono due edizioni: Mantova, per Francesco Osanna, 1590, e Modona, con licentia de' Superiori, [s.d.].

24   KLAUS W. HEMPFER, *Diskrepante Lekturen: die Orlando-Furioso-Rezeption im Cinquecento. Historische Rezeptionsforschung als Heuristik der Interpretation*,

frequentemente soggette a forme di rielaborazione, tanto nei termini parodici delle traduzioni in dialetto, dei capovolgimenti antifrastici o dei travestimenti sacri o «alla birresca», quanto nelle forme popolari dei centoni e delle tramutazioni. Senza dimenticare la straordinaria fortuna musicale dei proemi ariosteschi: come testimonia infatti Giovan Battista Pigna in un passo dei *Romanzi*, nel Cinquecento è pratica comune che, «cantandosi i versi del *Furioso* per le strade, i fanciulli apparano molti cominciamenti di canti come che egli siano a ciò più commodi».[25] Proprio *Tutti i principii de' canti dell'Ariosto* sono musicati da Salvatore Di Cataldo nell'omonima raccolta apparsa a stampa nel 1559, e sempre sui «cominciamenti» del *Furioso* sono costruiti i *Madrigali* a quattro voci che il reverendo Francesco Ricciardo raccoglie nella silloge apparsa a Venezia nel 1600.[26] Le stanze su «tutte le prime ottave dei canti del *Furioso*» che Nicola Villani attribuisce a Giovanni Della Casa nel suo *Ragionamento* devono pertanto interpretarsi in relazione a tale generale interesse per i proemi dei canti ariosteschi, che continuano a circolare «mutati o tradotti a sentenze ridicole et oscene», per citare ancora Villani, fino alla metà del XVII secolo, come testimonia un ultimo tardivo esempio di riscrittura parodica di tutte le prime ottave del *Furioso*.

Stuttgart, F. Steiner Verlag Wiesbaden, 1987; trad. it. *Letture discrepanti. La ricezione dell'Orlando Furioso nel Cinquecento. Lo studio della ricezione storica come euristica dell'interpretazione*, Modena, Panini, 2004, p. 11.

25   Giovanni Battista Pigna, *I romanzi* [...] *divisi in tre libri, ne' quali della poesia et della vita dell'Ariosto con nuovo modo si tratta*, Vinegia, nella bottega d'Erasmo appresso Vincenzo Valgrisi, 1554, p. 152.

26   Sulla fortuna musicale del *Furioso* e, in particolare, sulla ricezione delle ottave incipitare, cfr. adesso Gianluca Genovese, *Il* Furioso *in musica nel Cinquecento*, in Idem, *Le vie del* Furioso, Napoli, Guida, 2017, pp. 119–145: 132–134; Franco Piperno, *Madrigali «sopra le stanze del* Furioso», in Idem, *Una «grandissima amistà». Poesia e musica nell'età del Petrarchismo*, Roma, Bulzoni, 2017, pp. 81–116: 93–94.

«Tramutar tutte le prime stanze de' canti di quel poema»

Nella prima appendice all'edizione delle *Lettere* di Andrea Calmo pubblicata nel 1888, Vittorio Rossi raccoglieva alcuni testi letterari quattrocinquecenteschi dedicati alla sifilide o mal francese, «la terribile malattia scoppiata in Italia sullo scorcio del secolo XV, [che] divenne ben presto argomento di riso e di gioco»,[27] come testimonia anche Nicola Villani, che aveva incluso tra i «poemi eroici o narrativi» di carattere burlesco «il libro dello Strascino da Siena sopra il mal francioso, la *Franceide* del Lalli sopra il medesimo soggetto».[28] Fra i materiali segnalati, Rossi pubblicava anche un poemetto in ottava rima dal titolo *I sette dolori del mal franzese* (e il suo «raffazzonamento» intitolato *Dichiaratione delli aspri dolori del mal francese*),[29] in cui veniva osservata la presenza di tre stanze (ott. 30–33), forse interpolate, che offrono «un pedissequo e quasi letterale travestimento di alcune stanze famose del *Furioso*, nelle quali l'Ariosto inveisce contro l'invenzione delle armi da fuoco».[30] Non è questo tuttavia l'unico caso di riscrittura del *Furioso* collegata al tema della sifilide: se alcune edizioni delle *Stanze dell'Ariosto tramutate per il dottor Partesanon da Francolin in lingua gratiana*, traduzione dialettale di ottave del poema (*Fur.*, I 1 e 2; XXIV 83; I 42; XIX 1; X 26; XI 67; I 27) attribuibile a Giulio Cesare Croce, includono *un sonetto sopra il mal francese*,[31] «ci fu anche chi pensò a travestire *francesca-*

---

27   ANDREA CALMO, *Le lettere*, con introduzione ed illustrazioni di Vittorio Rossi, Torino, Loescher, 1888, p. 122, nota 2; l'appendice I si legge a pp. 371–397. Sulla presenza di riferimenti alla sifilide nella letteratura italiana si erano già soffermati ALESSANDRO LUZIO, RODOLFO RENIER, *Contributo alla storia del malfrancese ne' costumi e nella letteratura italiana del secolo XVI*, «Giornale storico della letteratura italiana», V, 1885, pp. 408–432; più recentemente FOLKE GERNERT, *Francisco Delicados* Retrato de la Lozana Andaluza *und Pietro Aretinos* Sei giornate*: zum literarischen Diskurs über die käufliche Liebe im frühen Cinquecento*, Genève, Droz, 1999, pp. 146–161.

28   NICOLA VILLANI, *Ragionamento dello Academico Aldeano sopra la poesia giocosa*, cit., pp. 87–88.

29   ANDREA CALMO, *Le lettere*, cit., pp. 374–384.

30   Ivi, p. 391.

31   *Stanze dell'Ariosto tramutate per il dottor Partesanon da Francolin in lingua gratiana, con un sonetto sopra il mal francese, et alcune altre belle canzone*, Milano, per Pandolfo

mente le quarantasei mirabili ottave, con cui rispettivamente cominciano i canti dell'*Orlando*».[32] Rossi faceva riferimento all'anonimo poemetto intitolato *L'Ariosto in purga per il mal francese*, conservato manoscritto in un codice composito oggi alla Biblioteca Nazionale Marciana di Venezia.[33] Poiché parte di tale silloge è vergata dalla mano del Sanudo, il componimento è stato datato alla fine del XVI secolo, non solo da Rossi, ma anche da Albert Arthur Livingston,[34] che ha avuto il merito di individuare altri tre testimoni del poemetto, tutti databili al secolo successivo.[35] La fortuna del componimento, considerato «a peculiar mixture of scientific, jocose, and satirical elements»,[36] è tuttavia attestata ancora dall'esistenza non solo di altri tre testimoni manoscritti secenteschi,[37] ma anche di una versione

---

Malatesta, [s.d.]; le *Stanze* sono pubblicate da GIUSEPPINA FUMAGALLI, *La fortuna dell'*Orlando furioso, cit., appendice IV, pp. VIII–XI. Per l'attribuzione del testo a Croce cfr. LUCA D'ONGHIA, *Due paragrafi sulla prima fortuna dialettale del* Furioso, cit., p. 301.

32 ANDREA CALMO, *Le lettere*, cit., p. 392.

33 Venezia, Biblioteca Nazionale Marciana, It. IX, 364 (= 7167), cc. 194r–206r (*L'Ariosto in purga per il mal francese*).

34 ALBERT ARTHUR LIVINGSTON, *Some Early Italian Parallels to the Locution the Sick Man of the East*, «PMLA», 25, 3, 1910, pp. 459–485: 477–478.

35 Si tratta dei seguenti manoscritti: Venezia, Biblioteca Nazionale Marciana, It. IX, 470 (= 6084), cc. 39r–47r (*L'Ariosto in purga per il mal francese*); It. IX, 460 (= 7034), cc. 98r–113r (*Tramutazione delle prime ottave di ciaschedun canto dell'Ariosto nel Furioso contro il morbo gallico*; sulla prima carta del codice è vergato il titolo *Opere eroiche et in lingua veneziana, cioè quaderni idilii et sonetti dell'eccellentissimo Signor Francesco Businello oratore famoso, parte sue e parte d'altri auttori con la tavola in fine di tutto*); Vicenza, Biblioteca civica Bertoliana, ms. 1.3.31 (1063), cc. 1r–12v (*L'Ariosto in purga per il mal francese*).

36 ALBERT ARTHUR LIVINGSTON, *Some Early Italian Parallels*, cit., p. 477.

37 Il primo testimone è conservato a Hamburg, Staats- und Universitätsbibliothek, ms. Ital. 31, cc. 165r–176r (*Stanze sopra il mal francese*); in proposito cfr. NICOLA CATELLI, *Guardando il mondo dalla serratura. Appunti sulla pornografia cinquecentesca*, in Verba tremula. *Letteratura, erotismo, pornografia*, a cura di Nicola Catelli, Giulio Iacoli, Paolo Rinoldi, Bologna, Bononia University Press, 2010, pp. 149–171, che da tale manoscritto ha pubblicato tre stanze dell'operina, giudicata «di qualità non eccelsa» (p. 163, nota 45). Il secondo codice che tramanda il componimento, in forma anepigrafa, è la silloge di *Rime, canzoni et sonetti di Maffio Veniero* conservata ancora a Venezia, Biblioteca Nazionale Marciana, It. IX, 217 (= 7061), cc. 115r–126r (ringrazio Giacomo Comiati per l'aiuto); in proposito cfr. GIORGIO PADOAN, *Maffio*

a stampa dell'operina, di cui allo stato attuale delle ricerche sembra essere sopravvissuto un unico testimone.

Nella Bibliothèque de France a Parigi si conserva infatti una miscellanea composta da quattro edizioni di testi poetici cinque-seicenteschi accomunati da un medesimo registro stilistico di carattere burlesco-satirico. Vi sono raccolti, nell'ordine, la stampa fiorentina in unico volume della *Gigantea* di Girolamo Amelonghi, della *Nanea* di Michelangelo Serafini e della *Guerra de' mostri* di Antonfrancesco Grazzini;[38] seguono le *Rime piacevoli sopra la corte* di Giovan Battista Vignati, Bizzarro dell'accademia lodigiana degli Improvvisi, libretto che contiene anche, con autonomo frontespizio, il *Testamento di Mecenate in stil burlesco* e *Le lacrime de' poeti in stil burlesco* dello stesso autore;[39] si trova quindi l'edizione veneziana delle *Satire* ariostesche curata da Francesco Sansovino;[40] conclude la miscellanea il più tardo e il più raro fra i testi raccolti nella silloge, *Li trofei del mal francese tramutati dalle prime stanze de' canti dell'Ariosto*.[41] Stampato a Milano *a utile et beneficio della moderna gioventù* – ma anche le *Stanze dell'Ariosto tramutate per il dottor Partesanon da Francolin* con il sonetto sulla sifilide escono a Milano *ad instanza dei giovani virtuosi* – il testo è

Venier, Tre liriche: I Do donne me sè drio quasi ogni dì; II Amor, son co' xe un can da scoassera; III M'ho consumà aspettandote, ben mio, «Quaderni veneti», I, 1985, pp. 7–30: 16. Il terzo manoscritto, appertenuto ad Anton Maria Salvini e contenente le *Rime d'Anton Francesco detto il Lasca e di altri*, si conserva a Firenze, Biblioteca Riccardiana, Ricc. 2888, cc. 140v–149r (debbo la segnalazione a Giuseppe Crimi, che ringrazio): in tale codice il componimento è presentato come *Quarantasei stanze, fatte ad imitazione delle prime stanze delli canti dell'Orlando furioso dell'Ariosto, in biasimo del Malfrancese, e delle Meretrici con le medesime cadenze delle rime. Di V.A.C.*

38 *La Gigantea et la Nanea insieme con la Guerra de' mostri*, Firenze, appresso Antonio Guiducci, 1612; la copia ha collocazione RES-YD-891.

39 GIOVANNI BATTISTA VIGNATI, *Rime piacevoli sopra la corte*, Lodi, per Paolo Bertoetti, 1613; la copia ha collocazione RES-YD-892.

40 LUDOVICO ARIOSTO, *Le Satire [...] con gli argomenti a ciascuna d'esse di quello che esse contengono, rivedute et corrette per Francesco Sansovino*, Venetia, appresso F. Sansovino, 1561; la copia ha collocazione RES-YD-893.

41 GERONIMO RASORE, *Li trofei del mal francese tramutati dalle prime stanze de' canti dell'Ariosto da Geronimo Rasore poeta pratico di tal arte, a utile et beneficio della moderna gioventù*, Milano, per Lodovico Monza ad instanza di Carlo Severino, Como, 1645; la copia ha collocazione RES-YD-894.

pubblicato nel 1645 da Ludovico Monza «ad instanza di Carlo Severino Como». È questa l'unica copia a stampa del poemetto finora noto solo in forma manoscritta, e qui riprodotto con attribuzione ad un ignoto Geronimo/Girolamo Rasore.[42]

Il poemetto a stampa si distingue dai manoscritti non solo per la possibilità di confronto diretto con le 46 stanze ariostesche, riprodotte a fronte nell'opuscolo, ma anche per la presenza di alcuni testi originali. Apre il volume un componimento in quattro quartine di endecasillabi a rima alternata dall'*incipit Si lodi pur in qualsivoglia parte*, in cui l'anonimo autore osserva: «Questo gusto francese in puro avorio / è degno esser scolpito e dato in stampa, / per dar honor e lode anch'al Rasorio, / che per impresa il porta in una gamba». Tale riferimento trova forse giustificazione nel frontespizio dell'opuscolo, in cui è riprodotto un malato di sifilide che deve utilizzare dei bastoni per camminare. Segue un'ottava «all'autore» (*incipit L'ingegno lodo, la scrittura e l'opra*) che si conclude con l'affermazione parodica: «[...] Io dico scemo e matto / questo scrittor è stato, in opra e in fatto». La riscrittura è quindi preceduta da un avviso ai lettori, in cui Rasore, che si presenta «ridotto in un hospitale quarantenario», spiega le ragioni che lo hanno spinto a comporre «la presente operetta»:

> Era il mio trattenimento, doppo che tranguggiato il biscotto et bevuta l'acqua per essere mio malgrado dietario, tuor nelle mani l'*Orlando furioso* del divino Ariosto,

---

42 La presenza di un «Hieronymus Rasorius Ferrariensis, iuris utriusque professor», è attestata a Ferrara nella prima metà del Cinquecento: cfr. UBERTINO ZUCCARDI, *Interpretationes super L. Posthumo. C. de bon. poss. contratabu.*, Impressum Ferrariae, per Franciscum Rubeum de Valentia, 1537, c. 1*v* (ma cfr. anche Ferrara, Biblioteca comunale Ariostea, Fondo Statuti, Statuti, 10, c. 66*v*, in cui si fa riferimento ad un Girolamo Rasori Sindaco e Procuratore dell'Arte degli Strazzaroli a Ferrara nel 1545). Un Girolamo Rasori è inoltre ricordato come Luogotenente del Giudice dei Savi a Ferrara in un documento del 1614 (cfr. Ferrara, Biblioteca comunale Ariostea, Fondo Statuti, Statuti, 2, c. 3*v*). Certamente attivo nel Milanese nella prima metà del Seicento è invece il Geronimo Rasorio ricordato in una bolla papale di Urbano VIII, datata 28 aprile 1631, cui viene attribuita una pensione sul canonicato della basilica di Santa Maria e San Sigismondo a Rivolta d'Adda, nella diocesi di Cremona: cfr. *Catalogue général des manuscrits des bibliothèques publiques de France*, t. XLV, Paris, Plon, Nourrit et C., 1915, *Manuscrits de la Bibliothèque d'Aix* (Bibliothèque Méjanes, Cité du Livre d'Aix-en-Provence), 1426 (1291), 18, p. 455.

col quale passando il meglio che potevo il tempo, mi nacque cappriccio di tramutar tutte le prime stanze de' canti di quel poema in descrivere le cagioni del mio male, anzi l'istessa mia infirmità.[43]

La finalità dell'operazione di Rasore è dunque molto simile a quella che Villani attribuisce a Della Casa, e testimonia dell'ampio spettro di impiego con cui, tra Cinque e Seicento, il verbo *tramutare* è utilizzato in relazione a forme differenti di riscrittura del *Furioso*, in lingua come in dialetto.[44]

La parodia perseguita nel travestimento si basa sul fedele rispetto della struttura delle stanze proemiali del *Furioso*, da cui vengono ripresi lo schema rimico e, generalmente, una o più parole del verso incipitario, fino all'inclusione dell'intero endecasillabo originale (è il caso delle ottave 2, 17, 31, 32, 38, 44); parole o emistichi arioteschi sono collocati anche in altri luoghi della riscrittura, soprattutto (ma non esclusivamente) in rima, con la conseguente creazione di stanze in cui vengono riutilizzate le stesse parole-rima (fino a 5 endecasillabi nei casi delle ottave 4, 37, 46); frequente è inoltre il ricorso alle stesse figura retoriche adottate nel *Furioso*, come ad esempio l'asindeto caratterizzante la prima stanza del poema:

Le donne, i cavallier, l'arme, gli amori,	Le gomme, l'inquietudini, i dolori
le cortesie, l'audaci imprese io canto,	e le galliche bolle io scrivo e canto,
che furo al tempo che passaro i Mori	che fur quand'i Francesi traditori
d'Africa il mare, e in Francia nocquer tanto,	passaro i monti e Italia offeser tanto,
seguendo l'ire e i giovenil furori	in Napoli spargendo i frutti e i fiori
d'Agramante lor re, che si diè vanto	di questo morbo, a cui del legno santo
di vendicar la morte di Troiano	tallhor l'acqua non giova, e spesso in vano
sopra re Carlo imperator romano.	v'adopra ogni rimedio ingegno humano.[45]
(*Fur.*, I 1)	

La prima ottava del travestimento riprende non solo le strutture ritmiche e retoriche, ma anche le coordinate cronologiche e geografiche dell'*incipit* del *Furioso*, qui riadattate alla nota teoria secondo cui la sifilide sarebbe

---

43   GERONIMO RASORE, *Li trofei del mal francese*, cit., rispettivamente cc. A2r (le quartine), A2v (la stanza «all'autore»), A3r (la premessa ai lettori).

44   Cfr. FEDERICO BARICCI, *Un travestimento bergamasco dell'*Orlandino *di Pietro Aretino*, «Rinascimento», LIII, 2013, pp. 179–249: 237, nota 224.

45   GERONIMO RASORE, *Li trofei del mal francese*, cit., ott. 1, c. A4r.

stata introdotta in Italia in occasione della conquista francese di Napoli nel 1494. Rispetto ad altre parodie del poema ariostesco, dalla riscrittura «alla birresca» alle traduzioni dialettali del primo canto, è tuttavia evidente come il rifacimento attribuito a Rasore nell'opuscolo a stampa del 1645 non persegua finalità di capovolgimento burlesco o osceno, ma usi la griglia del *Furioso* per trattare con ironia della sifilide e di temi ad essa collegati, dai sintomi della malattia ai possibili rimedi, a partire dal «legno santo» del guaiaco, su cui anche Girolamo Fracastoro si sofferma nel poema *Syphilis, sive De morbo gallico*,[46] e che l'autore del travestimento – riscrivendo l'ottava del canto XII incentrata su Cerere alla ricerca disperata della figlia Proserpina – immagina essere stato portato in Italia da Cristoforo Colombo, il quale «per guarir della doglia delle spalle, / [...] / e d'India svelse agli ultimi confini / del legno santo i tronchi peregrini».[47] L'effetto parodico è dunque il risultato della interazione tra il contenuto del poemetto e la sua fonte di riferimento, da cui, al dì là dello schema formale, viene spesso ripreso anche il tono sentenzioso che aveva già sancito il successo dei proemi ai canti nelle traduzioni in latino o nelle tramutazioni in volgare. Esemplare in proposito si rivela la riscrittura dell'ottava di apertura del canto XVII, in cui la punizione divina per i peccati umani non viene più riconosciuta nell'avvento di un tiranno bensì nella diffusione stessa della sifilide:

Il giusto Dio, quando i peccati nostri	Il giusto Dio, quando i peccati nostri
hanno di remission passato il segno,	hebber passato di clemenza il segno,
acciò che la giustizia sua dimostri	dal vaso di Pandora mille mostri,
uguale alla pietà, spesso dà regno	molti mali fe' uscir, ma il più mal[e]gno
a tiranni atrocissimi ed a mostri,	morbo fu il mal francese, che nei chiostri
e dà lor forza e di mal far ingegno.	nodrito fu del tenebroso regno.
Per questo Mario e Silla pose al mondo,	Questo è d'ogn'altro mal più furibondo
e duo Neroni e Caio furibondo.	e senza lui saria felice il mondo.[48]
(Fur., XVII 1)	

---

46   In proposito cfr. JOHN HENDERSON, *Fracastoro, il legno santo e la cura del 'mal francese'*, in *Girolamo Fracastoro fra medicina, filosofia e scienze della natura*. Atti del Convegno internazionale di studi in occasione del 450° anniversario della morte (Verona-Padova, 9–11 ottobre 2003), a cura di Alessandro Pastore, Enrico Peruzzi, Firenze, Olschki, 2006, pp. 73–89.

47   GERONIMO RASORE, *Li trofei del mal francese*, cit., ott. 12, vv. 2, 7–8, c. A7r.

48   Ivi, ott. 17, c. A9r.

Poiché, come è noto, 18 dei 46 proemi ariosteschi sono incentrati sulle donne,[49] è inevitabile che molte delle stanze del travestimento siano dedicate al medesimo argomento. Nel *Furioso*, tuttavia, si offrono letture divergenti della natura e delle virtù femminili, tanto che Ariosto ha potuto essere indifferentemente incluso sia tra i detrattori che tra i difensori del sesso muliebre nel coevo dibattito relativo alla *querelle des femmes*.[50] Nella riscrittura parodica, invece, le ottave incipitarie sono sempre utilizzate quale strumento di condanna della corruzione femminile e del ruolo svolto dalle donne nella diffusione della sifilide. Particolarmente significativo in proposito si rivela il caso delle stanze 26–28, che testimoniano anche della ricerca di continuità interna che l'autore persegue nel proprio riadattamento, che si rivela dunque non una semplice giustapposizione di rielaborazioni delle ottave proemiali del *Furioso* (come nel caso del *Discorso* di Terracina), bensì come un articolato poemetto dotato di una forte coerenza e unità discorsiva:

Cortesi donne ebbe l'antica etade,	Fur meretrici nell'antica etade,
che le virtù, non le richezze, amaro:	di bel giuditio e di valor preclaro:
al tempo nostro si ritrovan rade	Rodope, Flora, Elena di bontade
a cui, più del guadagno, altro sia caro.	son state al mondo esempio illustre e chiaro.
Ma quelle che per lor vera bontade	Peggiori hor son degli assassin di strade,
non seguon de le più lo stile avaro,	tant'han l'animo torbido et avaro:
vivendo, degne son d'esser contente;	affrontano e saccheggiano la gente
gloriose, immortal poi che fian spente.	e fanno impoverirci dolcemente.
(Fur., XXVI 1)	

Molti consigli de le donne sono	Molti gl'inganni delle donne sono
meglio improvisi, ch'a pensarvi, usciti;	e tutti in danni degli amanti orditi:
che questo è speziale e proprio dono	alcuna mentre aspira a qualche dono
fra tanti e tanti lor dal ciel largiti.	finge gli spirti haver per te smarriti,
Ma può mal quel degli uomini esser buono,	e postasi nel letto in abbandono
che maturo discorso non aiti,	te sol chiama piangendo che l'aiti;
ove non s'abbia a ruminarvi sopra	e ancor che t'odii, così ben s'adropra
speso alcun tempo e molto studio ed opra.	che gli riesce il suo disegno in opra.
(Fur., XXVII 1)	

---

49   Cfr. ITA MAC CARTHY, *Women and the Making of Poetry in Ariosto's* Orlando furioso, Leicester, Troubador, 2007, pp. 1–16.

50   In proposito cfr. adesso FRANCESCO LUCIOLI, *L'*Orlando furioso *nel dibattito sulla donna in Italia in età moderna*, «Italianistica», XLVII, 1, 2018, pp. 99–129.

Donne, e voi che le donne avete in pregio,
per Dio, non date a questa istoria orecchia,
a questa che l'ostier dir in dispregio
e in vostra infamia e biasmo s'apparecchia;
ben che né macchia vi può dar né fregio
lingua sì vile, e sia l'usanza vecchia
che 'l volgare ignorante ognun riprenda,
e parli più di quel che meno intenda.
(*Fur.*, XXVIII 1)

Voi che le concubine havete in pregio,
prestate alquanto al mio parlar l'orecchia;
tutte han nell'ombilico un privilegio
che dice: «Chi d'entrar qua s'apparecchia,
portisi argento et or». Tutte un collegio
moderno son, ch'han per usanza vecchia
voler che 'l drudo a tutte l'hore spenda
e, mancando i danar, ch'impegni o venda.[51]

Tra i meccanismi di ripresa e riadattamento delle ottave proemiali del *Furioso*, di particolare interesse è anche la riscrittura della lista di artisti dell'antichità con cui Ariosto apre il canto XXXIII, che nel poemetto viene tramutata in un catalogo di autori di testi medici, come il già ricordato Girolamo Fracastoro. Da osservare, in questo caso, la non coincidenza dei nomi elencati tra alcune delle versioni manoscritte e l'opera a stampa attribuita a Rasore:

Timagora, Parrasio, Polignoto,
Protogene, Timante, Apollodoro,
Apelle, più di tutti questi noto,
e Zeusi, e gli altri ch'a quei tempi fòro;
di quai la fama (mal grado di Cloto
che spinse i corpi e dipoi l'opre loro)
sempre starà, fin che si legga e scriva,
mercé degli scrittori, al mondo viva.
(*Fur.*, XXXIII 1)

Il Faloppia, il Montano sì divoto,
Hippocrate e l'antico Apollodoro,
il Lando, il Fumanello a tutti noto,
il Garzoni, il Ber[t]oldo, il Montesoro,
il Vigo, ch'al dispetto fe' di Cloto
viver gli infermi, e 'l saggio Fracastoro:
scaccian tutti da me questa nociva
francese contaggione acciò ch'io viva.[52]

Il Fallopia, il Montano sì devoto
d'Hippocrate, l'antico Appollodoro,
il buon Capodivacca a tutti noto,
il Franchio, il Vessalio, il Montesoro,
il Vico che a dispetto fe' di Cloto
viver gl'infermi, e 'l savio Fracastoro:
scaccin tutti da me questa nociva
francese contagion, acciò ch'io viva.[53]

Oltre all' «antico Apollodoro», nei *Trofei del mal francese* sono conservati anche alcuni dei nomi di medici moderni tràditi nelle versioni manoscritte del travestimento: Gabriele Falloppio, Giovanni Battista Da Monte (nella stampa più chiaramente indicato come «devoto / d'Ippocrate», in quanto

---

51   Geronimo Rasore, *Li trofei del mal francese*, cit., ott. 26–28, cc. A12r-B1r.

52   Si riporta la versione conservata nel codice marciano It. IX 364 (= 7167), ott. 33, c. 203r, corretta sulla base delle lezioni di It. IX, 470 (= 6084), c. 45r, e It. IX, 460 (= 7034), c. 108v.

53   Geronimo Rasore, *Li trofei del mal francese*, cit., ott. 33, c. B2r. Tra i manoscritti, solo Ital. 31, c. 173r, riporta la stessa lezione della stampa, da cui però si allontana in altri passaggi.

autore delle *Expectatissimae in Aphorismos Hippocratis lectiones*), Natale
Montesauro, Giovanni Da Vigo e Girolamo Fracastoro, tutti peraltro pre-
senti nel primo volume della silloge di opere *De morbo gallico* stampata a
Venezia da Luigi Luisini tra 1566 e 1567.[54] Nel testo attribuito a Rasore,
invece, i nomi di medici più generici come Bassiano Landi e Antonio
Fumanelli sono sostituiti da quello di Girolamo Capodivacca, autore di
un più mirato trattato *De lue venerea acroaseis* (1590, anche riedito come
Acroaseis de virulentia gallica, sive lue venerea nel 1594). Più complesso,
data la difficoltà di riconoscere i personaggi cui viene fatto riferimento, è
comprendere le ragioni per cui un non identificato «Franchio» e Andrea
Vesalio prendono il posto di «Garzoni» e «Bertoldo»: il primo potrebbe
forse essere identificato col Tommaso Garzoni dell'*Hospidale de' pazzi
incurabili* (opera parodica e non medica, e forse per questo sostituita nel
catalogo di Rasore), mentre nel secondo si potrebbe riconoscere il medico
torinese Giovanni Lodovico Bertaldi, i cui trattati vengono stampati tra
1611 e 1620 (un'indicazione che, se confermata, offrirebbe un termine *post
quem* per la composizione dell'opera).

Numerose sono le varianti formali riscontrabili tra i manoscritti e la
versione a stampa; tuttavia, rispetto ad altri testi di carattere parodico e
burlesco dedicati alla sifilide – come il poemetto *I sette dolori del mal franzese*
ricordato in precedenza, stampato più volte ma in versioni differenti, con
un numero oscillante tra le 41 e le 18 stanze[55] – il travestimento ariostesco
presenta una maggiore stabilità testuale. Tra le altre varianti sostanziali
presenti nell'opuscolo attribuito a Rasore si può registrare ancora quella
che caratterizza l'ottava 10. Nella corrispondente stanza del *Furioso* Ariosto
afferma: «Fra quanti amor, fra quante fede al mondo / mai si trovâr, fra
quanti cor constanti, / [...] / più tosto il primo luogo ch'el secondo / darò
ad Olimpia [...]» (*Fur.*, X 1,1–6). Nella versione manoscritta del travesti-
mento, il cambiamento di prospettiva porta con sé l'introduzione di un
diverso protagonista: «Fra quanti infranciosati furo al mondo / in seguir
concubine ognhor costanti, / più presto il primo loco che 'l secondo / vuo'

---

54 *De morbo gallico omnia quae extant apud omnes medicos cuiuscunque nationis, qui vel
    integris libris, vel quoquo alio modo huius affectus curationem methodice aut empirice
    tradiderunt*, Venetiis, apud Iordanum Zilettum, 1566–1567.
55 ANDREA CALMO, *Le lettere*, cit., pp. 384–385.

dar al Re francese [...]».[56] Nel testo di Rasore, invece, tale riferimento viene sostituito da quello «al mio Poggio», personaggio menzionato anche nelle quartine premesse al poemetto: «Si lodi pur in qualsivoglia parte / il Poggio ch'abondò in tanti cuori: / di guerreggiar non teme col gran Marte, / se dalla Francia li vengon tesori».[57] La presenza della voce autoriale, specialmente nelle ottave proemiali, è d'altronde caratteristica specifica dell'*Orlando furioso*,[58] che l'autore del travestimento riprende e riafferma ripetutamente nelle proprie ottave (come d'altronde Rasore sottolinea anche nella premessa ai lettori), fino alla stanza conclusiva:

Gravi pene in amor si provan molte,
di che patito io n'ho la maggior parte,
e quelle in danno mio sì ben raccolte,
ch'io ne posso parlar come per arte.
Però s'io dico e s'ho detto altre volte,
e quando in voce e quando in vive carte,
ch'un mal sia lieve, un altro acerbo e fiero,
date credenza al mio giudicio vero.
(*Fur.*, XVI 1)

Gravi martir nel mal francese e molte
si provan doglie, et io la maggior parte
sofferto n'ho, credetemi, altre volte
e ne posso parlar come per arte;
talché ammonisco ognun che non ascolte
chi gli dice altrimenti, o in voce, o in carte:
triegua fa teco il morbo lusinghiero,
poi ti combatte e più che prima è fiero.

[...]
Chi salirà per me, madonna, in cielo
a riportarne il mio perduto ingegno?
che, poi ch'uscì da' bei vostri occhi il telo
che 'l cor mi fisse, ognor perdendo vegno.
Né di tanta iattura mi querelo,
pur che non cresca, ma stia a questo segno;
ch'io dubito, se più si va scemando,
di venir tal, qual ho descritto Orlando.
(*Fur.*, XXXV 1)

[...]
Chi andrà per me in Levante, dove il cielo
è sì benigno? Chi ne l'Indo regno
a tuor le medicine, acciò che il pelo
perduto acquisti? Chi mi reca il legno
di nuovo inciso dal materno stelo
perché il mio mal non passi questo segno?
Ché dubito, s'ei va più aumentando,
atterrarebbe il paladin Orlando.

56 Si cita dal codice marciano It. IX 364 (= 7167), ott. 10, vv. 1–4, c. 197*r*.

57 Geronimo Rasore, *Li trofei del mal francese*, cit., rispettivamente ott. 10, v. 4, c. A7*r*, e vv. 1–4, c. A2*r*.

58 In proposito cfr. almeno Daniela Delcorno Branca, *Ariosto e la tradizione del proemio epico-cavalleresco*, «Rassegna europea di letteratura italiana», XXXVIII, 2, 2011, pp. 117–148; Albert Russell Ascoli, *Proemi*, in *Lessico critico dell'*Orlando furioso, a cura di Annalisa Izzo, Roma, Carocci, 2016, pp. 341–365.

[...]   [...]
Or, se mi mostra la mia carta il vero,   Hor se mi mostra il fiasco rotto il vero,
non è lontano a discoprirsi il porto;   non è lontan della salute il porto,
sì che nel lito i voti scioglier spero   sì che la purga in breve finir spero
a chi nel mar per tanta via m'ha scorto;   e dei quaranta giorni farsi corto
ove, o di non tornar col legno intero,   il viaggio, e ritornar nel lor primiero
o d'errar sempre, ebbi già il viso smorto. stato le debil forze e 'l viso smorto;
Ma mi par di veder, ma veggo certo,   uscendo homai, doppo il digiun sofferto,
veggo la terra, e veggo il lito aperto.   di questa chiusa stanza al lume aperto.[59]
                    (*Fur.*, XLVI 1)

Se Ariosto, in apertura del canto XLVI può vedere con certezza «discoprirsi il porto» metaforico della propria narrazione, in conclusione del travestimento l'autore non può che sperare di uscire dall'ospedale per vedere il porto della propria salute. E tuttavia tale speranza si rivela la prospettiva distorta offerta da un «fiasco rotto», immagine che getta un'ulteriore prospettiva parodica sulla rappresentazione offerta dal poemetto.

Come dichiarato nell'avviso ai lettori, Rasore intende «tramutar tutte le prime stanze de' canti» del poema ariostesco, così come Giovanni Della Casa, nella testimonianza riportata da Nicola Villani, aveva mutato o tradotto «a sentenze ridicole et oscene [...] tutte le prime ottave dei canti del *Furioso*». Secondo Giuseppina Fumagalli, il perduto esperimento dellacasiano avrebbe dimostrato «quanto la parodia letteraria distava dalla caricatura popolaresca, entrambe condotte fingendo di tradurre o parafrasare passo passo il testo ariosteo».[60] In realtà, l'opuscolo intitolato *Li trofei del mal francese* testimonia come tali forme di travestimento non si pongano in contrasto tra di loro, bensì all'interno di più ampie dinamiche, non solo di circolazione, ma anche di riscrittura e «tramutazione», che si rivelano parte integrante della fortuna e della diffusione dell'*Orlando furioso* tra Cinquecento e Seicento.

59 GERONIMO RASORE, *Li trofei del mal francese*, cit., rispettivamente ott. 16, c. A9*r*;
    35, c. B3*r*; 46, c. B6*r*.
60 GIUSEPPINA FUMAGALLI, *La fortuna dell'*Orlando furioso, cit., p. 405.

CHRISTIAN RIVOLETTI

13   The narrator enters the scene: The *Orlando furioso* from Voltaire to Fragonard*

The Ariostan narrator: Innovation and delay

The presence of the narrator in the *Orlando furioso*, by virtue of his depth and complexity, represents one of the most innovative and revolutionary aspects of Ariosto's masterpiece.[1] This figure not only comments on the plot and openly directs the narration, but also inserts himself into the story from the very beginning, establishing relationships with characters and events in the poem and, to a certain extent, situating himself among them. Such innovation breaks with the rules of traditional epic, taking advantage of, while also expanding, the liberties inherent in the genre of chivalric romance. These innovative moments occur primarily, though not exclusively, in the proems to individual cantos: for instance, in canto I, the narratorial 'I' compares his current condition with that of Orlando, thus ironically subjugating his own poetic abilities to the rule of amorous

*   This article presents research results of the project 'Umbruchsmomente in der Wechselwirkung von Literatur und Bildender Kunst: italienischer Romanzo und europäische Rezeption' ['Turning Points in the interplay between literature and the visual arts: Italian romance and European reception'], which is funded by the German Research Foundation (Deutsche Forschungsgemeinschaft) as part of a Heisenberg Professorship. An Italian version of this article was published in *Lettere italiane*, 70, 2 (2018), 285–303'. I should like to thank Christopher Geekie for translating the article from the original Italian.

1   The first study to analyse the importance and complexity of the Ariostan narrator, from both literary and historical perspectives, was Robert Durling's now classic *The Figure of the Poet in Renaissance Epic* (Cambridge, MA: Harvard University Press, 1965).

madness. Likewise, at many other points in the work, the narrator represents an essential point of comparison between narrated episodes and references to an extra-textual reality that encompasses both the poet and his readers.[2]

Yet, if we look for the first figurative depictions of the Ariostan narrator, we find that they appear quite late, specifically in the last decades of the eighteenth century. As I have argued in previous studies,[3] for over two centuries we find no trace of this essential dimension of the text within the rich history of visual representations of Ariosto's work (with the exception of the brilliant anonymous illustrator of Valgrisi's sixteenth-century edition).[4] Indeed, the first artist to depict the Ariostan narrator was Jean Honoré Fragonard, who produced three plates inspired by the proems of the *Furioso* as part of a lavish series of over 170 illustrations most likely dedicated to the poem during the 1780s (as we shall see below).

By virtue of its innovative character, the figure of the narrator had proved to be problematic in the critical debates of sixteenth-century Italy and throughout the entire period of French (and European) classicism.[5] As

2   On Ariosto's proems, see Albert Russell Ascoli, 'Proemi', in Annalisa Izzo, ed., *Lessico critico dell'*Orlando furioso (Rome: Carocci Editore, 2017), 341–365.

3   Christian Rivoletti, *Ariosto e l'ironia della finzione. La ricezione letteraria e figura-tiva dell'*Orlando furioso *in Francia, Germania e Italia* (Venice: Marsilio, 2014), 357–404, from which I develop several ideas here. A more general overview of the artistic reception of Ariosto can be found in the bibliography (410–413), although for more recent studies see: Lina Bolzoni, ed., *L'*Orlando furioso *nello specchio delle immagini* (Rome: Istituto della enciclopedia italiana fondata da Giovanni Treccani, 2014); Federica Caneparo, *«Di molte figura adornato»: l'*Orlando furioso *nei cicli pittorici tra Cinque e Seicento* (Milan: Officina Libraria, 2015) and Marina Cogotti, Vincenzo Farinella and Monica Preti, eds, *I voli dell'Ariosto. L'*Orlando furioso *e le arti* (Milan: Officina Libraria, 2016).

4   The edition published by Vincenzo Valgrisi (Venice, 1556) includes a representation of the proem to the last canto, with a depiction of Ariosto's boat being greeted by a group of his friends and readers of the poem. For further discussion of this scene see Serena Pezzini, 'Il disegno dell'opera. *Entrelacement* e riprese nelle illustrazioni dell'*Orlando furioso* edito da Valgrisi (1556)', in Daniela Caracciolo and Massimiliano Rossi, eds, *Le sorti d'Orlando. Illustrazioni e riscritture del* Furioso (Lucca: Pacini Fazzi, 2013), 117–142.

5   See Klaus Hempfer, *Diskrepante Lekturen: Die Orlando-Furioso-Rezeption im Cinquecento. Historische Rezeptionsforschung als Heuristik der Interpretation* (Stuttgart:

a result, this aspect of the text, along with Ariosto's use of irony and other phenomena relating to the poem's romance qualities, all found a hostile environment in early literary discussions.[6] We must wait until the second half of the eighteenth century for the rediscovery of the revolutionary importance and exemplary quality of these elements of Ariosto's work.

At that time, the modern genre of the novel was beginning to emerge in Europe, a genre in which the figure of the narrator assumed a central function, often even 'competing' with the story's plot. For instance, this period witnessed the wide-ranging and immediate success of Laurence Sterne's *Tristram Shandy*, whose nine volumes appeared between 1759 and 1767. The popularity of this text in Fragonard's France led Diderot to undertake a similar project, namely the composition of his novel *Jacques le fataliste*.[7] From the 1760s onwards, we begin to notice connections and slippages between verse epic and the modern novel: a notable example comes from the works of Christoph Martin Wieland, the greatest German poet of the age before Goethe's. During that same period, Wieland was working on verse narratives inspired by Ariosto and Sterne, as well as on the first modern novels in German literature. Later, still in Germany, these connections would come to the fore in the brilliant theoretical reflections of Friedrich Schlegel, who juxtaposed the *Orlando furioso* with contemporary novels in his *Gespräch über die Poesie* [*Dialogue on Poetry*] (1800).[8]

A deeper connection is therefore suggested by the chronological coincidence between, on the one hand, a new way of reading Ariosto and the emergence of a new novelistic sensibility, and on the other, Fragonard's

---

Steiner, 1987), 160–172, and Daniel Javitch, *Proclaiming a Classic: The Canonization of* Orlando furioso (Princeton, NJ: Princeton University Press, 1991), *passim*.

6   On the *Furioso*'s romance features, see Patricia Parker, *Inescapable Romance. Studies in the Poetics of a Mode* (Princeton, NJ: Princeton University Press, 1979); Sergio Zatti, *The Quest for Epic: from Ariosto to Tasso*, ed. Dennis Looney (Toronto: Toronto University Press, 2006); Daniel Javitch, 'Reconsidering the Last Part of *Orlando furioso*: Romance to the Bitter End', *Modern Language Quarterly*, 71 (2010), 385–405.

7   Though the novel *Jacques le fataliste* was published posthumously (first in German in 1792, then in French in 1796), various manuscript copies were already in circulation in French by 1780, distributed through the French periodical *Correspondance littéraire*.

8   See Rivoletti, *Ariosto e l'ironia della finzione*, 171–322.

decision to depict, at long last, the figure of the narrator. In the following pages we shall further explore this connection.

Fragonard's 'Ariostan' itinerary and Voltaire's contribution

Fragonard's drawings for the *Orlando furioso* belong to a larger corpus of book illustrations long ignored by scholars.[9] This corpus, which reveals a strong interest in literature, unfolds following an itinerary that we could rightly call 'Ariostan': besides the extensive series of illustrations for the *Furioso*, we also find two other groups of illustrations: fifty-seven drawings for La Fontaine's *Contes en vers* and twenty-six drawings for Cervantes' *Don Quixote*.[10] None of these drawings can be dated with precision, and the ordering of the three groups is also uncertain. Yet, following stylistic and biographical clues, it has been hypothesised that the first series of drawings for the *Contes en vers* (published much later, in 1795) appeared

9   The first scholars to study Fragnonard as a draughtsman are the three authors of *Fragonard Drawings for Ariosto*, with essays by Elizabeth Mongan, Philip Hofer, Jean Seznec (New York: Pantheon, 1945). The study of his illustrations has also proved to be difficult due to the fact that many of the individual images are dispersed throughout various private collections in Europe and elsewhere. For this reason, current descriptions of the corpus are far from being exhaustive. The laudable collection by Marie-Anne Dupuy-Vachey, *Fragonard et le* Roland furieux (Paris: Les Éditions de l'Amateur, 2003) examines and reproduces 176 illustrations dedicated to the *Furioso* (thirty-nine more plates than the 1945 publication), although even this collection is incomplete.

10 Another, though smaller, group of images consists of several drawings which Eunice Williams has connected to the prose narrative *Aline, reine de Golconde* (1761) by Stanislas-Jean de Boufflers (see Eunice Williams, *Drawings by Fragonard in North American Collections*, Exhibition catalogue (Washington, Cambridge and New York, 1978–1979), 142–143, entry n. 57). Other drawings, inspired by contemporary authors, appeared several years ago in an exhibition in Paris (see Marie-Anne Dupuy-Vachey, ed., *Fragonard. Les Plaisirs d'un siècle*, Musée Jacquemart-André, 3 octobre 2007 – 13 janvier 2008 (Paris: Culturespaces, 2007).

in the 1760s, and that the drawings for the *Furioso* are likely datable to the 1780s.[11] Thus, before working on Ariosto, Fragonard tested himself with La Fontaine's *Contes*, that is to say, with a work that takes Ariosto as a model from the very beginning, given the ironic attitude of La Fontaine's narrator and his knowing intrusions into the narration.[12]

Yet at least one other author in French literature must be put on the table: Voltaire and his 'poème ariostin' (as he himself called it), *La Pucelle d'Orléans*.[13] The influence of this work decisively reignited interest in the *Orlando furioso* in late eighteenth-century France. Indeed, it was largely thanks to Voltaire that, beginning in the 1780s, a large number of translations of Ariosto started to appear, including two almost contemporary prose translations by the Count of Tressan (in 1780) and by Louis d'Ussieux (in 1775–1783). Neither translation was particularly brilliant; however, the former enjoyed great public success, while the latter was published in four volumes and lavishly illustrated by some of the most notable artists of the period, such as Cipriani, Cochin, Eisen, Greuze, Monnet e Moreau le Jeune.[14]

It is within this historical context that Fragonard launched his own illustrative project for the *Furioso*, possibly even in response to the rigorously

11   On the problem of dating the illustrations for the *Furioso*, see Elizabeth Mongan, 'Fragonard the Draughtsman', in *Fragonard Drawings for Ariosto*, 9–25: 22. On the drawings for the *Contes en vers* see José-Luis de Los Llanos, *Fragonard et le dessin français au XVIIIe siècle dans les collections du Petit Palais*, Exhibition catalogue, Musée du Petit Palais, Paris, 1992–1993, especially 191–200, and the note by Anne L. Schroder, 'Compte rendu de l'exposition Fragonard et le dessin français au XVIIIe siècle dans les collections du Petit Palais', *Master Drawings*, 34, n. 4 (1996), 430–435.

12   Three of the *Contes en vers* are freely adapted from episodes in the *Orlando furioso* (among them *Joconde*, which was the first of La Fontaine's texts to enjoy wide public success). For the Ariostan character of this work, and in particular the role of the narrator, see Rivoletti, *Ariosto e l'ironia della finzione*, 53–84.

13   See Voltaire's letter to Formont of 13 June 1755 cited by Eugène Bouvy, 'Arioste et Voltaire: *La Pucelle* et le *Roland Furieux*', in Idem, *Voltaire et l'Italie* (Paris: Hachette, 1898), 119.

14   For these two translations (and others which appeared in the same period), see Alexandre Cioranescu, *L'Arioste en France, des origines à la fin du XVIIIe siècle*, vol. II (Paris: Slatkine, 1939), 158–174.

classicist and academic character of Cochin's illustrations.[15] Within this project we find – as noted above – three plates depicting the proems of the first and second cantos and representing the figure of the narrator. A fourth image, which also includes the figure of Ariosto, was most likely meant to serve as the frontispiece for the entire illustrated edition, as we shall see later.

Regarding the importance acquired by the figure of the Ariostan narrator within Fragonard's visual project, we must also consider another element that has yet to receive scholarly attention, namely the possible influence of Voltaire. Indeed, Voltaire plays an almost emblematic role in the shift of attitudes towards Ariosto that occurred in the eighteenth century. He signalled the transition from a classicist poetics (essentially hostile to the innovative aspects of the Renaissance poem) towards a new critical and literary horizon. Voltaire himself began with a largely negative evaluation of Ariosto in his early *Essay on Epic Poetry* (1727); however, he must have then engaged in a true internal struggle in order to free himself from certain prejudices regarding the tastes and poetics of his era. Indeed, in his old age, he ultimately offered unrestrained praise for the *Furioso*.[16]

A crucial step in Voltaire's evolution was the composition of the *Pucelle*, which he began in the 1730s and published in 1762. In this work, he explicitly took the *Furioso* as a model, deliberately imitating its narrator and the

15   As Marc Fumaroli has observed, Fragonard exalts the poetic, imaginative and romantic spirit of the *Furioso* in a period which tended instead to privilege a cool, neoclassical rigour. With his drawings, Fragonard thus issues a kind of 'défi implicite' to Louis d'Ussiex's edition of the *Furioso*, challenging the stiffness of his translation and the lifeless pedantry of his images. Through his visual interpretation of Ariosto, Fragonard rejects the 'triste règle néoclassique' which prefers 'le clos, le fini, le fidèle, par opposition à l'ébauche, au *non finito*, qui donnant la partie par le tout, laisse à l'imagination le plaisir d'achever, de compléter, de vagabonder'. In this sense, the style of Fragonard's drawings becomes an 'allégorie ironique conjurant [...] la terreur morale et esthétique du néo-classicisme' (Marc Fumaroli, 'Allégorie et ironie au XVIIIe siècle: Fragonard et ses dessins pour le *Roland Furieux*', *Revue d'histoire littéraire de la France*, 112 (2012), 443–477, in part. 474–475 and 449).

16   On this trajectory, see the still brilliant reconstruction by Giosuè Carducci, 'L'Ariosto e il Voltaire', in Idem, *Opere*, vol. X (Bologna: Zanichelli, 1898), 129–147.

structure of its proems.[17] The twenty-one cantos of the *Pucelle*, just like the forty-six cantos of Ariosto's work, all begin by interrupting the narration and programmatically giving space to the narrator, who comments on the episodes of the story, often referring to his own misadventures in a self-deprecating manner.[18] Voltaire thus continues the 'Ariostan' manner of subjectivising the story inaugurated by La Fontaine, whom Voltaire himself considered the main French disciple of Ariosto. At the same time, Voltaire also anticipates narrative mechanisms that will shortly become conventional in the modern novel and in the works of Sterne and Diderot by the end of the eighteenth century.

Finally, there is Voltaire's late article *Epopée* (1771), which unequivocally praises the *Furioso*, rejecting his earlier, negative judgement of the poem, and sealing his admiration even for the more problematic aspects of the work.[19] Voltaire specifically values the narrator and the spaces specially reserved for his appearances, namely the proems, which Voltaire considers Ariosto's principal innovation with respect to antiquity:

> Il y a dans l'Orlando furioso un mérite inconnu à toute l'antiquité: c'est celui de ses exordes. Chaque chant est comme un palais enchanté, dont le vestibule est toujours dans un goût différent, tantôt majestueux, tantôt simple, même grotesque.[20]

It is therefore plausible that the idea, as originally conceived by Fragonard, of depicting the Ariostan narrator in order to illustrate, for the first time, the *Furioso*'s proems might have come from Voltaire's reading of Ariosto, which frequently drew attention to this unique aspect of the Italian poem.

---

17   Between cantos IX and XII of the *Pucelle*, Voltaire inserts a playful palinode which he uses to signal explicitly his systematic use of the proem as the designated space for directly expressing a narrating voice.

18   For examples of these self-deprecating moments (clearly inspired by the self-presentation of the narrator as a victim of love's madness in *Orlando furioso*, I 2; XI 2; XXIV 3), see the proems to cantos VII and XII in the *Pucelle*.

19   This article was published for the first time in *Questions sur l'encyclopédie* (1770–1772) and later appeared in the posthumous edition of the *Dictionnaire philosophique* (1789).

20   Voltaire, *Epopée*, in Nicholas Cronk and Christiane Mervaud, eds, *Questions sur l'Encyclopédie, par des amateurs (V)*, *Œuvres complètes de Voltaire*, vol. XLI (Geneva-Oxford: Voltaire Foundation, 2010).

Further evidence suggests that Fragonard consciously turned his attention to the parallel between Ariosto and Voltaire.[21] In one of his illustrations, Fragonard placed Ariosto at his writing desk. In terms of format, this piece is distinct from others in the Ariosto series (and it is for this reason that it is probable that the drawing was meant to be the frontispiece of the illustrated edition). In the image, Ariosto sits before two *putti*, who, resting on the table, offer him poetic inspiration. One of them, blind-folded and winged, represents Love, while the other, holding in his hand the characteristic *marotte* with a jester's head, symbolises Madness (see Figure 13.1). This drawing clearly echoes a painting by Gabriel de Saint-Aubin which depicts Voltaire seated at his own writing desk, focused on the composition of the *Pucelle*. Here too, poetic inspiration is symbolised by several allegorical *putti*. The first, holding a torch and crowned with laurel, represents the Genius of Poetry, while the second, blind-folded *putto* represents Love. Both hold before the poet's gaze the portraits of Joan of Arc, Charles VII, and Agnès Sorel. A third *putto*, in the form of a small faun and symbolising the Genius of Satire, leans on the table and offers Voltaire writing ink (see Figure 13.2). Thus, in an image that was most likely intended to be the frontispiece of his illustrated edition of the *Furioso*, Fragonard depicts Ariosto at work on his poem clearly using as his model the image of Voltaire writing the *Pucelle*.

The narrator's *mise-en-scène*

In three other plates from Fragonard's series, we once again find Ariosto at a writing desk. In these instances, however, we are dealing with illustrations of the text itself, that is with proems to individual cantos. The first image depicts stanzas 3–4 of the first canto, which contain the dedication

---

21   The analogy between Fragonard's drawing and Saint-Aubin's painting is noted in passing by Marie-Anne Dupuy-Vachey; however, she does not dwell on the importance of the figure of the narrator as an aspect of the relationship between Ariosto and Voltaire (see Dupuy-Vachey, *Fragonard et le* Roland furieux, 28, note 1).

to Ariosto's protector, Cardinal Ippolito d'Este. Here Ariosto can be seen with his own poem before him, focused on reciting verses to Ippolito, while above their heads a nebulous and indistinct crowd of characters begins to form – 'donne e cavalieri' emerging from the poet's imagination (see Figure 13.3). There is a clear contrast between the attitude of the poet, who passionately declaims his lines with his arm outstretched, and that of the cardinal, who condescendingly listens with his elbow propped on the table and his chin in his hand (at that time, the alleged anecdote regarding the poem as 'corbellerie' was already well known). With this image, probably destined to open the series of illustrations of the *Furioso*, Fragonard appears to offer his reader or viewer a sort of interpretative key with which to enter the imaginative and ironic world of the poem.

Two illustrations are instead dedicated to the opening of canto II, in whose first octaves the narrator addresses Love, blaming him for acting unjustly and for maliciously tormenting men by playing with their feelings of attraction and hatred. In the first image (see Figure 13.4), Ariosto, in a pose expressing indignation and irritation, interrupts the drafting of the poem to rise up before Love. This gesture of impatience and reproof echoes the initial apostrophe of the canto ('Ingiustissimo Amor ...', *Fur.*, II 1,1). With furrowed brow and disdainful grimace, the author clenches his fists in anger, while before him on a soft cloud Love calmly stretches his two large wings. Surrounded by two winged cherubs, Love looks down on Ariosto, crossing his arms and challenging the poet's disdain. In contrast to the ironic and playful tone of this illustration, the following drawing (see Figure 13.5) depicts Ariosto bent over a page with a pen in hand. He is entirely immersed in writing, focused on representing the opposing passions of love and hate in Rinaldo and Angelica. This drama can be seen in the struggle between the two figures who emerge from the clouds above the head of the poet.

With the sequence of these two pictures, Fragonard has clearly grasped the fundamental and dynamic dialectic of the poem. He presents a brilliant illustration of the alternation between the two attitudes which structure the experience of the text itself: on the one hand, complete absorption and immersion in the narrative and its emotions (represented by the figure of the narrator in both images); on the other, an ironic distance from these aspects (expressed through the detached behaviour of Love in the first image).

The elegant 'Renaissance' clothing of the Ariostan narrator also contrasts with that of the characters from the narrative. Such a discrepancy suggests a chronological gap and allows the viewer to recognise immediately the figure of the poet. Based on the extant illustrations, we are led to believe that, after the second canto, Fragonard abandoned his plans to illustrate the proems of the rest of the work. Indeed, we find no similar images for the following cantos. Nevertheless, Fragonard's broader interest in the role of the narrator and his textual importance takes on a greater complexity that extends beyond the three drawings under examination. As we shall see, such interest emerges in other images from the same series on Ariosto.

The narrator as metanarrative device: From narrator to characters (and vice-versa)

Fragonard's brilliance consists in depicting the double status of the Ariostan narrator. On the one hand, Fragonard inserts this figure into the narration itself, as an equal of the other characters depicted, by physically representing him and his demeanour. On the other hand, by showing the narrator in conversation with his own passions and with Ippolito, focused on producing characters and events from the story, Fragonard highlights the figure's metanarrative and metaliterary function. The narrator is able to remain on the margins of the narrative, capable of pointing to a reality external to the text itself.

When Fragonard takes as his model Saint-Aubin's painting of Voltaire author of the *Pucelle* (see Figure 13.2), he creates an ambiguous Ariostan figure. This figure functions as a playful representation of the author to be placed in the frontispiece, although he could just as easily serve to illustrate lines 5–8 of the second stanza of the first canto of the *Furioso* (see Figure 13.1). This game of models and the multi-faceted character of these images suggest a more profound reflection on the metaliterary character of the poem which is tied directly to the figure of the narrator.

In this sense, Fragonard's other drawings, namely his illustrations of La Fontaine's *Contes* and *Don Quixote*, present an important occasion for the artist to deepen such reflections. Cervantes' masterpiece, in particular, is bound to the *Furioso* in two ways. Not only does Cervantes make textual references to the *Furioso* and take up the theme of madness, but the figure of Don Quixote is born from the breakdown of the dialectic mentioned above between impassioned absorption in the chivalric narrative and self-aware ironic distance. While this dialectic is fundamental to the experience of the *Furioso*, Don Quixote as a reader never manages to establish the ironic detachment suggested by the Ariostan narrator. Instead, he immerses himself entirely in his chivalric tales, among which the *Orlando furioso*. As a result, he attempts to relive, as a character himself, those same stories. In this sense, *Don Quixote* takes the reflection on metaliterary dynamics introduced by the *Furioso* to its logical extreme.

Another possible influence on Fragonard's depiction of Ariosto inspired by Love and Madness (see Figure 13.1) may be Charles Antoine Coypel. In the early eighteenth century, Coypel produced a well-known cycle of cartoons for tapestries which were widely reproduced and imitated, even as book illustrations that Fragonard would have certainly known.[22] In the first image of this cycle (see Figure 13.6), the figure of Don Quixote enters the scene, where we also recognise Dulcinea and a windmill. He is guided by Love and Madness (holding a *marotte*), the same personifications

---

22 Beginning in 1717, the artist began working on this cycle, which is considered the first important visual representation of Don Quixote as well as Coypel's masterpiece (see Thierry Lefrançois, *Charles Coypel: peintre du roy (1694–1752)* (Paris: Arthéna, 1994)). The tapestries were woven by Gobelins, who produced more than 200 works during the eighteenth century (see David Jenkins, *The Cambridge History of Western Textiles* (Cambridge: Cambridge Univesity Press, 2003), 612). From 1725 onwards, these tapestries were reproduced by numerous engravers, achieving widespread fame throughout Europe (see Henry Spencer Ashbee, *An Iconography of Don Quixote, 1605–1895* (London: Aberdeen University Press, 1895) and Ramón Areny Batlle and Domingo Roch Sevina, eds, *Ensayo bibliográfico de ediciones ilustradas de Don Quijote de la Mancha* (Lérida: Editora Leridana, 1948), under the heading 'Coypel'). It would have been almost impossible for Fragonard not to have known this image, given his attempts to illustrate Cervantes' work.

seen in Fragonard's illustration. While in Fragonard's work, Ariosto remains on the threshold of his own text, in Coypel's image Don Quixote seems to have just finished reading some chivalric poem, crossing the threshold of his house to enter into a narrative in which he is one of the characters.

Moreover, Fragonard's interest in the theme of the power of reading is evident in an oval painting of his from the 1760s. This highly expressive painting, today preserved in Hamburg, depicts an old man completely absorbed in reading a book (see Figure 13.7), which some scholars have even identified as Don Quixote himself.[23]

Other images in Fragonard's Ariosto series also present subtle elements that revolve around the themes of the book and the act of reading, touching on the relationships between the figure of the narrator and the characters. For example, there is a scene from *Fur.*, VII 45–56 (see Figure 13.8), where the character of Bradamante learns from the sorceress Melissa about the fate of Ruggiero. She stands before a writing desk in a manner similar to the image of the narrator in Figures 13.3–13.5.[24] Yet if images such as this invite us to reflect on the relationship between narrator and characters, two other depictions of Atlante's palace more strongly suggest the depth and complexity of this connection.

In the first of these two images (see Figure 13.9), Fragonard has produced an effective illustration of Ariosto's so-called 'circular motion.' This concept most clearly appears through the persistent anaphora 'di su di giù', the repetition of the verbs 'corre', 'ritorna', and 'riede' and the phrase

---

23   This figure, known as 'The Philosopher', has been interpreted variously as Saint Jerome and Don Quixote (on this hypothesis, see Mariantonia Reinhard-Felice, ed., *Oskar Reinhart Collection "Am Römerholz" Winterthur. Complete Catalogue* (Basle: Schwabe AG; London: Paul Holberton Pulishing, 2005), 259), though he may perhaps represent more generally passion and enthusiasm for the act of reading.

24   Regarding the recurring motif of the writing desk in this cycle of illustrations, Dupuy-Vachey has observed that 'Fragonard poursuit subtilement le dialogue instauré par l'Arioste avec ses héros, en les convoquant à son tour à la table de l'écrivain, dans des pages qui font s'interpénétrer l'univers du poète avec celui de la fiction' (Marie-Anne Dupuy-Vachey, 'Le *Roland furieux* au siècle des Lumières. L'Arioste à la folie?', in Michel Paoli and Monica Preti-Hamard, eds, *L'Arioste et les arts* (Paris-Milan: Louvre Editions-Officina Libraria, 2012), 249).

'alto e basso' – all of which suggest an unending, repetitive and pointless movement.[25] At the centre of his figurative representation of this scene, Fragonard placed a wide set of stairs, the ideal architectural element for representing the continuous, circular movement of the various characters.

Yet Fragonard's originality in this illustration lies in his depiction of the figure of Atlante. In Ariosto's text, the sorcerer is 'visible' only to the 'eyes' of the reader. In fact, he is literally 'invisibile' (*Fur.*, XII 11,8) to the gaze of the characters, who move frantically around the scene. None of the previous illustrators of the *Furioso*, from the sixteenth to the eighteenth century, had ever thought to include Atlante. Fragonard, in contrast, not only depicts him, but places him in the upper part of the image, resting on a veil of smoke which hides him from his unsuspecting 'victims'. Like the director of an orchestra, Atlante conducts from above with his magic wand, while the characters wander around the palace beneath his gaze. Atlante thus becomes the true director of the scene, invisible and hidden from the figures, whose movements he controls through continuing illusions.

A similar situation occurs when Orlando, tired of searching, finally decides to escape and leaves the palace. In that very moment, Atlante conjures the illusory outline of Angelica in a window, crying out to Orlando for help. Fragonard illustrates this scene in the following drawing (see Figure 13.10), placing the figure of Atlante between Orlando (a real character) and Angelica (an illusory figure conjured up by the sorcerer's magic). Reality and illusion are separated only by an evanescent veil of smoke which diagonally traverses the entire picture, from top to bottom and left to right. Upon this veil, Fragonard places both Atlante and an ornamental statue, which also stands between Orlando and Angelica. This statue, itself

25 See in particular *Fur.*, XII 9–11, 18–19 and 29. The expression 'circular motion of the Quest', which refers to the stylistic method that defines the theme of the quest within the poem, comes from Donald S. Carne-Ross, 'The One and the Many: A Reading of *Orlando Furioso*, Cantos 1 and 8', *Arion*, 5 (old series) (1966), 195–234, and 'The One and the Many: A Reading of *Orlando Furioso*', *Arion*, 3 (new series) (1976), 146–219; see in particular the note on page 153. This theme has also been analysed by Sergio Zatti, *Il* Furioso *tra epos e romanzo* (Lucca: Pacini Fazzi, 1990), 49 ff.

a simulacrum, further symbolises the boundaries of reality and illusion in true Ariostan fashion.[26]

The episode of Atlante's palace is one of the most celebrated and memorable of the *Furioso*, and it was also skilfully imitated by Voltaire in canto XVII of the *Pucelle*. There, Voltaire tells of a similar palace, built by the enchanter Hermaphrodix to attract and bewitch the other characters of the story. In the entry for 'Epopée' mentioned above, Voltaire also emphasises the novelty of the presence of the narrator in Ariosto, even comparing the *Furioso* to a 'palais enchanté' and its prologues to the 'vestibules' of some wondrous palace. The parallel between Ariosto's work and an enchanted palace was thus at Fragonard's finger tips. Two centuries later, Italo Calvino would make the case even more explicit by comparing the enchanter seeking to delay Ruggiero's destiny with the 'poet-strategist', who carefully manipulates the actions of his characters:

> Atlante o Ariosto? Il palazzo incantato si rivela un astuto stratagemma strutturale del narratore [...] L'incantatore che vuol ritardare il compiersi del destino e il poeta-stratega che ora accresce ora assottiglia le fila dei personaggi in campo, ora li aggruppa e ora li disperde, si sovrappongono fino a identificarsi.[27]

The truly remarkable element of Fragonard's depiction of Atlante is the presence of a book in all three illustrations. While conducting the characters' movements with his wand, Atlante is also consulting a large book of magic held open before him. This detail is entirely absent in Ariosto's text,[28] and thus its presence seems an 'arbitrary' idea, a sort of surplus relative to the work itself, an interpretative act carried out by the artist. Fragonard is

---

26 I am referring to Ariosto's comparison between a real human figure and a 'false statue', the most celebrated example of which is the image of Angelica bound to a rock (*Fur.*, X 96; but see also the image of Leone who 'a statua, più ch'ad uomo, s'assimiglia' in *Fur.*, XLVI 38).

27 Italo Calvino, 'Ariosto: la struttura dell'*Orlando furioso*', in Idem, *Saggi: 1945–1985*, ed. Mario Barenghi (Milan: Mondadori, 1995), 759–768: 767.

28 In fact, there is no trace of this object in the entire episode of Atlante's palace; however, Ariosto does mention a magic book elsewhere (see, for example, *Fur.*, II 15, relating to the necromancer who kidnaps Angelica; *Fur.*, III 21, regarding Melissa who shows Bradamante her descendants; *Fur.*, IV 17, for the same Atlante who prepares himself for battle with Bradamante).

usually quite faithful to the text, attentive even to the smallest details – so much so, that a scholar as authoritative as Jean Seznec went as far as to hypothesise that Fragonard had read the *Furioso* in its original language.[29]

But what did Fragonard intend to say by representing Atlante with a book? In the eyes of the readers/viewers of the artist's Ariosto series, the figure of the enchanter evokes the Ariostan narrator, continually depicted with his poem before him in the illustrations of the various proems. In Fragonard's images, and thus in the memory of his viewers, both the invisible sorcerer, directing from above the movements of the characters, and the narrator-director become – to paraphrase Calvino – virtually identical.

Figure 13.1. FRAGONARD, *Ariosto inspired by Love and Madness* (drawing likely intended to be the frontispiece of his planned edition of the *Orlando furioso*). Besançon, Musée des Beaux-Arts.

29   Jean Seznec, *Fragonard as an Interpreter of Ariosto. The Letter and the Spirit*, in *Fragonard Drawings for Ariosto*, 41–49: 42. The theory of a direct reading of the Italian text has also been endorsed by Dupuy-Vachey on the basis of surveys of French translations available in the 1780s (Dupuy-Vachey, *Fragonard et le* Roland furieux, 15 and note 4).

Figure 13.2. GABRIEL DE SAINT-AUBIN
(Paris, 1724–1780), *Voltaire composing
La Pucelle*, 1775–1780. Oil on canvas,
33 × 25 cm. Paris, Louvre.

Figure 13.3. FRAGONARD, *Ariosto
dedicates his poem to Ippolito
d'Este* (*Fur.*, I 3–4). Paris, Louvre,
Département des Arts graphiques.

Figure 13.4. FRAGONARD, *Ariosto addresses Love* (*Fur.*, II 1–2). Stockholm, National Museum.

Figure 13.5. FRAGONARD, *Ariosto concentrating on writing* (*Fur.*, II 1–2). Paris, Louvre, Département des Arts graphiques.

Figure 13.6. CHARLES ANTOINE COYPEL (1694–1752), *Don Quixote, led by Madness, leaves his house to become a knight errant*, c. 1716. Oil on canvas, 120 × 128 cm. Compiègne, Château Museum.

Figure 13.7. FRAGONARD, *The philosopher*. Oil on canvas, 59 × 72.2 cm. Hamburg, Kunsthalle.

Figure 13.8. FRAGONARD, *Bradamante learns of Ruggiero's unfaithfulness* (*Fur.*, VII 1–2). Paris, Prat Collection.

Figure 13.9. FRAGONARD, *Orlando vainly searches for Angelica* (*Fur.*, XII 8–12). Current location unknown.

Figure 13.10. FRAGONARD, *Orlando believes he sees Angelica calling for help*
(*Fur.*, XII 8–12). Private collection.

14 The first 500 years of *Orlando furioso*

On the occasion of the 500th anniversary of *Orlando furioso*, having previously dedicated to this literary work a long series of painstaking analytical studies, I have allowed myself the liberty to expatiate. Literally. To travel through time and space, dwelling on those moments which – in my own, personal view – mark the most emblematic encounters between Ariosto and his readers over the course of the last five centuries. Encounters that may not be the most important, perhaps, but which belong to the sphere of the unusual or the little known, and which are above all revelatory, both for the author being rediscovered and brought back to life in unexpected circumstances, and for a rare breed of readers who are able relate to him as a contemporary of their own, thereby nullifying the time barrier. Encounters that can be compared to a chance meeting of two very different people who, to their surprise, discover that they share a fundamental aspect of their personalities.

Central to the journey we are about to undertake is the act of reading, intended not in a passive sense, but as an active, transformative event, an epiphanic experience capable of altering our perception of the book as well as of the world around us. When that happens, the book comes alive and acquires the ability to speak not just to its intended readers but also to the readers of subsequent epochs, including our own, if only we can be attentive enough. Thus with each passing epoch a new Ariosto emerges who is different from his predecessors. The text of the poem may well stay (mostly) the same, but the thoughts and ideas it inspires change as it falls into the hands of a different generation of readers. Today Ariosto would be surprised to discover how many friends and admirers he has won, whom he never even imagined he could have: some fairly predictable, but others totally unforeseen. And not just in Italy or in Europe, but, increasingly, in virtually every corner of the globe, in times and places that are – as we

are about to see – often entirely unexpected. What is perhaps most fasci-
nating for us, after five centuries, is the possibility (surviving documents
permitting) of listening in, as it were, on the dialogue unfolding between
the poet and a particular reader or interlocutor of his, whose questions get
occasional answers which, in turn, prompt more questions, in an endless
process. Often what emerges from such dialogues are critical construc-
tions and new interpretations that can be as creative and imaginative as the
poem itself. Over the course of 500 years there have been such remarkable
encounters with Ariosto's text that one may wish to revisit at least some of
them, which is precisely what we are about to do.

As for the journey itself, this will take us across three continents cov-
ering a distance of approximately 10,411 miles (16,756 km): but let us not
worry, the poet might say, '(che ben vi menerò senza fatica) / là dove il Gange
ha le dorate arene [...]' (*Cinque canti*, I β,3–4). This does not mean, however,
that we will be heading in that direction to start with, nor – it should be
noted – will we be setting out from the place that seems the most obvious,
that is, Ferrara, at a point on the timescale when t (for time) was equal to
0, indicating the year 1516. This is partly due to the fact that so much has
already been said about it (and I for one have treated that topic elsewhere)[1]
and partly to leave more time for exploring unusual destinations. Instead,
we will start from a place not too far from Ferrara, although we prefer not
to name it as yet. This is because the imaginary journey on which we are
about to embark in this essay has been conceived as a 'mystery tour', that is
one in which no stop or destination is revealed before it has been reached.
Until then, the only clue will be a number indicating the years that have
elapsed since the publication of Ariosto's poem (22 April 1516), prefixed
by the word *Anno*, to be understood in the Latin sense ('In the nth year').

Finally, having clarified the travel arrangements, a word on the title.
I have called this 'excursion', so to speak, 'The first 500 years of *Orlando
furioso*' because I believe – or at least I hope – that the first period of

---

1   See Marco Dorigatti, 'Il presente della poesia. L'*Orlando furioso* nel 1516', in *Nel "segno"
     del* Furioso. *L'incantato cosmo di Ludovico Ariosto e la cultura dei suoi tempi*. Atti
     del Convegno internazionale (Ferrara, Palazzo Bonacossi, 13–15 ottobre 2016),
     Schifanoia, nn. 54–55 (2018), 13–26.

500 years will be followed a *second* period of equal length during which the fortunes of Ariosto's poem will continue to thrive, giving rise to who knows what new encounters. But it seems rather premature to talk about this latter period, and more advisable to start from the former: that is to say, from the beginning.

Anno 19°

In the University Library of Bologna lies an in-folio manuscript.[2] It contains the extant works of Marco Antonio Bendidio, a Renaissance courtier. Born sometime before 1517 into a Ferrarese family traditionally employed in the ducal administration, Bendidio moved to Mantua as a young man and entered the service of Marchioness Isabella d'Este in a role described as *familiare*, or a member of her household.[3] In that capacity, which oscillated between the role of a servant and that of a secretary, he came in close contact not only with Isabella but also with her female entourage, a group of eligible young ladies who regularly accompanied her and on whom she could rely, especially since becoming a widow following the death of her husband Francesco Gonzaga in 1519. The sight of these dashing women escorting the Marchioness added a bit of glamour wherever she went and soon became a focus of attention: 'Non meno famosa era la sua corte di bellissime e coltissime damigelle, tanto vivaci da provocare parapiglia tra i gentiluomini desiderosi di ammirarle, come accadde a Bologna nel 1530 dove Isabella si era recata per assistere all'incoronazione dell'imperatore Carlo V'.[4] And Bendidio – a spirited, highly cultivated person who was

2   *Prose e Rime di Marco Antonio Bendidio*, Bologna, Biblioteca Universitaria, ms. 1671.
3   See Cecil H. Clough, 'Bendidio, Marco Antonio', in *Dizionario biografico degli italiani*, vol. VIII (Rome: Istituto della enciclopedia italiana, 1966), 237–239.
4   Marialucia Menegatti, 'Isabella d'Este, Ludovico Ariosto e i carnevali estensi', lecture given in Ferrara on 4 February 2016: see <http://www.cronacacomune.it/media/uploads/allegati/45/isabella-deste-scheda-di-marialucia-menegatti.doc>.

always eager to please – was one of the few men who enjoyed their full trust and even friendship: for their sake he wrote novellas, sonnets, stanzas, canzoni and other literary compositions, which were duly entered into the autograph manuscript now in Bologna. And that is not all, for this manuscript also contains seven letters which offer a unique insight into the world of Isabella d'Este and her female circle of confidants (one of whom, just as in the *Decameron*, was crowned Queen for a week in her turn).

These letters tell a fascinating story. In the late summer of 1535 Isabella d'Este decided to go on a holiday. She was then sixty-one, having been born in 1474, the same year as Ariosto. It was not unusual for her to take a break from her busy courtly life since her family owned various lands outside Mantua, such as the fief of Cavriana and other localities set along the shores of Lake 'Benaco' (as Lake Garda was also known then), where she could find refuge and tranquillity. But that year's holiday was special, as she decided to bring her female companions with her and, as a treat, take them on a tour lasting from 14 to 27 September, during which they would visit well-known resorts near or around the lake, namely Goito, Cavriana, Desenzano, Sirmione, Maguzzano, Peschiera, Castello di Lazise and Bardolino. This holiday was different also for another reason: it was going to be an all-female affair. We even know the names of some of the participants: Barbara Soarda, Dorothea Streggia, Faustina, Catherina, Barbera, amongst others. As a man, Bendidio was an exception; his presence was principally required for dealing with the practical aspects and making sure that everything went according to plan (although, in keeping with the practice governing the 'allegra brigata' in the *Decameron*, his lodgings had to be separate from the rest of the group). And he also had another, no less important task: that of maintaining contact with Mantua by writing letters for the most part dictated by the ladies themselves, who were eager to inform their 'sisters' at home and impress them with the exciting places they visited, how amiably they had been welcomed, the occasional delays, the small misadventures, all mixed with a generous dose of coquetry (in fact, plenty of it). For this is what Isabella intended to achieve: to free her companions from their privileged but claustrophobic courtly environment and – for once – let them see the world outside: the marvels of nature, a unique landscape dominated, despite its northern latitude, by olive and

almond trees (as well as lemons, laurels and vines), the lake and how people
actually lived there. All thanks to 'Madama', as she was referred to, who,
as a woman, understood the benefits that such an experience would bring
to her younger companions.

The letters, overflowing with their impressions, their emotions, the
sheer delight of finding themselves immersed in a unique landscape,
remained hidden in an archive until 1878, when two scholars, Enrico
Nestore Legnazzi and Pietro Ferrato, decided to publish them in a small
booklet which was soon forgotten.[5] However, one letter, the third,[6] stands
out, as it represents the first destination in our journey through space and
time: Desenzano del Garda, 16 September 1535 (apparently a Thursday).
The previous day the touring party had visited Sirmione with its Roman
remains, deriving great pleasure from it, but on the day in question their
plans were disrupted, and it was all due to the unpredictable nature of the
weather, as we learn from the letter that the ladies dictated to Bendidio
later that evening:

> Hoggi pensavamo d'andare a vedere pescare, ma un vento che si levò in quel tempo
> che eravamo per montar in barca, ce l'ha vietato; pur non ostante questo, entràmo
> in nave, et così vicino a le rive habbiamo scorso il laco per un pezzo, intrattenute dal
> Bendidio, che solo d'huomini era nella barca nostra, il qual leggea *Orlando Furioso*;
> et così è passato il dì d'oggi.[7]

5   Marco Antonio Bendidio, *Del viaggio fatto dalla marchesa Isabella d'Este Gonzaga
     a Cavriana ed al lago di Garda nel 1535. Lettere descrittive* [eds Enrico Nestore
     Legnazzi and Pietro Ferrato on the occasion of the Beschi-Pastori marriage] (Mantua:
     Tipografia Balbiani e Donelli, 1878). An anastatic reproduction of this booklet was
     published in *Curiosità storiche mantovane*, IX (Verona: Stamperia Valdonega, 1995).
     On the journey described in Bendidio's letters see Valentino Ramazzotti, 'Vacanza
     benacense della Marchesa', *La reggia* (June 2012), 9 (Part I); (September 2012), 9
     (Part II).
6   'Lettera III. Quelle Signore, che erano con Madama illust.ma su 'l laco di Garda
     fecero scrivere la presente a le compagne, le quali si trovavano in Mantova pure del
     MDXXXV', dated 'Di Desenzano, alli XVI di settembre, 1535', in Bendidio, *Del
     viaggio fatto dalla marchesa Isabella d'Este Gonzaga a Cavriana ed al lago di Garda
     nel 1535*, 20–24.
7   Ibid., 22.

As the ladies discovered on their arrival, the fury of the wind can cause havoc on Lake Garda.[8] Hence their planned excursion would have ended in disappointment, had it not been for an idea that saved the day: reading *Orlando furioso* while keeping near to the shore. Suddenly, it was as if the wind had ceased and, instead, Bendidio's voice was filling the air with the stanzas of a much beloved poem. That day Ariosto became a substitute for Nature herself (whose idea this was – Isabella's, the ladies', or Bendidio's – we cannot tell). What the letter does is to testify to the *Furioso* being read, not for scholarly or intellectual purposes, but for the sheer pleasure afforded by that experience, just as the poet had intended (his work having been written 'per solaço e piacere di qualunque vorà e che se delecterà de legerla').[9] It was only fitting, then, that the poem was used for entertaining a group of women searching for a pleasure they could not find in nature, on that day at least.

This instance of reading led Giulio Bertoni, the author of *L'"Orlando furioso" e la Rinascenza a Ferrara*, to compare it to the moment when, in 1521, Marquis Federico Gonzaga, the son of Isabella and Francesco and his father's successor, seized the opportunity offered by a respite during a battle to resume his reading of Ariosto ('Nel 1521, il Marchese Gonzaga si faceva mandare in campo il Poema per leggerlo, quando taceva il fragore delle armi').[10] But it is the way in which Bertoni recounts the Desenzano reading experience – nostalgically and evocatively, as if he had been present that day – that is especially poignant and, as such, worth reliving:

> E nel 1535, a Desenzano, sul Lago di Garda, in una suggestiva giornata settembrina, Marco Antonio Bendidio lesse a Isabella d'Este e alle sue dame l'*Orlando furioso*.

---

8   'Qui per ancora non abbiam goduto d'altro spasso che di vedere vele su questo laco travagliare tra queste onde, che fanno ben spesso di notabili danni per li venti che regnano appresso questi monti, li quali habbiam molto vicini, et che per lo spirar che fanno hora, agitano l'acque di questo laco, le quali sollevate percuotono le sassose et arenose rive [...]' ('Lettera III', 21).

9   To the Doge of Venice, 25 October 1515, in *Lettere*, ed. Angelo Stella, in Ludovico Ariosto, *Satire, Erbolato, Lettere* (Milan: Mondadori, 1984), n. 16, 157.

10 Giulio Bertoni, *L'"Orlando furioso" e la Rinascenza a Ferrara* (Modena: Editore Cav. Umberto Orlandini, 1919), 278.

Erano le auditrici raccolte intorno all'esperto lettore entro una barca presso la riva
fiorente di lauri e d'olivi, e lo specchio dell'acqua rifletteva l'azzurro dei cieli, mentre
passava nell'aria cristallina la dolce malinconia dell'autunno, parendo quasi che la
natura assentisse alle armonie del suo magnifico Poeta. Chi potrebbe raffigurarsi
un'altra scena – più appropriata di quella – alla lettura dei versi di messer Lodovico?
La voluttà lieve del mormorio dell'onda, il soave tepore della dolce stagione, tutta
quella chiarità blanda e diffusa aprivano dolcemente l'animo ad accogliere le indi-
menticabili e gentili impressioni d'un'opera di grande e pura bellezza. Premio più
confacente e più bello alla sua fatica l'Ariosto stesso non avrebbe potuto imaginare![11]

Isabella d'Este herself must have been especially moved by the reading, as
she may have remembered meeting Ludovico Ariosto in January 1507, when
her brother Cardinal Ippolito sent him to Mantua to keep her company
after a difficult childbirth. Ariosto, in an attempt to alleviate her discomfort
and brighten those two days, had the idea of reading out to her portions
of the poem he had just begun writing, something which gave her 'gran
satisfactione'.[12] It was the first time that she (or indeed anyone) heard what
Orlando furioso sounded like, and it was now a memory. One of many that
must have gone through her mind that windy day in Desenzano, more than
twenty-eight years later.

Anno 43°

Our next stop is Venice, and the year is 1559. There is more than one reason
why we have come here at this particular time. Venice was the undisputed
capital of the publishing world then, meaning that more printing presses
could be found here than anywhere else, and nearly all were busy printing

11   Ibid.
12   Isabella to Ippolito d'Este, 3 February 1507, in Michele Catalano, *Vita di Ludovico
      Ariosto* (Geneva: Olschki, 1930–1931), 2 vols: II, doc. 130, 78–79. See also Marco
      Dorigatti, 'Il manoscritto dell'*Orlando furioso* (1505–1515)', in Gianni Venturi, ed.,
      L'uno e l'altro Ariosto in Corte e nelle Delizie (Florence: Olschki, 2011), 1–44: 6–7.

Ariosto in an attempt to keep up with an almost insatiable demand. More than 159 editions of the poem appeared during the period 1516–1600,[13] for the most part printed in Venice, making *Orlando furioso* the undisputed bestseller of the sixteenth century, eclipsing even Jacopo Sannazaro's *Arcadia*, whose editions totalled less than seventy. The leading publisher in the first half of the century, and the one who probably made the largest profit from the poem, was Gabriele Giolito de' Ferrari (1508-1578); but since 1556 – the year marking the peak in Ariosto publishing, with no fewer than eight editions, three of which printed in Lyon and the rest in Venice – he started to have a fierce competitor in the person of Vincenzo Valgrisi (active 1540–1572), whose firm went on to print Ariosto's work well into the next century. Valgrisi was also the first to furnish the text with full-page woodcut illustrations for all forty-six cantos. Typically, every year, all of the major publishers would produce a new edition in two different formats: an in-4° aimed at affluent buyers and a more affordable in-8° aimed at the wider market.

If from the number of editions we move on to the number of copies, Ariosto's presence in the book market becomes even more conspicuous. Antonio Panizzi, a nineteenth-century scholar who had to flee his native Italy eventually finding refuge in England, tried to figure out how many copies of Ariosto could have been issued in a single decade (1544–1554):

> Supposing that in ten years Giolito published only seventeen editions of the *Furioso*, and supposing that only three thousand copies of each edition was struck off, (a number which we may consider very limited, when we recollect the certainty of a rapid sale, which could not escape a publisher,) we have the amazing number of more than fifty thousand copies of the *Furioso* issued from one press only, whilst it was yearly printed in other places, both of Italy and out of it, as well as in Venice itself, by several other printers. It is not, therefore, too much to assert, that during those ten years, there were not less than a HUNDRED THOUSAND copies of the *Furioso* published in or out of Italy.[14]

13   See Ludovico Ariosto, *Orlando furioso secondo la princeps del 1516*, ed. Marco Dorigatti with the collaboration of Gerarda Stimato (Florence: Olschki, 2006), introduction, XXI. The number of editions given above takes into account new editions that have come to light since 2006.

14   Antonio Panizzi, *Bibliographical notices of several editions of the Orlando Furioso printed before MDLI* (London: William Pickering, 1831), 50–51.

At this rate, it would not be long before the number of copies sold reached 1 million, making Ariosto the first among his contemporaries to set such a record. True, this figure may not impress the modern reader accustomed to the millions sold by Dan Brown or J. K. Rowling (not to mention Agatha Christie's more than 2 billion copies sold worldwide). However, one should bear in mind that back then, during the letterpress era, books were produced *manually*, requiring to be typeset afresh every time a new edition was needed, so the time and cost that went into these can hardly be compared to those required by the mechanised production of modern times.

Even so, if we want to gain a true perception of Ariosto's book and its circulation in the sixteenth century, we must look beyond the figures and other statistical data. Let us consider for example Don Quixote, a self-styled *hidalgo* who was also (to understate it) an avid reader of this genre of literature. In fact, when his library is examined, in a scene known as the *escrutinio*, or scrutiny – which is carried out by his niece, the housekeeper, the parish curate and the local barber in order to decide which books should be burned – it is not long before we encounter the name of 'el cristiano poeta Ludovico Ariosto', whose original work is carefully weighed against its Spanish translation (made by the poet-captain Jerónimo de Urrea in 1549), which is eventually condemned to be burned. But what is most surprising and, simultaneously, revealing, is that the humble barber of this remote *lugar* interrupts the curate's disquisition to announce that he, too, keeps a copy of the poem at home, and, what is more, his copy is in Italian, despite the fact that he cannot understand it ('Pues yo le tengo en italiano – dijo el barbero –, mas no le entiendo').[15] Here is a small but telling indication of just how far *Orlando furioso* had travelled by the end of the sixteenth century.

Still, the most human and most eloquent testimony in this regard comes from a letter written by the poet Bernardo Tasso (1493–1569) to his fellow writer Benedetto Varchi. Bernardo, the father of Torquato, was (and is) best known for his poem *Amadigi*, which is based on the same

---

15   Miguel de Cervantes Saavedra, *Don Quijote de la Mancha*, edición del Instituto Cervantes 1605–2005, dirigida por Francisco Rico (Barcelona: Galaxia Gutenberg, 2004), 2 vols: I, Part I, Chapter VI, 87.

Amadís de Gaula that the above-mentioned curate will mercilessly send to the flames. The letter, which is the main focus of our attention, was written in Venice on 6 March 1559, which is the true reason for our stopping here. No other document captures quite like Tasso's does what it was like to live surrounded by Ariosto, when his stanzas were in the air and could be heard everywhere. Having mentioned his own *Amadigi*, which was still in composition, Tasso is drawn, almost unavoidably, to discuss Ariosto's poem; and what he says will not cease to surprise us:

> Et se il fine che prepor si deve il buon Poeta non è altro che giovare & dilettare, che l'uno & l'altro habbia asseguito l'Ariosto si vede manifestamente, che non è dotto, né artegiano, non è fanciullo, fanciulla, né vecchio, che d'haverlo letto più d'una volta si contenti. Non son elleno le sue stanze il ristoro che ha lo stanco peregrino ne la lunga via, il qual il fastidio del caldo & del lungo camino, cantandole, rende minore? Non sentite voi tutto dì per le strade, per li campi, andarle cantando? Io non credo ch'in tanto spazio di tempo, quant'è corso dopo che quel dottissimo gentilhuomo mandò in man de gli huomini il suo Poema, si sian stampati né venduti tanti Homeri né Virgilij quanti Furiosi, & se così è, come veramente non si può negare, non è questo manifestissimo segno della bellezza & bontà de l'opra?[16]

If Bernardo Tasso is to be believed, no one merely read *Orlando furioso* in the sixteenth century. Everyone re-read it, despite having already read it more than once. And the reason they did so was not to discover its storyline (which of course they already knew), but rather to experience once again the sheer pleasure of its poetry, the author's unique way of conversing with his readers as if he were talking to a friend. And they never seemed to have enough, or tire, of it. But what stands out in Tasso's testimony is a practice which is more akin to an oral performance than to an act of silent reading, which would have been suitable even to illiterate people. For them Ariosto's text did not live on the page; it lived in the air, just like sound does. That is because it was sung from memory. As much as it may

---

16   Bernardo Tasso to Benedetto Varchi, 'Di Venezia il VI. di Marzo de MDLIX', in *Delle lettere di M. Bernardo Tasso, secondo volume. Nuovamente posto in luce, con gli argomenti per ciascuna lettera, e con la tavola [...]* (Venice: Gabriel Giolito de' Ferrari, 1560), 543–544.

astonish modern readers, it would not have surprised Don Quixote, who had that same habit ('me precio de cantar algunas estancias del Ariosto').[17]

Anno 244°

In the early afternoon of Saturday, 5 July 1760 (our next destination), Voltaire, then sixty-five and at the pinnacle of his fame, was about to get up from lunch – which, as was his habit, he enjoyed having in the company of friends and admirers – when he was informed that he had a visitor waiting at the door, a man of about thirty-five who introduced himself as the 'Chevalier de Seingalt'. His real name was Giacomo Casanova, and he was here on a mission.

At that time Voltaire was living just outside Geneva, in a villa called 'Les Délices',[18] which stood beyond the jurisdiction of France, from where he had been banished because of his writings. Also residing with him was Madame Marie-Louise Denis, who was a widow, his niece, as well as his housekeeper and lover, with whom he had been leasing the villa since 1755.

---

17 Cervantes, *Don Quijote de la Mancha*, I, Part II, Chapter LXII, 1248.

18 According to Christian Rivoletti (*Ariosto e l'ironia della finzione. La ricezione lette-raria e figurativa dell'*Orlando furioso *in Francia, Germania e Italia* (Venice: Marsilio, 2014), 93), Casanova would have visited Voltaire not in Geneva but at Château de Ferney. However, Voltaire did not move into this new estate, set within the French boundaries but enjoying a degree of autonomy, until October 1760, nearly three months after his meeting with Casanova. This is also confirmed by Casanova himself, who mentions meeting Voltaire at Les Délices in Geneva: see Casanova, *Histoire de ma vie*, édition établie sous la direction de Gérard Lahouati et Marie-Françoise Luna, avec la collaboration de Furio Luccichenti et Helmut Watzlawick (Paris: Gallimard, 2013–2015), 3 vols: II, 393. On the meeting between Voltaire and Casanova see Giosuè Carducci, 'L'Ariosto e il Voltaire', *Fanfulla della domenica*, 5 June 1881 (reprinted in *Opere*, vol. X (Bologna: Zanichelli, 1898), 129–147), and Jay Caplan, *In the King's Wake. Post-Absolutist Culture in France* (Chicago: The University of Chicago Press, 1999), especially the chapter 'Drawing Kings: Casanova and Voltaire', 127 ff.

It was here that Voltaire penned such works as *Candide* (1759). But a constant flow of visitors coming from all over Europe meant that the house was always full of guests, often as many as thirty and some staying for as long as three months. These cheerful people formed his personal audience, so to speak, allowing him to engage in learned conversations and of course to dazzle them with his sheer brilliance, especially at mealtimes. As such, the new visitor had arrived just at the right moment.

Later, Casanova would describe his meeting with Voltaire as 'le plus heureux moment de ma vie',[19] which may well be an exaggeration, but only in part. For he had come a long way in order to confront and hold to account a man who, in his opinion, had made a serious error of judgement. But this is not how their meeting started. Voltaire was in a jovial mood. He rose from his chair and introduced Casanova to his fellow banqueting guests who surrounded him on all sides, clearly anticipating the pleasure that was to follow. Casanova realised he was on a stage, with the spectators' eyes all on him, and he was determined to win them over.

Soon, after figuring out the names of Italian acquaintances they had in common (such as Count Francesco Algarotti), Voltaire, almost casually, as if to further probe the new visitor in the field of literature, asked what seemed like a simple question: 'Quel est le poète italien que vous aimez le plus?'. It was the moment Casanova had been waiting for:

> L'Arioste: et je ne peux pas dire que je l'aime plus que les autres; car je n'aime que lui. Je les ai cependant lus, tous. Quand j'ai lu, il y a quinze ans, le mal que vous en dites, j'ai d'abord dit que vous vous rétracteriez quand vous l'auriez lu.[20]

This time Casanova was not exaggerating: his passion for Ariosto was truly boundless. He even claimed to know him by heart ('Ayant lu l'Arioste deux ou trois fois par an depuis l'âge de quinze ans, il s'est placé tout dans ma mémoire sans que je me donne la moindre peine, et pour ainsi dire malgré moi [...]');[21] and his 4,000-plus-page *Histoire de ma vie* seems to

---

19   Casanova, *Histoire de ma vie*, II, 387.
20   Ibid., 389.
21   Ibid., 391.

corroborate, rather than disprove, that claim. It was his love for this poet that brought him here, in an attempt to redress the negative opinion that Voltaire had formed of him ('le mal que vous en dites'). Before we go on, however, in order to understand what had happened up to that point, we must step back in time, thirty-three years to be precise.

In 1727, while he was in exile in London, Voltaire published a work in English (his only work in that language) entitled *Essay upon the Epick Poetry of the European Nations*,[22] which failed to give Ariosto any credit for his contribution to the development of the epic genre whilst giving it instead not only to Tasso (which is, to some extent, understandable), but also to Trissino (which is not). With this essay Voltaire intended to pave the way for the launch of the first British edition of his own epic poem, *La Henriade*, which was to appear in London the following year, subtly presenting it as the culmination of that tradition. But his *Essay* was to prove highly controversial, enraging intellectuals across Europe precisely for the trivial role it assigned to Ariosto.

The first to stand up and voice his protest was Paolo Rolli (1687–1765), a conspicuous figure in early eighteenth-century London: he was a tutor to the Prince of Wales, wrote libretti for Handel and other composers, translated Milton and Shakespeare, and generally did much to introduce Italian literature, and Ariosto in particular, to the English public. In fact, in 1716 he had been the first in Britain to publish a work by Ariosto in its original Italian.[23] In 1728, when *La Henriade* was published to great acclaim, Rolli went public and vented his anger, both as an Italian and an admirer of Ariosto. In a pamphlet entitled *Remarks upon M. Voltaire's Essay on the Epick Poetry of the European Nations*, he argued that Voltaire,

---

22 Voltaire, *An Essay upon the Civil Wars of France, extracted from curious manuscripts. And also upon the Epick Poetry of the European Nations, from Homer down to Milton* (London: Samuel Jallasson, 1727). The latter work was eventually translated into French as *Essai sur la poésie épique de toutes les nations*, traduit de l'anglois de M. de Voltaire par l'abbé Desfontaines (Paris: Chaubert, 1728), and later revised and enlarged by Voltaire himself.

23 *Delle Satire e Rime di M. Ludovico Ariosto Libri Due* ('Londra: per Giovanni Pickard', 1716).

who famously never set foot in Italy, 'never perhaps conversed with any *Italian* of true Learning';

> yet he, either by a superior Genius or the Gaieté de Cœur ventures at this most bold and most inconsiderate Blow against no less than a whole Nation; a Nation who, in matter of Epick Poetry, had Ariosto and Tasso, almost two hundred Years before *France* had M. Voltaire.[24]

Rolli was not the only intellectual who tried to induce Voltaire to reconsider his severe judgement on Ariosto. Another was the Mantuan Jesuit abbot Saverio Bettinelli (1718–1808).[25] In 1758, a year after publishing what is possibly his sharpest critical work, *Lettere virgiliane*[26] – in which Virgil, now confined to the Elysian Fields, famously expresses his distaste at being exploited by Dante in such an improbable work as the *Divine Comedy* (a reminder that Ariosto was not alone in being misunderstood) – Bettinelli undertook a long journey through Italy and Europe. In the winter of 1758 he was in Geneva, and so he, too, paid a visit to Voltaire. He needed no introduction, for Voltaire was already acquainted with him, Bettinelli being one of his Italian correspondents and translators. An account of his visit to Voltaire at Les Délices, which preceded Casanova's by nearly two years, can be found in a work entitled *Lettere a Lesbia Cidonia*, which, however, Bettinelli would not publish until several decades later.[27] In it he recorded for posterity, amongst other things, Voltaire's peculiar way of speaking French (described as a 'parlar lento ed interrotto'),[28] as well as his tendency,

---

24 Paolo Rolli, *Remarks upon M. Voltaire's Essay on the Epick Poetry of the European Nations* (London: Thomas Edlin, 1728), 19–20.

25 On Saverio Bettinelli see Giovanni Catalani, *Saverio Bettinelli e Giacomo Casanova. Un incontro mancato chez Voltaire* (Verona: QuiEdit, 2011), and Idem, 'Verità e dubbi su un incontro con Voltaire: Bettinelli scrive a Vannetti', *Lettere italiane*, 64, 3 (2012), 476–489.

26 The work's actual title is *Dieci lettere di Publio Virgilio Marone scritte dagli Elisi all'Arcadia di Roma sopra gli abusi introdotti nella poesia italiana* (Venice: Fenzo, 1758 [=1757]).

27 *Lettere a Lesbia Cidonia sopra gli epigrammi del signor abate Saverio Bettinelli sotto il nome di Diodoro Delfico* (Bassano: s.n.t. [Remondini], 1792).

28 Ibid., 'Lettera IV', 24.

when speaking Italian, to mix it with French ('Frammischiava l'italiano al francese, e citavami Tasso e Ariosto, benché con pronunzia francese, della quale non potea disfarsi').[29] And of course, during his visit Bettinelli seized the opportunity to raise an issue that had troubled him for some time:

> Soggiunsi poi, che gustando tanto l'Ariosto mi parea non l'avesse trattato con gusto nel suo *Saggio su 'l Poema Epico* avanti all'Enriade. Entrammo nell'argomento, ed ebbi agio di mostrar qual poeta quel fosse, e quanto agli altri superiore, e che meritava d'esser da lui più conosciuto, e non sol come un pazzo e un buffone irreligioso. Ciò dissi perché m'avea citato quel passo in cui fa dire a S. Giovanni *il mio lodato Cristo ec.* con malizia, ed aggiunsi, che pur troppo il gran poeta è un gran pazzo e motteggia troppo liberamente, ma che fu colpa del tempo suo, in cui la cinica libertà non facea scandalo per gli scandali generali. Mi promise di rileggerlo su la mia fede [...].[30]

Voltaire invited him to stay for a few months, but Bettinelli preferred to proceed to Marseille because of its milder climate. We, too, must leave Bettinelli behind at this point, as it is time to return to the scene that was unfolding between Casanova and Voltaire under the attentive eyes of the guests. The discussion had just turned to Ariosto, and Casanova was certain that he would catch Voltaire out, given what he had written in that ill-fated *Essay* of 1727 (revealing some naivety as regards Ariosto's work and role), to the point Casanova was already savouring his inevitable victory.

However, in keeping with the best French dramatic tradition a coup de théâtre was about to take place, and as Casanova recounts what happened next, the tone of his voice seems to change:

> Ce fut dans ce moment-là que Voltaire m'étonna. Il me récita par cœur les deux grands morceaux du trente-quatrième, et du trente-cinquième chant de ce divin poète, où il parle de la conversation qu'Astolphe eut avec l'apôtre S. Jean sans jamais manquer un vers, sans prononcer un seul mot qui ne fût très exact en prosodie: il m'en releva les beautés avec des réflexions de véritable grand homme. On n'aurait pu s'attendre à quelque chose davantage du plus sublime de tous les glossateurs italiens. Je l'ai écouté sans respirer, sans clignoter une seule fois désirant en vain de le trouver en faute: j'ai dit me tournant à la compagnie que j'étais excédé de surprise, et que j'informerai toute

29 Ibid., 24–25.
30 Ibid., 25.

l'Italie de ma juste merveille. Toute l'Europe, me dit-il, sera informée de moi-même de la très humble réparation que je dois au plus grand génie qu'elle ait produit.[31]

Casanova had come here to convert Voltaire, not expecting to find him already converted, as his familiarity with Ariosto's text amply demonstrates. At last the old man had given up his long-held preference for Tasso and Trissino, and finally he was opening his eyes. Because of this unexpected twist, what followed was no longer a duel but rather a shared celebration. Casanova, not one to be left behind, replied to Voltaire's recitation of the St John episode with the deliverance, also by heart, of his preferred passage: Orlando's gradual descent into madness (*Fur.*, XXIII 101–136). More than a recitation it was a masterly performance which, by the end, left him exhausted and in tears, as though he had lived through, not just recited, that terrible experience. And now the actor (which was, as it happens, his father's profession) was ready to face the audience:

> À la fin de mon récit, j'ai reçu tristement les compliments de toute la compagnie. Voltaire s'écria: je l'ai toujours dit: si vous voulez qu'on pleure, pleurez; mais pour pleurer il faut sentir, et pour lors les pleurs viennent de l'âme. Il m'embrassa, il me remercia, il me promit de me réciter le lendemain les mêmes stances, et de pleurer aussi. Il m'a tenu parole.[32]

Eventually the two fell out over the subject of religion, which for Casanova was a necessary evil (because it keeps people in their place within society) whereas for Voltaire it was not only unnecessary but also unjustifiable. This brought Casanova's three-day visit to an abrupt end. But Voltaire kept the promise that he already made to Bettinelli and made again to Casanova, namely to amend his views on Ariosto and to inform the world at large ('Toute l'Europe, me dit-il, sera informée [...]'). However, an opportunity to do so, and set the record straight, would only present itself eleven years later, in 1771, when writing the entry 'Épopée, poème épique' for the *Questions sur l'Encyclopédie*. Voltaire, now aged seventy-seven, used this encyclopaedic article to issue a long-overdue public apology:

---

31   Casanova, *Histoire de ma vie*, II, 389–390.
32   Ibid., 392.

Je n'avais pas osé autrefois le compter parmi les poëtes épiques; je ne l'avais regardé que comme le premier des grotesques; mais en le relisant je l'ai trouvé aussi sublime que plaisant; & je lui fais très humblement réparation.[33]

Thus the old man made peace with Ariosto, his supporters and the entire world.

Anno 417°

The first impression felt by a traveller arriving here, especially from the north, is of a rather barren land, yet also sunny and warm. On the horizon one can see mosques with minarets as well as the profiles of Armenian monasteries and Orthodox churches. There are ruins at every turn. The Greeks and the Romans have been here, as have the Persians and the Mongols. For Crimea – the peninsula on the Black Sea which is our next destination – lies at the crossroads between east and west, and for that reason it has long been (and still is) disputed. The region, mentioned by Ariosto,[34] has an Italianate, southern feel to it, which over the years has attracted poets and artists alike. Alexander Pushkin was here in 1820 (the same year his *Ruslan and Lyudmila*, a work partly inspired by Ariosto, was published), soon followed by the Polish Romantic poet Adam Mickiewicz, who captured the spirit of the place and its tormented past in a sequence of *Crimean Sonnets* (*Sonety krymskie*, 1826), including 'The Ruins of Balaclava' ('Ruiny zamku

---

33 Voltaire, entry 'Épopée, poème épique', in *Questions sur l'Encyclopédie, par des amateurs*, vol. V ([Geneva]: [Cramer], 1771), 254 (modern edition: *Questions sur l'Encyclopédie*, in *Œuvres complètes de Voltaire*, eds Nicholas Cronk and Christiane Mervaud (Oxford: Voltaire Foundation, 2010), t. 41, 173).

34 Ariosto hinted at this region with the expression *cimerie grotte* (*Fur.*, XLV 102,5), *Cimmeria* being the Latin name of Crimea.

w Bałakławie') which begins: 'Oh, thankless Crimean land! in ruin laid /
Are now the castles that were once your pride!'.[35]

The small town where we are stopping is called Stary Krym. For it is
here that in the spring of 1933 the Russian poet Osip Emilyevich Mandelstam
(1891–1938), then forty-two, arrived from Moscow with his wife Nadezhda
Yakovlevna in what was then an autonomous Soviet Republic. With them
was Boris Kuzin, a young biologist and a writer whom Osip had met in
Armenia in 1930. They decided to leave Moscow as a precaution, as there
had been a string of arrests of political nonconformists, including Kuzin,
who had been briefly detained; as for Osip, he had refused to sing the
praises of the new Stalin era. In Stary Krym the three guests were hosted
by Nina Grin, the widow of Alexander Grin – a friend and a well-known
novelist who had died the previous year – in a small house which is now a
museum devoted to his memory. Having been here before, the Mandelstams
were shocked by what they found. The almond trees were in full blossom,
but 'Acute famine conditions gripped the whole region, and they were
appalled by the spectacle of fields made unrecognisable by the absence of
crops and cattle, the result of the destruction which followed enforced
collectivisation'.[36] Notwithstanding the conditions that Osip saw all around
him, his new surroundings, the southern climate, somewhat reminiscent
of the Mediterranean, and the coming of spring – which did not stop
blooming even during the Stalin era – had the effect of reawakening in him
the desire to immerse himself in Italian poetry (in the original, of course,
often read aloud to reveal its sound qualities). One of the most intensely
creative moments of his life had thus begun, and it would absorb him for
months. His thoughts went initially to Dante, although the work that
would eventually materialise, the long essay 'Conversation about Dante'

---

35   Adam Mickiewicz, *Sonnets from the Crimea*, trans. Edna Worthley Underwood (San
     Francisco, CA: Paul Elder and Company, 1917), 31. ['Te zamki połamane w zwaliska
     bez ładu, / Zdobiły cię i strzegły, o niewdzięczny Krymie!']
36   Jennifer Bains, *Mandelstam: The Later Poetry* (Cambridge: Cambridge University
     Press, 1976), 73. On Mandelstam in Crimea see also Daniela Rizzi, 'Note sul tema:
     Osip Mandel'štam e la Crimea', in *La Crimea tra Russia, Italia e Impero ottomano*,
     eds Aldo Ferrari and Elena Pupulin (Venice: Edizioni Ca' Foscari, 2017), 189–202.

(*Razgovor o Dante*), would not take its final form until it was eventually
dictated to Nadezhda sometime around 1934–1935.[37] And it certainly was
a unique work, uniquely unconventional ('Dante's poetry partakes of all
the forms of energy known to modern science. Unity of light, sound and
matter form its inner nature. Above all, the reading of Dante is an endless
labour, for the more we succeed, the further we are from our goal').[38] But
what made him feel closer to Dante at that juncture was a pervasive idea,
one which he could understand like no other and into which he could
reflect his entire self: the idea of Dante as an exile ('In all seriousness the
question arises: how many shoe soles, how many ox-hide soles, how many
sandals did Alighieri wear out during the course of his poetic work, wander-
ing the goat paths of Italy').[39] This image of Dante was not accidental. In
fact, on the opposite shore of the Black Sea lies Tomis (now Constanţa, in
Romania), where Ovid spent his exile. The Russian poet was acutely aware
of his presence on the other shore, having published in 1922 a collection
of poems entitled *Tristia*, which he wrote even as the Bolsheviks began
to exert increasing control over Russian arts, setting him on a collision
course with the Soviet authorities. So, in a sense, three poets, all united
by the experience of exile, came together in this barren part of Crimea,
and Mandelstam could have seen the future course of his life mirrored in
the fate of his companions, just as Dante was able to learn about his own
destiny from his forefather Cacciaguida.

But this is not all that preoccupied Mandelstam during his stay in
Stary Krym (18 April – 29 May). Another, parallel interest captivated him
during this time, and this was Ariosto. So different from the exile poets
and yet, precisely for that reason, so relevant, Ariosto seemed to provide
an antidote to the harsh realities that surrounded Mandelstam, though

---

37 On Mandelstam and Dante see Carlo Tenuta, 'Dante in Crimea. Osip Mandel'štam
    e la "Divina Commedia": poesia ed esilio in una lettura novecentesca', *Intersezioni*,
    29, n. 2 (August 2009), 179–196.
38 Mandelstam, 'Conversation about Dante', in *The complete critical prose and letters*,
    ed. Jane Gary Harris, trans. Jane Gary Harris and Constance Link (Ann Arbor, MI:
    Ardis, 1979), 400.
39 Ibid.

not in the simplistic way one might imagine, as a means of evading those realities and escaping into a fantasy world, but rather the opposite: as a way to confront them head-on. At the time, however, no one seemed to understand why a modernist Russian poet like Mandelstam could possibly feel any affinity with Ariosto, not even his wife ('Nadezhda Yakovlevna [was] slightly puzzled as to why Ariosto in particular was necessary to Mandelstam at this juncture').[40] But unlike his work on Dante, which took longer to mature and come to fruition, his parallel 'conversation' on Ariosto quickly coalesced into a fully fledged poem which is also a compelling statement about art and power, with the figure of the artist standing in between. It is called 'Ariosto' (*Ariost*) and it carries the date 'Stary Krym, 4–6 May 1933'.

But before looking at it in detail, it may be useful for its proper understanding to follow Mandelstam after his return from Crimea, during what was going to be the last five and a half years of his troubled life. In fact, he had barely arrived in Moscow when, in November, he wrote a poem known as 'Stalin Epigram' (*Epigramma na Stalina*). Given its sensitive nature, he did not write it down but recited it from memory to a small circle of friends, including Anna Akhmatova and Boris Pasternak. It is an intoxicating poem; once heard, one cannot get it out of one's mind. It opens with the lines:

> We live without feeling the country beneath us,
> our speech at ten paces inaudible,
>
> and where there are enough for half a conversation
> the name of the Kremlin mountaineer is dropped.
>
> His thick fingers are fatty like worms,
> but his words are as true as pound weights.[41]

---

40 Bains, *Mandelstam: The Later Poetry*, 74.

41 Osip Mandel'shtam, *Selected Poems*, translated from the Russian by David McDuff (Cambridge: Rivers Press, 1973), 131. ['Мы живем, под собою не чуя страны, / Наши речи за десять шагов не слышны, / А где хватит на полразговорца, / Там припомнят кремлевского горца. / Его толстые пальцы, как черви, жирны, / И слова, как пудовые гири, верны.']

With this poem Mandelstam had unwittingly signed his own sentence. In fact, it did not take long for it to come to the attention of the authorities. On the night of 14 May 1934 he was arrested at his home and taken to the infamous Lubyanka Prison where, in the course of the interrogation, he was forced to write down the incriminating poem. Pasternak tried to intercede on his behalf, but to no avail. All of a sudden something quite unexpected happened: the telephone rang in his Moscow apartment. A voice at the other end said, 'Comrade Stalin wishes to speak with you'. According to his lover Olga Ivinskaya,[42] Pasternak was struck dumb and almost paralysed. The party leader wanted to know what people in literary circles were saying about Mandelstam and what opinion Pasternak had of him, hinting that he could be saved if his friend was willing to stand by him ... The irony is that, deep down, Joseph Stalin admired Mandelstam. That is because, surprising as it may seem, Stalin did have a keen interest in poetry. Suffice it to say that he was himself a poet (albeit of sorts), as Simon Montefiore reminds us:

> Stalin's early verses explain his obsessional, destructive interest in literature as dictator as well as his reverence for – and jealousy of – brilliant poets such as Osip Mandelstam and Boris Pasternak. [...] But, ironically, the swaggering brute rightly notorious for his oafish philistinism concealed a classically educated man of letters with surprising knowledge. Stalin never ceased caring about poetry. Mandelstam was right when he said, 'In Russia, poetry is really valued, here they kill for it'.
> The ex-romantic poet despised and destroyed modernism but promoted his distorted version of romanticism, Social Realism. He knew Nekrasov and Pushkin by heart, read Goethe and Shakespeare in translation, and could recite Walt Whitman. [...]
> Stalin respected artistic talent, generally preferring to kill Party hack instead of brilliant poets. Hence on Mandelstam's arrest Stalin ordered, 'Isolate but preserve'. He would preserve most of his geniuses, such as Shostakovich, Bulgakov and Eisenstein, sometimes telephoning and encouraging them, at other times denouncing and impoverishing them.[43]

---

42 Olga Ivinskaya, *A Captive of Time: My Years with Pasternak* (London: Collins and Harvill Press, 1978), 61–63.

43 Simon Sebag Montefiore, *Young Stalin* (London: Weidenfeld & Nicolson, 2007), 50.

Osip was exiled to Cherdyn in the Northern Ural, but eventually, following the intervention of Nikolai Bukharin (a high-ranking party member), and especially that of Stalin himself, he was allowed to choose his own place of confinement, provided that it was far from large cities; he chose Voronezh in southwestern Russia, where he went with Nadezhda at his side. The three years spent there were almost a reprieve in his life, during which he wrote the *Voronezh Notebooks*. And there, in 1937, he also wrote another startling piece: an 'Ode to Stalin' (*Oda Stalinu*), intended as 'a hymn of praise to Stalin', as Nadezhda explained, though not as one might expect. What is remarkable about this ode, beyond its subject, which is almost impossible to like, is the fact that, poetically speaking, it sounds neither contrived nor false: far from it. For although it marks a desperate attempt to save the life of a poet who knew his days were counted, it is no less moving and brimming with humanity than the rest of his poetry; for some, such as Joseph Brodsky, this would actually be the greatest poem he had ever written. On their return to Moscow later that year the Mandelstams soon discovered that their position had changed; having lost their apartment, they now had to live in inhumane conditions and in total dependency on the willingness of others to provide them with succour. In May 1938, while in a sanatorium, they received the call they had been dreading all along, and the rest unfolded extremely quickly. Osip was arrested and taken away before he could even say goodbye to Nadezhda, who would never see him again. This time the sentence was five years in a labour camp, and he was sent to the infamous Kolyma region of Siberia, later made notorious by Varlam Shalamov's *Kolyma Tales* (*Kolymskiye rasskazy*, 1978). He did not resist very long and died on 27 December in the transit camp Vtoraya Rechka near Vladivostok while en route to Kolyma.

Having followed the course of the poet's life to its tragic end, we may now, armed with that knowledge, return to his 1933 poem on Ariosto. Unfortunately, this poem, of which he was especially proud, was found in his Moscow flat when he was arrested nearly exactly a year later, in May 1934, and it was confiscated along with other papers. Mandelstam felt devastated by its loss, and so, during his house confinement in Voronezh, he set out to reconstruct it from memory, and in actual fact ended up writing a new version. However, the original version was later found by Nadezhda who had hidden a copy in their Moscow apartment. Thus two different versions of the Ariosto poem survived, both of which were published posthumously.[44] Of these, the first perhaps best captures the spirit of the moment when it was composed in May 1933. This timing is significant also for another reason. In that year, which happened to coincide with the IV centenary of Ariosto's death, the author of *Orlando furioso* was celebrated across Europe and beyond as a great poet, but one who ultimately belonged to the past and whose fantasy world was in strident contrast with the contemporary political climate.

Mandelstam, however, thought otherwise. This is how he viewed him, or rather this is his 'conversation' about Ariosto:

> In all Italy, the most pleasant and wisest man
> Is kind old Ariosto who's gone a bit hoarse.
> He enjoys enumerating the fish and worse
> Peppering the sea with the most malicious puns.
>
> And, like a musician with ten loud cymbals,
> Who does not tire of breaking up his story,
> He leads us back and forth knowing no other way
> Through confused accounts of chivalrous scandals.
>
> In the language of cicadas with a captivating mix
> Of Pushkinean melancholy and Mediterranean pride –
> He transforms his Orlando into something mad and wild
> Out of a tangle of lies, and his playing of tricks. [...]
>
> City of lizards in which there is no soul, –
> If only you would give birth more often to such men,
> Harsh Ferrara! Tell the old story once again,
> Hurry, while blood in the veins still flows.

---

44 The 1933 version was first published in 1962 (Осип Мандельштам, *День поэзии* (Москва: Советский писатель, 1962), 285–286); the 1934 version in 1967 (Osip Mandelstam, *Sobranie sochinenii* (*Collected works*), eds Gleb Struve and Boris Filippov, vol. I (New York: Inter-Language Literary Associates, 1967), number 268).

It is cold in Europe. Italy is dark.
Staving off power is like avoiding barbers' hands.
He's still the grand old man, better, more skilled,
Smiling from a window, with wings thrown back. [...]

Kind old Ariosto, perhaps this age will vanish –
And in a single fraternal blue expanse
Your azure and our black seas will coalesce.
... We were together there. There we drank honey.

Stary Krym, 4–6 May 1933[45]

For Mandelstam, then, Ariosto is not a poet of the past, nor is he dead. He is a poet who, just like him, had to steer a course through turbulent times but, unlike his Russian companion, he had a unique ability to deal with political authority (in his case, the Este rulers) and escape unscathed. At no other time, therefore, was a poet like Ariosto more relevant. He is called the 'wisest man' precisely because he knows how an intellectual should conduct himself vis-à-vis a tyrannical regime. Recently his voice has 'gone a bit hoarse' because he has been preaching peace (the natural response of reason to the menace of war) at a time when no one seemed willing to hear that word or his voice. He saw that the world was bent on its own

---

45   *A Selection of Poems by Osip Mandel'shtam*, trans. Don Mager, 82–83 [<https://sites. google.com/site/donmagerpoet/>]. ['Во всей Италии приятнейший, умнейший, / Любезный Ариост немножечко охрип. / Он наслаждается перечисленьем рыб / И перчит все моря нелепицею злейшей. // И, словно музыкант на десяти цимбалах, / Не уставая рвать повествованья нить, / Ведет туда-сюда, не зная сам, как быть, / Запутанный рассказ о рыцарских скандалах. // На языке цикад пленительная смесь / Из грусти пушкинской и средиземной спеси – / Он завирается, с Орландом куролеся, / И содрогается, преображаясь весь. [...] // О город ящериц, в котором нет души, – / Когда бы чаще ты таких мужей рожала, / Феррара черствая! Который раз сначала, / Покуда в жилах кровь, рассказывай, спеши! // В Европе холодно. В Италии темно. / Власть отвратительна, как руки брадобрея, / А он вельможится все лучше, все хитрее / И улыбается в крылатое окно – [...] // Любезный Ариост, быть может, век пройдет – / В одно широкое и братское лазорье / Сольем твою лазурь и наше черноморье. / ... И мы бывали там. И мы там пили мед ... // *Старый Крым, 4–6 мая 1933*' (*День поэзии*).]

destruction, and tried to avert it. It is not about the Renaissance; it is about the present moment, 1933, a critical year: 'It is cold in Europe. Italy is dark'. With this chilling metaphor Mandelstam captures the urgency of the here and now: Nazism is on the rise in Germany while Italy, once a country with a blue sky, is now under a blanket of darkness, in the grip of Fascism. It is indicative that when Mandelstam tried to recreate this poem in July 1935, after the original had been impounded by the Soviet authorities, this was one of only a few lines he could remember precisely (his memory being different from that of Nadezhda, who could retain in her mind a large part of his literary output, thereby preserving it for posterity), and it became the first line of the new version.

But the political landscape would not be complete without paying attention to the east and its happenings. The line 'Staving off power is like avoiding barbers' hands' contains another expression that would become fixed in the poet's mind; where the barber in question is Peter the Great (who made his subjects shave their beards, chopping off the heads of those who were recalcitrant to comply) and also, in a roundabout way, Joseph Stalin. So, for Mandelstam, art and poetry are locked in a mortal struggle with power, and it is in this regard that 'kind old Ariosto' stands out for being able to outsmart his persecutors, even though, sadly, the likes of him are rare ('City of lizards in which there is no soul, – / If only you would give birth more often to such men, / Harsh Ferrara!').

Hope is not lost, however. Against this bleak background there is something that poets could, and should, do: to unite their forces and create 'a single fraternal blue expanse', one combining the azure that is characteristic of the Mediterranean Sea, and Italy in particular, with a darker blue that is typical of the Black Sea. After all, despite being separate, these poetic traditions have the same ancient roots (Greek, Latin and Byzantine); hence '... We were together there. There we drank honey'. It is worth observing that this line (in Russian, '... И мы бывали там. И мы там пили мед ...') intentionally echoes one by Alexander Pushkin – 'I was there once: I sipped some honey' ('И там я был, и мед я пил') – from his *Ruslan and Lyudmila* (Prologue, l. 30). This echo is not accidental. For the first to fuse (poetically speaking) what for Mandelstam are two different shades of the colour blue was precisely this playful poet, one of the earliest to read

Ariosto in Russia and to be influenced by him. What he did was to merge 'Mediterranean pride' with Russian melancholy, thereby creating a new poetic blend that Mandelstam calls 'Pushkinean melancholy'. Pushkin was therefore a pioneer and at the same time an intermediary between Ariosto and Mandelstam. As Bains points out:

> In the first written notes for *Razgovor o Dante*, which preceded these poems by some months, there is evidence to suggest that it may have been during Mandelstam's recent perusal of Russian poetry that he observed the Italian influence on Pushkin, perhaps giving him his initial enthusiasm for the Italians [...].[46]

So for Mandelstam Ariosto was a travelling companion on his difficult journey, just as Dante, albeit in a different manner, was too: a remarkable poet who despite being acutely conscious of the problems of his time chose not to curb his fantasy in any way, but instead to give it free rein, acting 'like a musician with ten loud cymbals, / Who does not tire of breaking up his story'.

Still, it is in adversity that poets must show their worth, and for Mandelstam that adversity came in the form of a gulag in the far east, where (as he would let his brother know in his last letter) he had become frail and malnourished, with little to protect himself against the vicious Siberian winter. There is evidence to suggest that during the final months of his life in this labour camp near Vladivostok, Mandelstam recited poetry to his fellow prisoners, who gathered in a hut in the evening. The way he read aloud his poems was very characteristic: 'As always, he read with his head thrown back, standing completely to attention, as if a whirlwind was about to tear him from the surface of the earth at any minute'.[47] It is tantalising to think that he might also have recited the Ariosto poem from memory, as a way of reminding himself and his fellow inmates of better times and gentler climates, but also as an act of defiance: if ever Ariosto was called

---

46   Bains, *Mandelstam: The Later Poetry*, 75.
47   Mandel'shtam, *Selected Poems*, translated from the Russian by David McDuff, intro-
      duction, xiii. The above description is based on an eyewitness account of a public
      reading Mandelstam gave in Leningrad in 1933.

upon to demonstrate what poetry could do to alleviate the tragedies of life, it must have been here, in this remote Soviet gulag.

It is interesting to consider this possibility because Mandelstam would not be the only one to try to bring to life Italian literature inside a labour camp. Not long after his death in 1938, another Jew by the name of Primo Levi, who was confined to a Nazi camp (Monowitz, part of the Auschwitz network), would struggle to recite from memory a passage from Dante – Ulysses' speech to his crew – for a fellow prisoner, Jean Samuel, also known as Pikolo (an episode later to become the chapter 'Il canto di Ulisse' in *Se questo è un uomo*, 1947). But whereas Levi, by choosing this particular Dantean character, laid emphasis on the human desire for knowledge which characterised him personally, given that he was a scientist, Mandelstam, on the other hand, if he ever read out the Ariosto poem in his camp, would have made a different choice: something not quite so useful as science and knowledge, perhaps, yet something no less essential to human life, especially in distressed conditions, namely the freedom of imagination, the ability to dream of himself conversing with Ariosto and Pushkin under a blue sky. Mandelstam alone knew how precious this was. He died for it.

Anno 444°

This leg of the journey, covering a distance of some 8,000 miles (12,880 km), has seen us travel by far the furthest. We have left the Crimea and have reached not only a new country, but also a new continent: South America. The year is now 1960 and the place where we are stopping is Buenos Aires, Argentina. The reason we have come here is to meet Jorge Luis Borges, an eminent writer and a man whose knowledge of the infinite possibilities inherent in literature has made him akin to a universe, or rather a library, which for him amounted to the same thing (see his seminal short story 'The Library of Babel' (*La biblioteca de Babel*, 1941)); one comprising both real and imaginary books almost invariably belonging to the rare, unusual or even improbable kind. Since 1955, when Borges became completely blind, this library was housed in his mind; which meant that he, who was also the director of a real library – the Biblioteca Nacional Mariano Moreno in Buenos Aires – could access it at all times and, unlike the other, physical library (which he would lose in 1973, following a change of government and Juan Perón's return to Argentina), no one could take away from him. It was a personal space and his natural element, an instrument which allowed him to 'see' the real world and also describe it for the benefit of those who did not have his extraordinary vision. If for Galileo the world was a book written by God, for Borges it was an infinite, labyrinthian library containing books not necessarily by the same author. But at least that other Author did not lack a sense of humour. On being appointed director of the Biblioteca Nacional, Borges insisted he did not reproach God, 'who with such splendid irony / granted me books and blindness at one touch'.[48]

Borges grew up speaking both Spanish and English at home. In Switzerland he learnt French and German. He also knew other languages, although to a lesser extent, and Italian was among them. By his own admission, he could read it but not speak it. Still, it meant a great deal to him because of its literature.[49] Just as for Mandelstam, for Borges, too, two figures dominated Italian literature: Dante and Ariosto, both fantasy authors, albeit in different ways. First came Dante, whose *Commedia* he considered the best literary work of all times. He started to read it in the 1930s, initially using Dent's bilingual edition; but when he reached the point in *Purgatorio* where Virgil takes leave from Dante, he felt he could likewise proceed without a guide and relied instead on the original text.[50]

48   Jorge Luis Borges, 'Poem of the Gifts' [*Poema de los dones*], in *Selected Poems*, ed. Alexander Coleman (New York: Viking, 1999), 95. ['que con magnífica ironía / me dio a la vez los libros y la noche.']

49   On Borges and Italian literature see Roberto Paoli, 'La presenza della cultura italiana nell'opera di Jorge Luis Borges', *L'Albero*, n. 61–62 (1979), 71–94; Idem, *Borges e gli scrittori italiani* (Naples: Liguori, 1997); Marco Dorigatti, 'Borges, Ariosto e la vita segreta dei personaggi minori', in *Lettori e interpreti del* Furioso, *Carte Romanze*, 1/2 (2013), 377–406.

50   Borges' essays on Dante were collected in a volume in 1982: Jorge Luis Borges, *Nueve ensayos dantescos*, introducción de Marcos Ricardo Barnatán, presentación por Joaquín Arce (Madrid: Espasa Calpe, 1982); Italian translation: *Nove saggi danteschi*, prefazione di Giorgio Petrocchi (Milan: Franco Maria Ricci, 1985). On Borges and Dante see at least Jorge Vehils, 'Borges y Dante', *Cuadernos Hispanoamericanos*, 409

Thus Borges learnt his Italian: directly from Dante and aided by Attilio Momigliano, his preferred commentator, who in his eyes had introduced a new type of commentary called 'el comentario estético'.[51]

Seen retrospectively, the encounter between Borges and Ariosto, was a predestined one. Without him Borges would never have become 'the other one, the one called Borges, [...] the one things happen to',[52] nor would Ariosto enjoy many of the signature Borgesian features which nowadays are attributed to him. In Ariosto Borges found first and foremost a lunar quality, a sense of otherness capable of revealing the world from a new perspective:

> Ariosto taught me that in the shifting
> Moon are the dreams, the ungraspable,
> Time that is lost, the possible
> Or the impossible, which are the same.[53]

What he found in Ariosto was above all the idea of a dream: *Orlando furioso*, for him, was not the stuff of dreams but itself a dream; and although this notion may characterise Borges, an avid reader of Carl Gustav Jung, perhaps better than it does Ariosto, it remains mostly true for both, especially since Borges, with his own example, changed the way we perceive Ariosto. But there is one other aspect which, according to Borges, defines even more

(July 1984), 165–167; Gina Lagorio, 'Borges e Dante', *Doctor virtualis*, n. 2 (2003), 25–32; Humberto Núñez-Faraco, 'Borges, Dante and Barbusse: A Contribution Towards a Comparative Reading', *Variaciones Borges*, 17 (2004), 199–212; Idem, *Borges and Dante: Echoes of a Literary Friendship* (Oxford-New York: Peter Lang, 2006); Idem, 'Dante, precursor de Borges', *Neophilologus*, 99, 3 (July 2015), 419–432; Francisco J. Rodríguez Risquete, 'Borges: fervor de Dante', *Quaderns d'Italià*, 10 (2005), 195–218; Riccardo Ricceri, *Dante e il dantismo nell'opera di Jorge Luis Borges* (Milan: Prometheus, 2006); William Rowlandson, 'Borges's Reading of Dante and Swedenborg: Mysticism and the Real', *Variaciones Borges*, 32 (2011), 59–85.

51 Jorge Luis Borges, Prologue to Attilio Momigliano, *Ensayo sobre el "Orlando Furioso"*, trans. Juan González Álvaro (Buenos Aires: Editorial Hyspamérica, 1986), x.

52 Jorge Luis Borges, 'Borges and I' [*Borges y yo*], in *Labyrinths: Selected Stories & Other Writings* (New York: New Directions, 1964), 240. ['Al otro, a Borges, [...] a quien le ocurren las cosas.']

53 Jorge Luis Borges, 'The Moon' [*La luna*], in *Dreamtigers*, trans. Mildred Boyer and Harold Morland (Austin: University of Texas Press, 1964), 66. ['Ariosto me enseñó que en la dudosa / Luna moran los sueños, lo inasible, / El tiempo que se pierde, lo posible / O lo imposible, que es la misma cosa.']

profoundly the essence of Ariosto's poem. In order to reveal it, we should
bear in mind that whereas for Mandelstam, located in Russia, Ariosto
represented a point in the west, for Borges, located at the other extrem-
ity, in Argentina, it represented a point in the east, which is not without
significance. For him, Ariosto's poem had an oriental appeal that nobody
before him had been able to detect in quite the same way; one, moreover,
which came to coincide with his life-long fascination with the oriental
world.[54] Quoting Rudyard Kipling, he famously declared that 'Once you
have heard the call of the East, you will never hear anything else'.[55]

Nowhere is this more apparent than in a poem Borges published in
1960, which proclaims the allure of the east even from the title: 'Ariosto
and the Arabs' (*Ariosto y los árabes*), from the collection *El hacedor* (*The
Maker*), his first book of poetry since 1929.[56] Borges knew that the world
of Ariosto was a binary one, with two sides, two armies, two groups of
characters; yet until then no one had paid any attention to the other side,
that of the Saracens (also called Moors), their customs, their religion, their
culture. Borges' shift of attention from the western to a hitherto neglected
eastern world was unprecedented and thus a significant anticipation even
in terms of Ariosto criticism.[57]

All this came naturally to him, given that the language and the culture
he identified most with was Spanish, in whose substratum lies another
culture dating to the Muslim era, which came forcibly to an end but not

---

54   On this aspect see Carmen Espejo Cala, 'Borges y los árabes', *Philologia hispalensis*,
     7 (1992), 103–112; Ian Almond, 'Borges the Post-Orientalist: Images of Islam from
     the Edge of the West', *MFS Modern Fiction Studies*, 50, n. 2 (2004), 435–459; and
     Robin Fiddian, '"El Oriente" by Jorge Luis Borges: a Poetic Bouquet and Emblem
     of the East', *Romantic Review*, 98 (2007), 189–203.

55   Jorge Luis Borges, *Seven Nights* [*Siete noches*], trans. Eliot Weinberger (New York:
     New Directions, 1984), 46.

56   Jorge Luis Borges, 'Ariosto y los árabes', in *El hacedor* (Buenos Aires: Emecé Editores,
     1960), 89–92.

57   Suffice it to note that the first monograph specifically devoted to this aspect would
     not appear until 2013: see Jo Ann Cavallo, *The World beyond Europe in the Romance
     Epics of Boiardo and Ariosto* (Toronto: University of Toronto Press, 2013). Another
     full-scale study is due to follow shortly: Maria Pavlova, *Saracens and their world in
     Boiardo and Ariosto* (Oxford: Legenda, forthcoming).

without leaving indelible traces. Although buried underneath, it comes to the surface even in cultural artefacts that seem quintessentially Spanish. In a book such as *Don Quixote*, for example, which is also (by design) directly related to the *Furioso*. Now, according to Cervantes, the original version of *Don Quixote* would have been written, not by him in Castilian, but by an Arab historian in his native language. In Part I, Chapter ix of the book, Cervantes tells us that one day in the Toledo marketplace (designated by *Alcaná*, a word of Arabic origin, in the Spanish text) a young boy was trying to sell old notebooks and worn scraps of paper covered with Arabic script. And because apparently Cervantes (like Borges) could not refrain from reading whatever he came across, he acquired the book and then looked around for a Moor (*morisco*) to translate it, who was not difficult to find. The Arabic manuscript, the Moor informed him, was the *History of Don Quixote de la Mancha, written by Cide Hamete Benengeli, an Arab historian* (*Historia de don Quijote de la Mancha, escrita por Cide Hamete Benengeli, historiador arábigo*). Having brought the Moor to the cloister of a church, he commissioned a translation which he then edited and published.

We know this is all a jest, as is the name of the fictitious author (a device – by the way – frequently to be found in chivalric narratives, notably those by Boiardo and Ariosto, as it happens), but this is not the point. What matters is that, implicitly, Cervantes acknowledges that his work has, at least in part, its roots in the Muslim world, to the extent that he presents it, albeit playfully, as something arising out of it. Borges, as we might expect, was intrigued by the multiple authorships of *Don Quixote*, and in a short story entitled 'A problem' (*Un problema*), from *El hacedor*, he speculated as to what might happen if the Arabic manuscript were to be found. But, in another story, he went even further, claiming Pierre Menard to be the true author of the *Quixote*: 'The Cervantes text and the Menard text are verbally identical, but the second is almost infinitely richer. (More ambiguous, his detractors will say – but *ambiguity* is richness)'.[58] Still, leaving

---

58   Jorge Luis Borges, 'Pierre Menard, Author of the *Quixote*' [*Pierre Menard, autor del Quijote*, 1939], in *Collected Fictions*, trans. Andrew Hurley (London: Penguin Books, 1999), 88–95: 94. ['El texto de Cervantes y el de Menard son verbalmente idénticos, pero el segundo es casi infinitamente más rico. (Más ambiguo, dirán sus detractores; pero la ambigüedad es una riqueza).']

aside the question of the real author of the *Quixote*, its Islamic allure induced
Borges to read the *Furioso* in a similar manner, not to mention that, in
Ariosto, the Morisco counterparts, that is Saracens, are not relegated to
the background but play a prominent role. Reading Ariosto through the
prism of Cervantes,[59] Borges was instinctively attracted to them.

But there is another reason why Borges appears to be reluctant to grant
the *Quixote*'s authorship back to Cervantes. That's because, in his view,
books like *Don Quixote* and *Orlando furioso* cannot be solely the product
of an individual. Books like these encapsulate and define an entire epoch,
they are the identity of a race, the portrait of a society, what remains of
time once it has passed. For this kind of books to exist, therefore, more is
needed than just an author, as Borges is keen to stress:

> No man can write a book. Because
> Before a book can truly be
> It needs the rise and set of the sun,
> Centuries, arms, and the binding and sundering sea.[60]

Thus begins Borges' Ariosto poem, by stating the epochal nature of his
work. Ariosto did not write it or invent it. He simply allowed himself the
leisure of 'dreaming again on things already dreamed' (*volver a soñar lo ya
soñado*). This makes *Orlando furioso* nothing but a dream (significantly, the
words *sueño* and *soñar* occur no less that eighteen times in the poem); not
an individual dream, however, but a collective imagination, which explains
its enduring appeal. It began in the Early Middle Ages almost by accident
when 'A legion that lost itself in valleys / Of Aquitaine into ambush fell; /

59 On Borges' life-long fascination with Cervantes see at least Lelia Madrid, *Cervantes
    y Borges: la inversión de los signos* (Madrid: Pliegos, 1987); Julio Rodríguez-Luis, 'El
    "Quijote" según Borges', *Nueva revista de filología hispánica*, 36, n. 1 (1988), 477–
    500; Guillermo Laín Corona, 'Borges and Cervantes: Truth and Falsehood in the
    Narration', *Neophilologus*, 93, 3 (July 2009), 421–437.
60 Jorge Luis Borges, 'Ariosto and the Arabs', in *Dreamtigers*, translated from El hace-
    dor (*The Maker*) by Mildred Boyer and Harold Morland, introduction by Miguel
    Enguídanos (Austin: University of Texas Press, 1964), 82–84: 82. ['Nadie puede
    escribir un libro. Para / que un libro sea verdaderamente, / se requieren la aurora y
    el poniente, / siglos, armas y el mar que une y separa.']

And thus was born that dream of a sword / And a horn that cried in Roncesvalles',[61] Durendal and the Oliphant being well-known features of the Carolingian epic. But further, no less momentous developments were needed before the *Furioso* could take full shape. And here it is worth turning to Italo Calvino (a writer who felt a special affinity with both Ariosto and Borges), who will guide us through the subsequent stages:

> Borges vi passa in rassegna l'epos carolingio e quello bretone che confluiscono nel poema d'Ariosto, il quale trasvola su questi motivi della tradizione in sella all'Ippogrifo, cioè ne dà una trasfigurazione fantastica, allo stesso tempo ironica e piena di pathos. La fortuna dell'*Orlando furioso* tramanda i sogni delle leggende eroiche medievali alla cultura europea (Borges cita Milton come lettore d'Ariosto), fino al momento in cui quelli che erano stati i sogni degli eserciti avversi a Carlo Magno, cioè del mondo arabo, non prendono il sopravvento: *Le mille e una notte* conquistano i lettori europei prendendo il posto che l'*Orlando furioso* aveva nell'immaginario collettivo. C'è dunque una guerra tra i mondi fantastici d'Occidente e Oriente che prolunga la guerra storica tra Carlo Magno e i Saraceni, ed è là che l'Oriente trova la sua rivincita.[62]

So, having reached the pinnacle of its popularity, the *Furioso* was eventually supplanted by another book of fantasy, the *One Thousand and One Nights* (in English also known as *Arabian Nights*) which, starting in the eighteenth century, invaded the West and took its place: 'Europe was lost. But other gifts were given / By that vast dream'.[63] Soon, the Saracen people, followers of Agramante King of Africa, began to live a different dream, one inspired by their own Muslim culture, their legends, their literary heritage, of which the *One Thousand and One Nights* stands as an unsurpassed achievement. Their rediscovery culminates in a display of fantasy in which the magic

61 Ibid. ['Una legión que se perdió en los valles / de Aquitania cayó en una emboscada; / así nació aquel sueño de una espada / y del cuerno que clama en Roncesvalles.']

62 Italo Calvino, 'I gomitoli di Jorge Luis', *La Repubblica*, 16 October 1984, 18–19 (later enlarged and republished under the title 'Jorge Luis Borges', in *Perché leggere i classici. Saggi critici con un inedito ed anteprima di Esther Calvino* (Milan: Mondadori, 1991), 292–301: 297. The passage quoted remained unchanged). For an English translation see Italo Calvino, *Why Read the Classics?*, translated from the Italian by Martin McLaughlin (London: Jonathan Cape, 1999), 241.

63 Borges, 'Ariosto', in *Dreamtigers*, 83. ['Europa se perdió, pero otros dones / dio el vasto sueño [...].']

motif (made more noticeable by the poet's choice of vocabulary) resonates loudly, sanctioning the triumph of the East over the West:

> The earth sustained by a bull, the bull
> By a fish; abracadabras, and old
> Talismans and mystic words
> That in granite open caves of gold;
>
> This the Saracen people dreamt
> Who followed Agramante's crest;
> This the turban'd faces dreamed
> And the dream now lords it over the West.
>
> And Orlando is now a region that smiles,
> A country of the mind for miles
> Of wonders in abandoned dreams;
> And not even finally smiles, but seems –
>
> By the skill of Islam, brought so low
> To fable merely and scholarship,
> It stands alone, dreaming itself. (And glory
> Is oblivion shaped into a story.)[64]

As for *Orlando furioso*, the superseded dream, it has now become an object of mere erudition, capable of interesting discerning literati but unable to enthuse ordinary people. As a result, 'It stands alone, dreaming itself'. It is true that its prestige has not lessened, particularly among the cognoscenti, and indeed, it is surrounded by glory. But glory – according to Borges – far from being a form of recognition, is just another way of confining a book to oblivion ('La gloria / es una de las formas del olvido'); a way of revering it while unwittingly distancing oneself from it. People study it in schools

64   Ibid., 84. ['La tierra sostenida por un toro / y el toro por un pez; abracadabras, / talismanes y místicas palabras / que en el granito abren cavernas de oro; // esto soñó la sarracena gente / que sigue las banderas de Agramante; / esto, que vagos rostros con turbante / soñaron, se adueñó de Occidente. // Y el Orlando es ahora una risueña / región que alarga inhabitadas millas / de indolentes y ociosas maravillas / que son un sueño que ya nadie sueña. // Por islámicas artes reducido / a simple erudición, a mera historia, / está solo, soñándose. (La gloria / es una de las formas del olvido).']

and universities, but they do not read it, at least not for pleasure. This is not the first time that Borges has come face-to-face with the paradoxical nature of glory. In 'Pierre Menard, Author of the *Quixote*' he had observed a similar fate befalling that most acclaimed of Spanish books:

> The *Quixote*, Menard remarked, was first and foremost a pleasant book; it is now an occasion for patriotic toasts, grammatical arrogance, obscene *de luxe* editions. Fame is a form – perhaps the worst form – of incomprehension.[65]

This is not without consequences. If Borges is right, *Orlando furioso* may not (or at least should not) be regarded as a classic. When a book is elevated to the status of a classic (placed in a special class of books, that is, which is somehow considered superior) it is glorified; but glory, as we just have seen, has the unintended effect of setting it apart from its adjoining books, which may well be humble but still inextricably linked to it by a number of reasons. And yet, this is what Italo Calvino (unwittingly perhaps) advocated. He championed throughout his life the cause of classic books, most notably in the essay 'Perché leggere i classici' ['Why Read the Classics'],[66] and in his much celebrated *Orlando furioso raccontato da Italo Calvino* (1970) he suggested that the *Furioso* can and should be read on its own:

> [...] il lettore si sente subito scoraggiato: se prima d'intraprendere la lettura dovrà mettersi al corrente di tutti i precedenti, e dei precedenti dei precedenti, quando riuscirà mai ad incominciarlo, il poema d'Ariosto? In realtà, ogni preambolo si rivela superfluo: il *Furioso* è un libro unico nel suo genere e può – quasi direi deve – esser letto senza far riferimento a nessun altro libro precedente o seguente.[67]

65 Borges, 'Pierre Menard, Author of the *Quixote*', 94. ['El *Quijote* – me dijo Menard – fue ante todo un libro agradable; ahora es una ocasión de brindis patriótico, de soberbia gramatical, de obscenas ediciones de lujo. La gloria es una incomprensión y quizá la peor.']
66 Calvino's essay was first published with the title 'Italiani, vi esorto ai classici', in *L'Espresso*, 28 June 1981, 58–68, and later with a new title, which is also that of the volume, in Italo Calvino, *Perché leggere i classici* (Milan: Mondadori, 1991), 11–19. For an English translation see Idem, *Why read the classics?*.
67 *Orlando furioso di Ludovico Ariosto raccontato da Italo Calvino. Con una scelta del poema* (Turin: Einaudi, 1970), XIX.

Although Calvino was understandably preoccupied with making Ariosto's poem accessible to modern readers (who might be daunted by it), in practice his remark isolates it, so that it 'stands alone' ('está solo'), as Borges might have said. The idea of dividing books into different classes based on their quality is akin to one we have already met. In the *escrutinio* conducted by the curate and the barber in the library of Don Quixote, we may remember, their intention was to remove (and eventually burn) the books that fail to achieve a certain standard. Don Quixote, on the other hand, thought differently. As a true collector, he kept his books all together regardless of their supposed quality; what justified their sharing the same shelves was the common theme of chivalry. In one case we have a vertical ordering of books with the classics at the top; in the other a horizontal ordering, based on the idea that a book is the expression of a community and, as such, it necessitates 'centuries, arms, and the binding and sundering sea', not to mention other books. Two conceptions by two writers – Calvino and Borges, both admires of Ariosto and also of each other – which ultimately set them apart, and what stands in between them is a different consideration of glory.

Borges may have been the first to contemplate the passing of *Orlando furioso*. It is still a dream, but it is fading: 'In the deserted room the silent / Book still journeys in time. And leaves / Behind it – dawns, night-watching hours, / My own life too, this quickening dream'.[68] What remains fixed in the reader's mind after reading Borges' poem is a nostalgia for the East. Ironically, it was Ariosto's book that inspired it, causing its Muslim characters to return to their eastern roots, at which point a new dream was born which started to compete with the old one. Thanks to Borges we can partake in that vast dream, which initially was *his* dream but now is also ours. We can hear abracadabras and other magic spells; we can see the splendours of Hindustan, the talismans, the glittering of scimitars; we can smell rare Arabian scents as we marvel at what Ariosto is revealing just for us. It is all so real, all so tangible, and yet only a dream dreamt by a poet

---

68   Borges, 'Ariosto', in *Dreamtigers*, 84. ['En la desierta sala el silencioso / libro viaja en el tiempo. Las auroras / quedan atrás y las nocturnas horas / y mi vida, este sueño presuroso.']

and a visionary who – just like Ariosto – 'travelled the roads of Ferrara / And, at the same time, walked on the moon'.[69]

Anno 500°

Embarking on a long journey such as this, and visiting only a handful of potential of destinations, has made us aware of what Borges called 'las vastas geografías de Ariosto' [the vast geographies of Ariosto] (in the 'Parábola de Cervantes y de Quijote', contained in *El hacedor*): its wide, endless spaces – which the Argentinian poet placed on the Moon – remind us of what lies beyond the horizon and still awaits to be explored. So far, only one person has ventured into that solitary lunar valley, we are told: an old soldier (also a reader of Ariosto) by the name of Miguel de Cervantes.

Now back home, it is normal to be overwhelmed by an array of different thoughts and emotions. Only slowly, with time, will it be possible to discover the essence of the journey, what it meant, what will remain with us now that it is over. So while these considerations will need time to mature and form, there is a wealth of first impressions that the journey has left. The first regards the sixteenth century: in retrospect, no other century was more congenial to Ariosto, nor does it seem likely that he might experience the same degree of popularity again. His *Furioso* was a work of poetry but also something else, akin to a chant, which could be heard almost everywhere. People turned to it for the most diverse reasons, as we have seen in the case of Isabella d'Este and her female companions; its stanzas being a source of solace, entertainment and comfort, all at once. Ironically, in the following century, when the newly born opera would take hold of Ariosto and start a tradition which is still alive today, his text was chanted less frequently by ordinary people in the streets. Later still, in the eighteenth century, when opera performances based on *Orlando furioso*

---

69   Ibid., 83. ['iba por los caminos de Ferrara / y al mismo tiempo andaba por la luna.']

reached their peak (thanks to Vivaldi, Handel and Mozart, to name just a few), it entered the grand salons of stately homes all across Europe and became the object of fierce debates among intellectuals, critics and philosophers (not to mention the odd libertine ...), a phenomenon the full extent of which has only recently been revealed.[70] After the Cinquecento, the eighteenth century represents the second pinnacle of Ariosto's popularity. What is remarkable is that, even two centuries after its publication, Ariosto's book and the opinions about it still mattered so much: theories about modern literature and even the origin of the novel could not avoid entering into a dialogue with it. This renewed interest continued in the nineteenth century even though, as may have been noticed, we made no stop during this period on this essay's journey.

The twentieth century, on the other hand, was quite different, perhaps the most diverse as far as the reception of Ariosto is concerned. Here we made two stops that stand well apart from each other, and not just geographically. Mandelstam, still so little known in Ariosto studies, is a true, unsung hero. With him, the idea of Ariosto as a poet who entertains and nothing more declines, and a new, more mature and more realistic figure of the poet emerges. Mandelstam's Ariosto is a man who could stand up and address head-on the problems of his time; a man above all capable of reconciling the conflicting exigencies of art and politics, hence a model for another, less fortunate poet, namely Osip Emilyevich, whose every move was being watched over by none other than Stalin during one of Russia's darkest hours. Rare amongst Italian poets, Ariosto's name may have resonated in a Soviet gulag, bringing a spark of joy to people who thought they had been forgotten by the world outside. If Mandelstam was looking at Ariosto from the perspective of history, Borges' viewpoint could not have been more different. His is an entirely literary, entirely fantastic construction inspired, not by tragic historical events, but by the pages of books, many of them, indeed whole libraries, both real and imaginary. It opened our eyes to the East, to the Saracens and their plight, for once seen in a positive light, an aspect that had hitherto been completely overshadowed

---

70   See Christian Rivoletti, *Ariosto e l'ironia della finzione.*

and which came to light for the first time. With it Ariosto acquired a new identity.

What now? What does the future hold for *Orlando furioso*? Having witnessed its 500th anniversary, we have entered into a new era which extends the reception of Ariosto's work to the second half of the millennium, culminating in year 2516: supposing, of course, that the poem continues to attract interest. In fact, it is difficult to ignore the possibility raised by Borges, that its appeal might eventually dwindle and die out, in the end becoming an object of mere erudition (perhaps – we may add – no longer read in the original even in its native country). It is a burning question; one which we cannot answer, at least not for now, but which the guests attending the 1,000th anniversary celebrations certainly will. Meanwhile the story goes on ...

Summaries

PART I Tradition

DANIELA DELCORNO BRANCA, L'*Orlando furioso* e la tradizione roman-zesca arturiana

Ever since the publication of Pio Rajna's *Le fonti dell'Orlando furioso*, Ariosto's engagement with Arthurian romance has attracted considerable scholarly attention. This essay explores the ways in which Ariosto appropri-ates Arthurian themes and *topoi*, highlighting the differences between his approach and that of Boiardo. Rather than drawing on specific texts and episodes, Ariosto creatively engages with easily recognisable Arthurian *topoi*. We see this in the poem's structure (the use of *entrelacement*, the concept of adventure/quest) as well as in its characters, situations and formulaic language. In particular, this essay considers the first canto of the *Furioso*, the semantic field of 'bosco/strada', the figure of the fairy and the use of enchanted weapons.

ANNALISA PERROTTA, Menzogne, verità e Cassandre tra *Morgante* e *Furioso*

This essay examines some cases of intertextuality between Ariosto's *Orlando furioso* and Luigi Pulci's *Morgante*, which concern the reliability of the nar-rator and the notions of truth, fiction and lie. Ariosto uses the *Morgante* as one of his models for the construction of the authorial voice in the *Furioso*. The mythological figure of Cassandra plays a crucial role in both poems, because she is closely associated with the idea of authorship. Ariosto's Cassandra is inspired by two different versions of the myth narrated by Giovanni Boccaccio: in the 1516 *Furioso* (A) Ariosto seems to draw on *De genealogia deorum*, while in the 1532 (C) version he appears to be using *De mulieribus claris*. In the transition from A to C, Cassandra becomes a more ambiguous character: indirectly, the narrator of the *Furioso* comes to resemble that of *Morgante*.

ELISA MARTINI, «Dirò d'Orlando». L'evoluzione della figura del conte di Brava tra il *Mambriano* e il *Furioso*

This essay examines the transformation of the figure of Orlando, particularly in the passage from *Mambriano* to the *Furioso*. Through his portrayal of Orlando, Ariosto subverts the courteous world described by Cieco da Ferrara, so much so that the *Furioso* can be seen as a palinode. Orlando's madness in the *Furioso* is not only in strident contrast with the humanistic self-control exercised by his counterpart in the *Mambriano*, but it is also the unavoidable consequence of the obsessive pursuit of virtue: a new world is emerging in Ariosto's poem, a world that reflects the fact that history has moved on, and is now ruled by insanity.

MARIA PAVLOVA, Nicolò degli Agostini's *Quinto libro* and the 1516 *Furioso*

This essay investigates the relationship between Agostini's *Quinto libro* (1514) and the first edition of Ariosto's *Orlando furioso* (1516). A number of scholars have questioned Enrico Carrara's view that Ariosto's could not have been familiar with Agostini's second sequel to Boiardo's *Inamoramento de Orlando*. This essay provides a comprehensive in-depth analysis of the correspondences between the *Furioso* and the *Quinto libro*, concluding that one of the two authors must have read and drawn on the other's poem and that we cannot rule out the possibility that Ariosto might have seen the *Quinto libro* when he was composing the *Furioso*.

GIADA GUASSARDO, Ariosto's *Rime* and the 1516 *Furioso*: Cases of poetic memory

Scholars tend to view Ariosto's *Rime* as a youthful preliminary exercise, which, discarded by its author, would eventually be incorporated as textual material into the *Furioso*. Using the text of the 1516 *Furioso*, this essay analyses intertextual relations between the *Rime* and Ariosto's chivalric poem. It argues that some of the lyrics could have been written during or even after the composition of the first *Furioso*, as they feature themes, situations and narrative devices that are characteristic of the *Furioso*. Ariosto developed the narrative potential of the capitolo, injecting it with dynamism and energy.

IDA CAMPEGGIANI, I frammenti autografi dell'*Orlando furioso*: un'ipotesi per lo "scrittoio" di Ariosto

This essay deals with Ariosto's manuscripts of the third *Furioso* (1532), reconsidering some of the choices made by Santorre Debenedetti in his important critical edition published in 1937. In particular, the essay focuses on a case taken from the Olimpia episode, which shows how the various phases of textual elaboration (which Debenedetti calls 'mala copia' and 'buona copia') are in fact closely connected one to the other and hardly separable.

PART II Interpretation

STEFANO JOSSA, L'*Orlando furioso* nel suo contesto editoriale

First published in 1516 by Giovanni Mazocco del Bondeno, who also published classical medicine texts, Greek grammars and Savonarola's *Prediche*, Ludovico Ariosto's masterpiece, the *Orlando furioso*, needs to be read against the background of its publisher's editorial strategies. In this light, Ariosto's poem will prove to be much more intellectually engaged and spiritually committed than traditionally acknowledged.

FRANCA STROLOGO, Trasgressione, travestimento e metamorfosi nel *Furioso*: intorno alla storia di Ricciardetto e Fiordispina

Ricciardetto and Fiordispina's 'istoria bella' (*Orlando furioso*, XXV) has fascinated – but also scandalised – many generations of readers. This essay shows how Ariosto addresses the theme of illicit love and reworks the literary motif of sex change by revisiting various sources, ranging from Ovid's *Metamorphoses* to some of the most popular texts of *letteratura canterina*, such as Antonio Pucci's *Reina d'Oriente* and Pietro da Siena's *Bella Camilla*. Having examined Ariosto's possible medieval and Renaissance sources, this essay argues that the episode of Ricciardetto and Fiordispina stands at the crossroads between several literary genres, as it draws on works belonging to the genre of the novella (Boccaccio's *Decameron*) and on comedy (Bibbiena's *Calandra*).

MAIKO FAVARO, Ruggiero: un trovatello, ma di famiglia illustre

Divided into two parts, this essay centres on the character of Ruggiero in
Orlando furioso. The first part discusses some ambiguities that apparently
interfere with Ruggiero's effectiveness as an encomiastic figure. In par-
ticular, the focus is on Saint John's speech in the moon episode (*Orlando
furioso*, XXXV) and on Ruggiero's exemplarity. The second part compares
Ruggiero's story with the hero pattern as described by the psychoanalyst
Otto Rank and reads it in the light of Machiavelli's *Vita di Castruccio
Castracani*, highlighting the connections between Ariosto's portrayal of
Ruggiero and the traditional aristocratic ideology.

ANNA KLIMKIEWICZ, Dall'errore all'utopia: incontri con l'utopia
nell'*Orlando furioso*

This philosophical interpretation of Ariosto's poem illustrates the trans-
formation of individual and societal value systems. The theme of madness
is here analysed within the wider context of the literary tradition. Ariosto
emphasises the presence of utopian elements in various literary themes,
thus conforming to the prevailing trends in Italian and European liter-
ature of his times. Ariosto's utopian theme is compared to Erasmus of
Rotterdam's *Encomium moriae* and Leon Battista Alberti's dialogues. At
the same time, the author of the *Furioso* combines utopian ideas with the
concept of human life, which he perceives as a difficult journey beset with
errors and madness.

PART III   Reception

AMBRA ANELOTTI, Il *Furioso* spiritualizzato

This essay focuses on the reception of Ariosto's *Orlando furioso* in the second
half of the sixteenth century, and in particular on the religious rewriting of
the poem by Vincenzo Marino. The analysis of Marino's work, necessarily

limited to some key passages, reveals the same ambivalence that character-
ises late sixteenth-century Ariosto criticism, especially in terms of moral-
ity and religion. Eventually, the positive value of the *Furioso* is reinforced
as the romance penetrates a seemingly incompatible religious discourse.

FRANCESCO LUCIOLI, Mutare, imitare e tradurre «tutte le prime ottave
dei canti del *Furioso*»

Usually published in the form of short booklets addressed to a popular audi-
ence, the *tramutazioni* of the *Orlando furioso* can offer interesting insights
into contemporary habits and trends. This essay discusses different kinds of
tramutazioni of the first stanzas of the *Orlando furioso*, which underwent
either serious and erudite rewritings or popular and parodic adaptations.
Among these numerous examples of the reception of Ariosto's poem, this
essay focuses on a poem on syphilis – today preserved in some seventeenth-
century manuscripts and in a rare booklet printed in Milan in 1645 with the
title *Li trofei del mal francese tramutati dalle prime stanze de' canti dell'Ariosto*
– which satirically rewrites the first stanza of each canto of the *Furioso*.

CHRISTIAN RIVOLETTI, The narrator enters the scene: The *Orlando
furioso* from Voltaire to Fragonard

The narrator represents one of the most innovative and complex aspects of
the *Orlando furioso*. Yet artistic depictions of this important figure appear
quite late in the rich history of visual representations of Ariosto's poem,
namely at the end of the eighteenth century in the project of Jean Honoré
Fragonard. What are the reasons for this historical shift? This study suggests
that there existed a deep-rooted connection between Fragonard's artistic
sensibility and a new way of reading the *Furioso* that emerged alongside
the rise of the genre of the modern novel. It further hypothesises that
Fragonard was knowingly influenced by Voltaire who recently, in his *Pucelle
d'Orléans* (1762) and the article *Epopée* (1771), had praised the Ariostan
narrator. Lastly, in light of Fragonard's illustrations of the works of La
Fontaine and Cervantes, this essay explores the artist's depiction of the
metaliterary dimensions of Ariosto's text and his broader reflections on
the role of the narrator.

MARCO DORIGATTI, The first 500 years of *Orlando furioso*

On this special occasion I have allowed myself the liberty to expatiate. Literally. To travel through time and space, dwelling on those moments which – in my own, personal view – mark the most emblematic encounters between Ariosto and his readers over the course of the last five centuries. Encounters that may not be the most important, perhaps, but which belong to the sphere of the unusual or the little known, and which are above all revelatory, both for the author being rediscovered and brought back to life in unexpected circumstances, and for a rare breed of readers who are able relate to him as a contemporary of their own. Encounters that can be compared to a chance meeting of two very different people who, to their surprise, discover that they share a fundamental aspect of their personalities. Starting in a place near Ferrara, this journey will take us to key locations in Italy, Europe, and beyond.

Notes on contributors

AMBRA ANELOTTI is a PhD candidate at Royal Holloway, University of London. After graduating from Ca' Foscari University of Venice, she pursued a master's degree in Medieval and Renaissance Studies at University College London, where she completed a dissertation on Laura Terracina's *Discorso sopra il Principio di tutti i canti d'Orlando furioso*. Her doctoral research, conducted under the supervision of Dr Stefano Jossa, focuses on the reception of *Orlando furioso* in Southern Italy in the second half of the sixteenth century and explores the adaptation of the romance in genres other than the chivalric and epic. She has presented conference papers on the elegiac adaptation of Ariosto's characters in sixteenth- and seventeenth-century Ovidian heroic epistles.

IDA CAMPEGGIANI (PhD Scuola Normale Superiore) is Teaching Fellow at the University of Urbino Carlo Bo. She has been Research Fellow at the Scuola Normale Superiore and then Marco Praloran Fellow at the Fondazione Ezio Franceschini in Florence, Italy, working on a book project on the history of the satirical use of the 'terza rima' in the fifteenth and sixteenth centuries. In 2012 she published her first monograph, *Le varianti della poesia di Michelangelo. Scrivere per via di porre*. Her second monograph, *L'ultimo Ariosto. Dalle Satire ai Frammenti autografi*, came out in 2017. Together with Niccolò Scaffai, she is currently preparing an annotated edition of Eugenio Montale's *La bufera e altro*.

DANIELA DELCORNO BRANCA is Emeritus Professor of Italian Literature at the University of Bologna. Her research interests lie in medieval and Renaissance Italian literature, in particular the Italian Arthurian tradition, the 'cantari' tradition, chivalric poems and fifteenth-century lyric poetry (Boiardo, Ariosto, Poliziano). She is the author of numerous studies, including *L'Orlando furioso e il romanzo cavalleresco medievale* (Florence, 1973), *Boccaccio e le storie di re Artù* (Bologna, 1991), and *Tristano e Lancillotto in Italia* (Ravenna, 1998). She has also prepared critical editions of Angelo Poliziano's *Rime* (Florence, 1986), *Cantari fiabeschi arturiani* (Milan, 1999) and *Buovo d'Antona* (Rome, 2008).

MARCO DORIGATTI is Lecturer in Italian Literature at St Hilda's College and Brasenose College, Oxford. He has edited various digital texts for the Oxford Text Archive and has published numerous articles and book chapters on Boiardo, Ariosto and the chivalric literature of the Renaissance, with studies also on the modern period (Grazia Deledda, Sibilla Aleramo, Giuseppe Dessì) and on cinema (Antonioni). He is above all a philologist, and in this capacity he published the first ever critical edition of Ariosto's *Orlando furioso secondo la princeps del 1516* (Florence, 2006) and more recently co-edited, with Carla Molinari, Giovan Battista Giraldi Cinthio, *Note critiche all'*Orlando furioso *(Classe I 377 e Classe I 406 della BCAFe)* (Ferrara, 2018). He is a member of Italy's National Committee for the celebrations of the V centenary of the publication of *Orlando furioso*.

MAIKO FAVARO is Assistant Lecturer of Italian Literature at the University of Fribourg. He obtained his BA, MA and PhD from the Scuola Normale Superiore of Pisa. He was Marie Skłodowska-Curie Fellow at the Freie Universität Berlin. He held teaching and research fellowships at several institutions (Harvard, ENS Paris, ENS Lyon, Boltzmann Institut for Neo-Latin Studies, Universities of Fribourg, Trieste, and Udine). He has published on Renaissance and twentieth-century literature, including monographs on Renaissance love treatises (2012) and the reception of Dante in the Friuli region (2017). He is the curator of the exhibition *Dea del cielo o figlia di Eva? La donna nella cultura italiana fra Rinascimento e Controriforma* (Trieste, Museo Petrarchesco Piccolomineo, 2017–2018), for which he also prepared the catalogue. He is the recipient of the Canadian Society for Italian Studies Award 2011 and the Premio Tasso 2016.

GIADA GUASSARDO obtained her BA (2014) and her MA (2016) from the University of Pisa under the supervision of Prof. Maria Cristina Cabani. Between 2011 and 2016, she also studied at the Scuola Normale Superiore, where she began her research on Renaissance authors under the supervision of Prof. Lina Bolzoni. She has published articles on Cellini's lyrics, Ariosto's lyrics, and Tasso's *Gerusalemme liberata*. She has also explored the work of twentieth-century writers (Savinio, Campana, Manganelli) and presented papers at international conferences at the universities of Québec (2014), Toulouse (2016) and Genoa (2017). She is currently a DPhil candidate at the University of Oxford (Balliol College). Her research project centres on Ariosto's *Rime* and is supervised by Dr Marco Dorigatti.

STEFANO JOSSA is Reader in Italian Studies at Royal Holloway, University of London. In 2017 and 2018 he held the De Sanctis Chair at the Polytechnic (ETH) of Zurich (Switzerland) and was Visiting Professor at the Università degli Studi di Parma (Italy) and the Università degli Studi Roma Tre (Italy). He has authored books on Ariosto, the Italian Renaissance, and Italian national identity expressed through literature. He has also co-authored and co-edited scholarly collections and special issues of journals on intertextuality, Dantism, Petrarchism, Italian contemporary narratives, and the plurality of Renaissances. His most recent book is *Chivalry, Academy, and Cultural Dialogues: The Italian Contribution to European Culture: Essays in Honour of Jane E. Everson*, edited jointly with Giuliana Pieri (Cambridge, 2016).

ANNA KLIMKIEWICZ is Professor at the Institute of Romance Philology of the Jagiellonian University of Kraków. She specialises in medieval and Renaissance Italian literature, humanism, chivalric poetry, the history of translations of works of early Italian literature, and artistic literature. She has published numerous articles on the chivalric romance in Italy and early Italian poetry. Currently her research focuses on cultural syncretism, particularly between classical, Italian and Oriental cultures. She has published an edition of *Le vite* by Giorgio Vasari, a monograph on Ariosto's *Orlando furioso* (*Od błędu do utopii. Śladami* Orlanda Szalonego [*From Error to Utopia: in the Footsteps of* Orlando Furioso], Kraków, 2009), as well as a Polish translation of Niccolò Machiavelli's *Il prinipe*. Her monograph on Francesco Colonna's *Hypnerotomachia Poliphili* came out in 2015.

FRANCESCO LUCIOLI is Assistant Professor in Italian at University College Dublin. His main areas of interest are early modern Italian literature, language and culture, in both neo-Latin and the vernacular; the relationship between literature and visual arts; ethics and conduct literature;

chivalric poetry and the reception of the *Orlando furioso*. He is the author of the books *Amore punito e disarmato. Parola e immagine da Petrarca all'Arcadia* (Rome, 2013) and *Jacopo Sadoleto umanista e poeta* (Rome, 2014). He has edited Giuliano Dati, *Aedificatio Romae* (Rome, 2012), and Agostino Valier, *Instituzione d'ogni stato lodevole delle donne cristiane and Ricordi* (Cambridge, 2015), and co-edited (with Helena Sanson) the volume *Conduct Literature for and about Women in Italy: Prescribing and Describing Life* (Paris, 2016).

ELISA MARTINI obtained her doctorate in Italian Literature from the University of Florence, where she works as a researcher. She also teaches Italian Literature at the Middlebury College School in Florence. Her research mainly focuses on fifteenth- and sixteenth-century chivalric literature (especially in Mantua and Ferrara), but she is also interested in nineteenth- and twentieth-century authors. In 2016 she published her first monograph *Un romanzo di crisi. Il «Mambriano» del Cieco da Ferrara*. Her most recent essays and articles include 'Gli "inverni" di Ludovico Ariosto. La stagione della follia e dell'inganno' (2016); 'Il tragico rovesciato: la velocitas umoristica di Achille Campanile' (2016); 'Il Casentino dei morti dimenticati. Le novelle del Sire di Narbona e di Messer Cione' (2016); 'La Signora del Buon Zogo a Mantova. Frammenti del rituale della Domina Ludi nel Libro IV di Niccolò degli Agostini' (2016). She is currently working on a critical edition of the manuscript of Lorenzo degli Olbizi's *Tiburtino* and a monograph on Torquato Tasso.

MARIA PAVLOVA obtained her doctorate from the University of Oxford in 2015, and then held a Randall MacIver Junior Research Fellowship at St Hugh's College between 2016 and 2018. She is currently a Leverhulme Early Career Fellow at Warwick University. Her main areas of research are Italian Renaissance literature, history, and culture; Italian chivalric romances from Andrea da Barberino to Torquato Tasso; cultural relations between Renaissance Italy and the Islamic world; and the relationship between poetry and visual art in fifteenth- and sixteenth-century Italy. She has written articles and book chapters on Italian chivalric and epic poets, and translated Giuseppe Pallanti's chapters in Martin Kemp, Giuseppe Pallanti, *Mona Lisa. The People and the Painting* (Oxford, 2017).

Her forthcoming monograph, *Saracens and their World in Boiardo and Ariosto*, investigates the multi-faceted figure of the religious Other in Boiardo's *Inamoramento de Orlando*, Ariosto's *Orlando furioso* and more generally in the literature and culture of the Italian Renaissance.

ANNALISA PERROTTA is Lecturer in Italian Literature at the University 'La Sapienza', Rome. Her research interests lie in fifteenth- and sixteenth-century Italian chivalric literature, in particular the anonymous poems *Altobello, Persiano, Falconetto, Trabisonda, Rovenza, Berta e Milone*, Pulci's *Morgante*, Boiardo's *Inamoramento de Orlando*, the *Mambriano* by Francesco Cieco of Ferrara and the *Orlando furioso*. She is the author of the monograph *I cristiani e gli Altri. Guerre di religione, politica e propaganda nel poema cavalleresco di fine Quattrocento* (Rome, 2017). Together with Giuseppe Mascherpa and Andrea Musazzo, she is currently editing manuscript fragments containing the text of the 1483 *Falconetto*. She coordinated the team Roma Sapienza in the Futuro research project *Lessico dell'identità e dell'alterità nelle letterature dell'Europa medievale*.

CHRISTIAN RIVOLETTI is Professor of Romance Philology at the Friedrich-Alexander University Erlangen-Nürnberg, and he is also a member of the directing committee of the German Association for Italian Studies (Deutscher Italianistenverband – DIV). He has studied the Italian Renaissance and its European reception (*Ariosto e l'ironia della finzione. La ricezione letteraria e figurativa dell'*Orlando Furioso *in Francia, Germania e Italia*, Venice, 2014), literary utopias (*Le metamorfosi dell'utopia*, Lucca, 2003), the early modern reception of the Greek novel, modern and contemporary narrative (he co-edited *Forme del realismo*, in the thematic issue of *Allegoria*, 71–72, 2016), and literary criticism. He has also edited two volumes by Erich Auerbach: *Romanticismo e realismo* (Pisa, 2010) and *Kultur als Politik* (Konstanz, 2014).

FRANCA STROLOGO teaches Italian Language and Literature at the University of Zürich, where she gained her *Habilitation* (*venia legendi* in Italian Literature) in 2013. She has published numerous articles in peer-reviewed journals on various Italian authors, from Dante to Moravia, but her principal area of expertise is the history of Italian chivalric literature.

She is the author of the monograph La Spagna *nella letteratura cavalleresca italiana* (Rome-Padua, 2014). She has edited a monographic issue of the journal *Rassegna Europea di Letteratura Italiana* (*Orlando in Italia: epos e cavalleria dalle origini al Cinquecento*, 2011), and co-edited, together with Johannes Bartuschat, the volume *Carlo Magno in Italia e la fortuna dei libri di cavalleria* (Ravenna, 2016). She is currently participating in the network project *Charlemagne. A European Icon* (University of Bristol), within the research group co-ordinated by Jane E. Everson.

Index of Names